Richard Carleton Hacker

Das Handbuch des Pfeifenrauchers

Collection Rolf Heyne

Richard Carleton Hacker

Das Handbuch des Pfeifenrauchers

Collection Rolf Heyne

Alle in diesem Buch abgebildeten Fotos hat der Autor zur Verfügung gestellt.

3. Auflage 2005

Titel der Originalausgabe: *Handbook for Pipesmokers of the 21 Century*
Ins Deutsche übertragen von Joachim Nagel

Umschlaggestaltung: Hauptmann und Kampa Werbeagentur, CH-Zug
Umschlagfoto: Rob Outwater
Herstellung: Karlheinz Rau
Satz: DTP Service, Puchheim
Repro, Druck und Bindung: RMO Druck, München

Printed in Germany

ISBN 3-89910-066-2

Inhalt

Vorwort

Willkommen im neuen Zeitalter des Pfeiferauchens. Es mag seltsam klingen, wenn man eine Sache, die uns seit fünfhundert Jahren vertraut ist, als »Neuheit« bezeichnet. Aber nicht zuletzt die Fähigkeit, immer wieder »neu« zu sein, verleiht der Pfeife eine so dauerhafte Existenz. Über Jahrhunderte hinweg ist dieser unschuldige und bescheidene Gegenstand uns erhalten geblieben, ungeachtet aller Ignoranz und Vorurteile, die man ihm entgegenbrachte – wie ein treuer Freund, der uns nicht verlassen wollte. Das hängt damit zusammen, daß die Gemeinde der Pfeifenraucher gewöhnliche und außergewöhnliche Sterbliche zusammenführt im Zeichen der Bruyère, vor der sie alle gleich sind. Arbeiter, Beamte, Studenten und Lehrer ebenso wie Autoren, Wissenschaftler, Staatsmänner, Könige und Königinnen oder Präsidenten sind seit je leidenschaftliche Anhänger des Pfeiferauchens gewesen. Um die Welt stünde es gewiß weit besser, wären all ihre Führer Pfeifenraucher. Dann ergäbe sich vielleicht endlich eine Chance für dauerhaften Frieden oder zumindest allgemeine Toleranz und gegenseitiges Verständnis, gehören doch Pfeifenraucher zu den mitfühlendsten und empfindsamsten Menschen überhaupt.

In diesem Sinne ist Europa eine wahre Fundgrube an Sachkenntnis und Legenden um die Pfeife: Hier gab es die ersten Pfeifenraucher und ihre Clubs, und viele der exklusivsten Pfeifen und beliebtesten Tabake kommen heutzutage aus Deutschland, Österreich und der Schweiz. Die Liebe zur Pfeife ist aber natürlich nicht auf einzelne Nationen beschränkt, sondern ein weltumspannendes Phänomen. Man muß doch nur einen Blick in die Schaufenster des altehrwürdigen Ladens von R. G. Lewis in London werfen, auf die Tabaktöpfe aus dem 16. Jahrhundert bei P. J. Hajanius in Amsterdam oder die enorme Pfeifenauswahl bei Iwan Ries & Co. in Chicago, wo man seit den Tagen des Wilden Westens Bruyères, Meerschaum- und Tonpfeifen verkauft, um eines festzustellen: Pfeiferauchen ist mehr als eine Laune oder eine Mode – es ist integraler Bestandteil der menschlichen Zivilisation. Nichtraucher wissen dies nicht und vermögen es auch nicht nachzuempfinden – aber das ist ihre Sache und soll uns nicht kümmern. Ihre Vorurteile werden sie auf immer daran hindern, das Vergnügen des Pfeiferauchens zu erleben; und darin besteht zugleich die Strafe, die ihnen auferlegt ist. Uns interessiert vielmehr das Gefühl der warmen Bruyère in der Hand, der aromatische Geschmack des Tabaks auf den Lippen und der entspannende Anblick von Rauchkringeln, die sich sachte in die Luft erheben und langsam auflösen. Diese Gefühle sind so natürlich wie das Atmen und eine menschliche Erfahrung wie jede andere auch. Das ist das Geheimnis, weshalb das Pfeiferauchen alle Epochen so unangefochten überdauerte.

Die erste Ausgabe meines Buches *Die Kunst, Pfeife zu rauchen* widmete sich dem Pfeiferauchen in der letzten Dekade des 20. Jahrhunderts. Das Buch, das Sie nun in Händen halten, *Das Handbuch des Pfeifenrauchers* ist das erste Pfeifenbuch des neuen

Als Symbolfigur der Renaissance des Pfeiferauchens wurde der Autor (Mitte, mit Schwert) 1994 im altehrwürdigen Miltenberg zum »Deutschen Pfeifenritter des Jahres« gekürt.

Jahrtausends und richtet den Blick in die Zukunft. Es ist speziell für den Pfeifenraucher des 21. Jahrhunderts geschrieben. In vieler Hinsicht gleicht dieser den ersten Europäern, die im 16. Jahrhundert ihre Tonpfeifen anzündeten. Doch es gibt natürlich Unterschiede. Der Pfeifenraucher unserer Tage ist ein gebildeter Stadtmensch mit wesentlich höheren Ansprüchen an die Pfeifen, die er erwirbt, und den Tabak, den er raucht. Das Handwerk des Pfeifenmachers oder das Ritual des Rauchens hingegen haben sich seit dem 19. Jahrhundert kaum geändert. Die Unsterblichkeit der Pfeife entspringt eben auch ihrer Wandlungsfähigkeit im Wechsel der Zeiten, ohne zugleich ihre Geschichte und Tradition zu verleugnen. So stärkt die Pfeife unsere Wurzeln in der Vergangenheit und im selben Zuge unsere Bereitschaft, Neuem zu begegnen.

Scharfsinnige Leser meiner bisherigen Veröffentlichungen werden sehr bald bemerken, daß sich an manchen Themen im *Handbuch des Pfeifenrauchers* kaum etwas geändert hat, während andere erheblich umfangreicher behandelt oder neu aufgenommen wurden. Dies spiegelt exakt die Entwicklung und den aktuellen Stand des Pfeiferauchens im 21. Jahrhundert wider. So habe ich die Kapitel über die Pfeifenherstellung und die Geheimnisse des Rauchgenusses aktualisiert, in ihrer Substanz jedoch belassen, denn ungeachtet allen technischen Fortschritts braucht es zu einer Pfeife nach wie vor ein Stück gutes Bruyère-Holz und einen fähigen Handwerker. Und beim Rauchen geht es immer noch um den rechten Gebrauch von Tabak und Feuer – manche Dinge ändern sich halt nie! Andererseits habe ich mich bemüht, vermehrtem Interesse an neuen Strömungen in der Pfeifenwelt Rechnung zu tragen mit weiteren Informationen zu Tabakmischungen, einem neuen Kapitel über den gemeinsamen Genuß von Tabak und Whisky oder Cognac sowie einer gesonderten Betrachtung über das Pfeiferauchen für Damen. Auch die Übersicht der internationalen Pfeifenhersteller hat bedeutend an Umfang gewonnen, im Zeichen neuer Informationen und neuer Marken, die auf den Markt kommen, um die stetig wachsende Gemeinschaft von Pfeifenrauchern beiderlei Geschlechts zu erfreuen.

So unvergänglich ist die Pfeife, und sie wird es auch bleiben, solange der Mensch nicht die Fähigkeit verlernt, die kleinen Freiräume des Daseins zu genießen. So gesehen, hat die Pfeife

Unsterblichkeit erlangt, und ein Abglanz davon fällt auch auf uns Pfeifenraucher. Wir erweisen uns daher als Erben eines hehren Vermächtnisses, wenn wir einer der schönsten Zerstreuungen, die die Menschheit je gekannt hat, die Treue halten.

Happy smoking,

Richard Carleton Hacker

Kapitel 1

Eine kleine Geschichte der Pfeife

As soon as God said: »Let there be light!«,
a Pipesmoker turned to the fellow next to him and said:
»Give me a light!«

In der Menschheitsgeschichte hat es nie an Initiativen gefehlt, die Welt zu vereinigen – im Bewußtsein, daß man schließlich nicht allein auf diesem Planeten lebt. Man hat es versucht mit gemeinsamer Sprache, Religion oder gar Währung. Doch selbst in der Ära des Euro-Dollars blieben diese Anstrengungen fruchtlos, da jeder Volksstamm, jede Nation und ethnische Kultur ihre eigenen Perspektiven und Überzeugungen zu Prinzipien der Lebensführung entwickelte. Das gilt schlicht für alles ... alles, außer dem Pfeiferauchen. Wenn es etwas gibt, das Menschen unterschiedlichster Herkunft zusammenführt, so ist dies die Pfeife. Jenes handbearbeitete Stück Bruyère-Holz, gefüllt mit glimmendem Tabak, wurde zum allgemeinen Symbol einer Gleichheit, die sich über alle Barrieren – Politik, Nationalität, Religion oder Einkommensverhältnisse – hinwegsetzt. Wer beginnt, Pfeife zu rauchen, wird in der Tat Weltbürger.

Ich werde nie vergessen, wie ich vor einigen Jahren den Fahrstuhl eines Frankfurter Hotels betrat, die Pfeife fest zwischen den Zähnen, und auf einen gutgekleideten Herrn traf mit einer Pfeife in der Hand – eine außergewöhnlich schöne Stanwell mit Silberband, was ich mit anerkennendem Nicken quittierte. Eine verbale Kommunikation war leider unmöglich, denn der Fremde war Franzose, und ich spreche nicht sehr gut Französisch, jedenfalls nicht gut genug, als daß ich mich ihm hätte verständlich machen können. Er aber lächelte und bedachte seinerseits meine Pfeife, eine tief sandgestrahlte Ashton, mit beifälligem

Zwei frühe Tonpfeifen: links eine südamerikanische Steinpfeife mit zwei Löchern zum Befestigen eines Halsbandes, rechts eine Bildnispfeife der Irokesen.

Blick. Dann griff er in seine Manteltasche und bot mir seine Tabakpackung an. Als die Fahrstuhltüren sich öffneten und wir gemeinsam in die Halle schritten, waren wir Freunde geworden, ohne daß einer von uns ein Wort gesprochen hätte. Wir ließen einfach unsere Bruyères sprechen: So stark ist die universelle Ausstrahlung einer Pfeife.

Wie weit die Ursprünge des Pfeiferauchens zurückreichen, läßt sich dagegen nicht exakt bestimmen. Eines der ältesten Zeugnisse, ungefähr aus dem Jahre 100 vor Christi Geburt, wurde von Archäologen in einem Maya-Tempel im mexikanischen Chiapas entdeckt: die Statue eines Priesters in prächtiger Kleidung, der aus einem kunstvoll geschnitzten Rohr ein glimmendes Kraut raucht. Dieser Akt stand offenbar in Zusammenhang mit einer heiligen Zeremonie der Indianer, wie überhaupt der ganz frühe Gebrauch des Tabaks meist religiöser oder medizinischer Natur war. Es besteht natürlich Grund genug zu der Annahme, daß Pfeiferauchen schon üblich war, lange bevor Mayas, Tolteken und Azteken ihre zeremoniellen Pfeifen entzündeten, ein Ritual, das sich ebenso bei afrikanischen Stämmen findet. Als es schließlich die Europäer entdeckten, war der Gebrauch des Tabaks in vielen Kulturen bereits geläufig. Doch wann fing es tatsächlich an?

Es ist gewiß nicht zu weit hergeholt, sich Folgendes vorzustellen: Irgendwann in grauer Vorzeit liest irgendein Wesen ein hohles Schilfrohr vom Urwaldboden auf, stopft es voll mit Gras und Kräutern, kreiert also nebenbei die erste Mischung, und setzt diese in Brand, voller Neugier, ob sich der Rauch wohl »paffen« läßt ... Unglücklicherweise ist der erste Pfeifenraucher für immer im Dunkel der Zeiten verschwunden, doch soviel läßt sich sagen: Das Pfeiferauchen wurde erst nach der Zähmung des Feuers erfunden – alles andere ist rein physikalisch unmöglich! Halten wir also fest, daß die Erfindung der Pfeife in logischem Zusammenhang mit diesem entscheidenden Schritt in der Menschheitsgeschichte steht.

Zumindest was das Rauchen in der Neuen Welt angeht, können wir uns an das Jahr 1492 halten, in dem Kolumbus Amerika entdeckte. Dies passierte genau am 6. November, und zwar auf der heute zu den Bahamas gehörenden Insel San Salvador, bei, wie ich glaube, leicht bedecktem Himmel und einer sanften Brise aus Ost. In den USA wurde das Ereignis irgendwie auf den 12. Oktober verlegt und dieses Datum zum nationalen Feiertag erklärt, an dem sämtliche öffentlichen und halböffentlichen Institutionen ihre Pforten geschlossen halten. Was man dabei anscheinend weniger registriert, ist die Tatsache, daß die Entdeckung Amerikas zusammenfällt mit derjenigen des Tabaks, denn auf den Karibik-Inseln begegnete Christoph Kolumbus Eingeborenen, die den Rauch eines brennenden Krautes inhalierten aus einem gegabelten hohlen Schilfrohr, das sie »Tobago« nannten. In Unkenntnis darüber, wie dieses Kraut hieß, gab Kolumbus ihm denselben Namen, der durch leichte phonetische Abwandlung dann zu dem Wort »Tabak« mutierte. Daher könnte der alljährlich in den USA begangene »Columbus Day« mit gleichem Recht als »Tobacco Day« gefeiert werden.

Obwohl also Kolumbus' Mission, einen westlichen Seeweg nach Indien zu finden, gescheitert war, hatte er etwas viel Wertvolleres entdeckt: eine wilde Pflanze, die sich kultivieren ließ und vielen Nationen schließlich Abermillionen durch Handel und Besteuerung einbringen sollte. Und was noch wichtiger ist: Millionen von Menschen in aller Welt beschert sie unzählige Stunden entspannten Genusses. Angesichts des Vergnügens, das der Tabak gewährt, nimmt es nicht wunder, daß die Spanier aus diesem Importartikel dreihundert Jahre lang ein exklusives Geheimnis machten. Während der Recherchen zu meinem Buch *Die Kunst, Pfeife zu rauchen* fand ich die Entdeckung des Tabaks durch Kolumbus erstmals erwähnt in einer lange verschollenen, 1875 aufgefundenen und publizierten Beschreibung seiner Reisen.

Ungeachtet aller Bemühungen der Spanier, sich den alleinigen Genuß des Tabaks zu reservieren, sickerte die Kunde von der Existenz der Pflanze durch. Im Jahre 1519 traf der Eroberer Hernán Cortéz auf mexikanische Eingeborene, die »parfümiertes Kraut« rauchten – wobei das »Parfüm« gewiß nichts anderes war als das Aroma des Tabakrauches. Siebzehn Jahre später berichtet der französische Entdecker Jacques Cartier, der auf der Suche nach der Nordwestpassage mit kanadischen Indianern in Berührung kam, dort sei das Pfeiferauchen ein fest etabliertes Ritual. Das Rauchen des »Kalumets« oder einer »Friedenpfeife« war seinerzeit offenbar auch bei den Stämmen der Great Plains und in den Wüsten im heutigen Südwesten der Vereinigten Staaten üblich.

Gerüchte dieser mysteriösen Pfeifenrauch-Rituale verbreiteten sich in ganz Europa, und bald entdeckte man auch ihre pharmazeutischen Vorzüge. Jean Nicot, französischer Gesandter in Portugal, kurierte mit Hilfe pulverisierter Tabakblätter eine internationale adelige Klientel von diversen Leiden und Gebrechen. In dankbarer Anerkennung seiner Verdienste benannte man eine bestimmte Züchtung der Pflanze »Nicotiana«, wovon sich wiederum der Begriff Nikotin ableitet, der das Andenken des Namensgebers bis heute lebendig hält.

Während die Heilkundigen und der Klerus des 18. Jahrhunderts allein den medizinischen Nutzwert der *Nicotiana tabacum* gelten ließen, begann das einfache Volk – Reisende, Händler, Kaufleute, Soldaten und Entdecker – aus purer Genußfreude Pfeife zu rauchen, ganz wie wir es heute gewohnt sind. Genauer gesagt war es der Engländer Sir Walter Raleigh, der das Pfeiferauchen allgemein populär machte, indem er in der Öffentlichkeit an seiner Tonpfeife sog und hierdurch sogleich unsterblichen Ruhm erwarb. Raleigh war keineswegs der erste, aber sein Beispiel machte Schule, da er, ähnlich wie Kolumbus, ein Mann von hoher gesellschaftlicher Stellung, Titel, Einfluß und Sprachgewandtheit war.

Bereits im Jahre 1570 hatte zwar Sir John Hawkins Tabakblätter nach England mitgebracht, doch der erste authentisch bezeugte englische Raucher trat erst sechzehn Jahre später auf den Plan: Ralph Lane, den Raleigh als Gouverneur von Virginia eingesetzt hatte. Als er 1586 aus den Kolonien in seine Heimat zurückkehrte, sorgte er für Aufsehen: »Er trank in London in aller Öffentlichkeit Tabak, und man strömte aus allen Winkeln der Stadt herbei, um diesem Schauspiel beizuwohnen.« Lane schenkte Raleigh eine indianische Kultpfeife aus Virginia und unterwies ihn auch in der Kunst, sie zu rauchen.

Die Inbrunst, mit der Raleigh sogleich dem neuen Laster verfiel, wurde zur Legende. Nach seinem Vorbild avancierte das Pfeiferauchen am Hofe von Queen Elizabeth I. wie beim einfachen Volk zu einem bevorzugten Freizeitvergnügen, und das Entstehen der heute so berühmten englischen Pfeifenindustrie ließ nicht lange auf sich warten. Vier Jahre nach Raleighs erstem öffentlichen Rauchopfer begann die Massenproduktion von Tonpfeifen. Es gab zwar schon länger Pfeifen aus anderen Werkstoffen, wie Walnußschalen, Silber und Hartzinn; Ton hatte jedoch den zweifachen Vorzug, daß er billig war und feuerfest. Die Köpfe dieser frühen Pfeifen waren verhältnismäßig klein, denn der importierte Tabak war sehr teuer. Das ist ein interessantes Phänomen in der Geschichte der Pfeife: Je billiger der Tabak wird, desto größer geraten die Pfeifenköpfe. Will man die Preisentwicklung beim Tabak während der vergangenen 400 Jahre augenscheinlich machen, muß man lediglich die typischen Pfeifenmodelle der einzelnen Epochen nebeneinanderlegen – an der unterschiedlichen Größe der Köpfe läßt sie sich leicht ablesen. Dasselbe gilt für die Bruyère-Holz-Pfeifen unserer Tage: Während Briten angesichts hoher Tabaksteuern lieber zu Modellen mit kleinformatigen Köpfen greifen, bevorzugen Amerikaner größere Pfeifen. Es spricht allerdings einiges dafür, daß sich dies bald ändern könnte.

Um 1602 hatte die Pfeife ihren Siegeszug in Europa nahezu vollendet und selbst in Indien oder so entlegenen Weltgegenden wie China und Japan Verbreitung gefunden. In Japan, wo sich regelrechte »Rauchergesellschaften« etablierten, verboten die Shogun 1606 das Pfeiferauchen – allerdings weniger aus ideologischen als praktischen Gründen, denn so manche Feuersbrunst wurde von der Glut einer Pfeife entfacht. Andere Länder, wie Österreich, versuchten den Tabakgenuß per Gesetz zu unterbinden, allerdings mit wenig Erfolg.

Es vermag kaum zu überraschen, daß das Pfeiferauchen auch in jenen fernen Tagen schon seine Feinde hatte. Zu den mächtigsten Kritikern zählte James I., der Nachfolger von Queen Elizabeth I. Gleich nach der Thronbesteigung im Jahre 1603 erließ er jenes infame Anti-Tabak-Edikt (»Counterblaste to Tobacco«), in dem er jeden nicht-medizinischen Gebrauch der Pflanze mit Fluch belegte – und diejenigen, die sich darüber hinwegsetzten, gewissermaßen in die Tiefen der Hölle sandte. Dies war die erste Antiraucherkampagne der Geschichte und erzielte, wie vergleichbare Beispiele aus unserer Zeit, eben den gegenteiligen Effekt. Auch wer in England bislang kaum vom »Tabaktrinken« gehört hatte, fragte sich, was es wohl mit diesem merkwürdigen neuen Kraut auf sich habe, von dem der König soviel Aufhebens machte. Tausende probierten es nun aus reiner Neugierde und waren angenehm überrascht. So verbreitete sich die Liebe zum »blauen Dunst« mit einer Vehemenz, als zünde man in der Sahara eine Pfeife voll Burley mit einem Flammenwerfer an. Der König erhöhte vorsorglich die Tabaksteuern, aber das rief nur um so mehr Abenteuerlustige auf den Plan, die dem Bann des ungesetzlichen Lasters verfielen. Im Jahre 1615 bemerkte ein Londoner Geschichtsschreiber: »Tabakläden sind mittlerweile so verbreitet wie Schenken und Tavernen.« Um 1650 gab es in London 75 hauptberufliche Pfeifenmacher, von denen jeder rund 1000 Tonpfeifen wöchentlich herstellte. Kein Zweifel also, die Ära des Pfeiferauchens hatte begonnen.

Bedauerlicherweise kam James I. zu seiner Rache, denn Sir Walter Raleigh verlor, im wahren Sinne des Wortes, 1618 seinen Kopf im Tower of London. Raleighs letzte Handlung, bevor das Beil des Henkers ihm den Garaus machte, bestand im Rauchen einer Pfeife; man kann getrost annehmen, daß er eine mit extragroßem Kopf wählte und sie sehr, sehr langsam rauchte ... Am Jahrestag seiner Hinrichtung, dem 16. Oktober, überreicht man noch heute den Pensionären des Royal Hospital Pfeifen und Tabak als Präsent.

Raleighs Tod war indes nicht vergebens: Ein Jahr später unterzeichnete James I., wenn auch höchst widerstrebend, einen Freibrief für die britischen Pfeifenmacher – ein Akt, der ihm sicher ebensowenig gefiel wie das Pfeiferauchen selbst, doch Steuergesetze und öffentliche Meinung waren nicht auf seiner Seite. Anderswo entwickelte sich die Lage für Tabakfreunde weniger günstig. In Rußland und der Schweiz wurde Pfeiferauchen verboten, selbst in der nordamerikanischen Kolonie Connecticut ein Gesetz gegen Pfeiferauchen in der Öffentlichkeit erlassen, ein trauriger Vorbote ähnlicher US-Gesetze in heutiger Zeit. In Persien stand gar die Todesstrafe auf Pfeiferauchen, bis heute der einzig sichere Weg, jemanden daran zu hindern.

Aber die dunklen Wolken, die den reinen weißen Tabakrauch trübten, verzogen sich allmählich unter dem Druck der Öffentlichkeit, vor allem in Ländern, deren Führungspersönlichkeiten selbst Anhänger des Rauchvergnügens waren. Der französische König Ludwig XIII. war von seiner ersten Prise Tabak im Jahre 1613 so angetan, daß er umgehend alle Antitabakgesetze aufhob. Frankreich erhob, wie seither viele andere Länder, den Tabakanbau zu einem profitablen Staatsmonopol, das 1771 bereits umgerechnet 5,5 Millionen Dollar einbrachte. Währenddessen hatte in Rußland Zar Peter der Große das Pfeiferauchen erlernt und hielt seine Landsleute an, es ihm gleichzutun. In Persien rauchte nun gar der Schah Pfeife. Die Todestrafe für Raucher wurde abgeschafft, was Tausenden ermöglichte, ihre verräucherten Zelte zu verlassen und ungeniert in der frischen Wüstenluft zu »paffen«.

Inzwischen war England, trotz restriktiver Rauchergesetze, zur unangefochtenen Pfeifenraucher-Hochburg der zivilisierten Welt aufgestiegen. Mitte des 17. Jahrhunderts boten die Kaffeehäuser ihren Kunden auch Pfeife und Tabak an, und Pfeiferauchen galt sogar als Prävention für Verbrechen. In einem Beschwerdebrief klagte ein Henker über Mangel an Arbeit: Die Leute seien viel zu sehr damit beschäftigt, Pfeifentabak anzubauen, zu ernten und zu rauchen, als daß ihnen noch Zeit bliebe, gegen Recht und Gesetz zu verstoßen. Diese Theorie könnte sich noch als hilfreich erweisen im Kampf gegen die steigende Kriminalitätsrate unserer Tage!

Pfeiferauchen barg nicht nur den Anreiz von Entspannung und Geselligkeit, sondern wurde weithin als Allheilmittel gegen Krankheiten angesehen, seien es Kopfschmerzen, Heiserkeit, Magenbeschwerden, Zahnweh oder gar Gicht. Seine eigentliche medizinische Nagelprobe aber bestand es als Desinfektionsmittel in den Pestepidemien des 17. Jahrhunderts. Als sich während der »Großen Pest« des Jahres 1665 herumsprach, daß Tabakhändler und deren Kunden kaum an der grassierenden Seuche erkrankten, konnte man schon bald Ärzte beobachten, die bei der

Visite oder der Inspektion eines »Leichenkarrens« ihr Tonpfeifchen schmauchten – sozusagen eine amtliche Bestätigung der Theorie, die die Nachfrage nach Pfeifen erst recht steigen ließ. Ein Ire berichtete Folgendes über einen vierundzwanzigjährigen Freund, der sterbenskrank darniederlag: Sein Arzt hatte ihm das Pfeiferauchen untersagt, bis er sich erholt habe. In der Überzeugung, sein letztes Stündlein stehe bald bevor, hatte er aber doch wieder zur Pfeife gegriffen. Er rauchte täglich eine und genas innerhalb einer Woche. Solch amüsante Geschichten sind gang und gäbe im Latein der Pfeifenraucher, damals wie heute. Pfeifentabak wird zwar nicht mehr als Arznei angesehen, doch es ist schon interessant, daß heutzutage unter den Pfeifenrauchern viele Ärzte sind, die ihren Lebensunterhalt im Gesundheitswesen verdienen.

Als William III. im Jahre 1689 den englischen Thron bestieg, war das für seine pfeiferauchenden Landsleute eine langersehnte segensreiche Wendung. Der Oranier, selbst ein Jünger der Pfeife, brachte die großen Tonpfeifen seiner holländischen Heimat mit, die nun in England schnell in Mode kamen. Dies führte nicht allein zu einem vermehrten Konsum, sondern auch zu einem längeren und befriedigenderen Genuß einer Pfeife Tabaks.

Um 1700 war das Pfeiferauchen in den amerikanischen Kolonien bereits so verbreitet, daß Tabak als eine Art Währung bei Landerwerb, Waffenkauf oder gar behördlichen Dienstleistungen verwendet wurde. Große Führungspersönlichkeiten, wie George Washington, der erste Präsident der Vereinigten Staaten, waren selbst prominente Tabakfarmer. Welch bedeutenden Anteil der Tabak an der jungen Kultur Amerikas hatte, belegt der Umstand, daß Thomas Jefferson bei der Dekoration des Kapitols in der Hauptstadt der neuen Nation steinerne Tabakblätter verwandte. Tabakblätter schmücken auch die Säulen des Obersten Gerichtshofes der USA in Washington. Es ist wohl eine Ironie der Geschichte, daß diese Stadt nun einer der Hauptschauplätze für Amerikas Kampf gegen die Tabakindustrie ist...

Im Jahre 1724 entdeckte Papst Benedikt XIII. den einträglichen irdischen Lohn des Pfeiferauchens und erteilte den Tabaksündern umgehend die Absolution. Trotz dieses himmlischen Segens geriet die Pfeife Ende des 18. Jahrhunderts in Europa zeitweilig ins Hintertreffen, als das dezentere Tabakschnupfen in Mode kam. Doch Sitten und Gebräuche wandeln sich stetig, und als Queen Victoria 1837 den englischen Thron bestieg, stand Pfeiferauchen wieder hoch im Kurs. Dies entbehrt ebenfalls nicht einer gewissen Ironie, denn während sie selbst eine erbitterte Gegnerin des Rauchens war, wurde ihr Gatte Prinz Albert unsterblich als Namenspatron einer amerikanischen Tabakmischung.

Die königliche Aversion gegen den Tabakgenuß zwang dessen Anhänger zum Rückzug aus der Öffentlichkeit ins Private. So richtete man in größeren Einfamilienhäusern Rauchsalons ein, und es entstanden »Smoking Clubs«, wo die Herren der Schöpfung bei einer Pfeife das Tagesgeschehen diskutierten. Auch die Kleidermode blieb von dieser Entwicklung nicht unbeeinflußt: Mit einem »Smoking« – Hausjacke und Kappe – schützte man sich gegen den intensiven Tabakdunst, der beim Rauchen in geschlossenen Räumen unvermeidlich war. Stand weder ein separates Zimmer noch ein Smoking zur Verfügung, gab es nur ein Mittel, sozialverträglich zu rauchen: Man blies ganz einfach den Qualm in den beheizten offenen Kamin – eine Methode, die der bescheidene Autor dieses Buches noch heute während der kühlen Wintermonate praktiziert.

Wie der Pfeifenraucher, so erlebte auch die Pfeife selbst im Lauf der Zeit eine Vielzahl von Veränderungen. Alles begann, wie bereits erwähnt, mit einem simplen, tabakgefüllten Rohr. Dieses schmückte man später mit magischen Symbolen, Abbildern von Menschen und Tieren oder geometrischen Mustern. Unterschiedliche Kulturen bedienten sich einer ganzen Reihe von Materialien für die Pfeifenherstellung, wie Jaspis, Marmor oder Stein. Die vielleicht einfachste Form war bei den Indianern des amerikanischen Nordwestens üblich: Sie gruben ein Loch in die Erde, füllten es mit Tabak, zündeten ihn an und inhalierten den Rauch durch ein Rohr, das sie in das Loch steckten. Mit Pfeifenreinigen mußte man sich nicht abgeben: War das »Rauchopfer« beendet, machte man das Loch wieder zu und ging seines Weges.

Der Eintritt des Tabaks in den europäischen Kulturkreis war zugleich die Geburtsstunde der Pfeife aus Ton – dem langlebigsten, bis heute verwendeten Ausgangsmaterial für die Pfeifenherstellung (siehe Kapitel 2 und 11). Anfangs recht schmucklos und mit kleinem Kopf, machten die Tonpfeifen einen ganz eigenen Wandel durch. Die vermutlich älteste Variante, mit winzigem

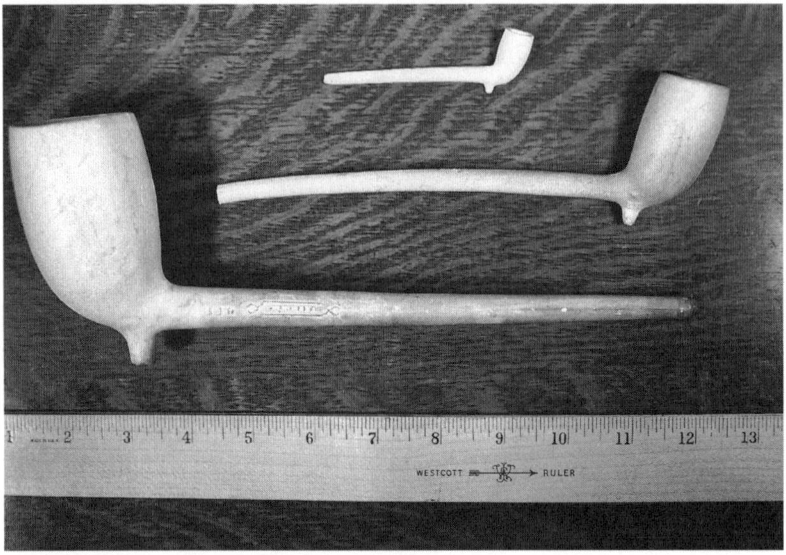

Tonpfeifen des 18. Jahrhunderts in drei Formaten: Die Herkunft der kleinen »Elfenpfeife« oben ist unbekannt. Die Churchwarden in der Mitte, mit den Initialen »ES« (und abgebrochenem Holm), stammt von Goedewaagen in Holland. Die überdimensionierte »Schaupfeife« unten, ein reiner Dekorationsartikel, wurde gefertigt bei William White (Glasgow).

Kopf, entstand auf den Britischen Inseln: die irische »Fairy Pipe« (oft fälschlich als »Holländische Pfeife« bezeichnet). In Schottland nennt man sie »Elfenpfeife« oder »keltische Pfeife«. Iren und Schotten bevorzugen von jeher Pfeifen mit kurzem Holm und Mundstück (meist zusammen rund 7 cm lang), sogenannte »Dundeens« oder »Cutty Pipes« (»kurze« Pfeifen). Die Köpfe dieser frühen Tonpfeifen wiesen zum Teil abgeflachte Böden auf, so daß man sie aufrecht abstellen konnte – ein Prinzip, das heute wieder bei Bruyère-Pfeifen Anklang findet.

Die elisabethanischen Tonpfeifen, wie sie auch Sir Walter Raleigh rauchte, waren sehr elegant, mit kleinen Köpfen und langen, schmalen Holmen. In Holland ließ man sich von diesem Design anregen, vergrößerte aber die Pfeifenköpfe und verlängerte den Holm im Schnitt auf 35 bis 40 Zentimeter. Dieser »Alderman« genannte Pfeifentyp, »offiziell« von William III. um 1700 eingeführt, mutierte in England zur »Yard of Clay« oder »Churchwarden«, in leicht gebogener Form. Die Länge der Pfeife sollte der Bequemlichkeit des Rauchers dienen: So konnte er Hand und Pfeifenkopf auf der Sessellehne ablegen, während er verträumt seinen blauen Dunst von sich blies. Sie hatte aber auch einen anderen Vorteil: Der Rauch kühlte sich auf dem Weg zum Mund besser ab. Das winzige Füßchen am Boden des Kopfes, ursprünglich als Schutz gegen einen direkten Kontakt der heißen Pfeife mit dem Holz der Lehne gedacht, fand als Schmuckelement später auch bei kurzen Modellen Verwendung. Bis 1815 galt die tönerne Churchwarden als letzter Schrei bei den oberen Zehntausend, während der kleine Mann sich meist mit kurzen Pfeifen begnügen mußte – von denen, sofern sie als Gemeinschaftsgut in den Bierkneipen die Runde machten, oft auch noch Spitze um Spitze abgebrochen wurde, aus hygienischen Gründen. Erst deutsche Pfeifenmacher, mit ihrem Sinn fürs Praktische, kamen auf die Idee, ein separates Mundstück zu verwenden, gewöhnlich aus Kirschholz, und lösten so zugleich das Problem mit den abgebrochenen Pfeifenspitzen.

Um 1800 kannte man schon Tonpfeifenköpfe mit Zierelementen, angefangen vom eingebrannten Signet des Herstellers, wie bei den frühen holländischen und nordamerikanischen Pelzhändlern üblich, bis hin zu kunstvollen Schneckenverzierungen englischer, französischer oder deutscher Modelle, außerdem Darstellungen von Tieren oder Konterfeis bekannter Persönlichkei-

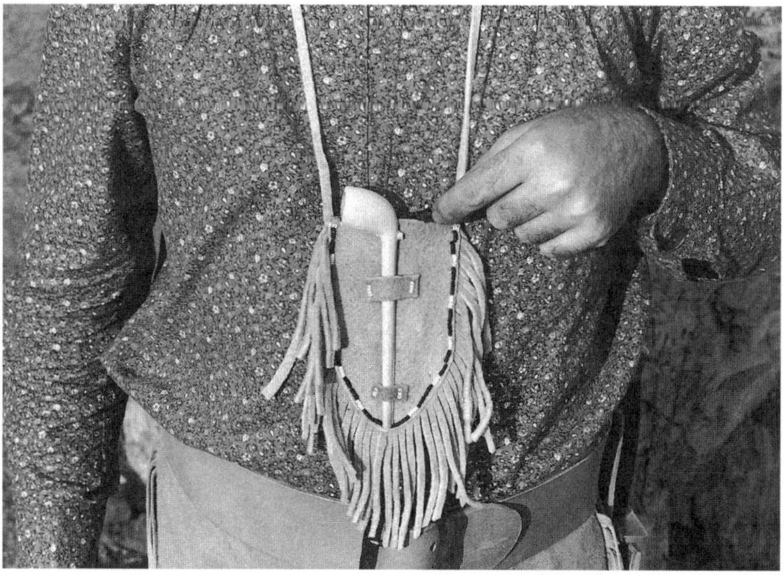

Um 1840 waren solche gage d'amour *(Unterpfand der Liebe) genannten Hirschlederbeutel bei den Pionieren des amerikanischen Westens sehr beliebt als Behältnis für Pfeife und Tabak.*

ten. Der niedrige Preis ließ die Tonpfeife zum Gemeingut aller Gesellschaftsschichten werden. Der Biß höherwertiger Modelle war häufig lasiert oder mit Wachs überzogen, um zu verhindern, daß der Ton an den Lippen klebte (nicht etwa, wie oft fälschlich behauptet, als Maßnahme der Hygiene). Vollständig glasierte und kolorierte Pfeifen waren sehr en vogue bis in das frühe 20. Jahrhundert. Auch in meiner Sammlung befindet sich eine glasierte Tonpfeife mit einem kleinen Tonring unter dem Kopf. Sieht man hindurch, erkennt man das Signet der Weltausstellung von St. Louis im Jahre 1904. Die Pfeife wurde offenbar als Erinnerungsstück an dieses Ereignis gefertigt, und ich habe mich oft gefragt, warum niemand je aus diesem Prachtstück geraucht hat. Während der ersten 250 Jahre der dokumentierten Pfeifengeschichte blieb die Tonpfeife unangefochten das beliebteste Rauchutensil, dies änderte sich erst mit der Einführung der Bruyère-Pfeife nach 1850.

Seit alters sind die Pfeifenmacher auf der Suche nach dem perfekten Ausgangsmaterial und verwendeten dabei alle erdenklichen Werkstoffe, von Meeresmuscheln über Metall bis zu synthetischen Stoffen, die für die Raumfahrt entwickelt wurden. In England, vornehmlich in der Gegend um Bristol und Nailsea, fertigte man ungefähr von 1790 bis 1820 sogar Pfeifen aus Glas, die allerdings eher als »Zunftzeichen« für die Auslage im Schaufenster bestimmt waren. Wie auch immer, unübertroffen in ihrer Rauchqualität ist bis heute die Pfeife aus Bruyère-Holz. Das ist die verhärtete, dichtfaserige Wurzelknolle der Baumheide (für die Lateiner unter den Pfeifenkundigen: *Erica arborea*), die ausschließlich im Mittelmeerraum wächst und nur bei ›weiblichen‹ Pflanzen vorkommt.

Heutzutage beansprucht zwar eine ganze Reihe von Ländern, das beste Bruyère zu liefern, doch kommt den Franzosen das Verdienst zu, die Bruyère-Pfeife erfunden zu haben. Der Ursprung ist, genauer gesagt, wohl in dem Bergstädtchen Saint-Claude im französischen Jura zu suchen, wo das Handwerk des Holzdrehens auf eine jahrhundertealte Tradition zurückblickt. Dort hatte man die Erfahrung und die passenden Drehbänke für die Holzverarbeitung. Denn der Ort war seit dem 13. Jahrhundert eine Pilgerstätte, so daß ein Großteil der Bevölkerung von der Herstellung von Kreuzen und Rosenkränzen lebte. Als die Pilger ausblieben, verlegten sich die Holzhandwerker auf die Herstellung von Pfeifen – zunächst aus Buchsbaum-, Buchen- und Kirschholz. Als dann um 1850 Bruyère-Holz als ideales Material für Pfeifen entdeckt wurde, begann man mit der Fertigung aus dem einheimischen Bruyère; in Saint-Claude selbst jedoch kommt die Baumheide nicht vor.

Bis vor kurzem galt als Schöpfer der Bruyère-Pfeife François Comoy, der 1825 die erste veritable Pfeifenfabrik in Saint-Claude gegründet hatte und um die Mitte des 19. Jahrhunderts begann, Pfeifen aus französischem Wurzelholz zu fertigen. Nach anderen Quellen soll die Manufaktur Courrieu in Cogolin, einem Dörfchen in der Nähe von Saint-Tropez, bereits 1802 Bruyère-Holz als Werkstoff für ihre Pfeifen verwendet haben, gesichert jedoch sind diese Angaben nicht.

Wie auch immer, die neuen Bruyère-Pfeifen rauchten sich erstaunlich gut, ohne die Nachteile des Heißrauchens oder gelegentlichen Zungenbisses, wie sie typisch für die Tonpfeifen waren. Sie erhitzten sich außerdem weniger und gestatteten es so dem Genießer, sie während des Rauchens komfortabel beim Pfeifenkopf zu halten – bei den dünnwandigen Tonpfeifen lief man in diesem Fall stets Gefahr, sich die Finger zu verbrennen. Und schließlich schien eine Bruyère-Pfeife regelrecht zu »atmen«: Sie hielt die Tabakglut wesentlich länger. Und nicht zuletzt: Man

Zwei aus Bruyère-Holz geschnitzte Pfeifen mit Horn-Mundstück, ein Paradebeispiel für französisches Kunsthandwerk des 19. Jahrhunderts. Beide Exemplare tragen die Signatur »Vincent«.

erlebte mit ihr einen weit aromatischeren Rauchgenuß. In der Folge entstand eine ganze Industrie, und noch heute zählt Frankreich, gemeinsam mit Deutschland, Großbritannien, Dänemark und Italien, weltweit zu den führenden Herstellern von Bruyère-Pfeifen.

Zunächst fertigte man aus Bruyère-Holz ausschließlich Pfeifen mit geradem Holm, sogenannte »Straights«, erst nach 1850 kamen gebogene Modelle hinzu. Um 1854 gelangten die Bruyères nach England, wo man sofort Gefallen fand an diesem einzigartigen hölzernen Rauchinstrument, dessen schöne Maserung, Rauchqualitäten und Haltbarkeit die althergebrachten Tonpfeifen weit in den Schatten stellten. Während bei den frühen Exemplaren häufig der Holzschaft als Mundstück diente, ging man bald zu solchen aus Bernstein, Vulkanit oder Horn über. Gegen 1859 schon schworen eingefleischte Pfeifenraucher auf Bruyère als einzig vernünftiges Material für eine Pfeife.

Doch wie beliebt es auch immer sei, Bruyère war nicht die erste Konkurrenz für den Ton. Im Jahre 1723 erhielt der österreichische Graf Andrassy auf einer Reise durch die Türkei einen Block Meerschaum als Geschenk. Diese weiße, leichte und poröse Substanz ist eigentlich ein Magnesiumsilikat, gebildet aus den fossilen Überresten prähistorischer Kleinstlebewesen, mit den chemischen Komponenten Siliziumdioxid, Magnesiumoxid, Kohlensäure und Wasser. Der echte Meerschaum, auch Blockmeerschaum genannt, kommt vorwiegend in der türkischen Region Eskişehir vor, wo er in großer Tiefe abgebaut wird (zum Abbau von Meerschaum siehe Kapitel 2).

Graf Andrassy, ein ausgesprochener Pfeifen-Enthusiast, gab bei seinem Landsmann Karl Kowacz eine Pfeife aus dem ungewöhnlichen Werkstoff in Auftrag. Der gewitzte Kowacz, im Nebenberuf Schuhmacher, fertigte auch gleich ein Exemplar zum eigenen Gebrauch und machte eine erstaunliche Feststellung: Als beim Rauchen Reste von Lederwachs an seiner Hand sich mit dem Meerschaum verbanden, veränderte sich allmählich dessen Farbe. So war ein neues Material für Pfeifen aus der Taufe gehoben, dessen Tönung durch das Rauchen changierte. Ob Meerschaum tatsächlich auf diese Weise zum ersten Mal als Rohstoff für Pfeifen Verwendung fand, ist nicht ganz sicher – es gibt zahlreiche andere Legenden –, doch erscheint diese Geschichte aufgrund mehrerer Quellen am plausibelsten.

Die anfangs schneeweiße Meerschaumpfeife nimmt während eines mehrmonatigen Gebrauchs zunächst eine honiggelbe, dann eine hellbraune und schließlich dunkelbraune Färbung an: Tabaksaft, Teer und Rauch durchtränken das poröse Material. Hat man sie lange in Besitz, setzt sie eine tiefdunkelrote Patina an, die von Rauchern wie Sammlern gleichermaßen geschätzt wird. In den achtziger und neunziger Jahren des 19. Jahrhunderts waren »natürlich gealterte« Meerschaumpfeifen dermaßen begehrt, daß viele »künstlich gealterte« über den Ladentisch gingen. Ein geübtes Auge erkennt jedoch noch heute, also nach mehr als hundert Jahren, den Unterschied am Grad der Nachdunklung und Färbung. Und obwohl man inzwischen sogar koloriertes Wachs verwendet, um den Alterungsprozeß künstlich zu beschleunigen, können diese Pfeifen sich nicht annähernd mit jenen messen, die tatsächlich durch häufiges Rauchen ihr Aussehen veränderten.

Meerschaum läßt sich leicht bearbeiten, und das brachte deutsche und österreichische Bildhauer – Meister und Schüler, die an größeren Marmorobjekten arbeiteten – im 18. und 19. Jahrhundert auf die Idee, aus diesem Material museumsreife Kunstwerke zu schaffen, oft mit kostbaren Intarsien aus Juwelen oder Edelmetallen. Das Österreichische Tabakmuseum in Wien verfügt über eine exquisite Sammlung solch kunstvoll geschnitzter Pfeifen. Da Meerschaum teurer und empfindlicher war als Bruyère, waren Pfeifen aus diesem Material nur für Wohlhabende erschwinglich. Heute werden sie vorwiegend hergestellt von einem sehr kleinen Kreis türkischer Experten, in recht unterschiedlicher handwerklicher Qualität und diversen klassischen Formen, wie Tier- und Menschenabbildern oder geometrischem Design.

Pfeifen aus Bruyère oder Meerschaum genießen inzwischen die bei weitem größte Popularität unter den Rauchern (wobei der Anteil an ersteren erheblich höher ist und Meerschaumliebhaber immer weniger werden), doch finden sich in der Historie der Pfeifen auch solche aus anderen Werkstoffen, die noch heute beliebt sind und hier erwähnt werden sollten.

So experimentierte man zum Beispiel in Deutschland, lange vor der Ära des Bruyère, mit verschiedenen Hölzern und anderen Materialien. Dies führte zur Erfindung der Porzellanpfeife im Jahre 1708: Man überzog Tonpfeifen mit einer Lasur und brannte sie anschließend im Töpferofen, wodurch sie eine harte, glatte und glänzende Oberfläche gewannen. Dieses Verfahren wurde schließlich perfektioniert von Johann Friedrich Böttger, ab 1710 Leiter der Meißener Porzellanmanufaktur, dem die erste fabrikmäßige Herstellung dieses Werkstoffes in Europa zu verdanken ist.

Es entwickelte sich ein typischer altdeutscher Stil: stark gebogene Pfeifen mit großen, schlanken Köpfen, verziert mit Darstellungen aus Geschichte und Volksleben. Waldszenen mit Rothirschen oder galoppierenden Ebern, anmutige Jungfrauen und die martialischen Konterfeis ruhmreicher Militärs zählten zu den beliebtesten Motiven auf jenen voluminösen Pfeifenköpfen, die nicht nur aus Porzellan, sondern auch aus einheimischen Holzarten, wie der Eiche, hergestellt wurden. Die Holzpfeifen wurden geschnitzt, die Porzellanpfeifen anfangs liebevoll bemalt, später erfüllten preiswertere Abziehbilder diese Funktion.

Diese Pfeifen bestanden gewöhnlich aus drei Teilen: dem (oft aus Kirschholz gearbeiteten) Holm, einem unten angesetzten hohlen Abguß, der als Griff und zum Kühlen des Rauches diente und zugleich die Feuchtigkeit des Tabaks aufnahm, sowie dem eigentlichen Kopf, in den man den Tabak füllte. Daran wurde häufig mit Scharnieren ein geeigneter Deckel befestigt, der die Glut bei Wind und Wetter schützte und zudem verhinderte, daß glühende Asche austrat. In manchen europäischen Ländern gab es während des 19. Jahrhunderts sogar Vorschriften, die das Pfeiferauchen in geschlossenen Räumen nur mit »feuerfestem« Deckel erlaubten.

Die zweifellos elegantesten Modelle altdeutschen Stils waren die sogenannten Regiments- oder Reservistenpfeifen, die zwischen 1850 und 1918 ihre Blütezeit erlebten, vornehmlich in Deutschland und Österreich, aber auch in Dänemark und Frankreich – Geschenke und Erinnerungsstücke für Soldaten, die ihren Abschied nahmen. Das gewöhnlich sehr lange Rohr aus Kirsch- oder Rosenholz war häufig aus zwei oder drei Einzelteilen zusammengesetzt, mit Verbindungsstücken aus geschnitztem Hirschhorn oder Ebenholzscheiben. Der gleichfalls lange, mit Roßhaar ummantelte »Holm« lief aus in ein röhrenförmiges Mundstück, meist aus holländischem Büffelhorn. Das Glanzstück solcher Pfeifen aber war der opulent verzierte Kopf aus handbemaltem Porzellan, mit Regiments- und Rangabzeichen des betreffenden Soldaten, zuweilen auch den Namen seiner Kameraden. Heutzutage beschränken viele Sammmler sich auf die Köpfe, für Historiker und Raucher sind natürlich die ganzen Pfeifen interessanter.

Diese deutschen Pfeifen, oft als Schweizer, Tiroler oder bayerische Pfeifen bezeichnet, wirken historisch und ästhetisch besonders reizvoll im Ensemble. Einige Exemplare zieren auch die Wand meiner »Raucherecke« daheim. Während die Reservistenpfeifen der Vergangenheit angehören, werden kürzere Tirolerpfeifen noch heute hergestellt. Möchten Sie eine Pfeife dieser Art nicht nur als Dekorations- oder Sammlerobjekt horten, sondern sie auch rauchen, sollten Sie sie bei einem verläßlichen Händler erwerben und nur die beste Qualität nehmen; die billigeren werden oft als reines Souvenir hergestellt und eignen sich nicht für den Gebrauch.

Im Zusammenhang mit dekorativen Pfeifen darf die Wasserpfeife, auch »Hooka« oder »Nargileh« genannt, nicht unerwähnt bleiben. Wasserpfeifen, eigentlich eine persische Erfindung aus dem 16. Jahrhundert, wurden aus allen möglichen Materialien gefertigt, vom geschliffenen Kristallglas bis zur Kokosnußschale; auf einer Safari in Afrika sah ich einst ein Exemplar aus dem Horn der Elen-Antilope. Die Hooka hat zwar inzwischen weltweite Verbreitung gefunden, wird jedoch in den westlichen Kul turen immer noch als exotisch bestaunt, obwohl es sich herrlich kühl aus ihr raucht – solange man sich nicht daran stört, daß bei jedem Zug ein Gluckern ertönt, als liefe Wasser aus dem Ausguß des Spülsteins.

Im Prinzip ist die Hooka nichts anderes als eine Art Glasvase, die zur Hälfte bis drei Vierteln mit Wasser gefüllt wird. Der enge Hals dieses Gefäßes ist mit einem Pfropfen versiegelt, in den zwei Röhrchen eingelassen sind. Eines endet im »Wassertopf« und ist so lang, daß es beinahe dessen Boden berührt. Das andere endet knapp oberhalb des Wassers, verläuft durch den Pfropfen und ist mit einem langen Schlauch aus Textilgewebe samt Mundstück verbunden. Oberhalb des Wassertopfes ist ein kleineres Gefäß angebracht, in dem der sich der glimmende Tabak befindet, so daß der Rauch durch das Wasser eingesogen wird, das somit als effizienter Filter dient und den Rauch abkühlt. Der abgekühlte und gereinigte Rauch gelangt an die Wasseroberfläche und wird von dort in das Mundstück gesogen. Da sich das ausführende Röhrchen über der »Wasserlinie« befindet, saugt

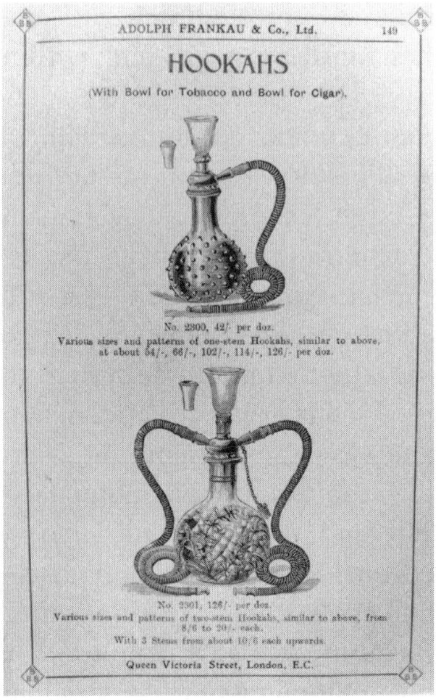

Bei einer Hooka oder Wasserpfeife wird der Rauch durch das Wasser gefiltert. An ihrem eindrucksvollen, zuweilen überladenen Zierat hat sich wenig geändert: So basieren zahlreiche Modelle, die heute auf dem Markt sind, wesentlich auf diesem Katalog aus dem 19. Jahrhundert.

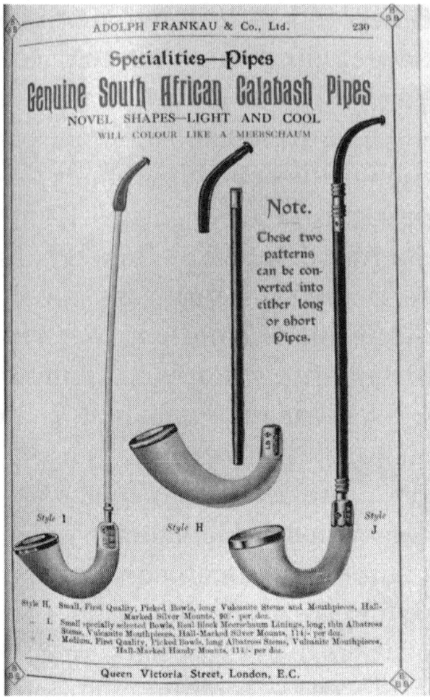

Kalabaschs wurden Anfang des 20. Jahrhunderts durch britische Soldaten populär, die sie aus dem südafrikanischen Burenkrieg mitbrachten. Die recht primitiven Vorbilder – ausgehöhlte Kalebassen – veredelte man in Europa mit Silberbeschlägen, Meerschaumköpfen und Mundstücken aus Kautschuk.

man nur die Luft ein, nicht aber das Wasser (das übrigens sofort den beißenden Nikotingeruch annimmt und nach jedem Gebrauch gewechselt werden sollte). Statt Wasser kann man auch aromatischere Flüssigkeiten nehmen, wie Brandy oder Whisky – dann sollten Sie allerdings zu einer preiswerten Sorte greifen, denn wenn diese Alkoholika einmal als Filter für die *Nicotiana tabacum* gedient haben, sind sie ungenießbar.

Eine Wasserpfeife kann ganz schlicht sein oder reich verziert, auch gibt es unterschiedliche türkische, persische und arabische Typen. Normalerweise ist sie aber kaum geeignet als Begleiter fürs Büro oder im Restaurant, eher für entspannte Mußestunden zu Hause, wo sie einen einzigartigen, gefälligen und reinen Rauchgenuß zu bieten vermag.

Lassen Sie uns als nächstes zwei Pfeifentypen näher betrachten, die charakteristisch für Amerika sind und zugleich sein weites Spektrum an Nationalitäten repräsentieren.

Die seltenere der beiden ist das indianische Kalumet, die Friedenspfeife. Als die ersten Weißen in die damals noch unerschlossenen Gebiete des amerikanischen Westens vordrangen, war das Kalumet bei den Indianervölkern längst in Gebrauch, zum Besiegeln von Verträgen und als Kommunikationsmedium mit spirituellen Kräften. Zumeist befand es sich im Besitz des Stammeshäuptlings, und das Rauchen selbst – wie auch der entsprechende Personenkreis – unterlag einem feierlichen Ritual. Der Kopf bestand im allgemeinen aus Holz oder Ton, das lange Mundstück wurde häufig geschmückt mit Streifen von Tierhaut, Glasperlen und handgesponnener Wolle, nach 1820 zuweilen auch mit Messingbeschlägen, die man von weißen Händlern erwarb. Je nach den Gepflogenheiten des betreffenden Stammes wurde die Pfeife mit einer »heiligen« Mischung aus Tabak, Baumrinde oder bestimmten Kräutern gestopft. Bekam man während der Rauchzeremonie die Pfeife gereicht, hob man sie erst gen Himmel, senkte sie dann gegen die Erde und richtete sie anschließend in und gegen den Wind. Den eingesogenen Rauch blies man ebenfalls in diese Richtungen, als Bekräftigung dieses Appells an die Elementargeister.

Es ist interessant zu beobachten, wie in klassischen Wildwestgeschichten, etwa *Winnetou* von Karl May, der gemeinsame Pfeifengenuß ein Band zwischen Männern knüpft, welcher Herkunft sie auch sein mögen. So heißt es in Lewis Garrards *Wah-To-Yah and The Taos Trail* von 1850: »Der einsame Trapper, ständig in Gefahr, seinen Skalp zu verlieren, bereitet sein Feuer, brät sein Fleisch und raucht seinen duftenden Tabak, jedoch nicht ohne zuvor das Mundstück seiner Pfeife gegen das gewaltige Massiv der Berge zu richten und ihnen mit dem ersten und schätzenswertesten Mundvoll Rauch seine Reverenz zu erweisen.«

Wenig später, genauer gesagt im Jahre 1868, wurde die zweite typisch amerikanische Pfeife aus der Taufe gehoben – heute nach wie vor in Gebrauch, sicherlich aufgrund des niedrigen Preises und ihrer Beziehung zur frühen amerikanischen Geschichte. Die Rede ist von der klassischen Maiskolbenpfeife, unsterblich geworden durch Persönlichkeiten wie General Douglas MacArthur, im Zweiten Weltkrieg Oberbefehlshaber der US-Streitkräfte an der japanischen Front, und eine Comic-Figur: den Matrosen Popeye. Die Maiskolbenpfeife verdient in der Tat mehr Achtung, als ihr gewöhnlich zuteil wird.

Erfunden hat diese ein holländischer Einwanderer namens Henry Tibbe, der 1868 in Missouri die Maiskolbenpfeifenmanufaktur »H. Tibbe & Son« gründete, 1872 umbenannt in »The Missouri Meerschaum Company«. Dieser in der Stadt Washington, einer Gründung deutscher Siedler, gelegene Betrieb ist heute weltweit der einzige, der Maiskolbenpfeifen in großem Stil herstellt. Die Pfeifen werden nach wie vor von Hand gefertigt, in demselben roten Backsteinbau, der die Firma seit mehr als hundert Jahren beherbergt.

Pfeifen aus ausgehöhlten Maiskolben waren schon unter amerikanischen Siedlern und Indianern verbreitet, lange bevor Tibbe die Szene betrat. Die selbstgebastelten Rauchgeräte aus weichem, porösem Material hatten indes ihre Nachteile: Sie gingen leicht aus, ihr Rauch war heiß, feucht und nicht gerade vom Feinsten. Tibbe, von Beruf Holzschnitzer, setzte nun seinen Ehrgeiz darein, das beliebte und billige Produkt zu verbessern. Er ließ von einem Apotheker eine spezielle Gipspaste – sogenannten Pariser Gips – mischen und versiegelte damit die poröse Oberfläche der Kolben. Anschließend schmirgelte er sie mit Sandpapier glatt, und nun glichen sie in Aussehen und Griffigkeit einer polierten Holzfpeife. Tibbe schnitt Schilfrohr an den Ufern des nahen Missouri und fügte es als Mundstück in ein vorgebohrtes Loch im Kolben. Die erste Serie jener »optimierten« Maiskolbenpfeifen stellte er im Fenster seiner Werkstatt aus und verkaufte sie als Eröffnungsangebot für 5 Cent pro Stück. Der Rest ist, sozusagen, Maiskolbenpfeifengeschichte.

Heute stellt »Missouri Meerschaum« jährlich über zwei Millionen Pfeifen her und ist damit absoluter Marktführer; vor einigen Jahren kaufte man den einzigen Konkurrenten auf, die benachbarte Kleinfirma »Buescher Industries«. Um Nachfrage und Qualitätsanspruch der weltberühmten Maiskolbenpfeifen zu genügen, bedient man sich seit 1946 einer besonderen Züchtung der Pflanze mit größeren, kräftigeren Kolben (Weiteres zur Maiskolbenpfeifenherstellung siehe Kapitel 2). Es ist ein Markt mit eigenen Gesetzen, denn Maiskolbenpfeifen haben aufgrund der Beschaffenheit ihres Materials keine so lange Lebensdauer wie Bruyère-Pfeifen – dieser Verschleiß verlangt eine kontinuierlich hohe Nachproduktion. Und ihr Nimbus besteht darin, billig zu sein, malerisch und typisch amerikanisch. Interessant, daß fünfzehn Prozent nach Europa exportiert werden, wo man sie als

Vor diesem um 1909 gegründeten Tabakladen in New York grüßt ein Indianer die Kunden. Solche Holzfiguren, einst in ganz Amerika verbreitet, sind heute rar geworden, und für einen echten Cigar Store Indian *zahlt man Tausende von Dollar.*

Symbole des alten amerikanischen Westens schätzt. Dort werden sie wegen ihres niedrigen Preises häufig auch Gästen angeboten, die ihre Pfeife vergessen haben und trotzdem nicht auf einen Rauchgenuß verzichten mögen. Auch benutzen viele Raucher sie, um neue Tabakmischungen auszuprobieren. Nimmt man nämlich seine geliebten Stücke aus Bruyère, um einen aromatisierten Tabak zu testen, so nimmt das Holz den Geschmack an, was erst nach zahlreichen Füllungen mit der eigenen Tabakmischung wieder behoben ist. Eine Maiskolbenpfeife hingegen kostet nur rund 8 DM, also weniger als die Hälfte eines guten Tabaks, so daß man den Verlust verschmerzen kann, wenn einem die Mischung nicht zusagt.

Ob aus Maiskolben, Bruyère oder Meerschaum – die Pfeife hat sich auf der Weltbühne den Rang eines allseits bewunderten Symbols erobert. Seit jeher haben Wissenschaftler, Künstler, Schriftsteller, Politiker und andere hohe Persönlichkeiten zur Pfeife gegriffen, so Albert Einstein, Helmut Kohl, Helmut Schmidt, Herbert Wehner, Sir Arthur Conan Doyle, Anwar El Sadat, Albert Schweitzer, Mark Twain, Bing Crosby, Jack Lemmon oder der deutsche Literaturnobelpreisträger Günter Grass – um nur einige der vielen prominenten Pfeifenraucher zu nennen, die unsere Welt lebenswerter gemacht haben.

So gesehen kommt die heutige Renaissance der Pfeife gerade im rechten Augenblick. Dies vermag kaum zu überraschen, symbolisiert doch für die Pfeifenraucher selbst die Pfeife Intelligenz, Charakter, Vertrauenswürdigkeit und Stabilität: Qualitäten, die in unserer hochtechnisierten Gesellschaft sehr vonnöten sind.

Es ist nicht ohne Ironie, daß ein Großteil der neueren Pfeifen-Enthusiasten eigentlich aus der Welt der Zigarre kommt, denn der amerikanische Zigarren-Boom der vergangenen Jahre hat längst auch auf Europa übergegriffen und in seinem Schlepptau eben das Interesse am Pfeiferauchen wieder entfacht. Das gibt es ja auch schließlich viele Gemeinsamkeiten. Erstens kommt bei Pfeifen wie Zigarren unverfälschter, reiner Tabak ohne chemische Zusätze zur Verwendung. Zweitens inhalieren Pfeifen- und Zigarrenraucher den Rauch nicht und geraten so weniger in Gefahr, nikotinsüchtig zu werden. Daher ist es durchaus logisch, daß der Umsatz der Pfeifenbranche erst in den USA und nun auch in Europa seit 1998 ständig zunimmt.

Darüber hinaus erleichtert neuerdings das Internet den internationalen Kontakt von Pfeifenrauchern, Pfeifenmachern und Tabakhändlern, und so konsolidiert sich die Gemeinschaft der Pfeifenliebhaber erstmals in ihrer Geschichte vor den Augen eines weltumspannenden Publikums. Aber das Internet hat natürlich auch seine Schattenseiten, und Pfeifenraucher sollten sich beim Surfen vor falschen Informationen hüten und nicht zu leichtgläubig sein. Es ist indes zu hoffen, daß sich dieses Ärgernis mit steigendem Wissensstand über das Pfeiferauchen zusehends verflüchtigt – wie Pfeifenrauch.

Ungeachtet ihrer neugewonnenen Beliebtheit hat die Pfeife nach wie vor Feinde, die aber natürlich alle keine Pfeifenraucher sind und somit nicht verstehen, das Leben zu genießen. Die Gegner des blauen Dunstes sterben nicht aus. In Deutschland ist, ebenso wie in Großbritannien und den USA, Tabakwerbung in Radio und Fernsehen verboten – unter deren Eignern und Führungspersönlichkeiten ironischerweise viele Raucher sind. In der kanadischen Provinz British Columbia kann man seine Pfeife nur im eigenen Auto oder zu Hause am Herdfeuer genießen, und in den USA darf man dies nicht in öffentlichen Gebäuden oder Restaurants tun. Also wirklich, es ist, als sei König James I. noch am Leben!

Die Aura von Nachdenklichkeit und Intelligenz, die Pfeifenrauchern heutzutage anhaftet, wurde wesentlich mitbegründet durch die Popularität eines Pfeife schmauchenden Genies: Albert Einstein.

Die ganze Anti-Pfeifen-Hysterie währt fort, ungeachtet der Tatsache, daß die Welt-Gesundheits-Organisation in ihrem Jahresbericht 1998 bereits zum zweiten Mal festgestellt hat, daß es keinen greifbaren Beweis dafür gibt, daß Passivrauchen gesundheitsschädlich ist. Schon zwei frühere Untersuchungen der Northwestern Pennsylvania University (1976) und der American Cancer Society (1964) haben gezeigt, daß Pfeifenraucher weniger krebsgefährdet sind als Nichtraucher. Von diesen Dingen hört man natürlich wenig, weil sie nicht in die (gesundheits-)politische Medienlandschaft passen. Was andererseits Besorgnis erregt, ist der Umstand, daß unsere eigenen pfeifenfreundlichen Institutionen nichts über jene »Raucher-positiven« Tatsachen verlauten lassen. Liegen wir schon so danieder, daß wir ein Schwert nicht erheben, das uns gereicht wird?

Nein, es ist wohl einfach so, daß Pfeifenraucher ein selbstgenügsames Völkchen von Individualisten sind, die nur in Ruhe ihrem Hobby frönen wollen. Überlassen wir jedoch den militanten Nichtrauchern das Feld, werden sie bald unser ganzes Leben bestimmen: Sie werden uns nicht nur verbieten zu rauchen, sondern uns auch vorschreiben, was wir essen, trinken und anziehen sollen. Denken Sie einmal daran, wenn Sie sich demnächst eine Pfeife anzünden und dafür den strafenden Blick eines arroganten

Pfeiferauchen erlebt in unseren Tagen eine weltweite Renaissance. In den USA sind private Verkaufsbörsen sehr beliebt; dort versammeln sich Pfeifen-Enthusiasten aus dem ganzen Land – zum Rauchen, Ausstellen, An- und Verkauf.

Nichtrauchers ernten. Vielleicht sollten Sie dem eine Pfeife anbieten, bei der er sich wieder entspannt.

Doch die Pfeifenraucher werden nicht untergehen, ganz wie bisher – dafür ist die Pfeife zu sehr Teil unseres Lebens und des Erbes der Menschheit. So hat zum Beispiel die Anti-Raucher-Bewegung in den USA eine Wiedergeburt der privaten Raucher-Clubs bewirkt, wie im England der Queen Victoria. Ähnliche Pfeifen- und Zigarren-Bars oder Lounges entstehen nun auch überall in Europa. Mehr noch, es etablieren sich neue Pfeifen-Clubs, und neue Pfeifen und Tabake drängen auf einen expandierenden Markt. Also kann man sagen: Trotz allen Geschreis, das eine relativ kleine Minderheit von Tabakfeinden erhebt, stellen wir Pfeifenraucher eine beachtliche Macht dar. Es gibt drei Millionen Pfeifenraucher in den USA und noch einmal fünf Millionen in Europa, davon 700 000 in Deutschland.

Kapitel 2

Die Kunst des Pfeifenmachens

»Viele gute Dinge wachsen auf den Bäumen –
der Stoff für gute Pfeifen auf der Baumheide.«

Während sich ein Großteil aller traditionellen Herstellungsmethoden durch moderne Technologie tiefgreifend gewandelt hat, ist das Pfeifenmachen seit mehr als hundert Jahren weitgehend unverändert geblieben – im wesentlichen sogar seit vierhundert Jahren! In Pfeifen aller Preisklassen steckt immer Handarbeit, je mehr, desto teurer sind sie. Schön zu wissen, daß Pfeifen zu den raren Artikeln auf dieser Welt zählen, deren Produktion niemals ganz automatisiert werden kann.

Seit seiner Einführung um 1850 ist das beliebteste Material für die Pfeifenherstellung das Bruyère-Holz, das wie kein anderer Werkstoff Schönheit, Lebensdauer und ausgezeichnete Raucheigenschaften in sich vereint. Die wichtigsten Herkunftsländer sind heute Italien, Frankreich (mit Korsika), Griechenland, Marokko und Spanien. Albanien und Algerien, früher gleichfalls bedeutende Lieferanten, sind durch die politische Entwicklung ins Hintertreffen geraten, und das Bruyère-Holz aus anderen Staaten ist kaum von ausreichender Qualität für die Pfeifenherstellung.

Bruyère weist je nach Ursprung und Alter charakteristische Eigenschaften auf. Während des Zweiten Weltkriegs, als Bruyère-Holz auf alliierter Seite schwer zu bekommen war, hielt man sich an korsische und algerische Quellen, und nunmehr genießt das seit circa 1960 verwendete Holz aus der Toskana, Ligurien und Kalabrien große Beliebtheit. Aus welcher Quelle jedoch exakt das Holz kommt, wissen vielfach auch die Pfeifenmacher nicht.

Denn selbst Sägewerke in Italien, die unmittelbar an der Quelle sitzen, kaufen – wegen der niedrigeren Lohnkosten – Bruyère aus Marokko oder Algerien dazu. Die Spitzenkönner der Pfeifenzunft achten deshalb nicht so sehr auf das Herkunftsland, sondern darauf, daß sie das beste Holz bekommen, was jeweils zu erhalten ist.

Welcher geographischen Herkunft es auch sei, Bruyère stammt stets aus derselben Quelle – der wildwachsenden Baumheide, mit wissenschaftlichem Namen *Erica arborea.* Dieses Strauchgewächs, das viereinhalb bis siebeneinhalb Meter hoch wird, gedeiht vorrangig an den zerklüfteten Felsküsten des Mittelmeeres. Alle Versuche, die Pflanze zu kultivieren oder sie andernorts anzubauen, sind fehlgeschlagen. Für die Pfeifenherstellung verwendet man nicht das Stamm- oder Astholz, sondern die harte Knolle der Wurzel, die sich bei weiblichen Bäumen unter der Erde bildet. Diese Knolle erntet man, läßt sie ablagern und schneidet sie in Kanteln oder *Ébauchons,* aus denen dann Pfeifen gedreht und geformt werden können. Zwar ist es theoretisch bei behutsamer Ernte möglich, den Baum zu erhalten, so daß er später eine weitere Knolle hervorbringen könnte, doch haben sich

Hier sehen Sie die Grundausstattung eines Pfeifenmachers: Säge, verschiedene Feilen, Poliergerät und Beize. Und natürlich gehört eine treffliche Kantel Bruyère-Holz dazu!

solche Versuche in der Praxis nicht bewährt: Diese Knollen sind nicht ebenmäßig, häufig voller Sandkorneinschlüsse und Risse, und sie haben meist keine attraktive Maserung. Deshalb wird für eine einzige Knolle in den überwiegenden Fällen ein ganzer Baum geopfert. Um die Zukunft des Rohstoffes Bruyère ist es bei der derzeitigen Nachfrage dennoch nicht schlecht bestellt.

Eine Bruyère-Knolle muß mindestens fünfzehn Jahre reifen, um tauglich für eine gute Pfeife zu sein, Spitzenpfeifen werden indes aus weit älteren Knollen gefertigt. Das wirkt sich zwar deutlich auf den Preis aus, sorgt aber auch für erheblich bessere Raucheigenschaften.

Warum aber ist das Alter des Holzes so wichtig für die Pfeife, die daraus entsteht? Das wird klar, wenn wir uns vor Augen führen, daß Bruyère keine Jahresringe bildet, sondern eine Maserung, die von seinem bewegten Leben kündet. Je länger die Knolle im Erdreich verbleibt, dem typischen trockenen, heißen und windigen Mittelmeerklima ausgesetzt, desto dichter und markanter bildet sich seine Maserung heraus, auf der »Atmungspotential« und spezifische Schönheit einer Bruyère-Pfeife beruhen. Eben diese Kombination von Strukturdichte, Durchlässigkeit und Maserung macht Bruyère so wertvoll für den Pfeifenmacher und so genußvoll für den Pfeifenraucher. Das legt die Frage nahe, warum man nicht einfach nur aus den ältesten vorhandenen Hölzern Pfeifen herstellt, um immer ein Optimum zu erreichen? Die Hindernisse sind leicht zu benennen: mangelnde Verfügbarkeit und hohe Kosten.

So waren vor dem Zweiten Weltkrieg durchaus noch Pfeifen aus bis zu 250 Jahre altem Bruyère erhältlich. Als die Pfeife dann immer populärer wurde und die Vorräte schwanden, nahm man 100 Jahre altes Holz, und heutzutage existieren zwar noch solche »Antiquiäten«, sind aber kaum zu bekommen. 1984, als in den USA die erste Ausgabe meines *Ultimate Pipe Book* erschien, nahm man für die Massenproduktion normalerweise 50 bis 75 Jahre altes Holz, 1989 bereits nur 25 Jahre altes. Inzwischen werden Durchschnittsmodelle oft aus Bruyère hergestellt, das gerade anderhalb Jahrzehnte jung ist, nur für teure Sondereditionen bedient man sich der ganz raren »Hundertjährigen«. Die sogenannten »Drugstore Pipes« – wie man in den USA die Billigpfeifen nennt, deren Fehler mit einer Lasur kaschiert werden – werden sogar aus noch jüngerem Holz gefertigt. Und soviel ist klar, aus einer »Fünfzehnjährigen« raucht es sich eben längst nicht so trefflich wie aus einer Pfeife, deren Holz älter ist und dabei eine perfekte Struktur und Maserung herausgebildet hat. Heutige Freehand-Künstler bevorzugen Holz, das zwischen 30 und 50 Jahre alt ist, weil es für eine Pfeife am geeignetsten ist. Bruyère, das 100 Jahre und älter ist, hat – selbst wenn man es bekommen sollte – meist keine guten hygroskopischen Eigenschaften mehr, ist häufig voller Risse und Sandkorneinschlüsse und eignet sich kaum noch für die Herstellung von edlen Pfeifen. Pfeifen gar aus Holz herzustellen, das mehrere hundert Jahre alt ist, gehört in den Bereich der Legendenbildung. Denn solch altes Bruyère ist hart wie Stein, kann weder »atmen« noch Feuchtigkeit aufnehmen und abgeben, und von Rauchgenuß kann deshalb nicht die Rede sein.

Da die Zahl der Pfeifenraucher seit Jahren ständig abnimmt (abgesehen von der hoffnungsfroh stimmenden Renaissance, die zur Zeit in den USA stattfindet), ist es auch schwieriger, gutes Bruyère-Holz zu bekommen. Glücklicherweise sind noch ausreichende Mengen vorhanden, doch werden wegen der sinkenden Nachfrage auch weniger Knollen »geerntet«. Waren vor einigen Jahren in Italien noch über 130 Coupeure tätig, so ist es heute nur noch ein gutes Dutzend – und auf der französischen Insel Korsika arbeiten gegenwärtig nur noch zwei Sägewerke. Und wenn weniger Bruyère-Holz abgebaut wird, so ist naturgemäß auch die Menge der Spitzenstücke deutlich geringer. Ein positiver Nebeneffekt der sinkenden Nachfrage jedoch ist, daß sich die natürlichen Vorkommen der Baumheide erholen können und es deshalb voraussichtlich in einigen Jahren wieder leichter sein wird, ältere Vorkommen zu erhalten.

Es sind aber zunehmend weniger Leute bereit, über heiße, schroffe und mitunter schwer zugängliche Felsen zu kraxeln, nur um schmutzige, erdverkrustete Wurzelknollen auszugraben; ein Computerjob in einem klimatisierten Büro ist schließlich einträglicher und weniger gefährlich. Da die Baumheide ein Stück Natur ist, ist sie damit auch typischen Gefahren ausgesetzt, wie Waldbränden und Schädlingsbefall. Und viele der heutigen Pfeifenraucher werden immer anspruchsvoller und verlangen nach erstklassiger Holzqualität. Dies alles bringt das Naturprodukt zwar nicht in Bedrängnis, doch macht es hochwertige Pfeifen teurer. Moderne Technologie befähigt zwar den Menschen,

Schafe zu klonen und Raumschiffe zum Mars zu senden, doch die Natur benötigt nach wie vor viele Jahre, um altes Bruyère-Holz hervorzubringen. Und nur dieses ist gut strukturiert und bietet später den optimalen Rauchgenuß.

Im Prinzip unterscheidet man bei hochwertigen Pfeifen zwei Arten der Maserung: »Straight grain« und »Bird's Eye«. Charakteristisch für die erstgenannte sind schmale, waagerechte Linien, für die zweite dagegen runde, an Vogelaugen erinnernde Zeichnungen – eigentlich die Enden der »Straight grain«-Stränge. Damit werden wir uns noch näher in Kapitel 3 beim Thema Pfeifenwahl befassen.

Bruyère-Pfeifen kommen in verschiedenen Güteklassen auf den Markt, werden dem Kunden allerdings oft nur arg vereinfachend als »Firsts« oder »Seconds« angeboten. Eine First zu besitzen, das heißt ein makelloses Exemplar mit besonders schöner Maserung, ist der Wunschtraum vieler Pfeifenraucher; im Pfeifenmacherjargon bezeichnet man sie auch als Pfeifen mit »sauberem« Kopf. Mit anderen Worten, sie sind einfach perfekt, soweit die Natur so etwas überhaupt hervorbringt. Solche Pfeifen haben selbstverständlich ihren Preis, da hier auch Seltenheitswert und Schönheit zu Buche schlagen. Man sollte nicht vergessen, daß die Maserung ein rein optischer Aspekt ist, der nichts mit den Raucheigenschaften einer Pfeife zu tun hat. Deshalb bietet eine Bruyère-Pfeife mittleren Preisniveaus oft einen ebenso angenehmen Rauchgenuß wie ein Stück, für das man ein paar hundert Mark mehr anlegen muß, weil seine Oberfläche absolut ebenmäßig gezeichnet ist.

Pfeifen mit Sandkorneinschlüssen, unterbrochenen Linien oder anderen kleinen Makeln im Erscheinungsbild, sogenannte Seconds (in den USA, in England »Rejects«), können für den erfahrenen Pfeifenraucher ein ausgesprochener Glücksgriff sein, wie wir im nächsten Kapitel sehen werden. Ich weise darauf hin, daß ich in diesem Buch die Klassifizierung Firsts im strengsten Wortsinn der Pfeifenmachersprache verwende. Jedes Stück mit dem geringsten Makel fällt bei mir in die Kategorie Seconds, das heißt zweite Wahl. Weist es so viele Mängel auf, daß man diese mit Kitt (oder Mastix) kaschieren muß, gehört es meines Erachtens als reiner Gebrauchsgegenstand in die Klasse »Thirds«. Ich erwähne dies ausdrücklich, weil sich im Zuge der Verknappung hochwertigen Materials in der Pfeifenindustrie die Tendenz zeigt, eine wundervoll gemaserte Straight grain auch dann als First zu bezeichnen, wenn sie einen winzigen Sandkorneinschluß aufweist. Dieserart wird jedoch ein Qualitätssiegel, das bislang einer einwandfreien Bruyère-Pfeife vorbehalten war, neu definiert: Dann gilt es, unabhängig von der Ästhetik, für jedes Exemplar von hervorragender Holzdichte und Maserung. Wie soll man dann eine lupenreine First überhaupt noch nennen … »First First«? Darüber hinaus gibt es nach wie vor einige wenige Pfeifenfirmen oder Freehand-Künstler, die gar keine Seconds produzieren. Jede Pfeife, bei der auf der Werkbank Fehler entdeckt werden, wird an eine andere Fabrik weitergereicht oder unter anderem Markennamen verkauft.

Aus all diesen Gründen gilt es, sich eines klarzumachen: Legt man Wert darauf, eine First First zu rauchen, aus perfekt gemasertem, lange abgelagertem Holz erster Güte, dann muß man für dieses Privileg tief in die Tasche greifen. Bescheidet man sich mit einer »Second First« identischer Holzqualität, aber geringfügigen optischen Mängeln, kommt man schon ein wenig besser weg. Seconds mit kleinen Kittfüllungen sind erschwinglicher und in den Augen vieler optisch auch nicht weniger ansprechend. Der eigentliche Unterschied zwischen Firsts und Seconds enthüllt sich erst vor dem Hintergrund des gesamten Herstellungsprozesses einer Pfeife. Und dessen erste Phase ist der Weg des Bruyère-Holzes aus der Erde auf die Werkbank des Pfeifenmachers.

Bruyère wird gewöhnlich von November bis in das späte Frühjahr hinein geerntet. Nach dem Ausgraben reinigt man von Hand die Wurzelknolle, prüft sie auf Schäden durch Fäulnis oder Schädlingsbefall und schneidet diese Stellen weg – hierdurch bleibt von einer Knolle oft nur ein zehn bis fünfzehn Pfund schweres Stück übrig. Ist eine ausreichende Traglast zusammen, wird die Ausbeute zu einer Sammelstelle gebracht und dort mit nasser Sackleinwand bedeckt, um sie feuchtzuhalten. Das verhindert Rißbildungen im Holz, bevor es schließlich in kochendem Wasser von Schmutz und Tanninen befreit und zu einem nahegelegenen Sägewerk gebracht wird. Diese Betriebe sind auf das Zuschneiden der Kanteln oder *Ébauchons* spezialisiert – dicke, rohe Holzscheiben, aus denen später vielleicht eine oder zwei Pfeifen entstehen. Beim Zuschneiden gibt es eine Menge Abfall, ein Grund für den hohen Preis des Bruyère. Außerdem

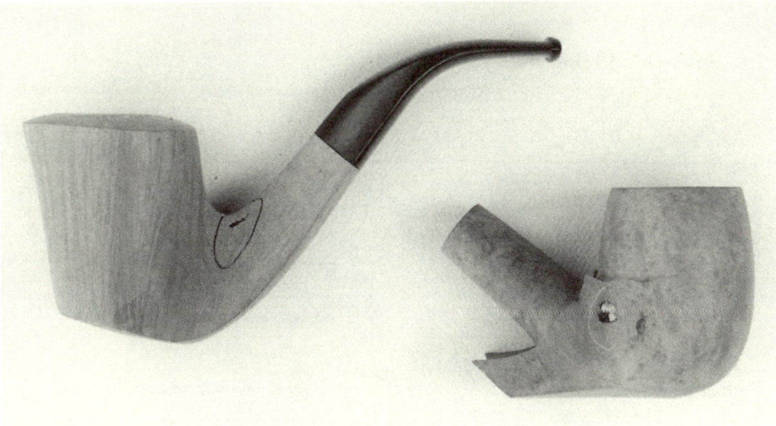

Eine Kantel mag noch so gut aussehen – oft verbergen sich im Holz Fehler, die erst während des Fertigungsprozesses ans Licht treten. Nicht zuletzt dieser Umstand macht die Herstellung einer perfekten Pfeife zu einem Vabanquespiel zwischen Erfolg und Enttäuschung.

treten während dieses Arbeitsganges viele zuvor verborgene Mängel des Holzes zutage: unliebsame Überraschungen, vor denen kein Pfeifenmacher gefeit ist, bis eine Pfeife fertig ist, sei es der Fabrikarbeiter inmitten einer ganzen Schar von Kollegen oder der einzelne Pfeifenkünstler an der Werkbank im eigenen Atelier.

Winzige Sandkorneinschlüsse, Wurmlöcher, Risse im Holz – das alles kann das Erscheinungsbild einer Pfeife beeinträchtigen und lauert oft unter der Oberfläche verborgen wie ein mutwilliger Kobold, um irgendwann aus seinem Versteck zu springen, beim Zuschneiden, Drehen oder Schmirgeln... Man kann sich die Enttäuschung eines Pfeifenmachers lebhaft vorstellen, der, überzeugt eine makellose »Straight Grain First« in Händen zu halten, seinem guten Stück den letzten Schliff gibt und dabei plötzlich einen Sandkorneinschluß am Pfeifenkopf entdeckt! Nun hat er eine Second, und so etwas kann immer wieder passieren, weshalb Firsts so begehrt und teuer sind.

Die zugeschnittenen Ébauchons werden nach Farbe, Maserung und Größe sortiert – je dunkler das Holz, je älter der Strauch, von dem es geschnitten wurde, je dichter meist die Maserung, und je größer die Kantel, desto teurer wird diese sein. Nun muß sie »reifen«, das heißt ablagern und trocknen, was je nach Pfeifenhersteller und Umgebungsklima drei Monate bis fünf Jahre dauern kann. Während dieser Zeit wird das Bruyère-

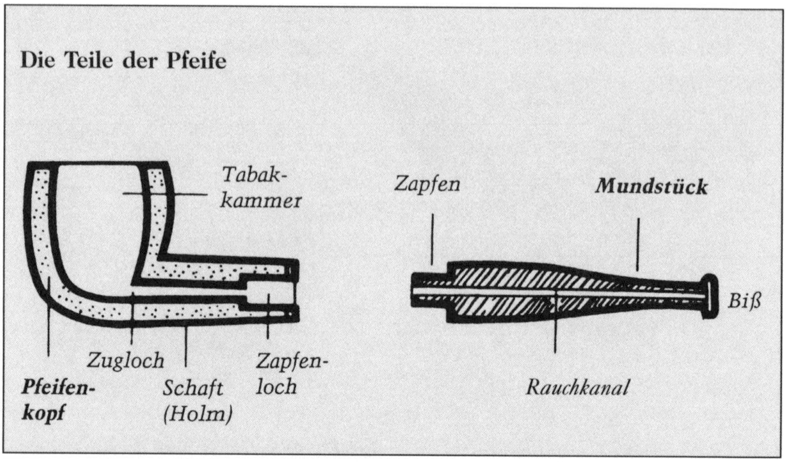

Was der Pfeifenmacher im Schlaf beherrscht, sollte auch der Pfeifenkäufer wissen: wie man die einzelnen Teile einer Pfeife benennt.

Holz in gut belüfteten trockenen Schuppen gelagert, bis es seine Restfeuchte verloren hat und die gleiche Feuchtigkeit wie die Umgebungsluft aufweist.

Vor Jahren noch wurde Bruyère ganz natürlich »gereift«, indem man es zwei bis drei Sommer an der Sonne trocknen ließ und es gelegentlich befeuchtete. Auf diese Weise sonderte das Holz allmählich sämtliche Tannine und Harze ab. Heutzutage haben manche Pfeifenhersteller Mittel und Wege gefunden, den Alterungsprozeß künstlich zu beschleunigen. Ich bin in dieser Hinsicht zwar eher Traditionalist, muß aber zugeben, daß auch Lieferanten hochkarätiger Pfeifen sich inzwischen dieser neuen Techniken bedienen. Was die Rauchqualität angeht, so konnte ich keinen Unterschied feststellen zwischen einer Spitzenpfeife aus den achtziger Jahren und einer entsprechenden aus den Dreißigern. Entscheidend sind also wohl folgende Dinge, unabhängig von der Technik: sachgemäße Lagerung und Trocknung eines nicht zu jungen Bruyère-Holzes, das anschließend mit größtem handwerklichem Geschick sorgfältig bearbeitet wird.

Daß sowohl althergebrachte wie auch moderne Verfahren legitim sind, beweisen die Koryphäen der Pfeifenmacherzunft selbst: Während nämlich der Italiener Mauro Armellini sein Bruyère ganz altmodisch an der Sonnenseite seines Hauses trocknen läßt, altert das Holz des Dänen Erik Nørding künstlich in einer selbstentwickelten Trockenmaschine. Und nun kommt der Witz:

Die Herstellung der Pfeifen erfolgt wiederum bei Armellini mit Hilfe hochmoderner Maschinen, bei Nørding hingegen weitgehend in Handarbeit. So paradox ist die Welt des Pfeifenmachens!

Nach Abschluß des Reifeprozesses werden die Kanteln nochmals überprüft; weisen sie Risse oder andere Mängel auf, landen sie im Abfall. Dies bedeutet eine weitere Verminderung des kostbaren Bruyère-Vorrates: Im allgemeinen findet sich unter 50 Ébauchons nur ein einziger, der sich für eine First eignet. Nun sortiert man die Kanteln endgültig nach Größe und Qualität und kennzeichnet sie entsprechend mit Buchstaben und Zahlen. Die niedrigste Güteklasse ist »Standard« – für Pfeifen, deren Unebenheiten mit Kitt geglättet und lasiert oder gar mit Leder oder Pelz überzogen werden; das macht sie attraktiv für Unbedarfte und gänzlich un(b)rauchbar für jedermann. Dann folgen die Kategorien »Premium«, »Extra« und »Double Extra«. Heutzutage werden die meisten Fabrik-Pfeifen aus Premium-Holz gefertigt, wobei gewöhnlich zwei oder drei Firsts pro Tausend abfallen. Die besten und teuersten Pfeifen der »Extra«-Klasse entstehen aus sogenanntem Plateauholz, dem besonders harten Randbereich meist älterer Wurzelknollen. Charakteristisch für dieses »Kaiserstück« des Bruyère ist die auffallend bewegte Maserung. Pfeifenmacher lassen die grobe Struktur mitunter am oberen Rand des Pfeifenkopfes unbearbeitet, so daß man auf den ersten Blick erkennen kann, daß es sich um Plateauholz handelt. Solche Kanteln werden handverlesen und erzielen weit höhere Preise als normale, weshalb sie oft auch als Einzelstücke den Besitzer wechseln.

Es gibt noch eine Sonderkategorie des Bruyère, die nicht nur bei Pfeifenmachern und Rauchern, sondern auch unter Sammlern von »Estate Pipes« – ein typisch amerikanisches Hobby: das Sammeln neuerer Modelle, die nicht mehr hergestellt werden – sehr begehrt ist. Ich spreche vom sogenannten »dead root«. Wie schon erwähnt, bieten Pfeifen um so schönere Maserungen und bessere Raucheigenschaften, je älter die Wurzelknolle ist, der sie entstammen. Stirbt nun ein Baumheidenstrauch ab und mit ihm seine Wurzelknolle, setzt bei dieser ein natürlicher Trocknungs- und Alterungsprozeß ein, der das sonst obligatorische Nachreifen überflüssig macht. Dieses »dead root« ist, wie nicht anders zu erwarten, das gesuchteste und teuerste Wurzelholz. Die allerbe-

Die gängigsten Pfeifenformen

Pfeifen sind in einer Vielzahl unterschiedlicher Formen erhältlich.
Hier einige der Klassiker.

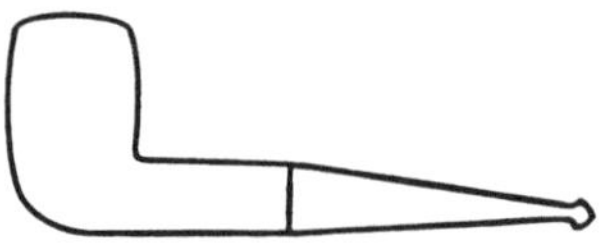

Billiard

Freehand

Apple

Pot

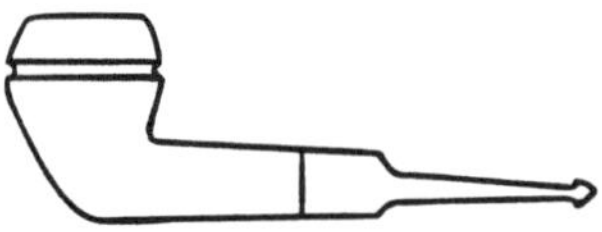

Bulldog

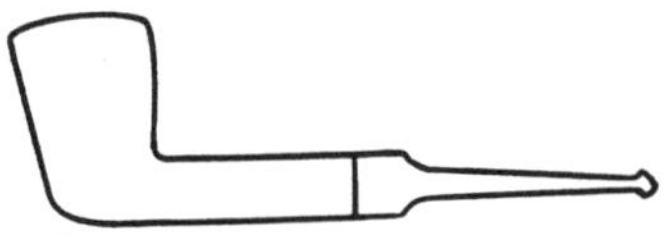

Dublin

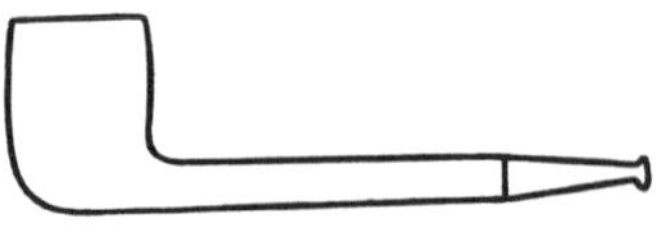

Canadian

Poker

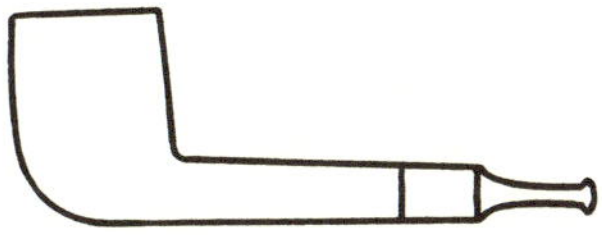

Lovat

Liverpool

Cad

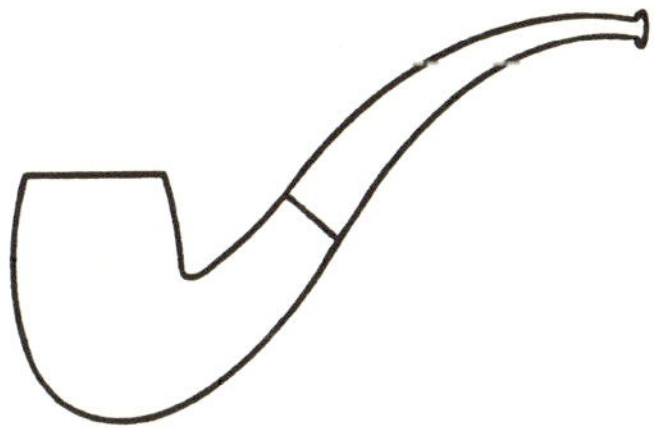

Bent

Bent Rhodesian

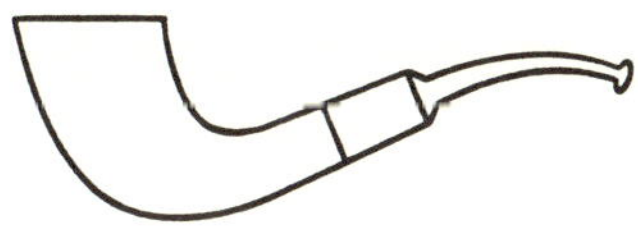

Bent Albert

Prince

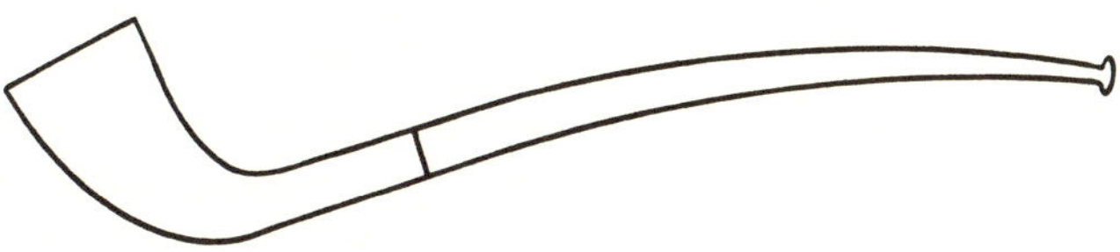

Churchwarden

sten Straight Grains von Alfred Dunhill wurden ehemals mit »DR« (= »dead root«) gekennzeichnet und sind heute heißbegehrte Sammlerstücke. Mancher Freehandkünstler versucht nach wie vor mit Stolz, »dead root« zu verwenden und verlangt entsprechende Preise für seine Modelle. Das kostbare Ausnahmematerial ist heute aber kaum noch erhältlich, weshalb man den Alterungsprozeß in verschiedenster Weise künstlich nachvollziehen muß.

Will ein Pfeifenmacher ausschließlich Spitzenqualität herstellen, muß er beim Holzeinkauf die Hälfte der gewöhnlichen Menge für rund den doppelten Preis erwerben. Oft schneiden Interessenten nur eine winzige Scheibe des Plateaus ab, um sich einen Eindruck von der ästhetischen Qualität zu machen, die das Innere der Kantel birgt. Das ist jedoch eine recht fragwürdige Praxis, weil sich eigentlich erst während der Bearbeitung verläßlich feststellen läßt, wie die fertige Pfeife aussehen wird. Andererseits ist aber nicht jeder darauf aus, nur Spitzenware herzustellen; es gibt sogar viele Firmen, die sich auf Seconds beschränken und entsprechendes Bruyère-Holz einkaufen.

Ist die endgültige Sortierung und Kennzeichnung der Kanteln erfolgt, werden sie, in Leinwandsäcke verpackt, an die Einkäufer der großen Pfeifenfirmen in aller Welt veräußert. Diese »Briar Brokers« haben etwas von einer Geheimgesellschaft; die wenigen Mitglieder ziehen es meist vor, anonym zu bleiben, entweder weil sie ausreichend Kundschaft haben oder einfach weil es nicht genügend hochklassiges Plateauholz gibt, als daß man damit hausieren gehen könnte. Aus dem letzteren Grund hüten sich auch Firmen, die nur hochwertige Pfeifen in geringer Menge herstellen, leichtfertig ihre Bruyère-Quellen zu verraten.

Große Konzerne wie Peterson, Stanwell, Savinelli oder Butz-Choquin kaufen ihr Bruyère gerne in großer Menge ein, um sich jährlich ein lukratives Angebot an Firsts zu sichern. Kleinere Produzenten und Pfeifenkünstler, die auf Bestellung arbeiten, müssen hingegen für erstklassige Ware auch meist sehr hohe Preise zahlen, ohne Garantie, daß tatsächlich geeignetes Material für eine First dabei ist. Ich habe mich mitunter schon gefragt, ob es nicht eine Idee sei, die Kanteln zuvor mit Röntgenstrahlen zu untersuchen, um ganz sicher zu gehen. Andererseits hat mir so mancher Pfeifenmacher erklärt, gutes Bruyère sei so teuer geworden, daß ihm gar keine Wahl bleibe, als mit Risiko zu kaufen und gewissermaßen den Sprung ins kalte Wasser zu wagen. Die wenigsten können es sich erlauben, sich ein Stück Holz entgehen zu lassen, das eigentlich dazu bestimmt ist, eine gute Pfeife zu werden.

Wie sehr sich die Situation auf dem Markt in den vergangenen Jahrzehnten geändert hat, läßt sich an folgendem Beispiel demonstrieren: 1970 konnte man noch mit Sicherheit davon ausgehen, daß sich aus fünf Prozent der Kanteln in einem Sack Bruyère-Holz fehlerfreie Firsts herstellen ließen und aus weiteren fünfzehn Prozent sandgestrahlte Firsts. In diesem Fall werden mit einem Sandstrahlgebläse winzige Glas-, Metall- oder Sandpartikel unter gewaltigem Druck auf das Holz gebracht und hierdurch das weichere Füllholz entfernt. Es entsteht ein gehärteter Pfeifenkopf mit dauerhafter Linierung und Marmorierung. Zusätzlich zu den besagten zwanzig Prozent mochte diese Partie vielleicht eine Reihe von »Deluxe Seconds« hergeben, die zwischen Firsts und Seconds angesiedelt sind. Den ganzen Rest hätte man, zumindest in renommierten Firmen mit entsprechender Ware, schlicht als Abfall ausgemustert – eine Verfahrensweise, die heute undenkbar wäre. Damals konnte man sich solchen Luxus noch erlauben, da Bruyère relativ preiswert war.

Inzwischen sind die Preise enorm geklettert, bedingt durch das allzu bekannte Gespenst der Inflation, steigende Lohnkosten und den Umstand, daß immer weniger Arbeitskräfte sich mit der schweißtreibenden Suche nach Bruyère-Knollen abgeben möchten. Die Pfeifenmacher haben ihrerseits festgestellt, daß sie wirtschaftlich nur überleben können, wenn sie aus dem berühmten Leinwandsack fünf Prozent mehr Firsts herausschlagen als vor zehn Jahren. Die Geburt von »Second Firsts« war die zwangsläufige Folge dieser Entwicklung.

Macht sich ein Hersteller die Devise »Nur Firsts – keine Seconds« zu eigen, so ist das löblich, allerdings auch kostspielig und nur realistisch unter drei Voraussetzungen: Erstens muß man sämtliche Seconds verbrennen; zweitens seine Kanteln so lange bearbeiten, bis man entweder endlich eine First in Händen hält oder ad infinitum schleifen; oder, drittens, ein Oberflächenfinish entwickeln, bei der das Niveau der Holzbearbeitung wichtiger ist als die Maserung.

Es ist beruhigend, daß viele Spitzenanbieter trotz zunehmender Verteuerung und Verknappung von hochwertigem Bruyère nach wie vor bestes Plateauholz verwenden und darüber hinaus gute Abnehmer für Pfeifenköpfe der Qualitätsstufen A und AA sind, die gelegentlich von anderen Pfeifenmachern angeboten werden. Daß viele Hersteller Pfeifenköpfe auch für die Konkurrenz produzieren, ist ein nur Insidern bekanntes Phänomen. Ich finde es nicht weiter verwerflich, solange das Niveau des Endproduktes dem Renommee der betreffenden Marke und dem Ladenverkaufspreis angemessen ist.

Nach dem Erwerb durch die Einkäufer werden die Kanteln an die entsprechenden Fabriken geliefert und dort gewöhnlich in L-förmige Blöcke gesägt – der erste Schritt in einem langwierigen Fertigungsprozeß von 80 bis 120 verschiedenen Arbeitsgängen (die wichtigsten sehen Sie auf den Fotos zu diesem Kapitel). Wer sich selbst einmal in diesem Metier versuchen will, kann sich bei seinem Fachhändler einen passenden Werkzeugkoffer besorgen! Möchten Sie indes wirklich von der Pike auf beginnen und haben viel Zeit, dann sollten Sie auch Ihre eigene Baumheide ernten…

Die Formgebung einer Pfeife orientiert sich gewöhnlich an überlieferten Mustern, die zu Klassikern geworden sind. Wie weit sie sich von diesen entfernt, hängt von den Vorlieben des jeweiligen Pfeifenmachers ab und immer auch von der Form der Kantel, aus der die Pfeife gefertigt wird. Engländer und Franzosen beschränken sich meist auf traditionelle Formen, während deutsche, dänische und amerikanische Designer zu sogenannten »Freehands« tendieren. Als kleine Hilfe für die Pfeifenwahl sind die wichtigsten Standardformen in diesem Kapitel abgebildet (siehe S. 44f.).

Unabhängig von der Form gibt es bei Bruyère-Pfeifen prinzipiell drei Oberflächenstrukturen: glatt, sandgestrahlt und rustiziert; bisweilen werden bei einer Pfeife auch mehrere kombiniert.

Ein glattes Finish wählt man gewöhnlich bei Pfeifen mit schöner Maserung, die entsprechend zur Geltung kommen soll. Man kann die Pfeife nur mit Öl behandeln und so ihren natürlichen Farbton erhalten oder sie farbig beizen, von hellbraun über orangefarben bis zu dunkelbraun oder gar schwarz, abhängig vom Holz und der Vorliebe des Pfeifenmachers. Je besser jedoch die Maserung und je fehlerfreier das Holz ist, desto heller werden die Pfeifen meist gebeizt. Bei vielen (italienischen) Herstellern

Der Werdegang einer Pfeife

Die Bruyère-Kantel wird zuerst grob zugeschnitten und mit zwei Öffnungen versehen: der Tabakkammer und dem Rauchkanal. Das Zugloch muß ganz unten in die Tabakkammer eintreten, sonst kann die Füllung nicht durchgeraucht werden.

Die Formgebung einer Pfeife richtet sich im wesentlichen nach dem Verlauf der Maserung. Zuweilen ist eine Vorzeichnung hilfreich.

Um die Grundform der Pfeife herauszuarbeiten, sägt man das überschüssige Holz ab. Beachten Sie die Konturierung der Tabakkammer und den Pfeifenreiniger, mit dem man den exakten Verlauf des Rauchkanals sicherstellt.

Pfeifenkopf und Holm werden gewöhnlich auf der Drehbank geformt; in Handarbeit ist das eine mühselige Sache.

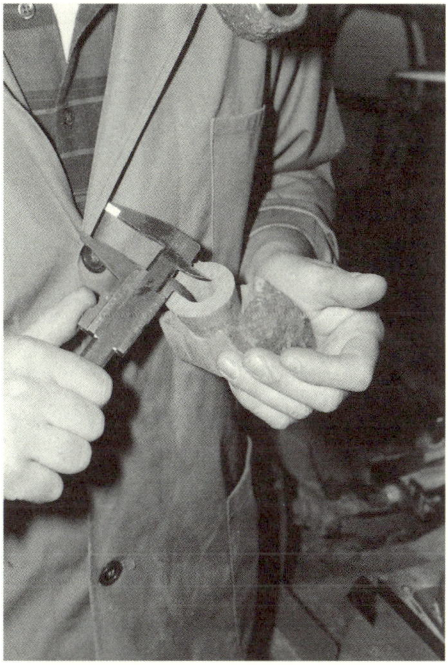

Pfeifenherstellung, ob maschinell oder von Hand, ist immer Präzisionsarbeit.

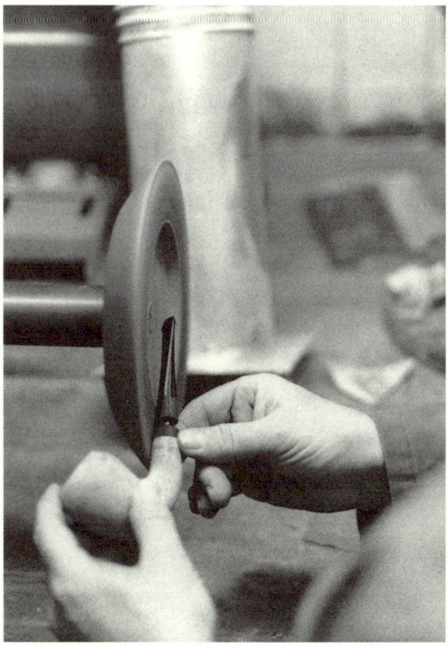

Das Anpassen des Mundstücks an den Holm erfolgt entweder in Handarbeit mit der Feile oder an der Polierscheibe. In jedem Fall ist es wichtig, daß beide Teile nahtlos ineinandergreifen und mit der gesamten Erscheinung der Pfeife harmonieren.

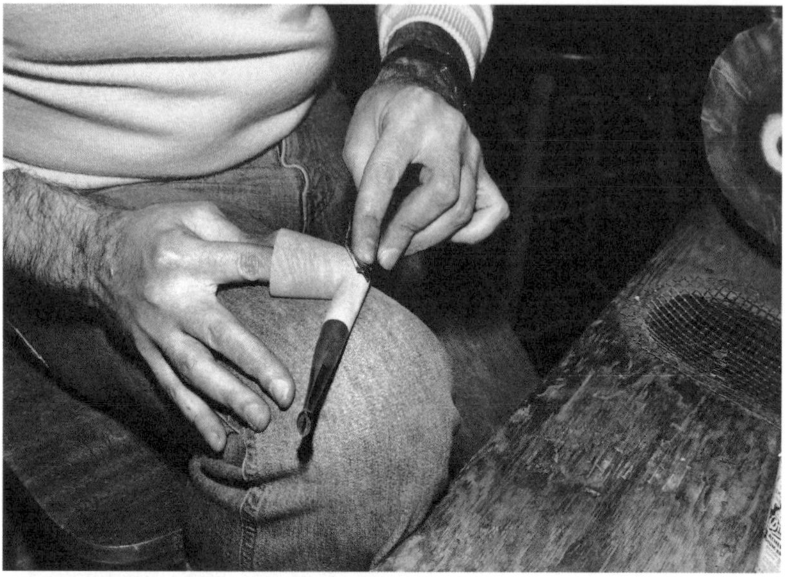

Die Oberfläche wird in mehreren Arbeitsgängen mit Sandpapier zunehmend feineren Grades geglättet (abschließend mit 600er Qualität). Manche Pfeifenmacher setzen ihren Ehrgeiz in ein spiegelglattes Finish.

Abschließend wird die Pfeife gebeizt, an der Scheibe poliert und mit Wachs behandelt.

ist die Farbe ein Indiz für die Qualität von Maserung und Holz. In absteigender Qualitätsstufe sähen die Pfeifen dann wie folgt aus: hellbraun, orangefarben, dunkelbraun, sandgestrahlt hell, sandgestrahlt dunkel, rustiziert hell, rustiziert dunkel. Bei der Maserung lassen sich grundsätzlich drei Varianten unterscheiden: »Straight Grain«, »Flame Grain« und »Bird's Eye«. Häufig weist eine Pfeife mehrere Maserungstypen auf: beispielsweise »Bird's Eyes« rund um den Pfeifenkopf, die in eine waagrechte »Straight Grain«-Maserung auf der anderen Seite übergeht. Eine solche Doppelmaserung wird in der Fachsprache »Cross Cut« genannt, eine horizontale »Cross Grain«. Eine ausgeprägte, aber unregelmäßige Maserung nennt man »Random Grain«. Viele Pfeifen weisen kahle Stellen auf, Partien harten Holzes mit unauffälligen Eigenschaften. Von solchen Exemplaren läßt man besser die Finger, denn wo die Maserung fehlt, ist oft die Holzkonsistenz zu dicht. Unter »Flame Grain« versteht man eine geradlinige Maserung, die im rechten Winkel entweder am Pfeifenkopf endet oder dort beginnt und das schöne Bild einer Flamme formt. Recht reizvoll kann auch eine »Burl Grain« sein mit einer Maserung aus kleinen Wirbeln, sofern diese prägnant und gleichmäßig verlaufen. Die Maserung macht jede Bruyère-Pfeife zu einer individuellen Persönlichkeit, und deshalb findet jeder Pfeifenraucher eine andere anziehend.

Sandgestrahlte Pfeifen (auch unter der Bezeichnung »Shell Briar«, »Rustica« »Relief-« oder »Thornpfeifen« auf dem Markt) mit ihrer reizvoll reliefartigen Oberflächenstruktur laden förmlich dazu ein, den Pfeifenkopf fest zu umfassen – anders als bei einer glatten, gewachsten Pfeife muß man hier nicht befürchten, Spuren zu hinterlassen. Sie sind zudem leichter, da das Holz weniger massiv ist. Die Hitze der Glut durchdringt, aufgrund der unebenen und somit größeren Oberfläche, das Holz des Pfeifenkopfes schneller als bei einem glatten Modell, aber dieser Unterschied ist in der Regel kaum spürbar.

Die sandgestrahlten werden häufig zu den minderwertigen Pfeifen gezählt, doch genau das Gegenteil trifft zu. Für eine exquisite sandgestrahlte Pfeife benötigt man Bruyère-Holz erster Qualität mit überdurchschnittlich schöner Maserung, genau die zweidimensionale Vorlage für das spätere Profil flacher und erhabener Partien, das ein markantes Exemplar so attraktiv macht. Ein gutes Beispiel ist das reliefartig herausgearbeitete

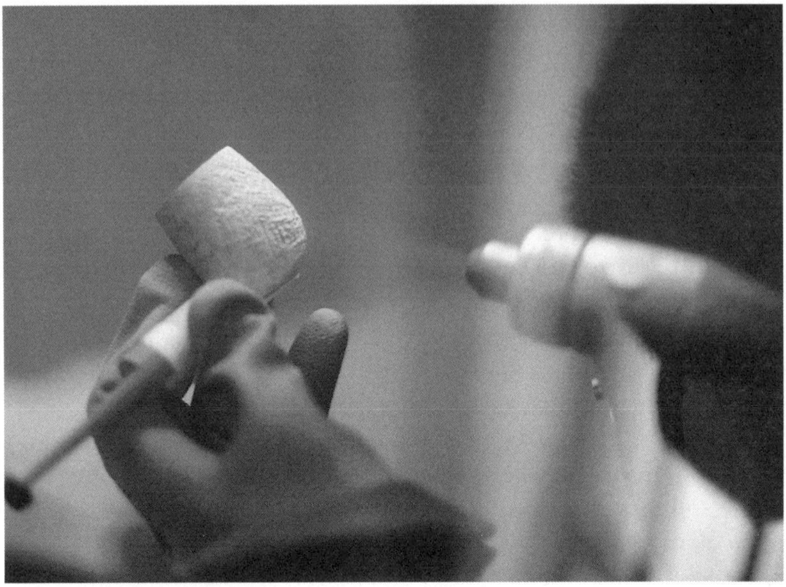

Eine beliebte Alternative zu Pfeifen mit glatter Oberfläche sind die sandgestrahlten. Bei diesem Verfahren werden winzige Glas-, Metall- oder Sandpartikel mit einer Düse unter enormem Druck auf den Rohling gebracht. Hierdurch wird das weiche Füllholz entfernt, und es entsteht eine rauhe, zerklüftete Oberfläche.

Ringmuster der Alfred Dunhill Shillings, die in den Neunzigern auf den Markt kamen und wie ihre Vorgänger, die Ring Grains, eigentliche perfekte Straight Grains sind, nur eben sandgestrahlt.

Dieses Verfahren verlangt zudem ein Höchstmaß handwerklicher Fertigkeit, denn die Oberfläche muß ein gleichmäßiges Profil haben, ohne zu flache Partien oder so starke Einschnitte, daß die Form der Pfeife verdorben wird. Diese Feinheiten habe ich aus erster Hand erleben können, als William »Ashton« Taylor mich zum Sandstrahlen einer Pfeife in seine Londoner Ashton-Fabrik einlud. Es ist weiß Gott nicht einfach, einen rohgeformten Pfeifenkopf festzuhalten und in der anderen Hand eine feine Düse, aus der mit einem Druck von tausend Atmosphären mikroskopisch kleine Sandpartikel hervorstieben – erst recht, wenn man dabei dicke Gummihandschuhe trägt, die als Schutzmaßnahme in einen Metallkasten integriert sind. Das Ergebnis war in meinem Fall eine recht kurios geformte Billiard mit einer unübersehbaren »Griffspur« an einer Seite des Pfeifenkopfes. Taylor sagte ich natürlich, genau dies hätte ich beabsichtigt, obwohl ich in Wirklichkeit froh war, nicht versehentlich meine Hand sandgestrahlt zu haben.

Die Sandstrahltechnik wird von den meisten Herstellern dazu genutzt, Fehler und Mängel am Pfeifenkopf zu kaschieren, und das hieraus resultierende – letztlich unverdiente – Stigma, das sandgestrahlten Pfeifen leicht anhaftet, hat wiederum dazu geführt, daß sie oft billiger zu haben sind als eine glatte Bruyère vergleichbarer Qualität. In der Tat würde jedoch kein Pfeifenmacher eine lupenreine Straight Grain sandstrahlen, wenn nicht bei der Endbearbeitung ein Spot oder Sandkorneinschluß aufgetaucht wäre. Um das gute Stück Holz dennoch zu retten, läßt er also die Pfeife sandstrahlen und verkauft sie preiswerter als eine mit glatter Oberfläche. Paradox, denn in der sandgestrahlten Pfeife steckt mehr Arbeit als in einer glatten. – Doch nicht jeder Hersteller verfährt mit dem Sandstrahlen so wie William »Ashton« Taylor, der jeden Pfeifenkopf individuell unter der Düse bewegt, so daß sich das weichere Füllholz entlang der Maserung entfernen läßt. Manche Firmen legen die Pfeifenköpfe einfach in einen sich drehenden Korb mit vielen Löchern und lassen mehrere Sandstrahldüsen automatisch arbeiten. Diese Sandgestrahlten haben dann später nicht eine so deutlich hervortretende Reliefstruktur, was ihren Rauchеigenschaften jedoch keinen Abbruch tut.

Bruyère-Pfeifen werden zuweilen mit einem »Spot carving«, das heißt einer partiellen Modellierung versehen – aus dekorativen Gründen, meist aber, um Unregelmäßigkeiten in der Maserung zu kaschieren. Ebenso findet man solche mit figuralen Reliefs oder »Freehands«, also frei an der Bandschleifmaschine geformte Exemplare. Wie die glatten oder sandgestrahlten können auch die »geschnitzten« Pfeifen maschinell hergestellt werden, doch zumindest die komplexeren Modelle entstehen zwangsläufig in Handarbeit. Solche Meisterstücke (siehe Abb. S. 23) darf man nicht verwechseln mit der billigen Importware, die im örtlichen Touristenladen gleich neben dem Zeitschriftenregal zu finden ist. Sie finden in diesem Buch zahlreiche Abbildungen von Qualitätspfeifen verschiedener Hersteller.

Die Herstellung einer Pfeife erfordert, unabhängig von der jeweiligen Form, stets ein gewisses Maß an Erfahrung und handwerklichem Geschick sowie gute Kenntnis ihrer Funktionsweise. So bringt ein Freehand-Modell mit sanft fließenden Kurven und anmutigem, schwungvollem Profil die Maserung optimal zur Geltung – bedingt durch die größere, stark exponierte Oberfläche; aber auch Unregelmäßigkeiten im Holz können deutlicher werden. Die individuelle Formgebung der Freehands läßt im übrigen kaum etwas anderes zu als handgefertigte Unikate. Demgegenüber kommt es bei Klassikern wie der Billiard, mit ihrem typischen geraden Holm, eher auf das harmonische Verhältnis von Pfeifenkopf und Holm an, soll sie zugleich funktional und komfortabel sein.

Kunstvoll geschnitzte Pfeifen entstehen mit Hilfe kleinster elektrischer Bohrmaschinen und rasierklingenscharfer Instrumente, wie sie auch in der zahnmedizinischen Technik Verwendung finden. Ein ursprünglich in Italien entwickeltes und inzwischen international geläufiges Verfahren ist das »Rustizieren«. Dabei wird die Pfeife sehr sorgsam mit unterschiedlichen Geräten – zum Beispiel Stecheisen oder Nagelbündel – bearbeitet, mit ähnlichem Effekt wie beim Sandstrahlen. Als ich 1976 in den USA erstmals den Wettbewerb des »National Pipe Carving Contest« organisierte, war ich erstaunt über die Kunstfertigkeit, die sich da buchstäblich »herausarbeitete«. Auch nach all den Jahren

Ein weiteres beliebtes Finish ist das Rustizieren, das mit speziellen Stecheisen ...

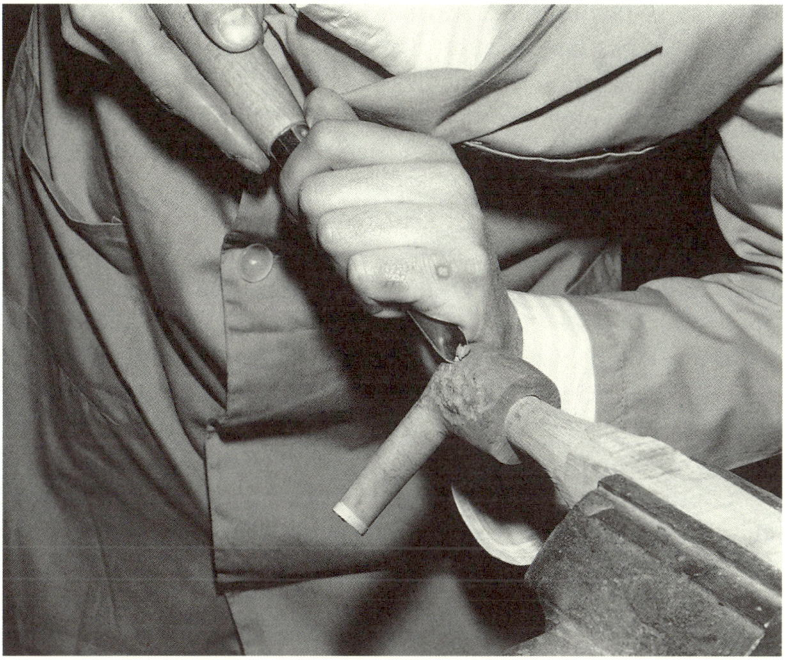

... oder einem Meißel erfolgt, um bestimmte optische Effekte zu erzielen.

Rustizierte Exemplare erhalten zum Abschluß oft eine Politur, um die tiefe Kerbung der Oberfläche ein wenig zu nivellieren.

finde ich es faszinierend, was ein begabter und geduldiger Pfeifenkünstler aus einer Kantel Bruyère-Holz hervorzaubert, allein mit seinen Händen und seiner Phantasie.

Der zunehmende Perfektionsdrang im Pfeifen-Metier hat einen ganz neuen Typus des Pfeifenmachers hervorgebracht: den *Pfeifenkünstler*, der höchstens 25 bis 500 Pfeifen im Jahr fertigt, jede einzelne ein Meisterstück. Anstatt Industrieware aus dem berühmten Leinwandsack zu kaufen, treten diese Zeitgenossen lieber jede Saison ihre Pilgerreise zu den mediterranen Bruyère-Quellen an, wo sie eigenhändig einzelne Ébauchons aussuchen. Auf diese Weise bezahlen sie natürlich einen exorbitanten Preis für ihre Ware, sichern sich jedoch auch die optimale Qualität. Die Erzeugnisse ihrer Werkstätten umgibt die Aura des absolut Exklusiven, und das ist manchem Pfeifen-Enthusiasten das Geld wert. Initiatoren dieser Designwelle waren in Deutschland Pfeifenmacher wie Rainer Barbi, Karl-Heinz Joura und Ingo Garbe, in Dänemark der Großmeister Sixten Ivarsson, Jess Chonowitsch, Svend Bang und Anne-Julie Rasmussen sowie in Nordamerika Michael Butera, Julius Vesz und Randy Wiley.

Ob nun sie nun aus einer exklusiven Manufaktur stammt oder einer Fabrik, die jährlich Tausende produziert – jede Marke liegt anders in der Hand und hat ihren unverwechselbaren Stil. Und jeder Pfeifenmacher ist stolz auf seine Kunst, derjenige, der mit hundert Kollegen an der Drehbank steht, ebenso wie der Pfeifenkünstler daheim in seinem Atelier. Die meisten sind bemüht, einen geheimen Kniff oder eine persönliche Note zu entwickeln, die ihre Pfeifen deutlich von anderen abhebt. So ist Rüdiger Lutz Will richtig stolz auf den ultramodernen Touch seiner Reiner-Design-Pfeifen; Ingo Garbe verzichtet eisern auf jeden Edelmetallschmuck, da er seiner Ansicht nach von der reinen Schönheit des Bruyère-Holzes und der Form der Pfeife ablenkt, und Karl-Heinz Joura unterzieht alle fertigen Pfeifen einer zehntägigen Behandlung mit Öl, was den Vorteil hat, daß es sich von der ersten Füllung an phantastisch aus ihnen raucht. Doch nicht allein die kleinen Pfeifenmacher beweisen diesen Hang zur Individualität. Stanwell produziert mit hochautomatisierter Maschinerie sehr preisgünstige Qualitätspfeifen nach Entwürfen von Künstlern wie Sixten Ivarsson, Jess Chonowitsch, Poul Ilsted, Tom Eltang, Poul Winsløw oder Svend Bang. Butz-Choquin, auf dem Markt seit 1858, glänzt nach wie vor mit höchst innovativem, zukunftsweisendem Design, und die Firma Vauen war verantwortlich für den Siegeszug der Filterpfeife in Deutschland. Bruyère-Holz ist eben unter den Pfeifen-Werkstoffen nicht nur ideal in punkto Rauchqualität, sondern auch am vielseitigsten hinsichtlich Formbarkeit und Design.

Sozusagen als nächstbester Rohstoff auf der Skala folgt Meerschaum, mit seiner einzigartigen Fähigkeit, bei längerem Gebrauch die Farbe zu wechseln, wobei das ursprüngliche Schneeweiß schließlich eine satte rotbraune Tönung gewinnt. Die besten Exemplare werden aus Blockmeerschaum gefertigt, den man nur in der Türkei findet. Meerschaum von etwas anderer Konsistenz gibt es auch anderswo auf der Welt, so in den USA und Afrika, allerdings ist das wenigste hiervon – weil erdgeschichtlich deutlich jünger – für die Pfeifenherstellung geeignet. Der Meerschaum des Schwarzen Kontinents, von geringerer Porosität als der türkische, dient immerhin für ölgehärtete und gebrannte vorgefärbte Pfeifen, wie sie auf der Isle of Man hergestellt und unter diversen Markennamen verkauft werden, darunter Barling, Peterson und Siyahi.

Hier eine kleine Warnung für alle, die sich ihre erste Meerschaumpfeife zulegen wollen: Es sind zahlreiche Imitate auf dem Markt, zum Beispiel Pfeifen aus (gepreßtem) Meerschaumpulver und geharzten synthetischen Polymeren. Sie sind erheblich preiswerter als jene aus Blockmeerschaum und auf den ersten Blick kaum von ihnen zu unterscheiden, verfügen jedoch weder über deren gute Raucheigenschaften noch über deren typische Nachdunkelung.

Kaum bekannt ist die Tatsache, daß der reine, poröse Meerschaum für Qualitätspfeifen von ein und demselben Fleckchen Erde stammt. Die Vorkommen konzentrieren sich auf einen Radius von rund 20 Kilometern um die türkische Stadt Eskişehir, knapp 320 Kilometer östlich von Istanbul. Hier wird der kostbare Rohstoff in bis zu 120 Meter tiefen Schächten abgebaut, also oft weit unter dem Meeresspiegel dieser Region, und die Minenarbeiter leisten in den feuchten Stollen einen lebensgefährlichen Job.

In einem ersten Arbeitsgang werden die Meerschaumklumpen von Schmutz, Sand und anderen Verunreinigungen befreit. Dann sägt man daraus Blöcke, die schon grob den Umriß einer Pfeife vorwegnehmen. Die meisten Blöcke sind von kleinem bis mittlerem Format; den seltenen großen Exemplaren erweist man besondere Aufmerksamkeit, lassen sich doch hieraus, entsprechendes Geschick vorausgesetzt, museumsreife Schaustücke fertigen. Pfeifen mit Standardformen werden auf der Drehbank gemacht, aber wirklich reizvoll für den Pfeifenmacher wie den Raucher ist ja eben die einzigartige Modellierbarkeit des Materials. Meerschaumpfeifen lassen sich in wahre Kunstwerke verwandeln; ich habe allerdings auch schon Exemplare gesehen, die durch unsachgemäße Bearbeitung restlos verdorben und praktisch wertlos wurden. So etwas findet man in guten Fachgeschäften gottlob selten.

Bis in die 1960er Jahre kamen geschnitzte Meerschaumpfeifen vornehmlich aus Österreich, mit Andreas Bauer in Wien als Adresse von Weltruf. 1961 indes erließ die türkische Regierung ein Exportverbot für Meerschaum, um ihren Landsleuten exklusiv einen lukrativen Industriezweig zu sichern. Was von dort bis in die frühen Siebziger auf den Markt kam, war allerdings handwerklich nicht immer von bester Qualität. Erst seit Mitte der achtziger Jahre trat eine neue Generation türkischer Pfeifenmacher auf den Plan, die besser ausgebildet ist und über weit mehr Finesse verfügt. Während die angestammten europäischen Quellen für gute Meerschaumpfeifen vielleicht langsam versiegen, haben sich die Türken inzwischen kontinuierlich steigern können, auf ein teils exzellentes künstlerisches Niveau.

Die Gegend um Eskişehir ist der Nabel der Meerschaumwelt, nicht nur bezüglich des Rohstoffabbaus: Hier wird zugleich das Gros der Meerschaumpfeifen hergestellt, die Sie in der Auslage Ihres Tabakladens finden. Die meisten Schnitzer leben in einem Städtchen, das einst Sebeci hieß und nun Beyaz Altin genannt wird – »weißes Gold«, und eben das ist der Meerschaum für diese Nation geworden.

Unter den türkischen Handwerkern stechen einige wahre Künstler mit beachtlichem Talent hervor, während andere eher zufällig ein Schnitzwerkzeug besitzen und sich etwas Geld dazuverdienen, indem sie in ihrer Freizeit ein paar Pfeifchen zurechtzimmern. In der gesamten Türkei gab es schätzungsweise etwa 100 bemerkenswerte Meerschaumschnitzer, darunter sechs echte Meister mit einem Gefolge zwei Dutzend talentierter Lehrlinge. Der vor allem in den USA wohl bekannteste ist Ismet Bekler, und auch Eyup Sabri und Sedat Konçak gehören zur Gilde der

Besten. Sabri versieht seine Kunstwerke mit fein geschnitzten Mundstücken aus Büffelhorn und hat eine einzigartige Methode entwickelt: Ein dreifaches Tauchbad in einem speziellen Flüssigwachs beschleunigt den späteren Alterungsprozeß seiner Pfeifen, erste Anzeichen eines Farbwechsels sind bereits nach wenigen Füllungen sichtbar.

Weitere türkische Schnitzer von Format sind Husseyin Yanik, Munir Aydogu und Izmail Ozel, respektvoll »der Künstler« genannt. Vor einiger Zeit haben Yanik Sabri und andere begonnen, ihre Werke zu signieren, doch die meisten ihrer Kollegen werfen lieber kunsthandwerkliche Qualität in die Waagschale, als auf das Prestige einer Signatur zu setzen. Ich nehme gerne das Verdienst für mich in Anspruch, durch mein erstes Pfeifenbuch diese türkischen Künstler einem internationalen Publikum bekannt gemacht zu haben. Wegen der sinkenden Nachfrage nach Meerschaumpfeifen – vor allem auf dem europäischen Markt – haben viele türkische Pfeifenschnitzer inzwischen den Beruf gewechselt und den Betrieb geschlossen. Das einst blühende Eskişehir sieht deshalb heute so ähnlich aus wie Saint-Claude in Frankreich: leere Geschäfte, geschlossene Fensterläden und Patina an den verlassenen Häusern, die Zeugnis von besserern Zeiten ablegen.

Trotz seiner Zerbrechlichkeit ist Meerschaum ebenso gut schnitzbar wie Bruyère. Das empfindliche Material muß allerdings ständig feuchtgehalten werden, damit es jene käseartige Konsistenz gewinnt, in der es am besten zu bearbeiten ist. Ein geschickter Schnitzer versteht sich darauf, die Feinheiten eines Gesichtes oder eines floralen Designs herauszumodellieren, ohne daß der Werkstoff splittert oder anderweitig zerstört wird.

Nach dem Schnitzen wird die Meerschaumpfeife mit einem Mundstück versehen und die Oberfläche von Hand mit Politur geglättet. Dann entfernt man den Biß und taucht die Pfeife in ein Bad kochenden Bienenwachses, dem mitunter tierische Fette zugesetzt werden. Dieses Tauchbad verleiht dem Meerschaum eine satte gelbliche Patina. Da andererseits viele Pfeifenraucher eine schneeweiße Meerschaumpfeife bevorzugen, vermischt man neuerdings das Bienenwachs zum Bleichen mit Hydrogenperoxid. Mir persönlich ist der antik wirkende Touch des Bienenwachses lieber; es beschleunigt zudem den Alterungsprozeß einer Oberfläche, die ihr jungfräuliches Weiß ohnehin bald verliert. Bei den jüngeren Schnitzern läßt sich seit kurzem auch wieder ein

Trend zur ungebleichten Pfeife beobachten, allerdings gibt es wenig Nachwuchs, weil – wie oben erwähnt – die Nachfrage nach den »Weißen Göttinnen« gesunken ist.

Nur wenn der Meerschaum ausreichend mit Wachs gesättigt ist, vermag er die Farbe zu verändern; darum wird das Wachsbad oft mehrmals wiederholt. Je besser gesättigt und je poröser der Meerschaum ist, desto besser dunkelt später die Pfeife nach: Nikotin und Rauch dringen aus der Tabakglut in die Pfeife, färben zunächst das Wachs im Inneren des Pfeifenkopfes und machen sich irgendwann auch an dessen Außenwand bemerkbar (die dünnwandigen Teile der Pfeife dunkeln in der Regel zuerst nach). Vorsicht ist jedoch geboten, denn wenn eine Meerschaumpfeife zu heiß geraucht wird, sinkt das Wachs nach unten in den Holm, und eine gleichmäßige Verfärbung ist nicht mehr erreichbar. Ist die Pfeife nach dem Wachsbad getrocknet, wird sie ein letztes Mal poliert.

Mundstücke für Meerschaumpfeifen bestehen gewöhnlich aus gegossenem Kunststoff unterschiedlicher Schattierung und sind mit einem herauszieh- oder drehbaren Zapfen versehen. Manche Schnitzer verwenden neuerdings bei hochwertigen Pfeifen wie-

Bei Acrylmundstücken wird zunächst eine Platte der gewünschten Farbe ausgesägt, bei Mundstücken aus Kautschuk ein Stück von einem langen Band des Materials.

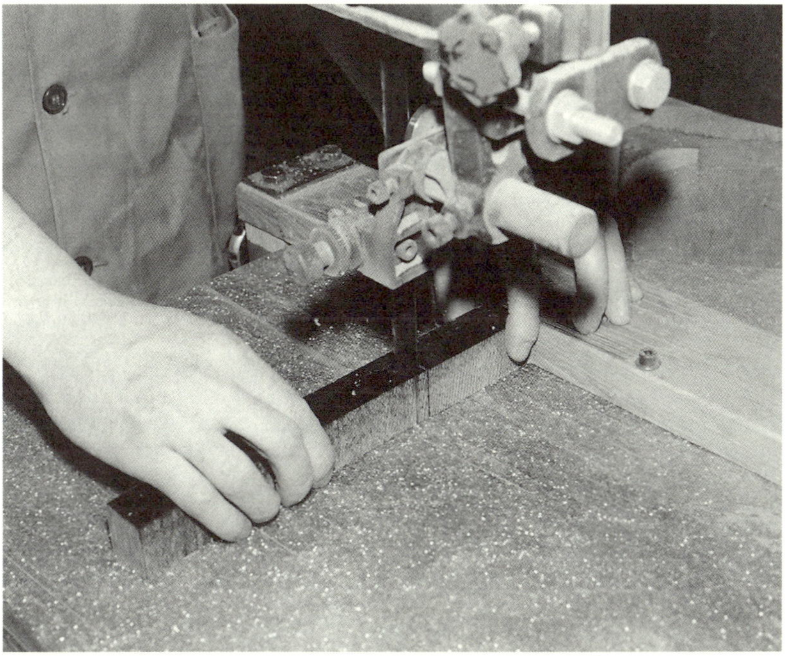

Im nächsten Arbeitsgang schneidet man Teile in passendem Format ab.

An der Drehbank werden Korpus und Zapfen des Mundstücks vorgeformt.

Dann bohrt man sorgfältig den Rauchkanal aus – absolute Präzisionsarbeit, da er über die ganze Länge des Mundstücks zentriert werden muß.

Die endgültige Formgebung des Mundstücks erfolgt von Hand mit verschiedenen Feilen und an diversen Polierscheiben.

Bei edlen handgefertigten Mundstücken wird sogar das Ende des Zapfens gesondert poliert.

der Bernsteinmundstücke. Dieses glasähnliche fossile Material verleiht der Pfeife besondere Zierde, ist jedoch recht zerbrechlich, daher nimmt man als optisches Äquivalent gern den stabileren Kunstbernstein.

Die empfindlichen Meerschaumpfeifen werden meist in einem gepolsterten Etui ausgeliefert, das sie während des Transportes schützt und zugleich dem späteren Besitzer die sichere Aufbewahrung sehr erleichtert. Allerdings sollte eine Meerschaumpfeife nicht ständig im Etui aufbewahrt werden, da es die nötige Luftzirkulation verhindert. Besser ist es, die Pfeife auf einem – im Fachhandel erhältlichen – Lederpolster zu lagern und das Etui nur für den Transport zu verwenden. Früher waren diese Etuis gewöhnlich aus lederbezogenem Holz, die modernen unserer Tage sind dagegen aus Schaumstoff und synthetischem Material.

Repräsentanten internationaler Pfeifenfirmen bereisen regelmäßig die Region Eskişehir, um die aktuelle Produktion an Meerschaumpfeifen gleich an Ort und Stelle hinsichtlich ihrer handwerklichen Qualität, ihres Stils und ihres Preises zu begutachten.

Mitunter arbeitet ein Einkäufer auch langfristig mit einer bestimmten Gruppe guter Schnitzer zusammen: Das sichert ihm kontinuierliche Qualität und die Möglichkeit, die für seinen nationalen Markt interessantesten Modelle auf Bestellung fertigen zu lassen. So sieht sich ein Pfeifenkünstler im tiefsten Hinterland der Türkei zuweilen vor die Aufgabe gestellt, Erinnerungspfeifen an Persönlichkeiten wie Sherlock Holmes oder John Wayne zu liefern – von denen er vielleicht noch nie etwas gehört hat. Über die Importeure gelangen die Pfeifen dann an die verschiedenen Niederlassungen in aller Welt und von dort über das nationale Vertriebsnetz in Ihr Fachgeschäft, wo Sie nun eine Auswahl jener Rauchinstrumente aus einzigartigem natürlichem Material in Händen halten: Meerschaumpfeifen.

In einer Abhandlung über Meerschaumpfeifen gilt es der Vollständigkeit halber auch die Kalabasch-Pfeifen zu erwähnen – oft mit Sherlock Holmes in Verbindung gebracht, da man sie von dessen Filmdarstellern Basil Rathbone und Jeremy Brett her kennt. Sir Arthur Conan Doyle ließ zwar in keiner einzigen seiner sechzig Sherlock-Holmes-Geschichten den Titelhelden eine Kalabasch rauchen, aber ich schmauche trotzdem gerne daraus, wenn ich mir im Fernsehen eine jener alten Verfilmungen ansehe, oder bei anderen heimischen Rauchopfern der »geheimnisvollen« Art ...

Kalabaschs stammen eigentlich aus Südafrika und gelangten im Gepäck von Soldaten, die aus dem Burenkrieg heimkehrten, nach England. Die apart geschwungenen Pfeifen aus ausgehöhlten Kürbissen hatten den Nachteil, daß sie sich schnell heißrauchten – britische Erfindungsgabe schuf hier indes schnell Abhilfe mit Pfeifenkopfeinsätzen aus Ton und später auch Meerschaum; in Einzelfällen verwendete man auch Verzierungen aus Silber oder Horn. So wurde an der Wende vom 19. zum 20. Jahrhundert die Kalabasch-Pfeife geboren.

Die Kalebassen-Kürbisse, das Rohmaterial, werden während des Wachstums bewußt ein eine schöne, pfeifentaugliche Form gebogen. Nach der Ernte stutzt man die Kalebassen an beiden Enden, höhlt sie aus und läßt sie trocknen. Anschließend werden sie poliert, gewachst und mit einem passenden Pfeifenkopfeinsatz aus Blockmeerschaum versehen, bei billigeren Modellen auch solchen aus Meerschaumpulver oder Ton. Ein Mundstück aus Kautschuk oder Acryl vervollständigt das berühmte Kalabasch-Profil.

Silberapplikationen für Pfeifen, wie bei dieser Billiard von L. & J.S (L. Wood), müssen anhand exakter Repliken geformt werden.

Die Blockmeerschaummodelle aus der Wiener Werkstatt von Andreas Bauer, erst recht die Raritäten von Parker, langen mit ihrer harmonischen Farbgebung von Kürbis und Pfeifenkopf gewiß an die schönsten Exemplare heran, die je in einem viktorianischen Salon oder auf der Mattscheibe geraucht wurden.

Die außergewöhnlich malerischen Kalabaschs gehören mit ihren großzügigen Abmessungen nicht gerade zu den Rauchinstrumenten, die man geschwind in die Manteltasche steckt, wenn man zu einer Einladung geht – es sei denn, zu einer Sherlock-Holmes-Party. Aufgrund ihres Bauprinzips zählen sie indes zu den wenigen Pfeifen, bei denen sich jede Füllung ohne Mühe vollständig aufrauchen läßt; zudem wirkt die Luftkammer im Inneren des Kürbis als Kühlsystem, das selbst die schwersten englischen Tabake »zähmt«. Kalabaschs sind prädestiniert für den besinnlichen Rauchgenuß zu Hause, an stürmischen Regenabenden – dann vermögen sie sogar einen schlechten Kriminalroman in eine spannende Lektüre zu verwandeln.

Beschäftigt man sich mit der Herstellung der im 20. Jahrhundert gängigen Pfeifen, darf man auch die bescheidene Maiskolbenpfeife nicht vergessen. Es gab sie schon, als das »Dampfroß« die weiten Ebenen des amerikanischen Westens mit ihren riesigen Büffelherden eroberte, und selbst in Zeiten von DVD und Internet hat sie nichts von ihrer Beliebtheit eingebüßt. Irgend etwas muß sie schon an sich haben, daß ihr so ein zähes Leben beschert ist.

Galt das französische Saint-Claude als die Weltmetropole für die Herstellung von Bruyère-Pfeifen, darf das Städtchen Washington im US-Staat Missouri gleiche Rechte hinsichtlich der Maiskolbenpfeifen beanspruchen, stammt hierher doch nahezu die gesamte Produktion. Diese geschichtsträchtigen kleinen Pfeifen entstehen jedoch nicht aus den Ihnen wohlbekannten Gemüsemaiskolben – jedenfalls seit 1946. Damals gelang Dr. Marcus Zuber von der University of Missouri eine besondere Züchtung für die Pfeifenherstellung, heute ausschließlich verwendet von »The Missouri Meerschaum Company«, dem nunmehr einzigen Maiskolbenpfeifenproduzenten der Welt.

Der Kolben dieser Pflanze ist größer, länger und robuster als bei gewöhnlichem Gemüsemais und der Holzgehalt seiner Fasern so hoch, daß man ihn nur mit einem karbidgehärteten Sägeblatt durchtrennen kann. Angebaut wird die Pflanze von bestimmten Farmern in den fruchtbaren Niederungen um Wa-

Bei Meerschaumpfeifen wird aus dem grauweißen Block des Ausgangsmaterials zunächst grob die Kontur des Modells herausgeschnitten.

shington, allein der Kolben wegen; die kleinen weißen Körner gehen als Nebenprodukt meist an Firmen, die Maismehl für Tortillas produzieren. Die dicken, klobigen Kolben sind ein Haupterwerbszweig der ganzen Region. Nach der Ernte im Herbst werden sie nach wie vor zu dem alten Backsteinbau transportiert, der seit 1872 das Unternehmen »Missouri Meerschaum« beherbergt. Dort werden die Kolben »entkernt« und dann ungefähr zwei Jahre in ventilierten Lagerräumen gestapelt, bis sie die Konsistenz feingemaserten Hartholzes gewinnen. Nun zersägt man die Kolben in Stücke unterschiedlicher Länge, je nach gewünschtem Pfeifenkopfformat. Im Schnitt gewinnt man aus einem Kolben das Material für zwei Standardpfeifen, der Rest reicht noch für ein Miniaturmodell von 2,5 cm Durchmesser, wie man es in Andenkenläden findet; seriöse Raucher bevorzugen die praktischere 5 cm-Version. In Einzelfällen gibt ein sehr großer Kolben bis zu fünf Pfeifenköpfe her, oft reserviert man solche Mammutexemplare jedoch für die Herstellung langer Pfeifen im General-MacArthur-Stil.

Diese Rohlinge werden auf der Werkbank grob in Form gemeißelt, danach bohrt man das »Tabakloch« aus und die Öffnung für den Holmansatz. Die Paste, mit der man anschließend die Oberfläche des Pfeifenkopfes versiegelt, ist noch weitgehend mit der ursprünglichen Mischung »Pariser Gips« von 1868 identisch (siehe S. 30). Mit diesem Arbeitsgang endet die Fertigung eines Pfeifenkopfes für preiswertere Standardmodelle, aber da gibt es ja auch noch die Luxusklasse! Deren Köpfe werden von Hand poliert und mit Schellack überzogen; außerdem implantiert man einen Holzpfropfen in die Basis, um einem schnellen Durchbrennen entgegenzuwirken – bei Maiskolbenpfeifen bilden sich während des Gebrauchs keine schützenden Ablagerungen. Für den Holm nimmt man heute anstatt des früher üblichen Schilfrohrs gedrehte und gefräste Kolben, in Ausnahmefällen auch eine »Wangshee« genannte Sorte von Babybambus; der Bambusschaft verleiht solchen »Missouri Meerschaum«-Modellen ihr charakteristisches Aussehen.

Je nach Modell erhält die Maiskolbenpfeife ein Mundstück aus transparentem oder schwarzem Kunststoff. Auf dem Markt findet man rund fünfzehn verschiedene Modelle, von der Freehand bis zum preiswerten Set mit sieben Pfeifen: eine für jeden Wochentag. Wie auch immer sie in Form und Größe ausfallen,

Maiskolbenpfeifen sind niemals eine kostspielige Angelegenheit. An ihrem Konstruktionsprinzip hat sich seit über einem Jahrhundert kaum etwas geändert, und so präsentieren sie sich, der Scholle Amerikas entwachsen, gewissermaßen als rauchbares Stück Geschichte dieses Kontinents.

Eine historische Konstante in der Welt der Pfeifenherstellung stellt übrigens die permanente Suche nach Alternativen zum Bruyère-Holz dar, wie Manzanita (ein Heidekrautgewächs), Lorbeer, Ebenholz, Rosenholz, Olive, Kirsche, Birke, wilder Flieder oder Hickory, um nur einige Beispiele zu nennen. Mit allen möglichen Hölzern hat man schon experimentiert – eine desillusionierende Botschaft für den Pfeifenmachernachwuchs, der sich mit vermeintlich revolutionären Neuerungen bei mir einstellt. Und soweit sich nicht auf dem Planeten Mars eine unbekannte Substanz mit entsprechenden Eigenschaften verbirgt, weiß ich um kein anderes Holz, das sich hinsichtlich Beschaffenheit und Langlebigkeit mit dem Bruyère messen könnte. Zumindest das Holz der Weichselkirsche verdient indes lobende Erwähnung als Werkstoff für die nach den Bruyères beliebtesten Pfeifen. Daraus läßt es sich trefflich rauchen, mit ein wenig süßlichem Geschmack – da das weiche Holz die Kondensate intensiver absorbiert, rauchen sie sich allerdings schnell heiß und brennen relativ leicht durch. An Lebensdauer kann es die Kirschholz-Pfeife also mit der Bruyère nicht aufnehmen; den Pfeifenköpfen gibt man in der Regel ein eher rustikales Design und läßt die Borke am Rand unbearbeitet. Der Schaft wird häufig aus einem stärkeren Ast gefertigt, und so gleicht der Tabakkonsum mit einer Kirschholz-Pfeife dem Rauchen aus einem winzigen Bäumchen, eine unter dem Strich ganz angenehme Erfahrung.

Während Pfeifenkopf und Holm meist aus natürlichen Werkstoffen gefertigt werden, bestehen Mundstücke, mit Ausnahme von Horn und Bernstein, gewöhnlich aus synthetischem Material. Am häufigsten verwandt werden Kautschuk (auch Hartgummi, Vulkanit oder Ebonit genannt) und Kunstharz, aus werbestrategischen Gründen in der Regel als Luzid, Plexiglas oder Acryl bezeichnet. Das seit 1878 gebräuchliche Kautschuk avancierte zum Standard-Werkstoff für Qualitätspfeifen, da es sich leicht zu einer breiten Palette schlanker Formen verarbeiten läßt, wie Mundstücken mit Sattelbiß, breitem Fischschwanzbiß und Den-

Dann kann das kunstfertige Schnitzen des weichen, porösen Werkstoffes beginnen.

talbiß für Zahnprothesenträger. Bei preiswerteren Modellen wird der Kautschuk gegossen, bei höherwertigen aus einem Stück von Hand geschnitten und geformt. Die besten Qualitäten dieses Materials kommen aus Deutschland, wobei einige Quellen jedoch allmählich leider versiegen; verschiedene kleinere Pfeifenmacher horten bereits vorsorglich einen Vorrat des hervorragenden New-York-Hamburg-Kautschuks. Ist eine Pfeife mit schwarzglänzendem Kautschuk-Mundstück längere Zeit fluoreszierendem Licht ausgesetzt, beginnt sich dieses aufgrund des Schwefelgehalts grauweiß bis grünlich zu verfärben. Der Biß läßt sich jedoch mühelos so reinigen und aufpolieren, daß er wieder aussieht wie neu – ein Standardkundendienst aller Fachgeschäfte und Reparaturwerkstätten.

Verglichen mit Kautschuk, ist Acryl ein relativer Neuling unter den Werkstoffen für Mundstücke. Seine Einführung und Verbreitung ist im wesentlichen das Verdienst italienischer Pfeifendesigner, die in den sechziger und siebziger Jahren die elegante Raucherwelt um handgearbeitete Acrylmundstücke bereicherten; zuvor gab es meist nur simple gegossene Exemplare. Heute sieht man manche Spitzenmodelle mit handgefertigtem, oxidationsresistentem Acrylmundstück, mitunter von aparter grauer, schwar-

Das Schnitzen einer Meerschaumpfeife läßt hochartifiziellen Detailreichtum zu.

zer oder bernsteinfarbener Tönung. Ein Acrylbiß ist gewöhnlich kompakter und plumper als ein solcher aus Kautschuk, was jedoch eher an der Herstellungstechnik liegt als an der Beschaffenheit des Materials: Das zeigt sich an Modellen neueren Datums, die schlanker ausfallen als je zuvor. An den Zähnen wirkt Acryl prinzipiell härter als Kautschuk, aber der Sitz eines Mundstückes ist immer auch eine Angelegenheit des individuellen Empfindens und hängt zudem ab von den Gesamtproportionen einer Pfeife sowie der jeweiligen Balance von Pfeifenkopf und Biß.

Charakteristisch für Pfeifen ist ihre Vielfalt an variablen Details – so verwenden Rainer Barbi, der Amerikaner Michael Butera und ihr schwedischer Kollege Bo Nordh viel Mühe und Sorgfalt auf die Spitzen mancher Mundstücke: Dieser *Biß* wird mitunter in fünf verschiedenen Ausführungen angeboten, unterschiedlich in Dicke, Breite und jeweils in einem anderen Winkel zum Mundstück. Nur die wenigsten Raucher bemerken dies überhaupt. Vergleichsweise bekannter ist die typisch italienische Designpraxis, in Acrylmundstücke Intarsien aus Bruyère, Edelmetallen und Juwelen zu integrieren, was der Pfeife eine verschwenderische Vielfalt an Farbtönen und eine elegante Note verleiht – solche Modelle raucht man am besten zu Hause im Smoking, an Bord einer Yacht oder beim Picknick auf der Alm, dem man so den gewissen Pfiff gibt ...

Die einzige Pfeife, die sich ohne Mundstück rauchen läßt, ist die klassische Tonpfeife. Sollten Sie der Meinung sein, unsere alten Freunde aus dem 16. und 17. Jahrhundert seien lange schon von der Bühne des Pfeiferauchens abgetreten, so kann ich Sie eines besseren belehren: Sie werden heute noch hergestellt, und zwar in England von »Wilsons & Co. of Sharrow Ltd.« (ehemals John Pollock Company), außerdem von einigen unermüdlichen Kämpen wie Stephan Bray von der Firma »Olde World Fine Clays« im kanadischen Nova Scotia (siehe Kap. 11). Die heutigen Tonpfeifen werden in derselben Weise und oft auch noch mit denselben Gußformen hergestellt wie damals zu ihrer Blütezeit, als sie in Europa und Nordamerika große Mode waren. Aber wie Sie sich gewiß vorstellen können, ist eine solche an historischen Vorbildern orientierte Fertigung kaum geeignet für Massenproduktion: Sechs bis sieben Pfeifen stündlich sind das Maximum, will man Schäden vermeiden und die antiquierte Ausrüstung nicht überstrapazieren.

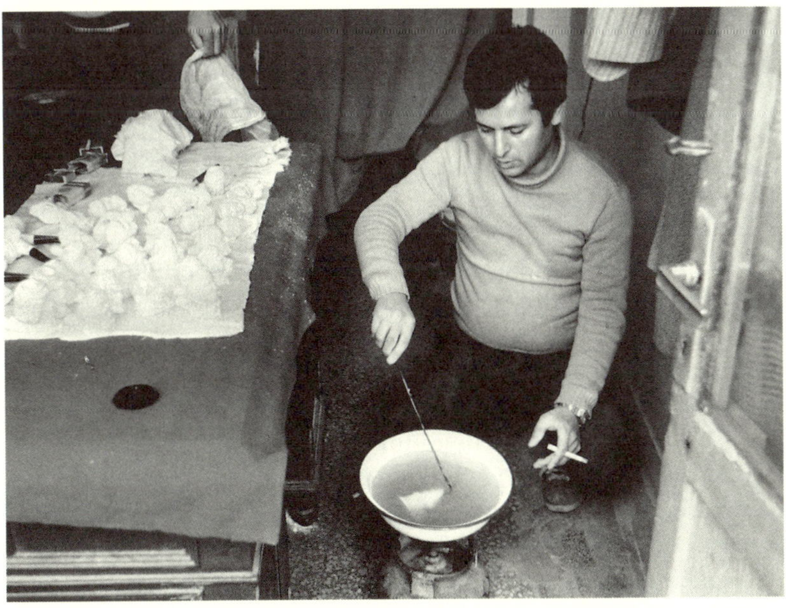

Abschließend erhält die Meerschaumpfeife ein Tauchbad in flüssigem Wachs. Dies beeinflußt später positiv den natürlichen Farbwechsel während des Gebrauchs.

Tonpfeifen werden nach wie vor in traditioneller Weise hergestellt, mit alten Modeln und einem dünnen Draht, der den Rauchkanal im Holm formt. Anschließend wird die Tonpfeife luftgetrocknet und im Brennofen gehärtet.

Die ungebrochene Beliebtheit der Tonpfeife rührt nicht zuletzt daher, daß sie ein von leiser Nostalgie umwehtes Stück aus dem Kuriositätenkabinett ist. Wie anders ließe sich auch der Rauchgenuß nachvollziehen, der vor Zeiten Sir Walter Raleigh oder die englischen Schriftsteller Charles Dickens und Alfred Tennyson beglückte? Oder was Doktor Watson nun genau meinte, als er von den bestens eingerauchten Tonpfeifen seines Freundes Holmes sprach, die anmutig verstreut das berühmte Wohnzimmer in der Londoner Baker Street 221 B zierten? Und bei mir zu Hause ist es ein Stück privater Weihnachtstradition, am Heiligen Abend zumindest eine Füllung englischer Mischung aus der altehrwürdigen, schwarzgerauchten Churchwarden zu genießen, bevor die letzten Scheite im Kamin verglühen.

Wie bei den Bruyère-Pfeifen gab es auch bei ihren tönernen Schwestern verschiedene Qualitätsstufen. Die alten Holländer kannten deren drei: Standard, Fein und Porzellan; letztere erhielten vor dem Brennen eine Politur mit Achat und hierdurch ein außergewöhnlich glattes Finish. In England war *cream white* das beste und begehrteste Material.

Der erste Arbeitsgang bei der Tonpfeifenherstellung besteht im Einweichen des Tons in Wasser, bis er eine dicke, teigartige Konsistenz gewinnt. Anschließend rollt man ihn von Hand in lange, dünne Würste aus, läßt diese ruhen, bis sie sich »gesetzt« haben, und bohrt mit einem feinen langen Draht den Luftkanal aus. Der Rohling wird in eine Hälfte der geölten metallenen Gußform gepreßt, der Pfeifenkopf mittels eines Eisenpfropfens (oder auch durch den Daumen des Pfeifenmachers) modelliert. Die Gußform, oft mit Inschriften oder Verzierungen als künftigem Schmuck des Pfeifenkorpus versehen, wird nun zusammengesetzt und alles bei hohem Druck so lange geschlossen gehalten, bis der Ton relativ trocken ist. Dann löst der Pfeifenmacher das Modell heraus, befreit es mit einem Messer sorgsam von überschüssigem Ton und entscheidet, welche Länge und gegebenenfalls auch Krümmung der Holm erhalten soll. Manchmal wird dem Kopf oder Schaft vorsichtig das Signet des Herstellers eingeprägt. Jetzt brennt man die Pfeifen bei circa 1050 °Celsius

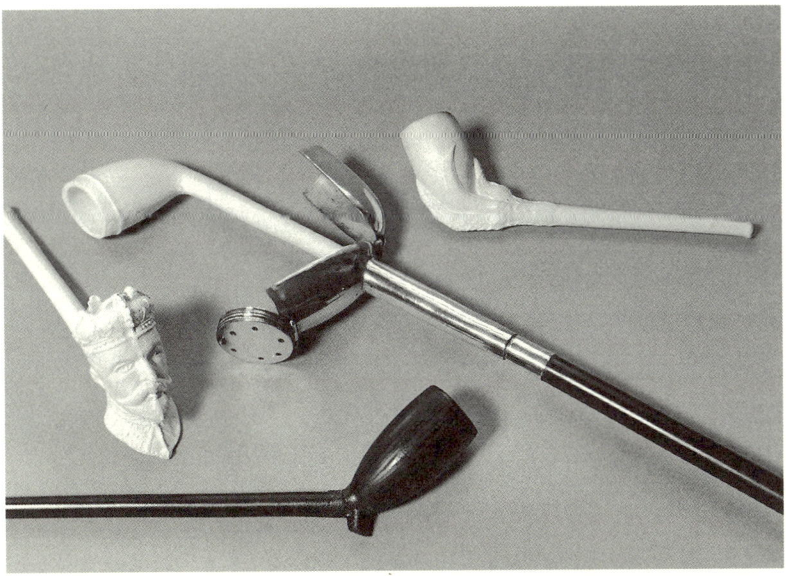

Tonpfeifen nach historischen Vorbildern sind heute noch erhältlich. Hier sehen Sie ein Modell mit der Büste des englischen Königs George V. und eine »Adlerklaue Nr. 25«, beide von Wilsons & Co. of Sharrow aus Sheffield. Unten eine elegante, fast einen halben Meter lange niederländische Kneipenpfeife des 18. Jahrhunderts mit Ebenholzöl-Finish, gefertigt von der kanadischen Firma »Olde World Fine Clays of Nova Scotia«. In der Mitte ein seltenes Exemplar mit silbernem Schutzmechanismus samt perforiertem Deckel, ebenfalls aus dem 18. Jahrhundert.

in einem Ziegelofen und trägt abschließend mit einem Pinsel Lack oder Firnis auf die Schaftspitze auf – ganz wie anno dazumal. Die fertigen Tonpfeifen werden entweder in Styroporkästchen oder nach traditioneller Manier in Stroh und Sägemehl verpackt und treten ihren Weg in die Pfeifenraucherwelt des 21. Jahrhunderts an, als erfreuliche Erinnerung an den blauen Dunst alter Zeiten.

Eine Konkurrenz für die klassische Tonpfeife ist die doppelwandige Keramikpfeife, erfunden um 1918 von der niederländischen Familie van der Want, einst Hersteller der berühmten »Zenith«-Pfeifen. Die doppelte Wand dieser »Old Mokum« genannten Variante birgt einen Hohlraum, ähnlich der Kalabasch – mit dem Unterschied, daß der Pfeifenkopf hier aus Ton ist und im Brennofen glasiert wird. Das Innere des Kopfes bleibt unglasiert, damit seine poröse Oberfläche Teer und Rauch absorbieren kann. Bei jedem Zug zirkuliert der Rauch in der Luftkammer und wird hierdurch abgekühlt, und die zweifache Wandung läßt die Pfeife nicht zu heiß in der Hand werden. Das separate Mundstück wird zugefeilt in den Holm eingepaßt. Einzigartig bei diesen Keramikpfeifen sind die floralen Dekors, allen voran bei den berühmten Delfter Exemplaren – und die Empfehlung der Hersteller, sie mit kochendem Wasser zu reinigen! Als vor-

Die rustikalen Kirschholz-Pfeifen rauchen sich etwas süßer als Bruyères, sind jedoch weicher und brennen leichter durch.

Pfeifen aus italienischem Olivenholz sind noch recht neu auf dem Markt. Ihr typischer Naturton changiert im Lauf der Zeit zu einem matten Braun.

eingenommenen alten Hasen auf dem Gebiet des Pfeiferauchens durchläuft mich ehrlich gesagt jedesmal ein Schauer bei dieser Vorstellung.

Aus welchem Material eine Pfeife auch gefertigt wurde – Bruyère, Meerschaum oder Ton –, der Pfeifenmacher profitiert nur von seinem Werk, wenn er es auch veräußern kann. Wie gelangen also die Pfeifen von der Werkbank in den Laden? Die Phase ist, wenn man so will, die letzte des Herstellungsprozesses, weshalb wir uns ihr am Ende dieses Kapitels widmen wollen.

Pfeifen gelangen entweder durch Zwischenhändler unterschiedlichen Kalibers in die Fachgeschäfte oder werden von einzelnen Pfeifenmachern direkt verkauft. In Deutschland, wo Pfeifen außerordentlich beliebt sind, ist das Ganze ein mit harten Bandagen umkämpfter Markt, gleichwohl dominiert von zwei Ereignissen: der Fachmesse in Dortmund und der Messe für Geschenkartikel in Frankfurt, die beide Jahr für Jahr ein internationales Publikum anziehen. Hier versammeln sich die Fachhändler, um das aktuelle Angebot an Pfeifen und Produkten rund um den Tabak zu sichten und Bestellungen für die kommende Saison zu tätigen.

Da zu diesen Veranstaltungen nur der Fachhandel zugelassen ist, kann der Kunde eventuelle Novitäten erst im heimischen Laden bewundern; mittlerweile erlaubt das Internet jedoch »Cybersmokern« einen Blick hinter die Kulissen. Selbstverständlich sind Auswahl und Preise unterschiedlich von Händler zu Händler – bevorzugen Sie eine bestimmte Marke oder einen besonderen Pfeifenstil, sollten Sie sich immer ein wenig umsehen. Ich habe andererseits die Erfahrung gemacht, daß es sich auszahlt, nur ein oder zwei Stammgeschäfte zu beehren: Schließlich ist Pfeiferauchen eine höchst individuelle Angelegenheit, und kennt der Händler einmal ihre persönlichen Vorlieben, wird er gerne darauf sehen, daß er stets mit Pfeifen versorgt ist, die ihrem Geschmack und Geldbeutel entsprechen. Haben Sie ein bestimmtes Modell im Auge, kann eine Frage, ob er sie Ihnen zu besorgen vermag, nicht schaden, selbst wenn er hierzu mit anderen Kollegen Kontakt aufnehmen muß. Die meisten Tabakhändler sind hier schon aufgrund der Tatsache, daß sie selbst Pfeife rauchen, freundlich und zuvorkommend. Verstehen sie darüber hinaus etwas von ihrem Metier und bringen die rechte Einstellung zu Pfeife und Dienstleistung im allgemeinen mit, werden sie einem Stammkunden bereitwillig weiterhelfen. In einem wohlsortierten Geschäft, beraten von einem fachkundigen Händler, eine neue Pfeife zu erwerben, das kann eine höchst angenehme und lohnende Art sein, sein Geld anzulegen – vorausgesetzt, Sie wissen genau, was Sie wünschen und worauf Sie beim Kauf achten sollten. Genau dies ist Thema des nächsten Kapitels.

KAPITEL 3

DIE WAHL DER RICHTIGEN PFEIFE

»Eine Pfeife muß nicht gut aussehen –
sie muß Sie gut aussehen lassen.«

Zu den vergnüglichsten Unternehmungen der Welt kann der Erwerb einer Pfeife zählen. Das muß gar nicht aus einem konkreten Anlaß geschehen, aber oft ist dies ein Anreiz: Ihr eigener oder ein anderer Geburtstag – oder einfach der richtige Tag, um wieder einmal ein Pfeifengeschäft zu besuchen. Sie können damit natürlich auch irgendein Ereignis feiern oder sich über ein Mißgeschick trösten ... Genauso sind Pfeifen eben: wie Freunde. Und wie man nie genug Freunde haben kann, so kann man auch niemals genug Pfeifen besitzen.

Als unumstößliche Regel für den Pfeifenkauf ohne Reue gilt: Man sollte nehmen, was einem gefällt, und zwar das Beste, das man sich leisten kann. Allerdings gibt es noch Weiteres zu bedenken. Die Fachgeschäfte sind bestens sortiert mit Pfeifen verschiedenster Marken und Stilrichtungen, und wer keine konkreten Vorstellungen hat, den mag diese Vielfalt leicht verwirren. Oder Ihr Fachhändler hat das gewünschte Modell nicht vorrätig, so daß Sie sich anderswo umsehen oder umdisponieren müssen. Wie auch immer, es gilt stets eine Reihe von Entscheidungen zu treffen.

Anfänger greifen am besten zu einem ordentlichen Exemplar mittlerer Preislage, mit dem sich die grundlegenden Rauchtechniken erproben lassen (siehe Kapitel 4). Beim nächsten Pfeifenkauf kann man dann zu einem teureren Modell greifen, obschon auch gutes Mittelmaß lebenslangen Rauchgenuß gewährt. Ich habe immer noch einige meiner ersten Erwerbungen aus Colle-

Ein guter Tabakladen ist für den Pfeifenkäufer ein wahres Himmelreich. Das kann auch ein kleines Geschäft sein: Entscheidend sind die Qualität des Sortiments und fachkundiges Personal.

gezeiten in Gebrauch: einst mit Bedacht gewählte Qualitätspfeifen, die mit mir gemeinsam über die Jahre Patina angesetzt und inzwischen ein Gepräge und eine Griffigkeit erlangt haben, die man bei einer neuen Pfeife vergebens sucht. Andererseits bin ich vielen jener Marken und Stilrichtungen »entwachsen« und daher genötigt, immer neue Pfeifen anzuschaffen.

Auch als alter Hase mit eingefleischten Vorlieben ist man stets auf der Suche nach Abwechslung und neuen Erfahrungen. Meine Kollektion umfaßt derzeit über 2000 Pfeifen (allmählich gleitet mir mein Hobby sanft aus dem Ruder), doch der Kauf einer neuen Pfeife ist nach wie vor ein magischer Augenblick für mich. Als ich verschiedene Exemplare meiner Sammlung für dieses Buch fotografierte, harrte ich tatsächlich ungeduldig der Entwicklung des Films entgegen, weil ich diese Pfeifen wieder rauchen wollte – um sie in vollem Glanz ins Bild setzen zu können, muß man sie nämlich zuvor reinigen und polieren und dann die Finger davon lassen, bis das Foto im Kasten ist. Und es verhält sich so, daß ich gerade einmal fünfzig meiner Pfeifen in einem Pfeifenständer aufhebe und von diesen wiederum nur die Hälfte regelmäßig rauche. Das beweist einmal mehr, wieviel Sorgfalt man beim Erwerb einer Pfeife walten lassen sollte – nicht zuletzt drückt sich in ihr ja auch die Persönlichkeit des Rauchers aus.

Letzteres sollten Sie auch berücksichtigen, wenn Sie jemandem eine Pfeife schenken möchten; da ist es wichtiger, daß sie dessen Geschmack trifft als den Ihrigen. Beruf und Lebensstil eines Rauchers spielen natürlich gleichfalls eine Rolle. Hält sich jemand viel an der frischen Luft auf, wird er eine kompakte Pfeife für die Westentasche bevorzugen, während ein Salonlöwe eher zu einem eleganten Modell mit Gold- oder Silberring neigt. Bleibt einem gewöhnlich die Muße zu einem ausgiebigen Rauchgenuß, greift man gerne zu Pfeifen mit großen Köpfen; ein Student überbrückt das halbe Stündchen zwischen zwei Vorlesungen hingegen besser mit einem kleinen Modell, das weniger Tabak faßt. Die Wahl einer Pfeife ist in jedem Fall eine sehr persönliche Angelegenheit, ob man sie nun für sich selbst oder jemand anderen aussucht. Es gibt indes ein paar Faustregeln, die Ihnen die Sache erleichtern können.

Erstens unterscheidet man prinzipiell zwei Formen: »Bents« und »Straights«, also Modelle mit gebogenem oder geradem Holm. Die S-Form der gebogenen gibt es in unzähligen Varianten, von der sanften Krümmung bis zum kühnen Haken. Bei den geraden Pfeifen wiederum finden Sie alles von kurzen gedrun-

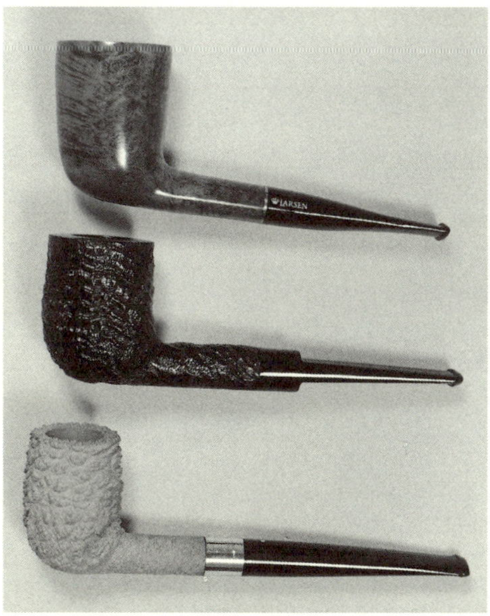

Die drei geläufigsten Oberflächen (von oben nach unten): eine glatte *Pfeife von Larsen, eine* sandgestrahlte *Ashton Pebble Grain und eine* rustizierte *Savinelli »La mia pipa«.*

genen bis zu extrem langen und schlanken Ausführungen. Eine gebogene Pfeife läßt sich normalerweise besser im Mund halten, weil der Schwerpunkt (d.h. der Kopf) tiefer liegt und sie scheinbar besser »hängt«. Hält man gerne sein Rauchinstrument zwischen den Zähnen, empfiehlt sich daher diese Form. Die eher klassische und urbane »Straight« ist andererseits für mich praktisch als kleiner Zeigestock bei Vorträgen, und ihr Kopf wahrt größeren Abstand zum Gesicht. Allein, ich klemme mir seit Jahren Bents wie Straights souverän zwischen die Zähne, und der einzige Kommentar zu dieser Gewohnheit kam aus dem Munde meines Zahnarztes: Ich hätte außergewöhnlich gut entwickelte Kaumuskeln (ideal zum Nüsseknacken mit den Zähnen). In den Sammlungen der meisten Pfeifenraucher sind gewöhnlich beide Typen vertreten. Früher lag der Anteil an gebogenen gegenüber geraden Pfeifen bei 3:1, mittlerweile ist das Verhältnis ungefähr ausgeglichen.

Bents und Straights sind jeweils in großer Variationsbreite anzutreffen, vom Klassischen und Konservativen bis zum Modernen und Avantgardistischen. Zudem schwankt, unabhängig hiervon, das Format zwischen sehr kleinen Pfeifen (in Europa eher ge-

Man kann bei einer Pfeife auch verschiedene Oberflächen kombinieren, so weist diese Halfbent von Larsen glatte wie rustizierte Partien auf. Beachten Sie die naturbelassene Plateauholzstruktur am Oberrand des Kopfes.

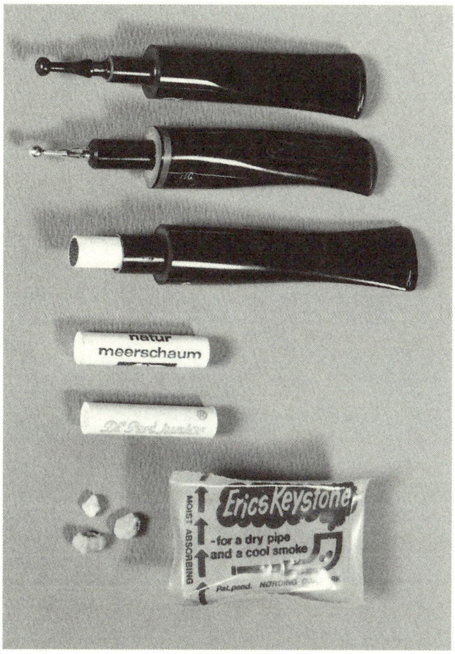

Über 90 Prozent aller Pfeifen, die in Deutschland über den Ladentisch gehen, sind Modelle mit Filter. Hier einige der gängigsten Varianten (von oben nach unten): zwei Metallfilter, auswechselbare Kohle- bzw. Meerschaum-Filter sowie aufsaugende Teilchen *aus Meerschaum oder Ton (hier »Erics Keystones«), die man vor der Tabakfüllung in den Pfeifenkopf gibt.*

bräuchlich als in Amerika) und extrem großen. Die Mehrheit der Pfeifenraucher tendiert offensichtlich zu praktischen Standardformaten mit einer »Rauchkapazität« von einer Dreiviertelstunde. Manche Hersteller, wie Dunhill, Peterson, Davidoff oder Brebbia, geben als Orientierungshilfe Kataloge mit »Modell-Diagrammen« heraus; da dort allerdings traditionelle Formen oft unter neuen Namen auftauchen, erweisen sie damit den Erstsemestern der Pfeifenwissenschaft einen Bärendienst. Ich bin bei der Zuordnung der Formen auf über vierzig Kategorien gekommen (wobei manche je nach Hersteller unterschiedliche Bezeichnungen haben), reduziere hier jedoch diesen ganzen Reigen der Übersicht halber auf acht Grundformen. So können Sie sich Ihrem Händler leicht verständlich machen, wenn er fragt: »Was für eine Pfeife soll es denn sein?«

Billiard

Der gerade Klassiker schlechthin, oft mit relativ großem Kopf im Verhältnis zu den gesamten Abmessungen der Pfeife. Eine echte Billiard läßt sich mit dem Satz definieren: »Die Höhe des Pfeifenkopfes entspricht der Länge des Holms.«

Bei manchen Modellen ist der Filter ein integriertes Bauteil, so bei der »Peacemaker« von Dr. Plumb (1985 vom Markt genommen und inzwischen wieder erhältlich). Sie hat austauschbare Köpfe, einen Filterring und einen stabilen, leicht zu säubernden Aluminiumkorpus – und beweist mit ihrer abgeflachten Unterseite auch »Standvermögen«.

Apple

Ein anmutiges Kind der zwanziger Jahre mit rundem, leicht abgeflachtem Kopf. Der Holm dieses Pfeifentyps kann gerade oder sanft gebogen sein.

Bulldog

Charakteristisch ist hier der gedrechselte Ring um die ausladende Rundung des Kopfes, der gedrungen, von mittlerer Größe oder sehr hoch sein kann. Der rautenförmige Querschnitt des Holms verleiht der Bulldog einen rustikal-sportlichen Anstrich – und diese ansehnliche Pfeife (in der Fertigung eine der schwierigsten) bietet sich auch geradezu an für den Rauchgenuß im Freien.

Canadian

Eine lange Gerade mit vergleichsweise kurzem Biß, seltener hergestellt als andere Formen, da man für den langen Holm eine entsprechende Bruyère-Kantel benötigt. Aus diesem Grund sind

Canadians bevorzugte Sammlerstücke. Noch vor Jahren waren sie auch unter der Bezeichnung »Lumberman« geläufig.

Freehand
In diese Kategorie fällt eigentlich jede Pfeife, deren Formgebung sich stark von den traditionellen Vorbildern abhebt. Charatan und andere Firmen schufen Freehands bereits vor dem Zweiten Weltkrieg, doch erst die Dänen machten sie Anfang der sechziger Jahre des 20. Jahrhunderts populär. In Europa werden sie häufig auch als »Freeforms« bezeichnet.

Pot
Eine Pfeife mit voluminösem, niedrigem, oben abgeflachtem und am Boden gerundetem Kopf, ein Sproß der dreißiger Jahre. Entweder man begeistert sich für sie oder lehnt sie strikt ab – Indifferenz ist bei dieser Form kaum möglich.

Dublin
Ein altehrwürdiges Design, typisch ist der konische Zuschnitt des Kopfes, der am Schaft schmal ansetzt und oben einen deutlich größeren Durchmesser aufweist.

Poker
Eine Form mit zylindrischem Kopf, dessen plangefräster Boden ein Abstellen der Pfeife erlaubt, und einem leicht aufwärts versetzten Holm.

Das sind die gängigsten Formen, wie Sie sie in jedem Tabakladen finden, und daneben gibt es natürlich jede Menge andere Stilrichtungen, so die »Oom Paul«, ein stark gebogenes Modell mit großem Kopf – benannt nach »Oom Krüger«, dem Helden des Burenkrieges. Ferner die »Lovat«, im Prinzip eine kürzere Canadian, als deren Namensgeber ein schottischer Lord fungierte; oder die nach wie vor beliebte »Prince«, eine schlanke, sanft gebogene Pfeife, in den zwanziger Jahren für den damaligen Prince of Wales entworfen. Dann wären noch zu nennen die facettierte »Panel« und die »Rhodesian«, eigentlich eine gebogene Bulldog mit rundem Holm, sowie zahllose Abwandlungen traditioneller Formen, von ovalen Pfeifenköpfen bis zu rechtwinklig geschnittenen Holmen, die der Pfeife einen sicheren Stand gewährleisten.

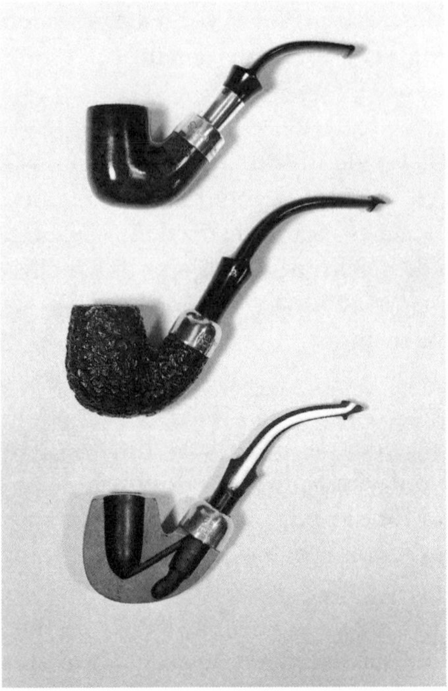

Die System-Pfeifen von Peterson sind auch eine Art Filterpfeifen, hier sammelt sich der Tabaksaft in einem Reservoir. Über dem Längsschnitt sehen Sie ein rustiziertes Modell mit Nickelbeschlag und eine Gold Spigot.

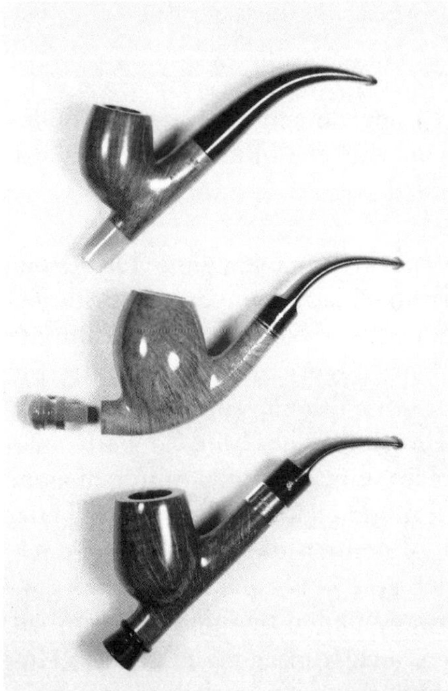

Eine frühe Version der Filterpfeife: die Kavalier mit einem Hohlraum im Fortsatz des Kopfes, der die Feuchtigkeit aus der Tabakkammer aufnimmt. Der abnehmbare Stopfen erleichtert Reinigung und Trockenhalten. Kavalier-Pfeifen sind sehr kompliziert in der Fertigung, weshalb man sie heute nur noch selten antrifft. Bei den hier abgebildeten handelt es sich um Modelle folgender Firmen (von oben nach unten): eine Londoner Astley des frühen 20. Jahrhunderts (von Charatan) mit Hornstopfen; eine Butz-Choquin »d'Artagnon«, *nach einer französischen Vorlage um 1890; eine handgearbeitete Design-Pfeife mit Silberreif (Spezialanfertigung von Peterson für den Autor).*

Die meisten Formen finden Sie auf den Fotos hier im Buch – gefällt Ihnen eine besonders gut, zeigen Sie sie einfach Ihrem Händler, so verfahren viele meiner Leser. Unvergeßlich wird mir ein Besuch in der winzigen Bar des Lochals Hotels in Schottland bleiben, wo ich mir (als Zwischenstation auf einer Erkundungsreise zu Malt-Whisky-Destillerien) ein paar Bierchen mit den Einheimischen genehmigte. Mehrere von uns schmauchten ihre Pfeifen, und so kam auch das Gespräch irgendwann auf dieses Thema.

»Wetten, daß Sie mir nicht sagen können, was für eine Pfeife der Gentleman dort in der Ecke raucht?« sprach mich einer meiner Zechgenossen an, auf einen Fremden ganz am anderen Ende des Gastraums weisend. Dieser zog eben an einer jener Pfeifen, wie sie in meinem englischen Pfeifenbuch abgebildet waren, und selbstverständlich erkannte ich das Modell sofort wieder.

»Ich wette mit Ihnen um ein Bier, daß ich Ihnen nicht nur den Pfeifentyp nennen kann, sondern auch den Namen des Pfeifenmachers«, entgegnete ich und steuerte selbstbewußt auf den etwas verdutzt dreinschauenden Mann zu. »Sir«, sprach ich ihn an, »Sie rauchen eine ›Skipper‹ aus Bruyère, die aus der Werkstatt von Erik Nørding in Dänemark stammt.«

Dem Guten fiel der Unterkiefer herab und beinahe auch seine Pfeife.

»Donnerwetter«, ließ er sich vernehmen, »Sie haben recht!« Im nächsten Augenblick erkannte er mich. »Ich habe sogar die englische Ausgabe Ihres Buches«, sagte er, von seinem Stuhl aufspringend. »Darin sah ich ein Bild dieser Pfeife, zeigte es meinem Tabakhändler und ließ sie mir von ihm besorgen.«

So kam ich zu einem Freibier, und Sie können daran die »Macht der Pfeife« ermessen...

Die Bruyère-Pfeifen bilden die populäre »Königsklasse«, also zunächst einige Ratschläge, wie Sie in dieser Kategorie Ihr Geld am besten anlegen. Aus Kapitel 2 wissen Sie bereits, daß sie mit drei verschiedenen Oberflächen erhältlich sind: glatt, sandgestrahlt und rustiziert, wobei die glatten Modelle die mit Abstand beliebtesten sind. Inzwischen sind wir auch über Bauart und Herstellung von Pfeifen orientiert – unerläßliches Rüstzeug für die Beurteilung der Qualität.

Die Raucheigenschaften einer Bruyère hängen im wesentlichen von der Nachbehandlung (Trocknen) des Holzes und der Sorgfalt seiner Verarbeitung ab. Daher sollte man auf drei Dinge bevorzugt achten: Liegt die Tabakkammer in der Mitte des Pfeifenkopfes? Befindet sich das Zugloch des Holms am Boden der Tabakkammer, so daß man die Füllung ganz durchrauchen kann? Wie sieht die Oberflächenverarbeitung der Pfeife aus? Ist die Tabakkammer nicht zentriert, wird die Wand des Kopfes an einer Seite schneller heiß werden und kann dort ansengen oder gar durchbrennen. Sitzt das Zugloch zu hoch, ist das ein Indiz für nachlässige Verarbeitung – und wo an einer Stelle Mängel sind, da muß man nach anderen meist nicht lange suchen.

Wie können Sie die Qualität der Nachbehandlung des Holzes prüfen? Im allgemeinen gilt: Je leichter die Pfeife, desto gründlicher wurde der Werkstoff von Harzen und Feuchtigkeit befreit. Die Größe des Pfeifenkopfes spielt natürlich gleichfalls eine Rolle, und eine voluminöse Freehand wiegt von vornherein mehr als eine kleine Apple. So sind Maserung, Verarbeitung und Holzqualität die ausschlaggebenden Kriterien bei glatten Bruyère-Pfeifen: je älter das Holz, desto dichter und markanter die Maserung. Bei sandgestrahlten gilt entsprechend: Je älter das Holz, desto stärker ausgeprägt ist die Reliefstruktur der Oberfläche. Die Tiefe der Rillen allein ist kein verläßliches Indiz. Die meisten Raucher bevorzugen zwar tiefgerillte Modelle, aber eine nur dezent sandgestrahlte Pfeife muß deshalb nicht von minderer Qualität sein.

Die Oberflächen guter Bruyère-Pfeifen werden stets naturbelassen und nur mit Wachs, Öl oder Beize behandelt. Eine Bema-

Die – ursprünglich in den USA konzipierte – britische »Falcon« mit austauschbaren Köpfen avancierte zu einem internationalen Verkaufsschlager.

Beim Pfeifenkauf sollten Sie darauf achten, daß die Maserung den gesamten Korpus bedeckt. Manchen Herstellern ist eher die Symmetrie wichtig (wie bei dieser Straight Grain von Ascorti), die sich beim Preis entsprechend bemerkbar macht.

lung oder Lackierung kaschiert gewöhnlich Fehler im Holz und hat obendrein den Effekt einer Versiegelung; dies behindert das »Atmen« der Pfeife eine unabdingbare Voraussetzung für kühles Rauchen. Um Pfeifen aus dem Supermarkt, die dicht gedrängt in einem Kasten liegen und weniger kosten als eine Packung Filter, sollte man tunlichst einen Bogen machen. Rauchen kann man in Prinzip schon daraus, aber kaum eine wird den Genuß gewähren, den ein Pfeifen-Enthusiast verdient. Als billiger Abklatsch seriöser Pfeifen »glänzen« sie meist mit einer gefirnißten oder lackierten, mit viel Kitt geglätteten Oberfläche. So fängt sich die Hitze der Glut in der Wand des Pfeifenkopfes, und es ensteht ein »heißer« Rauch, der auf der Zunge beißt, oft begleitet von einem klebrig-nassen, säuerlichen Geschmack. Solche jämmerlichen Exemplare haben mehr zur Abschreckung potentieller Pfeifenraucher beigetragen, als es eine ganze Welt voll Männer wie King James I. vermocht hätte: Viele Interessenten kehrten der Pfeife wieder den Rücken, ohne jemals in den rechten Genuß einer Bruyère mit solidem Finish gelangt zu sein. Kaufen Sie also nur naturbelassene oder gebeizte Modelle: Das Farbspektrum reicht hierbei von Hellbraun über Orangefarben bis Dunkelbraun und Schwarz.

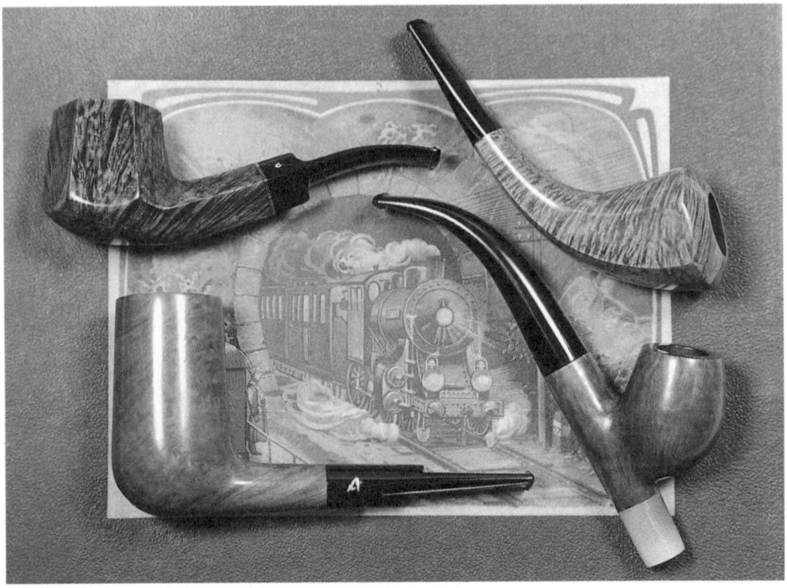

Pfeifen sind, wie menschliche Individuen, ganz unterschiedlichen Charakters und doch allesamt liebenswert (im Uhrzeigersinn von links oben): eine sechseckige »Facet de Luxe« von Comoy's, eine »Pearl Horn« von W. Ø. Larsen mit eckigen Seitenwänden, eine Kavalier-Pfeife von Astley aus dem Stammgeschäft in der Londoner Jermyn Street; eine King-Size-»Stack« von Ascorti.

Qualität hat ihren Preis – da machen Pfeifen keine Ausnahme; aber auch als qualitätsbewußter Raucher müssen Sie beim Pfeifenkauf nicht zwangsläufig viel Geld ausgeben. Das Renommee von Firmen wie Stanwell oder Peterson beruht darauf, daß sie exzellente Ware zu angemessenen Preisen bieten, und die Jahrespfeifen von Stanwell oder manche Jubiläumsmodelle von Peterson sind zu regelrechten Sammlerstücken avanciert (siehe Kapitel 10). Die dänischen Firmen Nørding und Larsen wiederum, erste Adressen für hochwertige Bruyères, bieten auch ausgezeichnete Pfeifen unterer Preisklassen an.

Schnäppchen sind natürlich immer möglich – ob man sich nun auf den Zufall verläßt oder gezielt danach sucht. Bei Ihrem Händler gibt es sicher immer wieder Rabatte auf Qualitätspfeifen, zweite Wahl bekannter Hersteller unter Phantasiemarken oder einen Räumungsverkauf. Auf Spitzenmarken wird allerdings selten Preisnachlaß gewährt, und falls Sie ein Connaisseur sind oder ein Raucher bzw. Sammler perfekter Straight Grains oder dänischer Freehands, existiert eigentlich kein oberes Qualitäts-

und Preislimit. Das gilt vor allem für die Meisterstücke der jüngeren Generation deutscher, amerikanischer oder dänischer Pfeifenkünstler. Doch was immer auf dem Preisetikett steht, die Qualität des Bruyère-Holzes und das Niveau der handwerklichen Verarbeitung sind stets maßgebliche Kostenfaktoren. Schauen wir uns also einmal an, wie man innerhalb einer Preiskategorie die besten Pfeifen ermittelt.

Leider werden Pfeifen nicht ausschließlich aus abgelagertem Bruyère-Holz hergestellt. Gerne würde ich Ihnen anderes berichten, doch ich bin schon diversen »neuen« Pfeifen begegnet, deren Holz »grün« roch. Anders gesagt: Das Innere des Pfeifenkopfes verströmte einen feuchten Modergeruch, und sie rauchten sich spröde, heiß und feucht – ein deutliches Indiz für eine mangelhafte Nachbehandlung des Holzes. So etwas passiert mir gottlob selten; wenn es aber der Fall ist, setze ich sofort Händler wie Hersteller davon in Kenntnis. Andererseits verwenden bessere Pfeifenfirmen, von denen die meisten ja auch besonderen Wert auf die Maserung legen, ausschließlich gut abgelagertes Holz.

Bei der Maserung richtet sich das Hauptaugenmerk auf deren Symmetrie. Und eine makellose Straight Grain ist sicher eine Augenweide, das sagt aber noch nichts über ihre Rauchqualitäten aus. Hier ist das wichtigste Kriterium, daß die Maserung den gesamten Pfeifenkopf bedeckt. Lassen Sie die Finger von Exem-

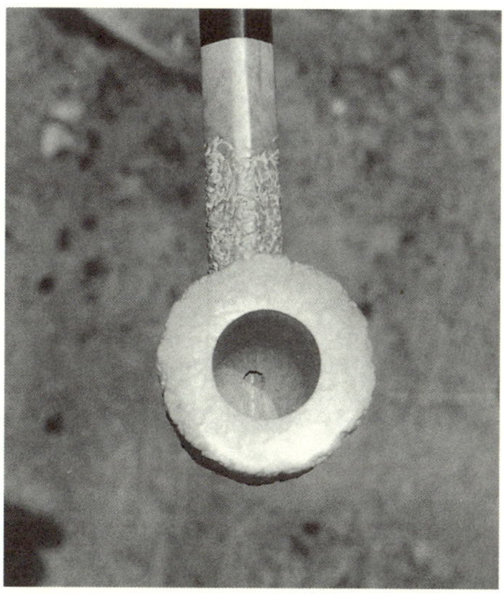

Achten Sie beim Erwerb einer Pfeife darauf, daß das Zugloch ganz unten in die Tabakkammer eintritt, wie bei diesem amerikanischen Modell von Michael Butera.

Sammler von »Estate-Pipes« sollten aufpassen, ob möglicherweise bei der Reparatur eines gebrochenen Holms ein Reif aufgebracht wurde, der nicht vom Originalhersteller stammt. Am besten nimmt man zur Kontrolle das Mundstück ab.

plaren mit kahlen Stellen, die heiß werden und schließlich durchbrennen könnten: Dann haben Sie ein Loch in der Wand (des Pfeifenkopfes).

Wie bereits im letzten Kapitel dargelegt, ist eine Bruyère-Pfeife der Klasse »First« das *non plus ultra* für jeden Pfeifenraucher, ein allerdings auch kostspieliges Privileg. Heutzutage sehen sich die Pfeifenmacher mit dem Problem steigender Lohnkosten und geringerer Bruyère-Vorräte konfrontiert, weshalb denn unter dem Etikett First auch so manches Exemplar mit kleinen Sandkorneinschlüssen und anderen Fehlern auf den Markt kommt – ob eine solche Pfeife Ihnen das Geld wert ist, müssen Sie selbst entscheiden. Läßt indes Ihre Persönlichkeit kaum etwas anderes zu als eine »First« und sind auch Ihre Vermögensverhältnisse entsprechend, sollten Sie keine Kompromisse eingehen: Denn so verknüpfen Sie in idealer Weise Besitzerstolz und Kapitalanlage.

Gegen »Seconds« ist im Grunde selbstverständlich nichts einzuwenden. Sie stellen den Löwenanteil der allermeisten Pfeifensammlungen, die meinige nicht ausgenommen, und ich werde mir sicherlich noch viele weitere zulegen, bevor das Zündholz über meiner letzten Füllung Latakia flackert. Seconds sind aus demselben Holz »geschnitzt« wie Firsts, belasten jedoch deutlich weniger Ihren Geldbeutel. Der einzige Unterschied besteht in einigen kleinen Unvollkommenheiten, die dem flüchtigen Betrachter kaum auffallen und die Rauchqualität nicht beeinträchtigen. Sind Sie obendrein in einem angesehenen Fachgeschäft ein Stammkunde mit vertrauten Markenpräferenzen, haben Sie gewiß die Möglichkeit, Seconds von den besten Herstellern der Welt zu erwerben. So wurde die »Parker«-Serie ursprünglich 1923 als Vermarktungsschiene für die »Seconds« von Dunhill ins Leben gerufen, ebenso wie die »Tilshead« von James Upshall.

Viele Spitzenhersteller bringen zudem ihre Seconds unter diversen »Hausmarken« auf den Markt – nichts anderes als Namen für Pfeifenserien, die exklusiv für einen bestimmten Tabakladen oder eine Kette produziert werden (häufig auch »exklusiv« genannt). Setzt ein Geschäft entsprechend große Mengen um, prägt die Herstellerfirma dessen Markennamen oft direkt auf den Holm. Andere Händler wiederum verfügen über eigene

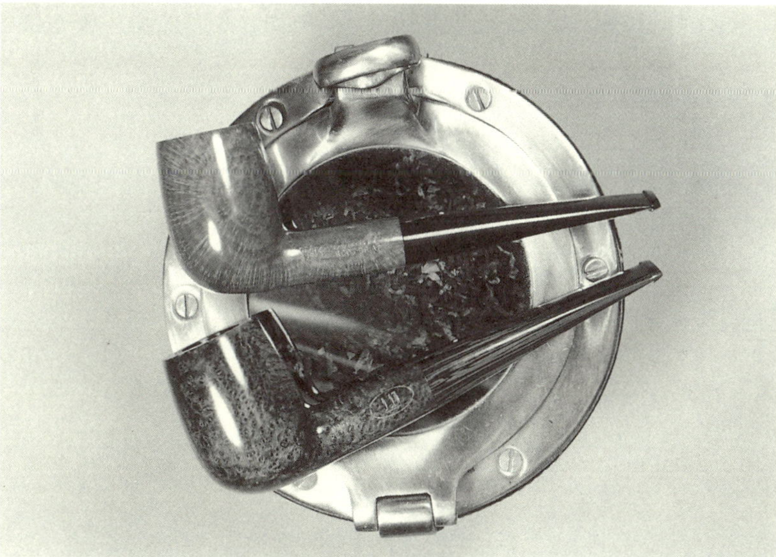

Pfeifen als Glück des Rauchers und Sammlers: Hier zwei heißbegehrte Raritäten aus der OD-Reihe von Dunhill (Oversized Dunhills): oben eine »Grain Root Briar« im Format ODA Nr. 835 aus dem Jahre 1985, mit sternförmiger Maserung, unten eine der allerersten »Amber Roots«, Format ODB 835; diese Pfeife aus dem Jahre 1999 ist bereits mit dem neuen elliptischen Dunhill-Logo versehen. Beide Exemplare sind ebenso selten wie der »Porthole«-Humidor derselben Firma.

Maschinen und nehmen selbst diese Kennzeichnung vor. Es ist durchaus reizvoll, den Dschungel dieser Phantasiemarken zu durchforsten, und gelegentlich tut man hierbei einen Glücksgriff – vorausgesetzt, der Fachhändler hatte zuvor eine ebenso glückliche Hand. Dabei kann das Mauerblümchen von heute der Renner von morgen sein: so geschehen mit der italienischen Marke »Don Carlos«. Als die ersten Exemplare in die USA exportiert wurden, kannte diese Pfeifen dort kein Mensch, doch es sprach sich schnell herum, daß hier eine, gemessen am Preis, erstklassige Holzqualität zu haben war. Mittlerweile sind sie schwieriger erhältlich und leider auch etwas teurer, bieten aber nach wie vor eine gute Rauchqualität.

In den letzten Jahren haben einige der alteingesessenen italienischen Pfeifenmacher, wie Mastro de Paja, Ser Jacopo, Radice und Ascorti, eine bemerkenswerte Renaissance erlebt, wie auch einige deutsche und dänische Marken. Im Falle der Dänen und Italiener gilt es zu beachten, daß sie die Güteklasse First anders definieren als Amerikaner und Briten: Sie akzeptieren kleinere Sandkorneinschlüsse als »natürliches« Phänomen und legen mehr Gewicht auf gute Holzqualität und die Ästhetik der Maserung. So

Die »Reiner Design«-Pfeifen von Rüdiger Lutz Will sind Kunstwerke, aus denen sich auch rauchen läßt.

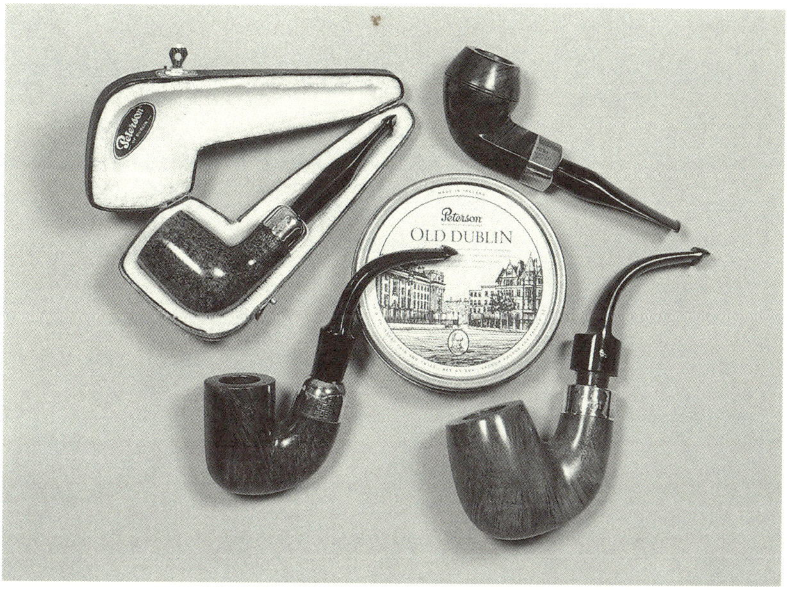

Alte und neue Petersons (im Uhrzeigersinn von links oben): neuere Reproduktion eines Modells von 1905, mit Kästchen; eine Original-Bulldog aus demselben Jahr; eine »handgemachte« Neuauflage vom Standardmodell des Hauses; eine Pfeife des Formats Nr. 356 aus den frühen zwanziger Jahren – in diesem Stil werden Peterson-Pfeifen heute noch hergestellt.

kommt es, daß Sie winzige Einschlüsse auf einer (sonst superb gemaserten) Spitzenpfeife finden und trotzdem vielleicht ein paar tausend Mark dafür hinlegen müssen: wenn sie zum Beispiel aus der Castello-Kollektion »Greatline Fiammata« stammt. Bei dänischen, deutschen und auch italienischen Pfeifenmachern gilt die Faustregel, daß eine Pfeife mit bis zu drei ›Spots‹ von der Größe einer Stecknadelspitze noch als »lupenrein« zu betrachten ist. Manche Freehandkünstler gar, die selbst mehrere tausend Pfeifen in ihrem Leben gefertigt haben, behaupten, daß es eine vollständig fehlerfreie Pfeife gar nicht gäbe. Das steht im Gegensatz zu den Herstellern alter Schule, nach deren Auffassung eine First makellos sein muß – wie bei einer »Butera Royal Classic« oder einer »Root Briar« von Alfred Dunhill, obwohl auch bei diesen winzige Einschlüsse vorkommen. Erstklassige Bruyère-Pfeifen werden häufig mit Gold- oder Silberreifen verziert, was ihren optischen Reiz und auch ihren Wert erhöht.

Ich persönlich ziehe es vor, wenn die Maserung auch im Innern des Pfeifenkopfes sichtbar ist; manche Hersteller präpa-

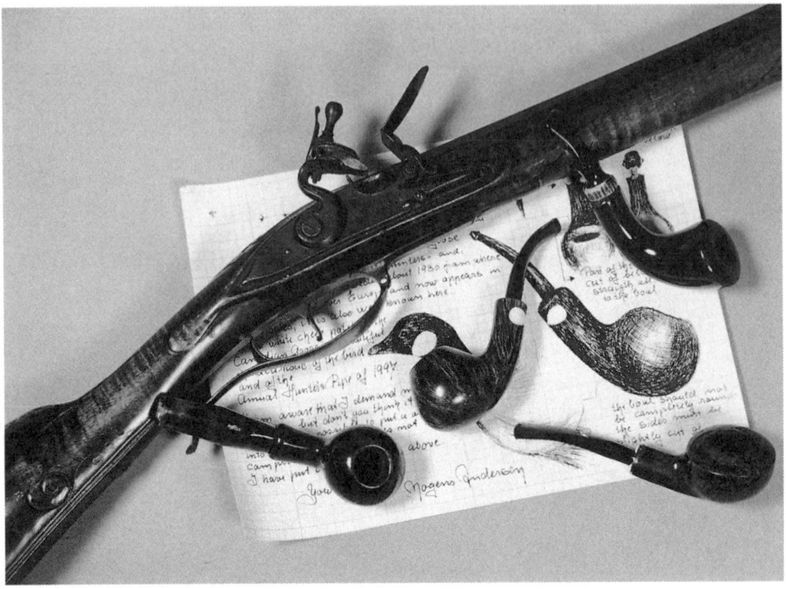

Seit 1995 zollt die »Jagdpfeife des Jahres« von Erik Nørding jede Saison einem beliebten Wildtier oder Vogel Reverenz. Der Kunde erhält zusätzlich eine Zeichnung mit ausführlichem Begleittext aus der Hand des Künstlers Mogens Andersen.
Von links nach rechts: Wachtel (1999), Kanadagans (1997, mit Beiblatt), Fasan (1995), Sitka-Hirsch (1996). Das alte Jagdgewehr des Autors datiert ungefähr von 1790.

rieren allerdings als Einrauchhilfe die Tabakkammern ihrer Pfeifen mit einer isolierenden Kohleschicht oder Einrauchpaste nach eigenem Rezept. Abhängig von der verwendeten Substanz kann das tatsächlich einen positiven Effekt haben, aber auch reine Kosmetik bleiben. Keine künstliche Kohleschicht nimmt es in puncto Dicke und Effizienz mit einer natürlichen auf, die sich bei den ersten vier oder fünf Füllungen gebildet hat (hierzu mehr im nächsten Kapitel). In Anlehnung an eine im 19. und frühen 20. Jahrhundert gängige Technik der Auskleidung des Pfeifenkopfes mit Ton versehen heute diverse Firmen die Tabakkammern mit einer Schutzschicht aus Meerschaum. Meerschaumpfeifen müssen nicht eingeraucht werden, und diesen Vorteil versucht man sich so bei Bruyères zunutze zu machen. Das ist aber bestenfalls ein Kompromiß, und beim Pfeiferauchen, der reinsten aller Künste, bleiben Kompromisse allemal unbefriedigend. Obendrein ist der Meerschaum, den man hierzu verwendet, nicht von bester Qualität, mitunter synthetisch aufbereitet und von so dichter Konsistenz, daß er das »Atmen« der

Pfeife behindert; er gewährt daher keineswegs den kühlen Rauchgenuß, den eine echte Blockmeerschaumpfeife bietet. Die Meerschaumschicht zwischen Tabak und Holz verhindert zudem, daß Sie das Holz schmecken – denn Bruyère hat einen Geschmack, es schmecken sogar die einzelnen Sorten unterschiedlich. Und last not least: Nur eine »reine« Bruyère gewinnt nach längerem Gebrauch ihre typische Patina.

Die einzigen Bruyère-Pfeifen, um die Sie einen Bogen machen sollten, sind die sogenannten »Thirds«: Pfeifen aus minderwertigem Holz, dessen Mängel mit viel Kitt und gelegentlich auch Farbe kaschiert wurden. Deshalb sind Enttäuschungen schon abzusehen, sobald Sie die ersten Füllungen rauchen: Die verborgenen Schwachstellen können ansengen und möglicherweise sogar durchbrennen. Und was die Optik angeht: Keine Beize vermag dauerhaft den Kitt zu überdecken; er dunkelt nie in demselben Ton nach wie das Holz und tritt im Lauf der Zeit nur um so deutlicher hervor. Eine Third ist eben alles andere als eine perfekte Pfeife, weshalb man bei der Fertigung wenig Sorgfalt an sie verschwendet. Und dies bringt uns zurück zu der oben genann-

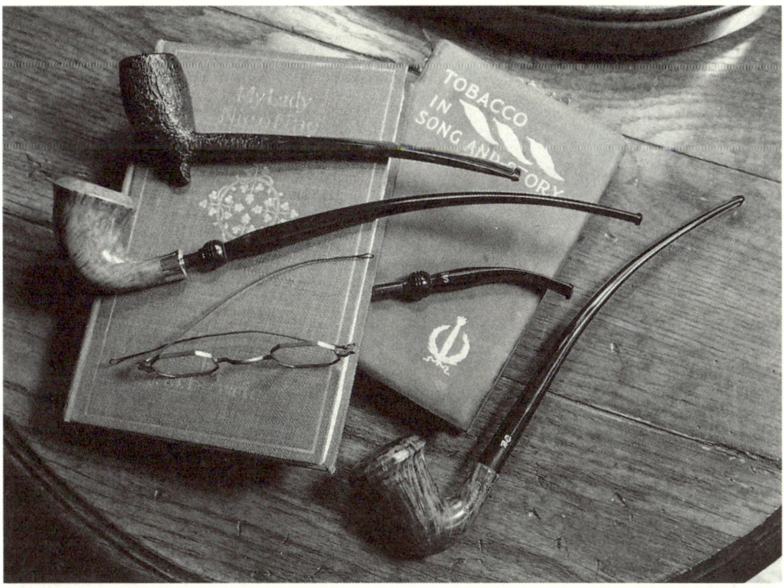

Manche Pfeifen, wie diese langholmigen Churchwardens, sind vom Format her eher für den Hausgebrauch bestimmt (von oben nach unten): eine Cumberland der Gruppe 4 von Dunhill, gefertigt aus alten Pfeifenköpfen aus dem Lagerhaus; eine »Hans Christian Andersen« von Stanwell mit extra kleinem Biß; eine »Calabash Jr.« von Butz-Choquin.

ten Grundregel: nur das Beste zu kaufen, das man sich leisten kann.

Mehr als einmal habe ich mitbekommen, daß man einem Pfeifenneuling zu einer Meerschaumpfeife riet, weil man diese nicht einrauchen müsse – ein Rat, den ich nicht für sonderlich weise halte. Meerschaum gewährt zwar von Beginn an einen problemlosen Rauchgenuß, das empfindliche Material verlangt jedoch eine behutsame Behandlung; so sollte man den Pfeifenkopf während des Rauchens nicht berühren. Dies hemmt die Spontaneität des Anfängers und raubt ihm vielleicht auch seinen typischen Enthusiasmus. Ich empfehle daher wärmstens, als Einstieg eine Bruyère zu nehmen und sich das Kapitel Meerschaum als wohlverdiente Alternative aufzusparen.

Auch beim Erwerb einer Meerschaumpfeife gilt das Prinzip: Achten Sie auf gute Qualität! Die unterschiedlichen Güteklassen sind leider schwer auseinanderzuhalten, sobald der Werkstoff einmal zu einer Pfeife verarbeitet worden ist. Meerschaumpfeifen haben keine Maserung, und so müssen Sie Form und handwerkliche Qualität kritisch begutachten, auch bei einem glatten Exemplar: Ein solider Schnitzer mit entsprechendem Berufs-

Ein Beispiel für Rauchgenuß der vornehmeren Art mit einer Straight Grain ist diese Bent von Larsen.

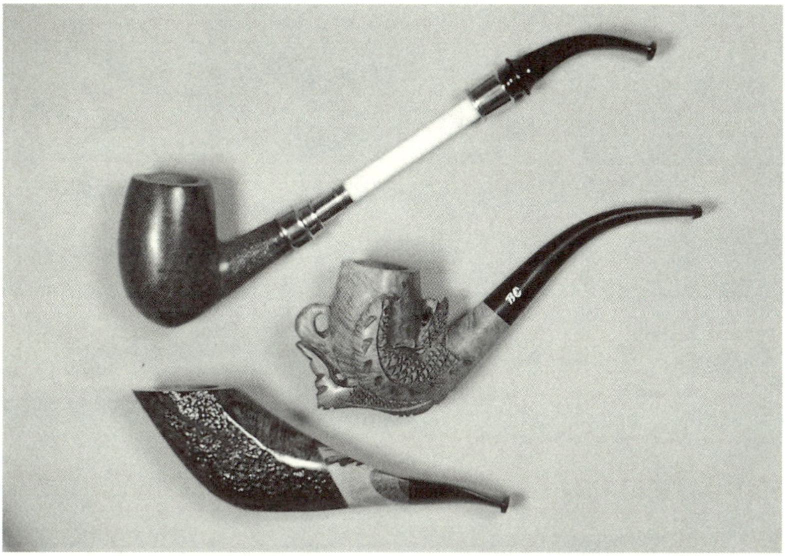

Drei Jahrhunderte Butz-Choquin (von oben nach unten): die »Origine«, eines der frühesten Modelle – der Holm, heute aus Kunststoff, war ehemals aus Albatrosknochen; eine geschnitzte »Adlerklaue« des Formats Nr. 105, die stark an die frühen Holzschnitzereien des 19. Jahrhunderts aus Saint-Claude erinnert; und die hochmoderne »Cybèle«, mit kontrastreichem Design unterschiedlicher Hölzer und Oberflächen.

ethos wird sein Talent kaum an einen Block minderwertigen Materials verschwenden. Da die meisten Meerschaumpfeifen wenigen türkischen Werkstätten entstammen, findet man häufig dieselben Modelle unter dem Namen unterschiedlicher Importeure im Handel. Der Preis richtet sich nach der Größe des Pfeifenkopfes sowie Aufwand und Niveau der Verarbeitung. Selbst eine glatte, polierte Meerschaumpfeife, bar jeglichen Schnitzwerks, hat ihren Reiz und dunkelt ebenso schön nach wie ein geschnitztes Exemplar, wenngleich ohne deren charakteristische Feinheiten, wie die Sprünge und Risse an den dünnen Stellen, an denen Tabaksaft und Rauch zuerst durchgedrungen sind. Es gibt allerdings Meerschaumpfeifen, die gar nicht recht nachdunkeln wollen. Meine liebste, ein gebogenes Modell mit üppigen Schnitzereien, das ich seit Jahren in Gebrauch habe, gelangte niemals über einen blassen Gelbton hinaus. Das Innere des Kopfes hat sich natürlich sehr schön gefärbt! Nun, ich versuche es weiterhin wacker mit verschiedenen Tabaksorten und bin guten Mutes, denn abgesehen von diesem Nachdunklungsproblem ist es eine Pfeife, die sich wundervoll raucht.

Ein neueres Modell von Stanwell, Format Nr. 217: eleganter dänischer Stil in Vollendung am Beispiel einer Straight Grain.

Der Stil Ihrer Meerschaumpfeife ist ganz Sache Ihres persönlichen Geschmacks, achten Sie aber darauf, nur eine aus Blockmeerschaum zu nehmen und keine aus billigerem Material, das sich nicht kühl raucht und schlecht nachdunkelt. Der Käufer eines solchen Modells bringt sich um zwei wesentliche meerschaumpfeifentypische Vorzüge: Erscheinungsbild und Rauchqualität.

In Standardausführung sind Meerschaumpfeifen bereits seit 1723 erhältlich; 1980 indes kam eine Neuerung auf den Markt, die in Raucherkreisen gewissen Anklang fand. Die Rede ist von den sogenannten »Manx«-Meerschaumpfeifen, meist aus dem härteren und weniger saugfähigen afrikanischen Material gefertigt und durch ein Tauchbad in heißem Öl zusätzlich gehärtet. Sie sind schwerer als echte Blockmeerschaumpfeifen, aber leichter als Bruyères. Mitunter werden sie künstlich nachgedunkelt und sehen dann aus, als seien sie bereits jahrelang geraucht worden. Zu den Vertreibern dieser recht raren »calcinierten« Pfeifen gehören die Firmen Barling, Peterson und Siyahi. Sie sind ganz attraktiv, rauchen sich kühl und besitzen gegenüber »echten« Meerschaumpfeifen den Vorzug, daß sie weniger zerbrechlich sind und man sie auch in heißem Zustand problemlos handhaben kann, ohne Gefahr zu laufen, die Oberfläche durch Fingerabdrücke zu verderben.

Die zerbrechlichsten aller Pfeifen wiederum sind Tonpfeifen, kein Wunder also, daß die neuen, soliden Bruyères ihnen Mitte des 19. Jahrhunderts schnellstens den Rang abliefen. Sie werden heute nur noch von wenigen Firmen hergestellt (siehe Kapitel 12), jedoch in allen Varianten von der kurzen Cutty bis zur eleganten Churchwarden. Ein Tonpfeifchen zu schmauchen, kommt für uns einer bequemen Reise in die Vergangenheit gleich, Nostalgiker werden ihnen immer Vergnügen abgewinnen. Ich selbst nehme sie gerne zum Tabaktesten, weil sie einen unverfälschten Rauchgenuß gewähren. Außerdem altert eine gute Tonpfeife ähnlich wie eine Bruyère und setzt mit der Zeit eine wundervoll elfenbeinfarbene Patina an. Leider rauchen sie sich so heiß, daß man sie stets in altväterischer Manier am Schaft halten muß. Auch die alten Formen sind noch lebendig: »Wilsons of Sharrow« in England benutzt nach wie vor die von Gordon Pollock übernommenen viktorianischen Original-Model, Stephen Bray von der kanadischen Firma »Olde World Fine Clays« exak-

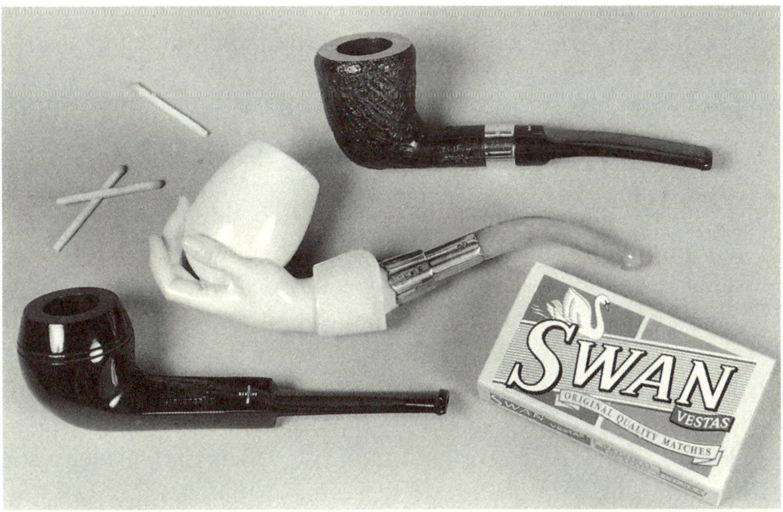

Alte und neue Barlings von der Isle of Man: Modell Nr. 4729 mit abgeflachtem Kopf und Goldreif (oben); eine »Guinea Grain Bulldog« (unten); eine seltene Meerschaumpfeife des 19. Jahrhunderts mit Silberbeschlag und Bernstein-Mundstück. Die neueren Barlings werden mit konvertiblem Zapfen angeboten, so daß man sie auch mit 9mm-Filtern rauchen kann.

Der Däne Georg Jensen bietet eine breite Palette erschwinglicher Pfeifen verschiedenster Form an, allesamt für 9mm-Filter (von oben nach unten): eine »Oliver« mit geradem Holm und Paßstück aus Olivenholz; eine »Macon« Nr. 51 mit mattem Finish und Goldreif; eine sandgestrahlte »Kontrast« Nr. 95 mit abgeflachtem Kopf und einer Bruyère-Intarsie im Mundstück. Das Pfeifenbesteck ist ein umgearbeitetes Taschenmesser im »Pearl Fruit«-Design aus dem 19. Jahrhundert, gefertigt von D.W.D. in England.

te Duplikate von Formen des 18. Jahrhunderts; obendrein hat er genau die Tonmischung rekonstruiert, die vor hundert Jahren gebräuchlich war. Durch Zugabe von Holzscheiten in den Ziegelofen gelang es ihm sogar, die berühmten schwarzen Tonpfeifen wieder herzustellen.

Die sogenannten Tiroler Pfeifen trifft man mittlerweile nur noch selten an – neulich sah ich zwar einen älteren Zeitgenossen vor einem bayerischen Berggasthof aus einem solchen farbenfrohen Stück paffen, aber das tat er vielleicht nur für die Touristen... Sollten Sie Ihrerseits Gelüste nach diesem historischen Rauchgenuß verspüren, denken Sie daran, daß diese Pfeifen sich extrem heiß rauchen und sehr zerbrechlich sind. Halten Sie sie in jedem Fall, wie auf alten Illustrationen zu sehen, nur am Kirschholzschaft oder am Porzellanknopf des Kopfes.

Da immerhin rund 300 000 Maiskolbenpfeifen jährlich nach Europa exportiert werden, sollten wir auch Ihnen einen Seitenblick widmen. Alle Maiskolbenpfeifen gleichen sich im Prinzip, daher ist der Erwerb eigentlich unproblematisch. Keine Maserung und kein Alterungspotential, die man berücksichtigen müßte, und oft wird die Pfeife weniger kosten als eine Packung des Tabaks, mit dem Sie sie stopfen. Das Design ist mehr oder weniger uniform, abgesehen von der monströsen MacArthur und einem Freehand-Modell. Maiskolbenpfeifen sind von hoher Absorptionsfähigkeit, weshalb der Rauchkanal regelmäßig gereinigt werden sollte. Rauchen Sie sie langsam, und lassen Sie ihr vor der nächsten Füllung ein paar Tage Zeit, richtig zu trocknen – so sorgsam gepflegt kann sie Ihnen jahrelang erhalten bleiben. So ziemlich die einzige Sorge, die eine Maiskolbenpfeife Ihnen bereiten kann, ist folgende: Haben Sie sie einmal liegenlassen, sollten Sie dann zurückgehen und sie holen oder einfach eine neue kaufen.

Beim Erkundungsgang durch die Tabakläden werden Sie mitunter auf unkonventionelle Exemplare stoßen, die aber eher als »Scherzartikel« geführt werden: Pfeifen für die Westentasche mit einklappbarem Holm, andere mit einem auf Federdruck hervorspringenden Stopfer am Kopf, Pfeifen, die man »im Kopfstand« raucht und dergleichen mehr. Mehr oder minder gebrauchstüchtig sind solche Kuriositäten schon und im übrigen einfach Geschmacksache. Ich persönlich halte mich lieber an die traditionelleren Modelle.

Über all diesen Aspekten wie Stil, Größe oder Maserung darf man beim Erwerb einer Pfeife keinesfalls den Teil des Rauchinstrumentes vernachlässigen, mit dem wir in den intensivsten Kontakt treten: das Mundstück. Sitzt die Pfeife nicht richtig im Mund, werden wir wenig Vergnügen daran haben, und so manche Werkstätte macht ein gutes Geschäft mit »Biß-Korrekturen«.

Eleganz in Bruyère – Davidoff-Pfeifen gibt es in drei Oberflächenvarianten: sandgestrahlt in Schwarz, doppelt rotgebeizt und in hellem Naturton. Der Pfeifenständer aus Sterlingsilber stammt von D.W.D. in England.

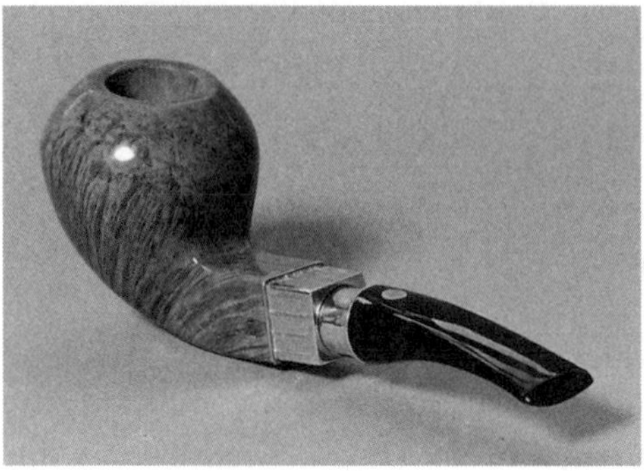

Diese außergewöhnliche Bruyère mit rechteckigem Silberbeschlag wurde von Cesare Barontini für Calabresi entworfen. Dazu gehört unbedingt ein Raucher mit Smoking.

Wie wir aus Kapitel 2 wissen (oder haben Sie etwa das Buch gleich hier angefangen zu lesen? Schämen Sie sich!), werden Mundstücke heute vorrangig aus Kautschuk (früher auch als Vulkanit bezeichnet), Kunststoff oder gehärtetem Acryl hergestellt; bei Billigpfeifen verwendet man preiswertes gegossenes Acryl, bei Spitzenmodellen handgearbeitetes. Der althergebrachte Kautschuk ist weicher an den Zähnen und läßt sich gut verarbeiten, beispielsweise zu Mundstücken mit dünnem Sattelbiß oder gespreiztem Fischschwanzdesign, beide ästhetisch ansprechend und im Mund von sicherem Sitz. Kautschuk korrodiert allerdings im Lauf der Zeit und verfärbt sich grauweiß, unabhängig von der Intensität des Gebrauchs oder der Lichteinwirkung. Ihr Händler kann ein solches Mundstück aber zum Glück problemlos reinigen und so polieren, daß es wieder aussieht wie neu.

Ein Mundstück aus Acryl hingegen wird mit dem Alter nicht unansehnlich und verliert auch an den Bißspuren nicht die Farbe. Es bricht zwar ebenso schnell wie Kautschuk (vor allem am Zapfen, dem fragilsten Teil jeder Pfeife), ist jedoch härter, so daß selbst Raucher mit herzhaftem Biß es nicht so schnell »durchkauen«. Leider geraten vielen Pfeifenmachern die Acrylmundstücke auch bei den teuersten Modellen recht plump und unkomfortabel, was sich mit etwas mehr Sorgfalt vermeiden ließe. Der Werkstoff eröffnet indes grundsätzlich interessante Designperspektiven, wie die mit Intarsien geschmückten italienischen Mundstücke oder das farbig gewölkte Acryl einiger Larsen-Modelle demonstrieren. Die als ›Cumberland‹ bezeichneten Mundstücke in einer braun-marmorierten Farbe gibt es sowohl aus Kautschuk wie auch aus Acryl.

Bei höherwertigen Pfeifen verwendet man gelegentlich auch Horn oder Bernstein für die Mundstücke. Bernstein erlebt gerade eine Renaissance bei Meerschaumpfeifen und Spitzenmodellen aus Bruyère, Horn war vor allem im 19. und zu Beginn des 20. Jahrhunderts sehr beliebt. Beide Materialien sorgen für einen Touch nostalgischer Eleganz, sind allerdings relativ weich und splittern leicht. Bernstein, ein fossiles Harz, das man besonders an der südlichen Ostseeküste findet, gibt es in Schattierungen von Cremeweiß über Gelb bis hin zu Gold und Orange. Anfangs nahm man für Mundstücke bevorzugt den klaren und teuersten Bernstein. Als aber in den sechziger Jahren des 20. Jahrhunderts transparente Mundstücke aus Kunststoff aufkamen, wirkte solcher Bernstein daneben billig; daher greift man heute lieber zu den goldfarbenen bis rötlichen Qualitäten. Bernstein ist von ähnlicher Struktur wie Glas und fast ebenso zerbrechlich.

Oft wird Bernstein verwechselt mit einem anderen, bei Meerschaumpfeifen gebräuchlicheren Material für Mundstücke: transparentem farbigem Acryl. Handelt es sich um echten Bernstein, erkennen Sie dies gewöhnlich an einem entsprechenden Aufkleber – das gilt aber nicht für Kunststoff, der nur mit pulverisiertem Bernstein versetzt wurde. Diese Variante ist härter als das natürliche Material, allerdings auch nicht von dessen durchscheinender Klarheit. Als Kompromiß bietet sich Ambrolith an, ein anspruchsvollerer Kunstbernstein aus Deutschland; er ist jedoch sehr teuer und wird daher nur von wenigen Pfeifendesignern für betuchte Kunden verwendet. Selbstverständlich horten nach wie vor einige Pfeifenkünstler, wie der Kanadier Julius Vesz, die Dänen Poul Ilsted und Tao oder der österreichische Meerschaumpfeifenhersteller Strambach einen kleinen Vorrat echten Bernsteins, verlangen dann aber auch entsprechende Preise. Bernstein und Horn atmen den Zauber alter Zeiten, Acryl und Kautschuk sind jedoch meiner Meinung nach schlicht praktischer für Pfeifenmundstücke.

Die Fixierung des Mundstücks im Holm erfolgt gewöhnlich mit einer der drei folgenden Methoden:

»Standardzapfen«
Bei dieser gebräuchlichsten Version fügt man den Zapfen des Mundstücks mit einer Drehung in das vorgebohrte Loch des Holmes und entsprechend wieder heraus – Hersteller empfeh-

Die vielen Gesichter des Meerschaums: im Vordergrund ein zeitgenössisches türkisches Exemplar in der ersten Nachdunklungsphase. Dahinter eine taufrische österreichische Reisepfeife mit Bernstein-Mundstück und Applikationen in vierzehnkarätigem Gold. Rechts ein wundervoll geschnitzter Bacchus aus dem 19. Jahrhundert – alles drapiert vor einer bestickten Rauchermütze der viktorianischen Epoche.

len, das Mundstück immer im Uhrzeigersinn heraus- und ebenso hereinzudrehen, weil so der gleichbleibend feste Sitz des Mundstücks garantiert wird. Bei Pfeifen mit der Kammer für 9mm-Filter spielt es meist keine Rolle, auf welche Weise man das Mundstück entfernt, da die Zapfen fast ausschließlich aus Teflon bestehen und dieses sich nicht verändert.

Mundstücke mit Gewinde
Mundstücke mit Gewinde findet man noch bei einigen wenigen Meerschaumpfeifen, meist aus Acryl, bei älteren Modellen auch aus Knochen. Vergewissern Sie sich beim Kauf, daß das Mundstück sauber mit dem Holm abschließt und der Biß in waagerechter Position zum Pfeifenkopf steht.

Steckermundstücke
Eine Spezialität von Peterson, die aber häufig kopiert wird. Hier steckt man das passend zugefeilte Mundstück einfach durch leichtes Vor- und Zurückdrehen in den Holm, dessen Ende normalerweise mit einer Kappe aus Silber, Gold oder Horn geschützt ist – zugleich ein zusätzliches Schmuckelement der Pfeife. Entwickelt wurden die Steckermundstücke ursprünglich für briti-

sche Kavalleristen (vor allem für die Truppe in Indien), die die Angewohnheit hatten, ihre Bruyères unterwegs einfach hinter den Gürtel zu klemmen. Dies führte zu einer Reihe ernster Pfeifenvorkommnisse auf dem Schlachtfeld: eine unbedachte Bewegung im Sattel oder ein halb mißglückter Abstieg vom Pferd, und knacks! war wieder eine Bruyère hinüber. Da war das Steckermundstück die ideale Lösung, so ließen sich nämlich Pfeifenkopf und Mundstück separat und sicher in der Tasche mitführen und zum Rauchen schnell wieder zusammenfügen. Grundsätzlich haben sich zwei Bezeichnungen für Pfeifen mit Steckermundstücken durchgesetzt: Modelle, die sowohl am Holm als auch am unteren Ende des Mundstücks mit einer Kappe aus Silber oder Gold versehen sind, heißen »Spigots«, während die Pfeifen mit nur einer Metallkappe am Holm als »Armys« bezeichnet werden.

Steckermundstücke sind heute so praktisch wie eh und je. Achten Sie aber beim Einkauf darauf, daß sie nicht zu locker sitzen und sich weit genug in den Holm einführen lassen. Das erinnert mich an eine Begebenheit, die ich im Büro eines bedeutenden Pfeifenrauchers erlebte. Ich rauchte damals eine »Gold Spigot Military Bit« von Peterson. Gerade als mein Gastgeber einen Anruf erhielt und sich abwandte, um den Telefonhörer abzunehmen, fiel mir der Kopf meiner Pfeife in den Schoß und richtete ein Chaos aus Glut, Asche und so weiter an ... Ich schoß sofort von meinem Stuhl hoch, stieß den Pfeifenkopf von mir und fing ihn auf ... Dann schob ich ihn ohne Zögern wieder auf die Pfeife und paffte weiter, als sei nichts geschehen, nun aber natürlich im Stehen. Mein Freund, der das Malheur gar nicht mitbekommen hatte, sah mich erstaunt an:

»Mußt du etwa gehen?« fragte er. Seine Sekretärin bekam daraufhin einen solchen Lachkrampf, daß sie sich lieber ins Nebenzimmer verzog.

Eine weitere wichtige Entscheidung beim Pfeifenkauf ist folgende: Sollen Sie ein Modell mit Filter kaufen oder nicht? Filter halten angeblich Nikotin, Teer und Tabaksaft zurück und reinigen so den Rauch, bevor er in den Mund gelangt. Aktivkohlefilter zum Beispiel (in Deutschland wird fast ausschließlich die 9mm-Version verwendet) oder die Meerschaum-Filter in speziell konstruierten Mundstücken funktionieren auch recht zuverlässig. Metallfilter hingegen, sehr beliebt in den dreißiger Jahren und heute kaum noch gebräuchlich, sind weniger effizient; sie kondensieren lediglich Teer und Tabaksaft, verursachen hierdurch die Bildung eines übelriechenden Flüssigkeitsreservoirs und machen den Pfeifenreiniger entbehrlich. Pro und contra Filter, das ist eine sehr umstrittene Materie.

Die Pfeifenraucher in den USA halten grundsätzlich nichts davon; nach ihrer Ansicht wird der Tabakgeschmack verdorben, weil der Rauch, bevor er die Geschmacksknospen erreicht, die im verunreinigten Filter angesammelten Stoffe aufnimmt. Daher findet man in Amerika Filter nur in Billigpfeifen. Das sieht in Deutschland ganz anders aus: Hier gehen zu 90 Prozent Filterpfeifen über den Ladentisch. Stanwell und andere internationale Hersteller tragen dem Rechnung, indem sie eigens Filter-Modelle für den deutschen Markt produzieren, und die Erfolgsgeschichte der Firma Vauen beruht zum großen Teil auf dem Verkaufsschlager ihrer herausnehmbaren »Dr. Perl«-Filter, von denen sie nach eigenen Angaben drei Millionen Stück wöchentlich absetzt. GBD und Comoy's stellen gleichfalls Filterpfeifen für den deutschen Raucher her; auch die auswechselbaren Aktivkohlefilter von Stanwell und Duncan sind sehr beliebt. Die Italiener wiederum rauchen kaum Filterpfeifen, können aber deren Existenz auch nicht gänzlich ignorieren, wie die Balsaholzfilter von Savinelli oder das »Hydra«-System von Don Carlos beweisen. Die Londoner Kaywoodie und die populäre Falcon sind nur zwei Beispiele sehr beliebter Metallfilterpfeifen in England; dort wurde gerade auch die »Peacemaker« von Dr. Plumb wieder aufgelegt, ein Modell mit Filterring und abnehmbarem Kopf.

Die Spitzenhersteller fertigen ihrerseits meist ungern Modelle mit Filter, in der Überzeugung, daß sie überflüssig sind und den Tabakgeschmack beeinträchtigen – und darüber hinaus das Erscheinungsbild zerstören, denn Pfeifen mit Filterkammer haben einen notgedrungen dickeren, weniger eleganten Holm. Dunhill liefert zwar sämtliche Pfeifen mit dem Metallfilter anno 1912, aber eher aus nostalgischen Gründen, denn die Kunden entfernen ihn gewöhnlich unmittelbar nach dem Kauf, spätestens jedoch vor der ersten Füllung. Der deutschsprachige Markt ist aber für das britische Traditionshaus so wichtig geworden, daß Dunhill inzwischen auch Pfeifen mit der Kammer für 9mm-Filter fertigt. Um Produktionsschritte zu vereinfachen, werden sogar manche Modelle von vornherein mit einem dicken Holm gefer-

Die sogenannten »Manx-Meerschaumpfeifen«, wie diese von Barling, werden mit Öl gehärtet und koloriert, um auch fabrikneuen Exemplaren ein Aussehen zu verleihen, als seien sie schon lange in Gebrauch.

tigt, daß sie sowohl eine Filterkammer aufnehmen können als auch für filterloses Rauchen geeignet sind; lediglich die Bohrung im Holm und die Zapfen sind unterschiedlich. Viele Kenner in aller Welt lehnen es aber ab, mit Filter zu rauchen. Das Filterproblem ist bei weitem noch nicht ausdiskutiert und gehört zu jenen umstrittenen Fragen, auf die man vielleicht niemals eine Antwort finden wird. Ich verzichte meinerseits auf Filter und benutze lieber Pfeifenreiniger, sobald mein Tabak anfängt zu gurgeln und bitter zu schmecken. Und danach stopfe ich behutsam den Tabak wieder fest, um Luftlöcher zu schließen, die der Reiniger unter Umständen verursacht hat.

Ein weiterer Trend in der Pfeifenwelt, der nach den USA nun auch in Deutschland, England und Italien um sich greift, ist das Rauchen und Sammeln sogenannter »Estate Pipes« – gebrauchte Pfeifen aus altem Bruyère-Holz, ausgelaufene Modelle oder Pfeifen von Herstellern, die inzwischen vom Markt verschwunden sind. Hier verfährt man wie beim Restaurieren einer alten Luxuslimousine: Die Tabakkammer wird mit kochendem Alkohol sterilisiert und die Oberfläche gereinigt und poliert, wobei man stets sorgsam darauf achtet, das ursprüngliche Finish oder den Namensstempel zu erhalten, die ja den Wert eines solchen Stückes wesentlich ausmachen.

Zugegeben, es ist ein etwas seltsames Gefühl, aus einer Pfeife zu rauchen, die bereits jemand anders benutzt hat, aber letzten Endes ist das nicht schlimmer als das Speisen mit Hotelsilber. Wir sind uns zwar darüber im klaren, daß wir nicht die ersten sind, die diese Exemplare von Messer und Gabel in Händen halten, aber es beunruhigt uns nicht, da sie ja inzwischen gereinigt und desinfiziert worden sind. Das ist bei »Estate Pipes« genau dasselbe. Sie fragen, wieso jemand hinter einer alten Pfeife her ist, obwohl er genausogut eine neue kaufen kann? Nun, erstens gilt das beileibe nicht generell für gebrauchte Pfeifen; begehrt sind nur Modelle bekannter Hersteller, zum Beispiel Dunhill oder die älteren von Charatan und Barling. Zweitens haben nur Pfeifen aus außergewöhnlichem Holz ihren Sammlerwert, wie die mit »DR« gestempelten »Dead Roots« von Dunhill oder die »Blue Riband«-Straight Grains von Comoy's. Einige dieser Pfeifen sind aus sehr altem algerischem Bruyère gefertigt, das heute eigentlich gar nicht mehr erhältlich ist. Und im übrigen besteht ein entscheidender Anreiz für den Sammler einfach darin, etwas zu besitzen, das nicht mehr hergestellt wird. Schließlich tritt noch ein finanzieller Aspekt hinzu: Gebrauchte Pfeifen kosten in der Regel gerade die Hälfte des ursprünglichen Preises. Selbstverständlich gibt es Ausnahmen; so können besonders begehrte Stücke, wie ein Dunhills-Paar aus den Dreißigern im Originalkarton, auf amerikanischen Pfeifen-Flohmärkten, wo private Sammler ihre Schätze feilbieten, leicht einige tausend Dollar erzielen. Das Sammeln von »Estate Pipes« ist in der Tat nicht jedermanns Sache, aber eine Mode, über die Sie Bescheid wissen sollten.

Sind Sie im Zweifel, was für eine Pfeife Sie sich zulegen sollten, greifen Sie auf jeden Fall zu einer renommierten Marke. Mein persönliches Verfahren – mit dem ich gelegentlich Leute an den Rand des Wahnsinns treibe, aber es funktioniert – sieht so aus: Ich lasse mir alle Pfeifen, die in Frage kommen, auf die Theke legen. Dann inspiziere ich gewissenhaft Design, handwerkliche Verarbeitung und Preise. Eine nach der anderen sortiere ich nun aus und lege sie beiseite, bis nur noch eine übrig ist, und diese kaufe ich. Ist ein Spiegel im Laden, posieren Sie ruhig davor mit diversen Modellen, um zu sehen, ob sie Ihnen stehen. Denn eine Pfeife muß nicht nur gut aussehen, sondern Sie gut aussehen lassen, wie ein Maßanzug. Und vergessen Sie nicht: Pfeifen kann man nie genug haben. Ich nenne einige elegante Ausgeh-Exemplare mein eigen, andere sind dem Schmauch am Kamin vorbehalten, weitere begleiten mich als Moderator in Radio und Fernsehen, und manche habe ich einfach, weil sie mir gefallen. Nicht anders als bei Hemden, Krawatten und Hüten sollten Sie eine passende Pfeife für jede denkbare Gelegenheit besitzen.

Eine der persönlichsten Gesten in Zusammenhang mit der richtigen Pfeifenwahl verdanke ich meinem verstorbenen Freund Jeremy Brett, der Sherlock Holmes so überzeugend in einer Fernsehserie verkörperte. In der Folge »The Adventure of the Empty House« gibt es gegen Ende eine Szene, in der Jeremy zwei Pfeifen vom Kaminsims nimmt: eine Peterson Churchwarden, die er in einer früheren Sherlock-Holmes-Staffel rauchte, und eine Designerpfeife, die ich für ihn angefertigt hatte. Mit einem Augenzwinkern legt er die Peterson beiseite und zündet jene an. Er wußte, ich würde das schon recht verstehen. Hier vollzog ein großer Schauspieler einen Akt der Huldigung an die eigentliche Bedeutung der Pfeifenwahl.

Heute, im 21. Jahrhundert, verändert das Internet auch die Konditionen des Pfeifenkaufs, nun surft man einfach zur Bruyère seiner Träume. Aber der Blick auf den Computerbildschirm verrät Ihnen nicht, wie eine Pfeife sich anfühlt oder wie gut sie gearbeitet ist. Dies kann nur ein physischer Kontakt leisten; sollten Sie also per Internet von einem Händler oder einer Privatperson eine Pfeife erwerben, sichern Sie sich ein Rückgaberecht – nicht anders, wie Sie auch im Laden eine (ungerauchte) Pfeife umtauschen, weil Sie doch eine andere Marke oder einen anderen Typus favorisieren.

Eine Pfeife bei einem fachkundigen Tabakhändler zu kaufen, ist nach wie vor eine Erfahrung, die unersetzlich ist. Achten Sie aber darauf, daß es sich bei dem Mann hinter der Verkaufstheke tatsächlich um einen Pfeifenraucher handelt, anderenfalls hat er dort nichts zu suchen, weil er nichts von Ihren Bedürfnisssen versteht. Die gespannte Erwartung dessen, was Sie allein beim Betreten eines wohlsortierten Pfeifengeschäfts erwartet, birgt schon das halbe Vergnügen – und kann zu einem begeisternden Erlebnis werden. Es ist, als besuche man einen Pfeifen-Club, ein Treffen Gleichgesinnter, mit denen man sich zusammenfindet bei heiterer Konversation und dem köstlichen Duft des Pfeifenrauchs. Und wie man sich auf angenehmste Weise mit einer Wolke blauen Dunstes umgibt, darüber wollen wir uns im nächsten Kapitel ausführlich unterhalten.

Kapitel 4

Die Geheimnisse des Rauchgenusses

»Man hat unwillkürlich den Eindruck,
daß ein Pfeifenraucher von Dingen weiß,
die man selbst nicht kennt.«

Seit dem Tag, an dem erstmals ein Pfeifenmundstück die Lippen eines Rauchers berührte, versucht die »zivilisierte« Gesellschaft einem großen Geheimnis auf die Spur zu kommen: Wie läßt sich beim Rauchen der »Zungenbiß« vermeiden? Dieses schmerzhafte Brennen an der Zungenspitze ist vor allem Pfeifen-Neulingen allzu vertraut und läßt sie oft nach wenigen mißlungenen Rauchversuchen die Pfeife wieder beiseite legen – zweifellos auch in der Überzeugung, alle Tabakfreunde seien ausgewiesene Masochisten, die mit demselben Vergnügen Pfeife rauchen, barfuß über ein Nagelbrett laufen und stocksteif gestärkte Unterwäsche tragen. Der Zungenbiß ist aber keineswegs eine notwendige Begleiterscheinung des Pfeiferauchens, man müßte Anfänger nur gründlich in der korrekten Rauchtechnik unterweisen. Dieses Versäumnis ist nämlich in der Regel dafür verantwortlich, daß so viele Interessenten ihrer Bruyère wieder den Rücken kehren, noch bevor sie eine rechte Kohleschicht angesetzt hat.

Pfeiferauchen ist eine Kunst, die sich auf Fertigkeit gründet – in ihren vollen Genuß gelangt man erst, sobald man sich die entsprechenden Techniken angeeignet hat. Gottlob kann jeder sie erlernen; das beste Beispiel ist, als Sproß einer Familie von Nichtrauchern, der Autor selbst. Als ich meine erste Bruyère aufs Geratewohl mit einer Handvoll undefinierbaren Tabaks stopfte, stand mir kein alter Hase zur Seite, der mich hätte beraten kön-

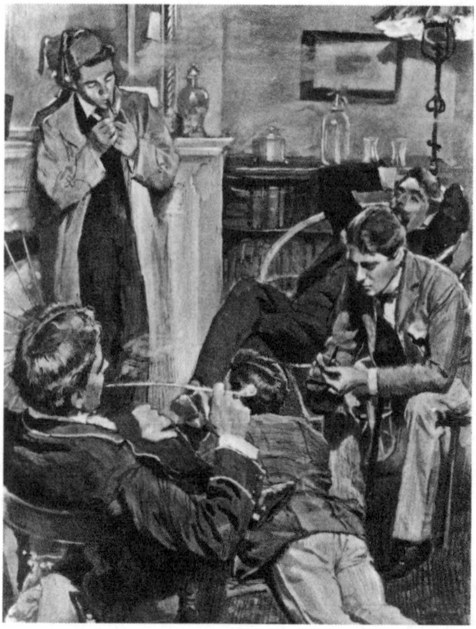

Pfeiferauchen war immer auch ein geselliges Vergnügen, wie die Buchillustration »Passing the Arcadia« von J. Bernard Partridge aus dem Jahre 1898 zeigt.

nen. Praktische Leitfäden für den Pfeifenraucher sind auch seit je Mangelware, daher mußte ich schlicht aus Erfahrung klug werden. Und zu den mannigfachen Vergnügen, die dieses Buch hoffentlich für Sie bereithält, mögen sich auch die rauchumwölkten Geheimnisse gesellen, in die ich Sie nun einweihen werde.

Drei Ursachen können für den Zungenbiß verantwortlich sein: unsachgemäßes Einrauchen, falsches Stopfen oder zu trockener Tabak.

Erschwerend kommt hinzu, daß viele Pfeifenneulinge zuvor starke Zigarettenraucher waren, die nun auf Anraten des Arztes alternativ zur Pfeife greifen (eine häufig verordnete Entwöhnungsmethode, weit effizienter als Nikotinkaugummi) oder aus eigenem Antrieb eine unkontrollierte Sucht in kontrollierte Bahnen lenken wollen. Es gilt einen Umstand zu berücksichtigen, von dem ich Vertreter der Antiraucherkampagnen nur mühsamst überzeugen konnte: Pfeiferauchen ist eine ganz andere Angelegenheit als Zigarettenkonsum. Wechselt jemand von der Zigarette zur Pfeife, besteht daher die größte Schwierigkeit nicht in der Entwöhnung vom »Knaster«, sondern im Erlernen des richtigen Umgangs mit der Pfeife, wozu der Zigarettenraucher manch eingefleischte Gewohnheit ablegen muß.

Vor allem darf man den Rauch nicht inhalieren – dies widerspräche dem Wesen des Pfeiferauchens: Hier kommt es darauf an, den Tabak, fast wie einen Wein, im Mund zu »schmecken«. Reinen, unverfälschten Tabak auf Lunge zu rauchen, das wäre ein ähnlicher Fauxpas, als gurgele man mit einer 1990er Auslese Cabernet Sauvignon. Damit bewiese man nicht nur Ignoranz und schlechte Manieren, sondern brächte sich auch um den wahren Genuß des natürlichen Tabakgeschmacks und die entspannende Wirkung des Pfeiferauchens. Pfeifentabak ist zudem reiner und reichhaltiger als alles, was je in Zigarettenpapier gewickelt wurde. Da man andererseits keine Lungenzüge macht, gelangt das Nikotin in erheblich geringerer Konzentration ins Blut – ein Grund, weshalb Pfeiferauchen nicht zu körperlicher Abhängigkeit führt.

Neben den medizinisch-psychologischen sollte ein Zigarettenraucher auch die wirtschaftlichen Vorzüge des Pfeiferauchens bedenken: Während eine Zigarette in kaum zehn Minuten zu Ende gepafft ist, raucht man an der Füllung einer mittelgroßen Pfeife gewöhnlich eine halbe bis dreiviertel Stunde. Angesichts der Tatsache, daß eine 100-Gramm-Dose Tabak in der Regel 20 bis 25 Füllungen ergibt (abhängig vom Schnitt und dem Fassungsvermögen des Pfeifenkopfes), repräsentiert das Pfeiferauchen einen der bedeutendsten Werte der modernen Gesellschaft – leider bestraft die Regierung ausgerechnet ihre gesetzestreuesten Bürger mit einer schrecklich hohen Tabaksteuer.

Wollen Sie Ihre Pfeife voll und ganz genießen, müssen Sie den Rauch daraus »nippen« wie einen guten Cognac aus dem Schwenker. So ziehen Sie den vollen, reichhaltigen Rauch in den Mund, halten einen Augenblick inne, um seinen Geschmack zu spüren, und atmen ihn dann als duftende weiße Wolke wieder aus. Interessanterweise nimmt der Pfeifenraucher selbst das Aroma des Rauches gar nicht wahr, dieses olfaktorische Vergnügen bleibt ein Privileg seiner unmittelbaren Umgebung. Jahrelang habe ich Bemerkungen über den intensiven Geruch meiner starken englischen Mischungen mit Unglauben quittiert, bis ich eines Tages einmal die brennende Pfeife kurz beiseite legte, um mir draußen den Sonnenuntergang anzusehen. Als ich nach einigen Minuten wieder ins Haus trat, war es erfüllt von einem vollen, schweren Duft, der an Herbstabende, Lagerfeuer, Wald und Jagdhütten erinnerte: das Aroma meines Pfeifentabaks, das ich zum ersten Mal wahrnahm.

Eine der wichtigsten Regeln für den Weg zum vollendeten Rauchgenuß ist Mäßigung. Ungehemmter Konsum verdirbt häufig die Freude an schönen Dingen und kann unangenehme Nebenwirkungen verursachen. Eine 1990er Jahrgangs-Cuvée »Dom Perignon« ist bei festlichem Anlaß eine wahre Wonne; kippen Sie dagegen sechs oder sieben Flaschen davon hinter die Binde, werden Sie die Qualitäten dieser perlenden Kostbarkeit kaum noch herausschmecken. Dafür wird Sie tags darauf ein gewaltiger Brummschädel schmerzlich an Ihre Unmäßigkeit erinnern. Nicht anders verhält es sich mit Pfeifentabak. Welche Tagesration Sie vertragen, hängt von Ihrer individuellen körperlichen Verfassung und der aktuellen Tagesform ab. Habe ich viel zu tun oder stehe anderweitig unter Stress, greife ich häufiger zur Pfeife, als wenn das Schiff meines Lebens durch ruhigere Gewässer gleitet.

Rauchgewohnheiten werden auch von unserer unmittelbaren Umgebung beeinflußt. Meine sprichwörtliche »Morgenpfeife« genehmige ich mir zum Beispiel nur aus besonderem Anlaß, wie am ersten Ferientag oder an Weihnachten, sonst brennt meine erste Füllung nie vor dem späten Nachmittag oder Abend. Als ich hingegen vor einigen Jahren in der Führungsetage eines großen Unternehmens tätig war und unter meinen Mitarbeitern mehrere Pfeifenraucher hatte (daß es uns erlaubt war, während der Arbeit zu rauchen, demonstriert, wie lange das her ist), zündeten wir bereits am mittleren Vormittag unsere Pfeifen an, die dann auch während der Mittagpause und bis zum Spätnachmittag nicht ausgingen. Der beständige Anblick von Kollegen, die bei Besprechungen oder Telefonaten genüßlich schmauchten, und der Duft ihres Tabaks, das war eine unwiderstehliche Versuchung. Also konnten wir gar nicht anders, als mitzumachen und am allgemeinen Rauchvergnügen teilzunehmen. Aber selbst damals signalisierte mir mein Körper, wann ich kürzer treten mußte, und anders als bei Zigaretten »braucht« man nicht immer eine Pfeife. Eine Leidenschaft sollte das Pfeiferauchen schon sein, aber niemals eine Sucht.

Die Kunst des Rauchens beginnt schon mit dem richtigen Stopfen der Pfeife. So simpel das klingen mag, es ist eine der wichtigsten Voraussetzungen für ein Höchstmaß an Vergnügen an Ihrer Pfeife. Mehr noch, es gehört zu den »Geheimwaffen« gegen den Zungenbiß und läßt Ihre Pfeife mit weniger Streichhölzern länger brennen.

Seit Pfeifenraucher darauf kamen, daß man beim Paffen auch schreiben kann, haben sie uns eine unübersehbare Zahl an Theorien und Traktaten über die rechte Methode des Pfeifestopfens beschert. Einige Techniken wurden offenbar von Leuten entwickelt, die gar keine Pfeifenraucher waren, während andere wiederum nur zeitweilig Erfolg hatten, abhängig von der Tabaksorte, der geistigen Verfassung des Rauchers und, wie ich vermute, selbst von den Mondphasen. Die Methode, die ich Ihnen hier vorstelle, hat sich in mehr als drei Jahrzehnten unzählige Male bewährt – viele Tabakhändler machen sogar Neukunden damit vertraut, in dem Bewußtsein, daß ein zufriedener Pfeifenraucher zugleich ein guter Kunde ist.

Vergewissern Sie sich zunächst, daß Ihre Pfeife frei von Fremdstoffen ist. Das heißt, vom letzten Gebrauch dürfen weder Tabakkrümel im Rauchkanal noch graue Aschenreste oder Reste vom Reiniger im Pfeifenkopf verblieben sein. Will man sich nicht auf den Augenschein verlassen, kann man zusätzlich sanft das Mundstück durchblasen, um sicherzugehen, daß im Holm nichts den Luftstrom blockiert. Ich habe einmal einige frustrierende Augenblicke mit dem Anzünden einer großen Bruyère-Kalabasch verbracht, bis ich herausfand, daß in ihrem langen gebogenen Holm ein Pfeifenreiniger verblieben war. Versuche, unter solchen Umständen »zum Zug« zu kommen, haben jedoch auch ihr Gutes: Sie bringen wieder Farbe auf Ihre Wangen!

Bei einer brandneuen, jungfräulichen Bruyère empfiehlt es sich, das Innere des Pfeifenkopfes mit einer *hauchdünnen* Schicht Honig zu bestreichen; am besten mit den Fingern, um sicherzustellen, daß Boden und Seitenwände gleichmäßig und vollständig bedeckt werden; achten Sie aber darauf, daß von der klebrigen Masse nichts an die Außenwand gelangt. Der Honig beschleunigt die Bildung einer dicken Kohleschicht – ein weiteres Hemmnis für den Zungenbiß und unerläßlich für ein kühles Rauchen, bei dem Sie in den vollen Genuß des Tabakgeschmacks kommen. Eine ordentliche Kohleschicht bildet sich gewöhnlich schon nach fünf bis sieben Füllungen; sie erfüllt eine ähnliche Funktion wie der Rost eines Holzkohlengrills und dient zugleich der Isolation des Pfeifenkopfes.

Ich genieße es immer, eine neue Pfeife einzurauchen: Es erscheint mir, als lerne man einen neuen Freund kennen und käme ihm beim gemeinsamen Rauchgenuß näher. Und es birgt schon einen Hauch von Abenteuer, wenn man zum allerersten Mal den Pfeifenkopf füllt, den Tabak feststopft, ihn anzündet und den kompakten weißen Rauch durch den Holm einsaugt – wie ein Entdecker, der sich einen Pfad durch den unerforschten Dschungel bahnt.

Einem meiner Freunde auf dem College bereitete das Einrauchen so viel Spaß, daß er unserer ganzen Clique diesen Dienst erwies. Jeweils eine Woche später gab er eine gereinigte, sterilisierte Pfeife zurück, mit dem Ansatz einer gesunden Kohleschicht. Ein Großteil der Pfeifenraucher empfindet das Einrauchen dagegen als notwendiges Übel, und das ließ mich oft an jenen Schulkameraden denken, der sich mit solchem Service ein ansehnliches Einkommen hätte verdienen können.

Die Idee ist übrigens nicht ganz neu: In den vierziger Jahren konnte man bei der renommierten Londoner Firma Astley eine neue Pfeife ungefähr drei Tage mit seinem Lieblingstabak einrauchen lassen – von einem eigens konstruierten Blasebalg. Erwarb ein Kunde zum Beispiel samstags eine Pfeife und holte sie am folgenden Wochenende ab, war sie bereits mit einer schönen Kohleschicht versehen, wenn er sie in Betrieb nahm.

Das Einrauchen, ob mechanisch oder »persönlich«, präpariert Ihre Bruyère für lebenslanges Rauchvergnügen, und deshalb sollte bei diesem bedeutenden Vorgang nichts übereilt werden. Ich werde nie das Experiment vergessen, das ich als Pfeifen-Greenhorn auf dem College anstellte. Damals wußte ich nicht, daß es auch anderes gab als die Billigware aus dem Supermarkt, und mir graute vor dem scharfen, bitteren Geschmack, den ich beim Einrauchen meiner beiden ersten Pfeifen erlebt hatte. Als ich dann ein neues, dick rotlackiertes Exemplar erworben hatte (nicht, daß ich so schwer von Begriff gewesen wäre – ich wußte es damals eben nicht besser und hatte natürlich auch dieses Buch nicht zur Verfügung), stopfte ich es randvoll mit grobem Burley, setzte den Tabak mit einer ganzen Packung Streichhölzer in Brand, bestieg meinen 1954er Austin-Healey-Vierzylinder, röhrte eine gute Stunde den Highway lang – und hielt dabei meine rotglühende Pfeife aus dem Fenster, um sie in Rekordzeit »richtig« einzurauchen. Bei rund hundert Stundenkilometern quoll der Rauch aus dem Mundstück wie bei einer Dampflokomotive. Schließlich nahm ich die Pfeife wieder herein in meinen Roadster, in der Erwartung, nun eine hübsch gleichmäßige, saubere Beschichtung im Pfeifenkopf vorzufinden. Statt dessen sah die Pfeife aus wie aus Frankensteins Labor; Blasen und Risse überzogen die gesamte Außenfläche, und am Boden des Kopfes war sie durchgebrannt. Bei drei Dollar für die Pfeife und zehn Cents für Tabak war das eine relativ preiswerte Lektion, die ich aber nie im Leben vergessen werde: Bis zum heutigen Tag habe ich nie wieder eine Pfeife in einem Austin Healey geraucht.

Mittlerweile gibt es auch Pfeifen mit vorkarbonisierten Köpfen; dies beschleunigt zwar die Bildung der Kohleschicht, man sollte sie jedoch bei den ersten, eminent wichtigen Füllungen trotzdem mit Honig behandeln. Das gilt nur für Bruyères; bei Tonpfeifen erübrigt sich dieses Verfahren (sie nehmen ohnehin viel Kondensat auf und altern auch ohne Schutzschicht von selbst), bei Pfeifen aus Meerschaum oder damit ausgekleideten Pfeifenköpfen ist es nicht ratsam. Eine Kohleschicht würde hier Tabak und Meerschaum trennen und so den Nachdunklungsprozeß beeinträchtigen (siehe Kapitel 2) – genau das macht jedoch einen entscheidenden Reiz des Materials aus. Ebensowenig sollten Sie Maiskolbenpfeifen einer Honigbehandlung unterziehen, es sei denn, Sie möchten sie anschließend verspeisen.

Eine ordentlich eingerauchte Bruyère weist also immer eine entsprechende Kohleschicht auf, die allerdings niemals stärker sein sollte als ein Fünfmarkstück. Ist die Kruste zu dick, kann sie sich bei Erhitzung so weit ausdehnen, daß sie den Pfeifenkopf sprengt – außerdem faßt Ihre Pfeife dann weniger Tabak. Mit welchem Zubehör man die Schicht stets in der richtigen Stärke hält, erfahren Sie in Kapitel 9.

Ist Ihre Pfeife rein und leer, wird es Zeit für die kostbarste Komponente des Rauchgenusses: den Tabak. Mit den handelsüblichen Varianten der *Nicotiana tabacum* werden wir uns ausführlich in Kapitel 5 befassen; hier können wir uns damit bescheiden, daß Pfeifentabak vornehmlich lose verkauft wird, mitunter auch als *Flake* (Preßtabak). Vor dem Füllen sollten Sie in jedem Fall den Tabak sorgsam auflockern, damit keine Klumpen den für einen guten Brand unentbehrlichen Luftstrom behindern. Selbst Feinschnitte wie Virginia oder Reste einer langblättrigen englischen Mischung sollten behutsam zwischen den Fingern gerieben werden, bevor sie in das Allerheiligste des Pfeifenkopfes gelangen.

Um die Pfeife ordnungsgemäß zu füllen, müssen Sie die Prozedur des Stopfens im Grunde dreimal wiederholen. Lassen Sie die erste Prise aus der Hand locker in die Tabakkammer gleiten, so daß diese reichlich bis zum Rand gefüllt ist. Klopfen Sie leicht gegen die Wand des Pfeifenkopfes, damit die Tabakblätter ein wenig zusammenrutschen; den Effekt werden Sie mit bloßem Auge vielleicht kaum wahrnehmen, aber dieser Schritt ist wichtig. Drücken Sie anschließend mit dem Finger oder dem handlicheren Stopfer den Tabak sanft nach unten, bis Sie leichten Widerstand verspüren. Jetzt ist die Tabakkammer normalerweise zu einem Drittel gefüllt. Wiederholen Sie das Ganze mit einer zweiten Portion, drücken Sie diesmal den Tabak ein wenig fester. Nun sollte die Pfeife zu zwei Dritteln gefüllt sein, und Sie können zur feierlichen letzten Ladung schreiten. Füllen Sie hierzu die Pfeife wieder reichlich, und drücken Sie den Tabak fest herunter, bis er mit der Oberkante des Pfeifenkopfes abschließt. Vergewissern Sie sich, daß die Füllung auf Druck noch ein wenig nachgibt – ist der Tabak zu dicht zusammengepreßt, werden Sie nämlich Schwierigkeiten haben, die Pfeife in Gang zu setzen. In diesem Fall entleeren Sie am besten den Pfeifenkopf vollständig und fangen noch einmal von vorne an.

Verwenden Sie ausschließlich frischen, ausreichend feuchten Tabak; ist er zu trocken, fällt er zusammen und verzehrt sich schnell in einer heißen Glut, die Ihnen unverzüglich den bewußten Zungenbiß beschert. Es empfiehlt sich sogar, während des Stopfens ab und zu etwas Luft durch das Mundstück zu saugen: So können Sie kontrollieren, ob der Tabak in zuträglicher Dichte gestopft und der Rauchkanal frei ist. Korrektes Pfeifestopfen setzt ein wenig Übung voraus, aber die erforderliche Technik und das gewisse Fingerspitzengefühl haben Sie sich schnell angeeignet.

Nun können wir zum Anzünden der Pfeife schreiten. Papierstreichhölzer (in Briefchen) sind chemisch behandelt und beeinflussen ebenso wie Feuerzeugbenzin den Tabakgeschmack – verwenden Sie also für diese Feuertaufe des anstehenden Genusses nur richtige Streichhölzer (aus Holz!) oder ein Gasfeuerzeug. Warten Sie aber bei Zündhölzern einen Augenblick, bis der Schwefel abgebrannt ist, sonst bekommen Sie mit den ersten Zügen dessen scharfen Geschmack in den Mund. Bedenken Sie ferner, daß eine Gasflamme viel heißer brennt als ein Streichholz; passen Sie daher auf, daß Sie den Rand des Pfeifenkopfes nicht versengen.

Und lassen Sie um Gottes willen die Finger von den gebläsebewaffneten Flammenwerfern, mit denen Sie so publikumswirksam Ihre Zigarre in Brand setzen können. Ihre 1300°-Flamme ist viel zu heiß für Bruyère und kann sich schneller einen Weg durch Ihre teure Dunhill sengen als der Phaser eines intergalaktischen Weltraumkriegers. Heben Sie sich diese Geräte dafür auf, wozu sie ursprünglich konzipiert wurden: Schweißarbeiten.

Das Anzünden der Pfeife erfolgt in zwei Schritten. In der ersten Phase entsteht eine Art »Glutdeckel«, eine Ascheschicht, die sich über die gesamte Oberfläche des Tabaks legt; diese Glutfläche sorgt – richtiges Stopfen vorausgesetzt – dafür, daß die Füllung später gleichmäßig bis zum Boden herunterbrennt. Bewegen Sie beim ersten Anzünden die Flamme langsam über die ganze Tabakfläche, möglichst ohne dabei den Rand des Pfeifenkopfes zu versengen; er verfärbt sich bald genug ohne Ihr Zutun. Ziehen Sie währenddessen langsam und vorsichtig an der Pfeife, damit die Flamme den gesamten Tabak erfaßt. Brennt er an der Oberfläche gleichmäßig, nehmen Sie die Pfeife aus dem Mund und drücken die Asche, die sich gewöhnlich etwas über den Pfeifenkopfrand wölbt, mit dem Stopfer gelinde nach unten auf den Teil des Tabaks, der noch nicht glimmt.

Nun folgt der zweite Streich. Wandern Sie wieder mit der Flamme über die gesamte Oberfläche, ziehen Sie erneut langsam und gleichmäßig an der Pfeife. Das ist schon das ganze Geheimnis. Diese Zündung in mehreren Stufen beschert Ihnen nicht nur einen besseren Rauchgenuß, sondern unter Umständen auch einen entscheidenden Vorteil bei einem Wortgefecht. Drohen Sie bei solcher Gelegenheit ins Hintertreffen zu geraten, lassen Sie Ihrem Widerpart ruhig für einen Augenblick das letzte Wort – um gelassen ihre Pfeife zu stopfen, anzuzünden und nachzustopfen (womit Sie die landläufige Meinung nutzen und zugleich bekräftigen, Pfeifenraucher seien allesamt tiefsinnig-philosophische Naturen). Wenn dann die ersten Wolken blauen Dunstes Ihrer Bruyère entsteigen und Ihr Gegner ob der eingetretenen Gesprächspause etwas verunsichert ist, schauen Sie ihm unverwandt ins Auge, nehmen langsam die Pfeife aus dem Mund und überwältigen ihn mit der schlagfertigen Antwort, die Sie sich inzwischen in Ruhe zurechtlegen konnten.

Ihr Pfeife bleibt länger in Brand, wenn Sie gelegentlich mit dem Stopfer die Asche herunterdrücken und leicht in den

Das Ritual des Anzündens

(1) Prüfen Sie mit einem Pfeifenreiniger, ob der Rauchkanal frei ist.

(2) Füllen Sie die Pfeife randvoll mit Tabak, und klopfen Sie leicht gegen den Pfeifenkopf, damit er nach unten rutscht. Wiederholen Sie das Ganze dreimal oder so lange, bis die Tabakkammer komplett gefüllt ist.

(3) Drücken Sie den Tabak sanft herunter, bis Sie einen »elastischen«, nicht zu starken Widerstand verspüren.

(4) Wandern Sie mit der Flamme des Streichholzes oder Gasfeuerzeugs über die gesamte Oberfläche des Tabaks, und ziehen Sie dabei behutsam an der Pfeife.

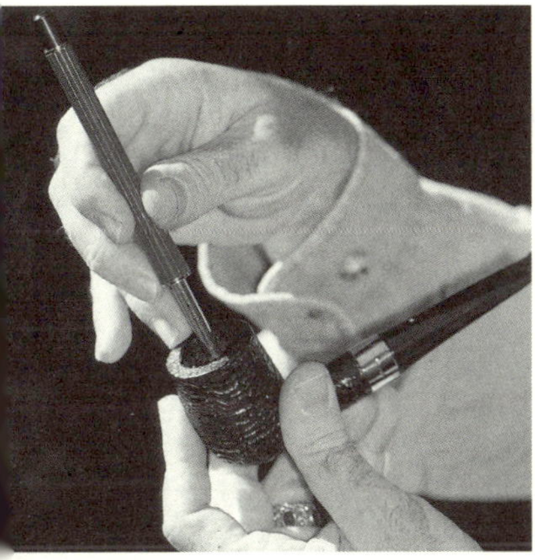

5) Drücken Sie mit dem Stopfer die Glut herab.

6) Zünden Sie die Pfeife ein zweites Mal an, ziehen Sie dabei langsam und regelmäßig.

) Jetzt können Sie sich endlich zurücklehnen und sich mit einem alten Freund entspannen – n fängt der Genuß erst richtig an!

Rauchkanal blasen. Ihr Atem wirkt dabei wie ein Miniaturblasebalg: Deshalb verbrauchen Raucher, die beim Reden die Pfeife im Mund behalten, weniger Streichhölzer. Und aus demselben Grunde sind Pfeifenraucher Meister der lebhaften Diskussion.

Beim Rauchen sammelt sich unweigerlich Feuchtigkeit unten im Pfeifenkopf und im Holm, was sich mitunter durch ein unangenehmes Gurgelgeräusch bemerkbar macht. Die Bildung von Flüssigkeit ist obligatorische Begleiterscheinung jedes Verbrennungsprozesses. Darüber hinaus brennen manche Tabaksorten feuchter, insbesondere die aromatisierten (siehe Kapitel 5), und die natürliche Speichelbildung im Mund während des Rauchens fällt ebenfalls individuell unterschiedlich aus – zuweilen so stark, daß sich Speichel und Tabaksaft ununterscheidbar mischen. Filter können diese Flüssigkeit oft recht gut absorbieren. Gelangt sie jedoch in den Rauch oder gar direkt in den Mund, verspüren Sie einen scharfen, säuerlichen Geschmack – wollen Sie genußvoll weiterschmauchen, müssen Sie nun erst einmal einen Reiniger durch Mundstück und Holm bis in den Pfeifenkopf stecken; das ist zumindest die einfachste Lösung für Raucher ohne Filter. Läßt sich der Reiniger nicht gut einführen (ein altes Übel, vor allem bei Bents), hier ein kleiner Tip: Knicken Sie vorher das Ende leicht ab. Sobald Sie Widerstand spüren, ziehen Sie ihn ganz vorsichtig heraus, richten das Ende wieder zu und stecken ihn abermals hinein. Drehen Sie nun den Reiniger mit etwas Fingerspitzengefühl durch den Rauchkanal, haben Sie meist Erfolg. Das kann bisweilen eine etwas entnervende Prozedur sein; drehen Sie aber keinesfalls den Holm von der Pfeife, solange sie noch heiß ist, sonst riskieren Sie einen Bruch.

Was aber fangen Sie danach in Gesellschaft mit einem vollgesogenen Pfeifenreiniger an? Ein Problem der Etikette, das bislang, abgesehen von meiner Wenigkeit, noch niemand in gedruckter Form behandelt hat – vermutlich, weil es ein wenig unappetitlich ist: Ein gebrauchter Reiniger ist unansehnlich und übelriechend. Sitze ich also mit anderen beim Essen, und meine Pfeife fängt an, sich danebenzubenehmen, so entschuldige ich mich und nehme den kurzen Reinigungsakt unbesehen in einem Winkel des Hauses oder Restaurants vor. Im Auto, während einer geschäftlichen Besprechung oder in anderen Situationen, in denen ich mich nicht einfach zurückziehen kann, führe ich einen

Hier einige Pfeifen aus meiner Sammlung – das Resultat zweier Wochen blauen Dunstes, in Erwartung einer gründlichen Reinigung, umgeben von den unerläßlichen Hilfsmitteln.

Reiniger ein, damit die Flüssigkeit nicht zu sehr ins Holz dringt, und lasse die Pfeife dann einfach so lange liegen, bis ich sie diskret säubern kann. In meinen eigenen vier Wänden oder in Gesellschaft anderer Pfeifenraucher lege ich mir hingegen keinen Zwang beim Gebrauch von Pfeifenreinigern auf: Sie sind ein extrem preiswertes Mittel für sauberen Rauch. Hier eines der schlimmsten Horrorszenarien für einen Pfeifenraucher: auf eine einsame Insel verschlagen, mit zehn Pfund besten Tabaks, einer Handvoll ausgezeichneter Bruyère-Pfeifen – und ohne einen einzigen Pfeifenreiniger!

Gebrauchte Pfeifenreiniger werfen Sie am besten in den Kamin oder stopfen sie in den tiefsten Winkel einer Mülltüte, in sicherer Entfernung vom Haus. Ihr durchdringender Geruch kann nämlich in Ihren Mitmenschen die niedrigsten Instinkte wecken. Das erlebte ich neulich auf einem Flug von New York nach Los Angeles – natürlich ein Nichtraucherflug, schließlich waren wir in den Vereinigten Staaten. Die Distanz ist groß, und wir benötigten für die angegebene Strecke fünf Stunden. Das Bord-Video hatte ich mir schon angesehen und verspürte auch wenig Lust, in meinen Zeitschriften zu blättern; daher beschloß ich, die Zeit mit Pfeifenreinigen zu nutzen. Die Pfeifen habe ich immer im Handgepäck, damit ihnen nichts passiert. Ich klappte also mein Tischchen herunter und breitete meine Bruyère-Kollektion aus, nebst Pfeifenräumer und Reinigern. Niemals wäre ich auf die Idee gekommen, daß sich jemand an dieser harmlosen Beschäftigung stören könne. Tja, als ich mir gerade meine zweite Bulldog vornahm, taten das aber zwei Frauen, die mir in derselben Reihe gegenüber saßen. Und zwar ziemlich lautstark. Pfeifenraucherinnen waren sie offenbar nicht. Schließlich bat mich ein recht indignierter Steward, mein ganzes Spielzeug wegzuräumen. Nun ist endlich klar, daß Nichtraucher-Flüge zugleich Nichtpfeifenreiniger-Flüge sind. Und die Moral von der Geschicht': Gebrauchte Reiniger mag man nicht, und sei es zehntausend Meter über dem Erdboden.

Denken Sie immer daran, daß eine Pfeife ausgeht, wenn Sie nicht auf sie achthaben. Sei sie auch noch so gut gestopft und in Gang gesetzt, Sie werden sie meistens mehrfach neu entflammen müssen, wollen Sie eine Füllung ganz zu Ende rauchen. Aber auch das gehört eben zu den gemächlichen Freuden des Pfeiferauchens ... bei jedem neuen Anzünden die Rauchschwaden zu beobachten, die spielerisch aufsteigen, umeinander weben und sich schließlich als zarte Gebilde im Raum verlieren.

An einer durchschnittlichen Füllung rauchen Sie, je nach Format des Pfeifenkopfes und der Intensität der Züge, gewöhnlich eine halbe bis dreiviertel Stunde. Ich benötige in dieser Zeit drei bis zwölf Streichhölzer, um meine Pfeife in Gang zu halten. Manche Pfeifenraucher legen ihren Stolz darein, mit einem einzigen die ganze Füllung zu rauchen, bis zum letzten Krümel. Seit 1723 werden Wettbewerbe ausgerichtet, bei denen die Teilnehmer eine bestimmte Menge Tabak (historisch der 3,3-Gramm-Riegel Burley) möglichst langsam rauchen, wobei sie höchstens zwei Streichhölzer benutzen dürfen – nach meinem Dafürhalten die »langsamsten Rennen der Welt«, die außer in den USA auch in Kanada, Europa und Japan üblich sind.

Der erste Wettbewerb dieser Art fand im 18. Jahrhundert im Londoner Oxford Theatre statt; 12 Shilling waren als erster Preis ausgelobt, die Bestzeit ist leider nicht dokumentiert. Beliebt sind solche Veranstaltungen heutzutage vor allem in Europa, wo sie in jährlichem Wechsel in verschiedenen Ländern von einheimischen Clubs ausgerichtet werden. Im Gegensatz zu den Vereinigten Staaten, wo man nach wie vor meist den bewußten Burley-Riegel verwendet, füllt man dort die Pfeifen mit handelsüblichen

Mischungen des Gastgeberlandes oder des jeweiligen Sponsors. Die offizielle Wettbewerbspfeife muß klassisch in der Form sein, der betreffende Tabak mindestens zwei Monate zuvor bekanntgegeben werden. Das ist aber mehr eine Formsache, denn seit 1964 ist der Tabak für die Weltmeisterschaften der »Sweet Dublin« von Orlik, eine mittelfein geschnittene Virgina-Mischung, aromatisiert mit irischem Whiskey. Auf diese Weise ersparen sich die Wettstreiter wohl den anschließenden Abstecher an die Bar.

Als Beispiel für die Bruyère-Pfeifen bei solchen Wettbewerben sei die Billiard von Stanwell genannt, die 1994 in Dänemark benutzt wurde; wie Sie sich vorstellen können, erzielte man damit spektakuläre Zeiten. Der Europarekord wurde 1981 von Pierre G. Müller aufgestellt, meinem Kollegen von der *Académie Internationale de la Pipe* und Begründer des Schweizer Pfeifen-Clubs; er hielt seine Pfeife 3 Stunden, 20 Minuten und 47 Sekunden in Gang. Die Briten haben einen eigenen Wettbewerb, 1997 hieß zum Beispiel der British Pipe Smoking Champion Lawrence Maldon; der Mann aus Paignton schmauchte seine Peterson 1 Stunde, 3 Minuten und 16 Sekunden lang. Die beste »Burley-Zeit« in den USA beträgt 2 Stunden, 6 Minuten und 39 Sekunden; Rekordinhaber ist seit 1975 William Vargo aus Swartz Creek (Michigan). Will man bei solchen Veranstaltungen gut abschneiden, muß man seine Pfeife sorgfältig stopfen, sich konzentrieren und entspannen. Meine persönliche Bestmarke steht bei 45 Minuten ohne nochmaliges Anzünden. Ich war gerade zu Hause und sah ein Video an, John Wayne in *Rio Bravo*, und ganz im Geiste dieses Films tauchte ich in geistige Getränke ein, sprich: hatte mir einige Bourbons genehmigt, bevor ich zur Pfeife griff. Ich war also wunderbar entspannt. Der Film war schon halb vorüber, als ich endlich bemerkte, daß meine Pfeife noch immer brannte. Das war also bislang meine Höchstleistung.

Im Grunde entwickele ich beim Pfeiferauchen aber keinen sportlichen Ehrgeiz, ganz im Gegenteil; Konkurrenzdenken finde ich schließlich genug im Alltagsleben. Beim Rauchen möchte ich mich entspannen und dieser Welt entfliehen: ein Vergnügen, das keinen Regeln unterliegt und bei dem ich Streichhölzer nach Lust und Laune verbrauchen kann. Seien Sie also nicht überrascht, wenn Sie Ihre Pfeife bei einer Füllung mehrmals in Brand setzen müssen. Und anders als Zigaretten, die nach wiederholtem Anzünden immer strenger schmecken, leidet der Pfeifentabak darunter kaum, es sei denn, die Asche ist bereits kalt geworden. Einmal habe ich sogar nach zwei Stunden meine Pfeife reaktiviert, ohne unangenehme Begleiterscheinungen. Versuchen Sie das hingegen erst am darauffolgenden Tag, schmeckt der Tabak scharf und bitter – und entsprechend werden Sie reagieren.

Vor allem bei neuen Pfeifen sollten Sie die Füllung immer zu Ende rauchen, und wenn Ihnen dies noch so viel Zeit, Streichhölzer und Aktionen mit dem Stopfer abverlangt. Dies ist unerläßlich für den Aufbau der schützenden Kohleschicht und die Langlebigkeit Ihrer geliebten Bruyère. Häufig sieht man sonst gut gepflegte Exemplare, die jene Schicht nur im oberen Teil des Kopfes ausgebildet haben – ein Indiz für »unvollkommene Raucher«, arme Seelen, die die Pfeifenlust nie bis zur Neige auskosten.

Und hier noch ein paar Tips: Wird die Pfeife so heiß, daß man sie nicht mehr in der Hand oder gegen die Wange halten kann, waren die Züge zu beherzt oder zu hastig. Am besten legt man sie in diesem Fall einige Minuten zum Auskühlen in den Aschenbecher und zündet sie dann abermals an. Als ich einmal eine Pfeife nach einer Viertelstunde wieder vornahm und sie ohne weiteren Streichholzverbrauch weiterrauchen konnte, wußte ich, *die* war wirklich brennend heiß gewesen! Lassen Sie ruhig eine Ascheschicht auf dem Tabak, anstatt sie bei jedem Nachstopfen zu entfernen: So brennt die Pfeife kühler.

Um diese Dinge verschwende ich allerdings kaum Gedanken, höchstens, wenn ich im Freien rauche, wo schon der geringste Lufthauch die Glut stark anfachen kann – unter Umständen so sehr, daß die Pfeife sich heißraucht und ruiniert wird, falls ihr eine ordnungsgemäße Kohleschicht fehlt. Ein Grund für die Bruyère-Holz-Präferenz bei Pfeifen ist dessen Porosität, das heißt, es atmet und kann ansengen, ohne zu verbrennen. Aber Holz bleibt Holz, bei extremen Temperaturen brennt es eben durch, und Sie haben ein hübsches schwarzes Loch in Ihrer Pfeife. Das passiert meist aus zwei Gründen: Entweder wurde ein frisches Exemplar zu hastig geraucht, oder es verbarg sich ein Fehler im Holz – eine weiche Stelle, die verbrennt, anstatt eine Kohleschicht zu bilden. Bei neuer Ware wird Ihr Tabakhändler kostenlos Ersatz leisten, sofern sie sachgemäß behandelt wurde.

Weigert er sich, wenden Sie sich an den Hersteller. Pfeifenfirmen sind auf ihren guten Ruf bedacht und vom geringsten Makel ihrer Produkte peinlich berührt, selbst wenn der Fehler nicht in der Verarbeitung lag, sondern bei Mutter Natur.

Die Gefahr des Durchbrennens besteht auch bei starkem Wind oder während des Autofahrens mit offenem Schiebedach. Peterson, Brebbia, Comoy's, Dunhill und andere Hersteller fertigen Pfeifen mit perforierten Metalldeckeln, die die Glut vor dem Wind schützen und zugleich ausreichend Luft hineinlassen – ein Prinzip, das man den alten Tiroler Pfeifen abgeschaut hat (siehe Kapitel 1). Im offenen Cabrio kann man ohne weiteres Pfeife rauchen, da sie dem Fahrtwind nicht direkt ausgesetzt ist und der Rauch sofort verweht. Nehmen Sie jedoch sicherheitshalber davon Abstand, Ihre Bruyère anzuzünden, wenn Sie auf der Autobahn gerade eine dieser roten Ferrari-Schnecken überholen.

Pfeiferauchen ist eine respektable Sache, aber man sollte sie nicht tierisch ernst nehmen. Ein angenehmer Zeitvertreib, keine religiöse Zeremonie. Die Pfeife soll Ihnen Freude bereiten und kein Mißbehagen.

Eines meiner denkwürdigsten Pfeifenerlebnisse war 1994 der Ritterschlag zum deutschen »Pfeifenritter des Jahres« in dem alten Fachwerkstädtchen Miltenberg am Main. Von Kindesbeinen an hatte ich von einer solchen Sache geträumt, sie indes, als acht Jahrhunderte zu spät Geborener, für unmöglich erachtet. Und nun sollte dieser Traum in Erfüllung gehen. Die riesige Halle, in der die Zeremonie stattfand, war so dicht von Rauch erfüllt, daß man nicht von einem zum anderen Ende sehen konnte – ich war froh über jedes Eckchen Wurst, dessen ich mit der Gabel habhaft werden konnte. Soweit ich das richtig mitbekam, durfte der Pfeifenritter keine Getränke kaufen, denn sobald ich die Kellnerin heranwinkte, brachte sie mir zwei Bier, ohne daß ich eine entsprechende Bestellung aufgegeben hätte. Zufällig rauchte ich an jenem Abend eine »Reiner Design«-Pfeife ... und Rüdiger Lutz Will hatte, ohne mein Wissen, die 300-Kilometer-Fahrt nicht gescheut, weil er so gerne an dem feierlichen Akt teilnehmen wollte. Ich war höchst angenehm überrascht, daß er gekommen war, er offenbar noch mehr, mich eine seiner Pfeifen rauchen zu sehen.

»Das ist meine Pfeife!« rief er aus. »Nein«, antwortete ich, »es ist meine.«

Wird man zum deutschen Pfeifenritter geschlagen, sollte man schließlich auch eine deutsche Pfeife rauchen.

In welchem Land auch immer eine Bruyère hergestellt wurde, es gibt nichts Fesselnderes als den Anblick des glänzend polierten Pfeifenkopfes beim Rauchen. Dieser Glanzeffekt verdankt sich dem Wachs auf seiner Oberfläche; durch die Hitze der Glut schmilzt es und dringt tiefer in das Holz ein. Eine neue Pfeife halte ich bisweilen während der allerersten Rauchminuten am Holm und beobachte, wie dieser Glanz sich mit zunehmender Wärme verstärkt. Dann aber fasse ich die Pfeife ganz normal am Kopf – ein Ritual, als gäbe ich einem neuen Freund erstmals die Hand. Diese Berührung trübt beinahe unverzüglich den Glanz, setzt aber zugleich eine Entwicklung in Gang, an deren Ende die satte Patina einer gepflegten, in Würde gealterten Bruyère steht – über all die Jahre hinweg eine treue Wächterin Ihrer Gedankenflüge.

Der ursprüngliche Glanz läßt sich zwar mit Karnaubawachs und einem weichen Lappen oder Poliertuch jederzeit wiederherstellen, andererseits beruht die edle Ausstrahlung einer Bruyère eben auf dem antik wirkenden Schimmer. Solche positiven Gebrauchsspuren können Sie noch intensivieren, indem Sie mit der warmen Pfeife an Nase und Stirn (Hautpartien mit besonders hoher Konzentration natürlicher Körperfette) entlangstreichen. Reiben Sie diesen Fettfilm während des Rauchens mit den Fingern ins Holz, nimmt es bald eine tiefe Tönung an. So verschmelzen Sie, im Wortsinn, mit Ihrer Pfeife.

Doch alles Schöne hat einmal ein Ende, und nicht anders verhält es sich mit einer Füllung Tabak. Bisweilen sehr zögerlich, ein anderes Mal unvermittelt und nahezu widerstandslos verglimmen seine Reste; die Glut erlischt, und ein letzter grauer Rauchkringel entschwebt der Pfeife, die ihm sein Leben eingehaucht hat. Allein die Wärme des Pfeifenkopfes in der Hand bleibt uns noch als zarter Nachklang dieser Begegnung mit einer der einfachsten und doch größten Freuden des Lebens. Hiermit wird jedoch die Bühne frei für ein weiteres Ritual: die Pflege Ihrer Pfeife nach vollbrachtem Dienst – fast so, wie sich ein Waidmann nach erfolgreicher Pirsch um seinen preisgekrönten Jagdhund kümmert.

Manche Pfeifenraucher empfinden diese »Dreckarbeit« (wie sie sagen) als Zumutung, geradezu als Buße für den vorhergehenden Rauchgenuß. Dabei kann das Reinigen ebensoviel Spaß machen wie das Präparieren der Pfeife vor dem Rauchen, bereitet man sie hiermit doch für die nächste magische Begegnung von Tabak und Feuer vor. Mark Twain, einer der prominentesten amerikanischen Schriftsteller und Pfeifenliebhaber des 19. Jahrhunderts, hat das Zeremoniell des Pfeifenreinigens höchst wortgewandt beschrieben:

»Es ist ein wahres Vergnügen, am heimischen Kamin Platz zu nehmen, rings von Ständern umgeben, wo jede Pfeife aus Bruyère-Holz, Meerschaum oder Ton in ganz eigener Weise das flackernde Licht einfängt. Und dann erst die Zufriedenheit, mit der man wenig später sein Werk betrachet: eine Phalanx niedlicher, sauberer Pfeifen, die nur darauf warten, mit einem der Lieblingstabake gestopft zu werden.«

Der große Humorist wußte seine Pfeifen offenbar nicht nur beim Rauchen zu genießen. Hierfür spricht auch die Anekdote, Twain habe einmal ein lukratives Vortragsangebot ausgeschlagen, weil der Termin just auf den Abend fiel, an dem er gewöhnlich seine Pfeifen reinigte.

So wichtig es sein mag, die Pfeife zu reinigen – überstürzen Sie es keinesfalls. Durch die Hitze der Glut dehnt sich das Holz aus; lassen Sie die Pfeife deshalb immer vollständig auskühlen, sonst riskieren Sie beim Auseinandernehmen einen Bruch des Holms. Unmittelbar nach dem Rauchen sollten Sie erst einmal Asche und Tabakreste entfernen, entweder mit dem Löffel des Stopfers oder mit leichtem Klopfen gegen die Handfläche. Klopfen Sie die Pfeife niemals am Schuhabsatz oder einem harten Gegenstand aus, dabei gehen ihrer mehr zu Bruch als bei anderer Gelegenheit. In alten Filmen mag das sehr lässig wirken, im wirklichen Leben funktioniert es leider nicht; außerdem ist Ihre Pfeife ja kein Filmrequisit, sondern mit Ihrem sauer verdienten Geld erworben. Der Vollständigkeit halber sei erwähnt, daß zahlreiche Pfeifenmacher empfehlen, Asche und Tabakreste nicht unmittelbar nach dem Rauchen zu entfernen, sondern diese nur umzurühren und zusammen mit der Pfeife abkühlen zu lassen. Auch dieses Gemenge nimmt noch eine Restfeuchtigkeit im Kopf auf und sollte erst nach etwa einer Stunde entfernt werden.

Stecken Sie nun in die leere Pfeife einen Reiniger zum Aufsaugen der Restfeuchte, die sich besonders stark bei aromatisierten Tabaken bildet. Dann legen Sie das gute Stück zum Abküh-

Vor dem Reinigen: Die Kohleschicht bei dieser erbärmlich vernachlässigten Pfeife ist beängstigend dick geworden, der Rand des Kopfes versengt von unsachgemäßem Anzünden und das Mundstück häßlich oxidiert.

Nach dem Reinigen: Die Pfeife wurde innen mit reinem Alkohol behandelt und die Tabakkammer ausgekratzt, dann das Mundstück mit feinem feuchtem Sandpapier abgeschliffen und poliert. Abschließend erhielt die ganze Pfeife eine Politur und ein leichtes Finish mit Karnaubawachs. Eine saubere Pfeife sieht nicht nur besser aus, sondern raucht sich auch angenehmer.

len eine Weile beiseite, wobei das Mundstück höher gelagert sein sollte als der Kopf. Nehmen Sie die Pfeife erst wieder in Gebrauch, nachdem sie sorgsam gereinigt worden ist – sonst schmeckt sie bitter und säuerlich und muß zum Neutralisieren mit Reinigerflüssigkeit oder konzentriertem Alkohol behandelt werden. Arg vernachlässigte Exemplare sollten zu einem auf solche Verjüngungskuren spezialisierten Händler gebracht werden, der sie zur Wiederherstellung ihrer Rauchqualitäten regelrecht mit Alkohol auskocht. Bei älteren Pfeifen, die öfter eine säuerliche Note entwickeln, dreht man am besten den Holm auf, füllt den Kopf mit jodfreiem Salz (versetzt mit 4 bis 6 Tropfen reinen Alkohols) und läßt sie über Nacht, keinesfalls aber länger als acht Stunden liegen. Das Salz hat inwischen die Rückstände absorbiert und sich dunkelbraun gefärbt. Kratzen Sie es behutsam heraus, und achten Sie darauf, daß es nicht außen an die Pfeife gelangt, es kann die Oberfläche angreifen. Anschließend wischen Sie die Tabakkammer aus und reinigen die Pfeife ganz normal. Die nächste Füllung wird schmecken wie aus einer brandneuen Pfeife. Achtung: Es darf kein Salz in den Holm gelangen und die Prozedur nie länger als acht Stunden dauern, sonst trocknet das Holz möglicherweise so sehr aus, daß es bricht.

Es ist ratsam, eine Pfeife nach dem Rauchen wenigstens einen Tag lang lüften und austrocknen zu lassen. Meist besitzt man ja mehrere Exemplare und kann einfach zu einem frischen greifen, während das zuvor gebrauchte »ruht«. Als Idealfall wird gerne die Zahl Sieben genannt, also eine Pfeife für jeden Tag der Woche – dies garantiere, daß man alle jederzeit rein und trocken in Gebrauch nehme. Tatsächlich sind einige hochkarätige »Sieben-Tage-Sets« auf dem Markt, zu ebendiesem Zweck. Man kann sich aber selbstverständlich sein eigenes »Arbeitswochen-Septett« zusammenstellen, entsprechend dem individuellen Geldbeutel und Geschmack. Zudem ist das hehre Ziel, jederzeit ein frisches Exemplar zur Verfügung zu haben, das beste Argument für spontane Neuerwerbungen …

Die ganze Sieben-Tage-Theorie vermag mich indes seit je nicht so recht zu überzeugen, denn sie setzt voraus, daß man die Pfeife schon am Tag nach dem letzten Gebrauch reinigt, spätestens aber nach sechs Tagen. Ich putze meine Pfeifen selten gleich am nächsten Tag, zuweilen erst einen Monat später, dann aber mit aller Hingabe, die sie verdienen. Als vorläufige Maßnahme klopfe ich höchstens die Asche aus und führe einen Reiniger ein. Meine äußerst knapp bemessene Freizeit legitimierte gewissermaßen das allmähliche Ansammeln einer Kollektion von über 2000 Exemplaren – genug, um sechs lange Jahre (einschließlich Schaltjahr) munter fort zu rauchen. Bis ich mich endlich eines verregneten Samstagnachmittags aufraffe und – mit diversen Utensilien umgeben und vielleicht der letzten sauberen Pfeife zwischen den Zähnen – mich in die angenehme Aufgabe stürze, die vor mir liegt (oder besser um mich herum): meine geliebten Pfeifen wieder ins Leben zurückzuholen. Pfeifenreinigen ist für mich die reinste Therapie.

Zum sachgemäßen Reinigen einer Pfeife benötigt man, wie bei allen Unternehmungen dieser Größenordnung, spezielle Werkzeuge, die aber zum Glück alle nicht teuer sind. Allen voran natürlich Pfeifenreiniger – jene langen, mit wolligem Gewebe umwickelten Drähte, die vor, während und nach dem Rauchen einer Bruyère- oder Meerschaumpfeife unentbehrlich sind. Ob ein Pfeifenraucher im Laufe eines Jahres mehr Streichhölzer oder Reiniger verbraucht, ist schwer zu sagen; letztere sind jedenfalls absolute Wegwerfware: Einmal benutzt, sollten sie flugs in den Kamin wandern; das ist die sicherste Methode, diese übelriechenden Dinger loszuwerden, denn am nächsten Morgen findet man in der Asche bestenfalls noch ein verräterisches Stückchen Draht als Überbleibsel.

Pfeifenreiniger sind in drei Varianten erhältlich: gleichmäßig dünne oder konische, beide sehr absorptionsfähig, und die grobborstigen, die sich eher zum Entfernen kompakterer Rauchrückstände bzw. zum Reinigen arg verschmutzter Exemplare eignen. Ich benutze alle drei Sorten – die groben zum Säubern des Holms, die dünnen für Pfeifen mit sehr engem Rauchkanal im Mundstück und die konischen (die mir am liebsten sind) für Pfeifen mit weiter Bohrung. So hole ich die losen Aschenreste heraus und lasse dann den Reiniger über Nacht in der Pfeife (mit dem dickeren Ende am Kopf), damit er mögliche Restrückstände aufsaugen kann. Mit den dickeren Enden läßt sich außerdem sehr gut die Feuchtigkeit aus dem Zugloch des Pfeifenkopfes oder dem Reservoir entfernen, vor allem, wenn man den Reiniger doppelt nimmt. Angesichts meines beachtlichen Verbrauchs an Pfeifenreinigern kaufe ich sie immer gleich im Zehnerpack. Das ist zwar nicht billiger, aber ich erhalte 4500 Stück auf einen Schlag – und fühle mich rundum sicher, wenn ich eine Pfeife anzünde.

Unentbehrlich ist neben den Pfeifenreinigern ein Pfeifenbesteck (siehe Abb. in Kapitel 9); es besteht aus einem stabilen dünnen Metalldorn, mit dem sich verkrustete Tabakreste und dergleichen im Pfeifenkopf aufbrechen lassen, und einer Art flacher kleiner Schaufel zum Auskratzen. Dieses preiswerte, nützliche Besteck nennt man auch »Pfeifen(raucher)freund«. Gute Dienste beim Reinigen des Zapfens von Tabaksäften leistet auch ein Stück saugfähiges Küchenpapier. Bevor Sie die Pfeife wieder im Ständer verstauen, können Sie Holm und Pfeifenkopf (sowie gegebenenfalls Zierteile aus Silber oder Edelstahl) mit einem weichen Tuch aus Wildleder oder Flanell polieren, ein Lappen aus einem ausrangierten T-Shirt tut es aber auch. Comoy's, Dunhill und verschiedene andere Firmen bieten eigens imprägnierte Poliertücher an. Soviel zur Ausrüstung, nun zum eigentlichen Reinigungsritual.

Haben Sie die Pfeife entleert und auskühlen lassen, nehmen Sie sie den Pfeifenkopf in die linke Hand und drehen mit der rechten vorsichtig das Mundstück heraus (Linkshänder verfahren entsprechend anders). Indem man dreht, anstatt die Teile einfach auseinanderzuziehen, setzt man den – auch bei den besten Pfeifen relativ zerbrechlichen – Holm weniger Spannung aus. Brebbia und andere Hersteller suchen dieser Gefahr durch solidere Zapfen entgegenzuwirken, doch es ist immer ratsam, vorsichtig zu sein. Es sei denn, das Mundstück ist mit einem Metallgewinde versehen, dann ist der Trennungsvorgang ohnehin vorgegeben. Bei Pfeifen mit der Bohrung für 9mm-Filter jedoch ist die Vorsicht meist nicht erforderlich, weil deren Zapfen aus Teflon gefertigt sind und diese sich durch Erwärmen nicht ausdehnen, der Holm also nicht brechen kann, wenn das Mundstück entfernt wird.

Sitzt bei einer Ihrer Pfeifen einmal das Mundstück so fest, daß Sie es eigentlich nur mit Gewalt herausbekämen und damit ein Malheur riskierten, gibt es als letzte Rettung folgenden Trick: Stecken Sie die Pfeife in einen Gefrierbeutel und dann für eine halbe Stunde in die Kühltruhe. Durch die extreme Kälte zieht sich das Material des Mundstücks zusammen, und nun können Sie es in der Regel behutsam losdrehen. Um ein abermaliges Feststecken zu verhindern, bringen Sie mit einem weichen Bleistift (Nr. 2) ein wenig Graphit auf den Zapfen, bevor Sie das Mundstück wieder einsetzen.

Haben Sie die Pfeife auseinandergenommen, säubern Sie mit Reinigern die Rauchkanäle von Holm und Mundstück; gewöhnlich benötigt man hierfür drei bis fünf Exemplare. Polieren Sie anschließend den Kautschuk bzw. das Acryl des Mundstücks kräftig mit einem weichen Tuch, vor allem am Zapfen, wo sich die meisten Rückstände sammeln. Weist das Mundstück Verfärbungen auf, behandeln Sie es mit einem Poliertuch oder einem Lappen, der mit einem Imprägnier- oder Silberputzmittel getränkt ist.

Der Pfeifenkopf verlangt als eigentlicher »Brandherd« ein wenig mehr Aufwand, hier benötigen Sie fünf bis sieben Reiniger; nehmen Sie einen davon doppelt zum Auswischen der Tabakkammer. Handelt es sich um eine Systempfeife à la Peterson (siehe Kapitel 3), muß die Flüssigkeit im Reservoir mit einem Stück Küchenpapier aufgesogen und das Teil anschließend mit einem »doppelten« Reiniger gesäubert werden. Drehen Sie bei solchen Pfeifen das Mundstück besonders vorsichtig ab, da Flüssigkeit aus dem Reservoir hervorquellen kann; sie sondert einen beißenden Geruch ab und verfärbt alles, womit sie in Berührung kommt.

Mit der ganzen Prozedur sind Sie fertig, sobald die Pfeifenreiniger beim Herausziehen keine Verfärbung mehr aufweisen; Sie können allenfalls zum Abschluß ein mit handelsüblicher Pfeifenreinigungsflüssigkeit getränktes Exemplar nachschieben (in den USA auch *pipe sweetener* genannt). Ich habe allerdings die Erfahrung gemacht, daß der Tabak bei den ersten Zügen danach einen künstlichen Beigeschmack aufweist. Ich nehme lieber reinen Alkohol, der mit seinen 96 Prozent die Teerablagerungen wesentlich effizienter löst (und wenn sie ihn trinken, auch Ihre Magenwände). Zum Vergleich: Ein Whisky hat nicht mehr als 45 Prozent. Experimentierfreudige tränken jedoch gerne ihre Reiniger »zur Erfrischung« mit Cognac oder Rum. Das kann ganz lustig sein, zumindest, wenn man die überschüssige Flüssigkeit *vor* dem Reinigen »absaugt« – aber es erscheint mir doch als himmelschreiende Verschwendung edler Tropfen; schließlich erfüllen Reinigerflüssigkeit oder reiner Alkohol dieselbe Aufgabe ebensogut, und das für weniger Geld. Wie dem auch sei: Lassen Sie niemals Alkoholhaltiges außen an den Pfeifenkopf gelangen, es greift die Politur an.

Die gründlich gesäuberten und getrockneten Pfeifen lasse ich stets ein, zwei Tage durchlüften, bevor ich sie wieder zusammensetze. Hier gilt es darauf zu achten, daß man auf die einzelnen Exemplare wieder das richtige Mundstück aufbringt (hat man sich viele Pfeifen auf einmal vorgenommen, kann das interessant werden ...). Die sauberen, rauchfertigen Pfeifen können Sie nun wieder im Ständer verstauen. Besonders mißtrauische Zeitgenossen versehen ihre Lieblinge zuvor nochmals mit einem Reiniger, um eventuell in der Pfeife verbliebene Restfeuchte aufzufangen. Haben Sie sie wirklich akribisch gereinigt und durchtrocknen lassen, besteht jedoch keine Gefahr. Die Pfeife ist dann einfach sauber und trocken.

Jahrelang hielten selbsternannte Experten den Raucher an, auch nach sorgfältigstem Säubern der Pfeife einen Reiniger darin zu lassen. Ich bin selbst auf diesen Schwindel hereingefallen, bis ich eines Tages zufällig die Wahrheit entdeckte. Damals ließ ich mir zu Hause gerade ein größeres Arbeitszimmer einrichten. Die alte Heimat meiner Pfeifenaktivitäten hatte schon unter Preßluftbohrern und Vorschlaghämmern den Geist aufgegeben, und wir waren in lebhafter Diskussion über alle möglichen Details des neuen Domizils befangen. Mittendrin packte ich den Großteil meiner heißgeliebten Bruyères zusammen, verstaute sie in der Garage und ließ nur so viele übrig, wie ich während der Umbauperiode benötigte. Als nach einer Ewigkeit die Handwerker endlich fertig waren und wir schließlich doch herausbekamen, warum die Wohnzimmerbeleuchtung zugleich die Toilettenspülung aktivierte, holte ich den Rest meiner Pfeifensammlung wieder ins Haus. Manche hatte ich pflichtbewußt mit Reinigern versehen, andere nur hastig gesäubert und weggepackt. Es stellte sich schnell heraus, daß sie bezüglich der Rauchqualitäten keinerlei Unterschied aufwiesen, einige Exemplare ohne Reiniger rauchten sich sogar trockener als je zuvor! Was sicherlich daran lag, daß die Luft unbehindert von Fremdkörpern im Inneren zirkulieren konnte. Die Reiniger, die ich den anderen Pfeifen entnahm, waren zudem allesamt blitzblank. Daraus läßt sich schließen, daß bei einer Pfeife, die anständig gesäubert wurde, ein trockener Reiniger höchstens das Durchtrocknen behindert. Benutzen Sie Reiniger also nur zum Säubern, nicht bei der Lagerung.

Haben Sie Ihre Bruyères doch einmal längere Zeit vernachlässigt, oder ist der Biß von bitterem Geschmack und durch Oxidation grau-grün verfärbt, reicht eine normale Reinigung unter Umständen nicht mehr aus: Dann muß das gute Stück zwecks Generalüberholung zum Händler. Dort werden Holm und Kopf mit Alkohol ausgekocht, die Kohleschicht in der Tabakkammer auf Normalmaß getrimmt, das Mundstück gereinigt und poliert (auf Wunsch sogar durch Biegen in heißem Sand in andere Form gebracht) und der Pfeifenkopf mit Karnaubawachs behandelt. Will man eine gut gepflegte ältere Pfeife wieder in vollem Glanz erstrahlen lassen, reicht es gewöhnlich aus, den empfindlichen Biß behutsam mit 400er Sandpapier abzuschmirgeln, Biß und Mundstück mit Spezialreinigungsmittel zu behandeln und schließlich die ganze Pfeife mit Wachs und einem weichen Wildleder- oder Flanelltuch zu polieren.

Für das Rauchen und Reinigen von Meerschaumpfeifen gilt im Prinzip dasselbe wie bei Bruyères, mit folgenden Ausnahmen:

1) Meerschaumpfeifen sollten nie mit bloßen Händen angefaßt werden, da die hauteigenen Fette und Säuren das im Meerschaum enthaltene Wachs angreifen, was später zu Unregelmäßigkeiten bei der Nachdunklung führen kann. Bei kalten Meerschaumpfeifen ist das angeblich weniger riskant, ich halte mich mit Rücksicht auf ungetrübte Färbung aber lieber zurück. Halten Sie die Pfeife beim Rauchen stets am Mundstück, oder tragen Sie einen Spezialhandschuh, wie ihn diverse Hersteller anbieten. Manche Raucher mokieren sich über diese Praxis, aber ein Blick auf deren fleckige, scheckige Pfeifen straft sie Lügen. Im 19. Jahrhundert gab es sogar spezielle Lederfutterale, die den Pfeifenkopf während des Rauchens vor unmittelbarer Berührung schützten. Der deutsche Pfeifenexperte Otto Pollner hingegen vertritt eine andere Ansicht: Er empfiehlt, den Kopf der Meerschaumpfeife während des Rauchens fest mit der sauberen Hand zu umfassen, weil das zu einer gleichmäßigeren Wärmeverteilung und somit zur gewünschten Verfärbung beitrage. Der Rat, den Kopf nicht zu berühren, stammt aus einer Zeit, als Meerschaumpfeifen noch mit Walrat getränkt wurden. Heute hingegen werden sie mit gebleichtem Wachs getränkt, was eine vorsichtige Behandlung nicht erforderlich macht. Lediglich der Franzose Philippe Bargiel soll seine Meerschaumexemplare noch in althergebrachter Weise in ein Walratbad tauchen, doch stellt er seit etwa 1998 kaum noch Pfeifen her.

2) Auch auf einer kalten Meerschaumpfeife können Finger Abdrücke oder Kratzer hinterlassen. Tragen Sie deshalb beim Reinigen stets Handschuhe, oder benutzen Sie ein Tuch.

3) Entfernen Sie sorgsam jede Ablagerung im Pfeifenkopf. Aufgrund ihrer Porosität muß eine Meerschaumpfeife nicht eingeraucht werden; die Bildung einer isolierenden Kohleschicht würde obendrein die Hitzeeinwirkung der Glut auf das Material und somit den natürlichen Nachdunklungsprozeß behindern.

4) Das Mundstück einer Meerschaumpfeife ist meist mit einem Gewinde oder einem Teflonzapfen versehen und daher oft nur mit einigem Kraftaufwand abzudrehen. Meerschaumpfeifen sind extrem zerbrechlich; lassen Sie daher beim Auseinandernehmen etwas mehr Vorsicht walten als bei einer Bruyère.

5) Reinigungsflüssigkeiten sind tabu, da sie in das Material einsickern. Früher verwandte man Rizinusöl zum Reinigen von Meerschaumpfeifen, aber davon nimmt man heute gottlob Abstand. Verwenden Sie lieber reichlich Pfeifenreiniger, auch die grobborstige Sorte. Eine Meerschaumpfeife, die nach jedem Gebrauch sorgsam gereinigt wird, kann man täglich benutzen, ohne daß sie je säuerlich schmeckt.

6) Wollen Sie dem natürlichen Alterungsprozeß der Pfeife nachhelfen, blasen Sie während des Gebrauchs ruhig ein wenig Rauch darauf. So dringen auch von außen mikroskopisch kleine Partikel in die Oberfläche und ergänzen den Effekt des brennenden Tabaks im Inneren. In den Augen meiner Frau ist das zwar eine »Mogelei«, aber bei meiner reichhaltigen Pfeifensammlung erlebe ich es sonst vielleicht gar nicht mehr, daß meine Meerschaum-Exemplare eine satt schokoladenbraune Tönung annehmen. Warum also sollte ich der Natur nicht etwas auf die Sprünge helfen? Früher bestrich man hierzu die Pfeife mit einer Mixtur aus Leinsamenöl und Farbstoffen und erhitzte sie anschließend. Meiner Ansicht nach kann sich das Resultat einer künstlichen Alterung aber bei weitem nicht der wundervollen Färbung vergleichen, die durch natürlichen Gebrauch entsteht.

Aufgrund ihrer Zerbrechlichkeit ist die Tonpfeife heute nur noch eine Marginalie des Rauchvergnügens. Ihr Holm ist so eng und fragil, daß man nur die dünnsten Pfeifenreiniger benutzen kann, und der Gebrauch einer Reibahle ist vollends indiskutabel, es sei denn, Sie haben Spaß daran, »Porzellan« zu zerschlagen. Leeren Sie also nach dem Rauchen nur die Asche aus, lassen Sie die Pfeife auskühlen, und wischen Sie dann mit einem Papiertuch gründlich den Kopf aus. Bildet sich eine Kohleschicht, oder fängt die Pfeife an, säuerlich zu schmecken (ein geläufiges Übel bei aromatisiertem Tabak), läßt sich jedoch auch das schlankste Exemplar gründlich mit einem »Fegefeuer« im Kamin reinigen. Nehmen Sie Ihre Tonpfeife anschließend aus der (abgekühlten) Asche, strahlt sie wieder in blühendem Weiß wie am ersten Tag.

Diesem kleinen Geheimnis kam ich einst per Zufall auf die Spur, als meine liebste »Weihnachtspfeife«, eine tönerne Churchwarden, deren Weiß im Lauf der Jahre anmutig ins Schwärzliche mutiert war, herunterfiel und zerbrach. Betrübt darüber, einen so treuen Gefährten nächtlichen Philosophierens über die Welt an sich und als Ganzes verloren zu haben, warf ich sie in den Kamin. Als ich diesen am nächsten Morgen säuberte, machte ich die Entdeckung, von der ich Sie nun auch wissen lasse: Die Pfeife war rein und weiß wie Schnee. Aber Cicero hatte wohl doch recht mit seiner Behauptung, es gebe nichts Neues unter der Sonne; jedenfalls fand ich Jahre später eine exakte Beschreibung dieses Reinigungsverfahrens in einem Buch mit dem Titel *Tobacco: Its History and Associations* – erschienen 1859!

Was sagen Sie? Sie haben eine verschmutzte Tonpfeife, aber keinen Kamin? Kein Problem, ein Gasfeuerzeug tut es auch. Halten Sie die Pfeife mit dem Kopf nach oben, und schwenken Sie mit der Flamme die Tabakkammer aus. Halten Sie die Pfeife am Holm, der Kopf wird sehr heiß bei dieser Prozedur. Führen Sie die Flamme so weit wie möglich hinein, ohne daß sie erlischt. Beginnt sie, die Rauchrückstände zu verzehren, sehen Sie das sofort an einem bläulichen Schimmer. Wiederholen Sie das ganze zwei oder drei Mal, lassen Sie die Pfeife auskühlen, und wischen Sie dann den Kopf vorsichtig innen und außen mit einem Papiertuch ab. Ein Schnuppern am frisch sterilisierten Rauchgerät verrät Ihnen, ob die Prozedur erfolgreich war. Es ist gewiß völlig überflüssig, das hier zu erwähnen, aber für alle Fälle diese Warnung: Machen Sie das nur mit einer Tonpfeife. Eine Bruyère würde versengen und eine Maiskolbenpfeife glatt in Flammen aufgehen.

Für jeden Anlaß eine passende Pfeife zu besitzen, vermehrt die Freuden des Pfeiferauchens. Auf diesem Pressefoto ist der Autor mit dem verstorbenen Jeremy Brett zu sehen, Star einer beliebten Sherlock-Holmes-Serie im englischen Fernsehen. Das Bild wurde bei der Kür des »Pipesmoker of the Year« 1989 im Londoner Savoy Hotel aufgenommen. Brett, der Preisträger, raucht dieselbe Churchwarden von Peterson wie in einigen Folgen der Serie, der Autor, der ihm den Preis überreichte, seine Sherlock-Holmes-Gedächtnis-Pfeife von Dunhill.

Nach dem Reinigen und Polieren können Sie Ihre Lieblinge wieder im Pfeifenständer Platz nehmen lassen. In den USA pflegt man sie mit dem Kopf nach unten zu lagern, damit sich eventuell austretende Restfeuchte im dickeren Ende des Reinigers sammelt, der in der Pfeife steckt. In Europa hält man es gewöhnlich andersherum – ein Erbe des 19. Jahrhunderts, wie Pfeifenständer aus dieser Epoche demonstrieren. Hierdurch wollte man vermeiden, daß Restfeuchte sich im Pfeifenkopf ablagerte und beim nächsten Gebrauch den Tabakgeschmack beeinträchtigte. Daß sie so ausgerechnet in den Biß des Mundstücks abfloß, hatte man offenbar nicht bedacht.

Beide Praktiken entstammen einer Zeit, als die heute üblichen Pfeifenreiniger noch nicht zur Verfügung standen. Damals verwendete man statt dessen Hühnerfedern, die aber gewiß weniger wirksam waren – weshalb Pfeifen notgedrungen oft »naß« gelagert wurden. Heutzutage sind wir gottlob in der Lage, sie perfekt zu säubern und zu trocknen, können sie also ohne die geringste Spur von Feuchtigkeit aufbewahren; daher ist es einerlei, ob sie mit dem Kopf oder dem Mundstück nach unten ruhen. Hauptsache, man verstaut sie in einem Ständer oder belüfteten Pfeifenschrank, damit sie frische Luft bekommen, keinesfalls in einem hermetisch abgeschlossenen Behältnis. Ausführliche Tips zur Aufbewahrung finden Sie in Kapitel 9. Noch wichtiger indes als die Frage, wo Sie Ihre Pfeifen hineintun, ist das, was Sie zum Rauchen in die Pfeife tun.

Kapitel 5

Die Wahl des Tabaks

»Tabak ist mehr als nur ein Kraut,
er ist der Schlüssel zu den
Freuden des Pfeiferauchens.«

Wie jeder, der schon einmal eine Pfeife gestopft hat, weiß, bedarf es zum genußvollen Rauchen einer Bruyère-Pfeife mehr als eines Griffes nach der erstbesten bunten Tabakdose. Auch ein versierter Pfeifenraucher kann sich den Rauchgenuß total verderben, stopft er die beste Bruyère mit dem falschen Tabak. Pfeifentabak ist wie ein Parfüm: Was im Flakon herrlich duftet, kann auf der Haut der Person, die es benutzt, biochemisch bedingt ganz anders wirken. So verhält es sich auch mit Tabak. Jeder Raucher hat seine individuelle Chemie, die bestimmt, was ihm gut oder schlecht schmeckt.

Es gibt drei sensorische Kriterien für die Auswahl eines Pfeifentabaks: Stärke, Geschmack und Aroma. Alle sind variabel, denn verschiedene Raucher können ein und denselben Tabak unterschiedlich empfinden. Der Eindruck von Geschmack und Stärke einer Sorte ist zuweilen auch davon abhängig, wo und wie lange der Tabak gelagert wurde, und ob man ihn im geschlossenen Raum oder im Freien raucht. Sogar der Pfeifentyp kann den Geschmack des Tabaks sehr beeinflussen. Manche Hölzer, zum Beispiel das Kirschbaumholz mit seiner typischen Süße, prägen zumindest bei einzelnen Tabaksorten nachhaltig den Geschmack. Es kann selbst bei einer Bruyère-Pfeife vorkommen, daß man das Pfeifenholz herausschmeckt, auch wenn das glücklicherweise nicht oft vorkommt. Meist ist aber der Geschmack des Holzes gegenüber dem des Tabaks kaum wahrnehmbar, und so sollte es auch sein, denn es gibt heute viel zu viele Varianten von Tabakmischungen, als daß man sie auf die gängigen Holzsorten abstimmen könnte. Meerschaumpfeifen behalten übrigens leicht den Geschmack der letzten Füllung, während Tonpfeifen am ehesten neutral schmecken, weshalb ich sie bevorzugt zum Testen einer neuen Tabaksorte nehme.

Die dritte Variable bei einem Pfeifentabak und zugleich diejenige, die sich der Umgebung des Pfeifenrauchers am deutlichsten mitteilt, ist das Aroma. Auch hier gilt: Was dem einen angenehm ist, muß für einen anderen nicht unbedingt gut riechen. Darüber hinaus mag sich die eine Tabaksorte besser für den frühen Morgen eignen, die andere eher für das Pfeifchen nach dem Abendessen, während eine dritte vielleicht den größten Beifall unter Familienmitgliedern und Kollegen findet. Die Auswahl des Tabaks ist also ebenso wie die der Pfeife eine sehr individuelle Angelegenheit, und keine Sorte kann für alle Raucher der »vollkommene« Tabak sein.

Hilfreich bei der Wahl des Tabaks ist sicherlich das Wissen über einige prinzipielle Dinge: über die Pflanze selbst, ihren Ursprung und ihren Weg von der Plantage in unsere Pfeifen.

Es gibt ungefähr fünfzig verschiedene Arten von Tabakpflanzen; die meistverbreitete ist *Nicotiana,* die ursprünglich aus der westlichen Hemisphäre stammt, inzwischen aber in aller Welt angebaut wird. Tabakanbau gibt es in den Vereinigten Staaten, Kanada, Brasilien, Afrika, Italien, Griechenland, Frankreich, Deutschland, Schweden, Neuseeland, Jugoslawien, Ungarn, China, Rußland, Japan und Puerto Rico. Im Grunde ist die Tabakpflanze ja ein Unkraut, aber selten ist ein *Unkraut* mit solcher Ehrerbietung kultiviert worden. Übrigens wird auch in Indien Tabak angebaut, aber offen gestanden ist hier die Qualität nicht immer so gut. Aus Kuba wird ein ausgezeichneter, süß und würzig schmeckender Pfeifentabak exportiert, den Dunhill in seiner »Havanna«-Mischung verwendet und der in großen Mengen in Dunhills Londoner Geschäft in der Jermyn Street bezogen werden kann.

Für Pfeifenraucher sind nur drei der *Nicotiana*-Tabakpflanzenarten von Interesse. Die bekannteste ist natürlich die historische *Nicotiana tabacum,* die aus Süd- und Mittelamerika stammt – eben die Pflanze, die von unserem Helden John Rolfe im Jahre 1612 aus Trinidad entführt und nach Virginia gebracht wurde. Die zweite in der Beliebtheitsskala, vor allem für Anhänger englischer Mischungen, ist *Nicotiana rustica,* eine geborene Mexikanerin, die heute auch in Europa, Afrika und Asien beheimatet ist.

Sie verleiht den Mischungen aus Türkischen Tabaken, Latakia und Sumatra den charakteristischen würzigen Geschmack, den wir gern zu später Stunde bei einem Glas Whisky genießen. Die letzte in der Pfeifentabak-Trilogie ist *Nicotiana persica*, die kleinste Pflanze in der ganzen Tabakfamilie, die ursprünglich nur in Persien angebaut wurde.

Die bedeutendsten Tabakanbaugebiete Deutschlands liegen in Baden und der Pfalz. In dem kleinen Anbaugebiet Uckermark wird heute »Virgin D« *(Nicotiana tabacum)* angebaut. Dieser Tabak gehört zu den wenigen, die einen bitterkalten Winter überleben können, ähnlich dem in Rußland angebauten, ebenso robusten Machorka, der ebenfalls zu den Virginia-Tabaken zählt.

Die großen »Tabakstaaten« der USA, eines der weltweit bedeutendsten Produzenten, sind North Carolina, Virginia, Kentucky, South Carolina, Georgia und Tennessee. Es hat mir schon immer ein Lächeln abgenötigt, daß der Tabak für diejenigen meiner Landsleute, die erstklassige europäische Mischungen bevorzugen, hier angebaut, dann zur Verarbeitung und Verpackung nach Europa verschickt und schließlich wieder zurück nach Amerika transportiert wird.

Vor 400 Jahren mußten sich die Pfeifenraucher mit einer recht bescheidenen Auswahl zufriedengeben. Auf dem Land gab es bestenfalls getrocknete Tabakblätter oder Maisblätter. Da sind wir heute gegenüber unseren Vorfahren ganz entschieden im Vorteil, wie schon ein flüchtiger Blick in einen durchschnittlich sortierten Tabakladen zeigt: Selbst hier finden wir ein riesiges Angebot von Tabakpäckchen und Tabakdosen – unterschiedlichste Mischungen diverser Hersteller, ganz zu schweigen von den zahlreichen Hausmischungen der einzelnen Geschäfte. So gibt es zum Beispiel heute in Großbritannien 350 verschiedene Pfeifentabaksorten, in Deutschland sogar mehr als 700! Und genau hier liegt das Problem: Wo soll man bei der Tabakauswahl beginnen?

Zunächst einmal ist es hilfreich, etwas über die Basissorten zu wissen, die gewöhnlich bei Mischungen verwendet werden. Während meines ganzen Pfeifenraucherlebens bin ich auf keine einzige Veröffentlichung gestoßen, in der die Charakteristika jener Sorten beschrieben würden – was mir klargemacht hätte, welche Komponenten Geschmack und besondere Note einer Mischung bestimmen. So habe ich schließlich selbst die folgende Liste zusammengestellt.

Virginia – der Name ist eigentlich irreführend, denn dieser Tabak, ursprünglich von englischen Siedlern in Jamestown/Virginia angebaut, ist heute eher in den Tabakfeldern von North und South Carolina sowie in Florida und Georgia beheimatet. Sogar in Japan wird er angebaut! Virginia-Tabak ist gewöhnlich von hellgelber Farbe und wird daher von den Pflanzern als »heller« Tabak bezeichnet, obwohl es auch dunklen Virginia-Tabak gibt. Dieser Tabak wird auch für Zigaretten verwendet, für Pfeifentabak nimmt man nur die dickeren, qualitativ hochwertigen Blätter. Den aromatischeren dunklen Virginia findet man meist in Mischungen. Der helle Virginia entwickelt beim Rauchen jedoch einen angenehm süßen, holzartigen Geschmack, was ihn zu einem beliebten Tabak für viele Mischungen macht. Enthält eine Mischung zuviel Virginia, neigt sie allerdings dazu, sich »heiß« zu rauchen. In Maßen verwendet, verleiht er jedoch jeder Mischung einen köstlichen Geschmack.

Burley – eine Sorte mit ziemlich groben Blättern, die an der Sonne getrocknet werden. Burley wird seit 1864 in Amerika angebaut. Heute kommt er vor allem aus Tennessee, Kentucky und Ohio, wird aber auch in Brasilien, Italien, Afrika und Japan gezogen. Die Blätter haben eine zart gelbgrüne bis gelbbraune Farbe. Dieser Tabak hat einen besonders milden Geschmack und ein sehr dezentes Eigenaroma. Dieser Umstand und seine einzigartige Absorptionsfähigkeit für Aromastoffe prädestinieren ihn zum Basistabak für aromatisierte Mischungen, und in entsprechend großer Menge wird er heute angebaut.

Latakia – ein sehr teurer und unverwechselbar orientalischer Tabak. Seinen Namen hat er von dem Dorf Lattaquié in Nordsyrien, entdeckt wurde er um 1860 durch einen Zufall. Während der Erntezeit hatte man einmal einige Tabakblätter vergessen, die in einer Hütte zum Lufttrocknen an den Dachsparren aufgehängt waren. Als man sie schließlich nach einiger Zeit wieder bemerkte, waren sie inzwischen vom Herdfeuer gründlich geräuchert worden, und der Entdecker freute sich über ihre berauschende, rauchige Eigenart. Neugierig probierten Dorfbewohner und Händler diese Tabakblätter aus, und so wurde ein neues Kapitel in der Geschichte der Tabakmischungen aufgeschlagen, sehr zur Freude aller Liebhaber englischer Mischungen. Heute wird Latakia nicht nur in Syrien, sondern auch auf Zypern und im Libanon angebaut. Er wird erst in der Sonne und dann im Rauch offener Feuer getrocknet. Dieses Verfahren beansprucht viel Zeit und macht ihn zu einem der teuersten Tabake. Latakia hat eine dunkelbraune, fast schwarze Farbe und gehört zu den wenigen Tabakpflanzen, bei denen man außer den Blättern auch Teile des Stengels und der Blattrippen (die am süßesten schmeckenden Teile des Tabakkrautes) verwendet. Wegen seines würzigen, starken und rauchigen Geschmacks ist er eine Standardkomponente in zahlreichen hochwertigen englischen Mischungen.

Perique – ein seltener, langsam brennender Tabak mit kräftigem Geschmack und einer geheimnisvollen Aura, die auf die Tatsache zurückzuführen ist, daß Perique nur auf etwa 200 Hektar Fläche Land bei St. James Parish, im Sumpfgebiet des Staates Louisiana im äußersten Süden der USA, angebaut wird. Der Boden dort gibt dem Perique-Tabak seinen legendären, scharf-würzigen Geschmack. Versuche, ihn anderswo anzubauen, sind fehlgeschlagen. Obwohl Perique schon seit etwa 1800 bekannt ist, gibt es heute nur noch einen einzigen Hersteller. Der Tabak wird nach der Ernte mit Pflaumensaft und Fruchtmark durchtränkt, dann in feste Bündel gepreßt, die man »Torquettes« nennt, und in hölzernen Fässern einem enormen Druck durch eine Eisenpresse ausgesetzt. Die Blätter werden im eigenen Saft fermentiert, danach an der Luft ausgebreitet, mit Wasser befeuchtet und erneut in den Fässern gepreßt. Dieser Vorgang wird sechsmal wiederholt, auch noch während der Lagerzeit. Von Jahr zu Jahr gibt es weniger Perique, denn die Pflanzer wandern ab, um anderswo ertragreichere Ernten zu erzielen. Deshalb wird der Perique in vielen Mischungen schon nicht mehr verwendet. Diese rarste aller Tabaksorten hat eine schwarzbraune Farbe, einen unverwechselbar würzigen Geschmack und ein volles Aroma. Perique sollte man niemals pur rauchen! Wer im Mischen erfahren ist, wird mit ihm jedoch eine gleichmäßig brennende, unvergleichlich schmeckende Komposition erzeugen.

Maryland – Anders als beim Virginia wird der größte Teil des Maryland-Tabaks tatsächlich in dem US-Staat angebaut, dessen Namen er trägt. Er ist von kräftig brauner Farbe und wird oft Tabaken mit schlechteren Raucheigenschaften (zum Beispiel Burley) zur Veredelung beigemischt.

Türkischer Tabak – Das ist keine einzelne Pflanzenart, sondern eine Sammelbezeichnung für eine Gruppe von etwa einem Dutzend Tabake mit süßem, öligem Geschmack, die in Wirklichkeit in Griechenland angebaut werden. Das Blatt ist von hoher Qualität und hat sehr gute Raucheigenschaften: Es brennt gleichmäßig und wird in einer großen Auswahl leichter, würziger Geschmacksnoten angeboten. Türkischer Tabak wird selten zu Pfeifentabak verarbeitet, man findet ihn lediglich als Bestandteil in einigen exotischeren Mischungen.

Cavendish – Dies ist der Oberbegriff für Tabake, die mit Zucker, Ahornsirup oder Rum aromatisiert und dann in regelmäßigen Abständen mehrmals erhitzt und gepreßt werden, um ihnen eine dunklere Farbe zu verleihen. Durch diese Prozedur gewinnt der Tabak seinen schweren, süßen und zugleich milden Geschmack, der dann in Mischungen mit anderen Tabaken zum Tragen kommt.

Das charakteristische Aroma einer Tabakpflanze wird auch vom Boden beeinflußt, auf dem sie gedeiht, daher findet man Spitzensorten stets in der besten Erde. Die Böden in den Südstaaten der USA zählen zu den fruchtbarsten; dort gibt es ideale klimatische Bedingungen für die Kultivierung von Tabakpflanzen, und eine durchschnittliche Ernte bringt mehr als 650 Pfund Tabak je Hektar ein. Eine einzige Tabakpflanze kann übrigens ein Viertelpfund Tabak hervorbringen. Und wenn sie noch eine weitere nutzlose Information wollen: Ungefähr vier Pfund Tabak ergeben ein Pfund Asche.

Tabak wird heute in aller Welt gezogen, denn der Anbau in den amerikanischen Tabakhochburgen ist sehr kostenintensiv. In der nördlichen Hemisphäre beginnt die Anbausaison im März, wenn die empfindlichen Keimlinge in mit Leinenplanen abgedeckte Saatbeete gesetzt werden. So geschützt können sie sechs bis zehn Wochen wachsen, bis es wärmer wird und sie im Mai oder Juni auf die großen Felder verpflanzt werden. Früher war das Pflanzen noch Handarbeit, heute geschieht es weitgehend maschinell, so daß jeder Schößling mit exakt 40 cm Abstand zur Nachbarpflanze in die Erde gesetzt wird, jede Reihe in einem Meter Abstand zur nächsten, damit die Pflanzen genug Platz haben – wie man sieht, ist die moderne Wissenschaft vom Tabakpflanzen sehr exakt. Abhängig vom Klima des jeweiligen Anbaugebietes dauert es etwa drei bis fünf Monate, bis die Pflanzen herangewachsen sind. In dieser Zeit sind sie sehr anfällig für Krankheiten, Schimmelpilze und Insektenbefall und müssen wie ein zartes Kind beobachtet und umsorgt werden.

Eine Düngung nach wissenschaftlichen Gesichtspunkten und manchmal auch Fruchtwechsel sind erforderlich, um gesunde Ernten zu erzielen. Die empfindlichen Pflanzen werden gehegt und gepflegt, wie es einem so wertvollen Erzeugnis zusteht. Ist der richtige Zeitpunkt im Wachstumszyklus der Pflanze gekommen, wird sie »ausgegeizt«, das heißt, die obersten Triebe und Blüten werden abgeschnitten, damit ihre Lebenskraft den Blättern zugute kommt. Die neuen Seitentriebe, die nun sprießen, werden ebenfalls entfernt, so daß den stehengebliebenen Tabakblättern nichts von der wachsenden Stärke der Pflanze entgeht. Die Tabakstauden sind sehr empfindlich gegen Feuchtigkeit und gegen Hitze – beides kann zu einer unnatürlichen Verfärbung oder sogar zu Löchern in den Blättern führen. Mit wachsender Reife nehmen die gesunden Blättern eine gelbgrüne Farbe an, manchmal mit gelben Tupfen durchsetzt, und die Blattstruktur wird grober und dicker.

Schließlich haben die Pflanzen das Stadium erreicht, in dem sie reif für die Ernte sind. Diese findet im Herbst statt, und zwar so früh wie möglich, denn die Tabakblätter sind sehr frostempfindlich. Mit dem Wandel des Weltklimas verschieben sich allerdings auch die Erntezeiten, und in manchen Gegenden ist sogar eine zweite Anpflanzung und Ernte möglich, so daß sich der Ertrag verdoppeln läßt.

Für Pfeifentabak werden gewöhnlich nur die mittleren und oberen Blätter der Pflanze geerntet (die unteren bleiben dem Zigarettentabak vorbehalten). Im ersten Durchgang schneidet man nur die reifen Blätter ab, die Pflanze bleibt im Boden und kann die restlichen Blätter noch mit Nährstoffen versorgen, so daß ein größerer Ertrag erzielt wird.

Die alte Methode, die Tabakblätter in der Hand zu wiegen und sie mit einem scharfen Messer abzuschneiden – wobei die Blätter entstielt werden und ein Erntearbeiter »fühlt«, ob der

Tabak trocken genug ist –, wurde inzwischen weitgehend mit Hilfe moderner Geräte mechanisiert und in technisch sehr fortschrittlichen Betrieben voll automatisiert. Für viele Tabakpflanzer ist das Pflücken mit der Hand jedoch immer noch die beste Methode, denn so kann man die unreifen grünen Blätter stehen lassen und nur die wirklich reifen pflücken. Unreife, »grüne« Blätter, die mitgeerntet wurden, reifen nicht nach, wie sorgfältig man sie später auch nachbehandeln und weiterverarbeiten mag.

Ebenso wie das Nachbehandeln (Trocknen) des Bruyère-Holzes von entscheidender Bedeutung für die Raucheigenschaften einer Pfeife ist, hat der Trocknungs- und Fermentierungsprozeß sehr großen Einfluß auf Geschmack und Aroma des Tabaks. Hierbei wird der Feuchtigkeitsgehalt des Tabakblatts, ursprünglich bei 75 bis 85%, mindestens auf 25% reduziert. Das geschieht mit einer der drei folgenden Methoden, wobei die beiden erstgenannten die häufigsten sind:

1) Lufttrocknen an der Sonne

Dies ist die traditionelle Trocknungsmethode für Tabakpflanzen. Die Blätter werden an Stangen aufgehängt und können auf natürliche Weise in der Sonne und im warmen Wind trocknen, ohne daß künstlich Hitze zugeführt werden muß. Heute wird diese Methode noch vielfach für dunkle Tabake angewandt, vor allem für die orientalischen Sorten aus Griechenland, der Türkei, Süditalien, Albanien, Rußland und Syrien.

2) Trocknen durch Heißluft

Diese Methode gibt es seit dem 19. Jahrhundert. Wie beim Trocknen an der Sonne wird das Erntegut an Stangen aufgehängt, der Trocknungsvorgang jedoch dadurch beschleunigt, daß man mit Hilfe eines Rohrleitungssystems die Raumtemperatur auf etwa 30 bis 80 °Celsius erhitzt, ohne aber die empfindlichen Blätter direkt dem Rauch auszusetzen. Durch dieses Verfahren wird der Zuckergehalt des Tabaks viel schneller umgewandelt, und er nimmt eine gelbe bis rötlichbraune Farbe an. Wenn Sie die Beschreibung »heißluftgetrockneter Virgina« lesen – dies ist das Verfahren, das sich dahinter verbirgt.

3) Trocknen über Feuer

Hier werden die Tabakblätter im Trockenschuppen dem Rauch

eines offenen, schwelenden Feuers ausgesetzt, das mit Eichenholz und Sägemehl genährt wird. In der raucherfüllten Luft trocknen die Blätter allmählich etwa 40 Tage lang. So entsteht ein Tabak mit rauchiger Geschmacksnote.

Nach dem Trocknen werden die Blätter nach Farbe und Struktur sortiert. Dann werden sie gebündelt und gestapelt und dann für einen unterschiedlich langen Zeitraum – von sechs Monaten bis zu drei Jahren – zum Fermentieren eingelagert, je nach Tabakart und Mischung, für die sie vorgesehen sind. Die Fermentation ist sehr wichtig, denn sie prägt maßgeblich Farbe, Geschmack und Aroma eines Pfeifentabaks.

Die zahlreichen Sorten gereifter und fermentierter Tabake werden dann auf Auktionen an die Tabakverarbeiter versteigert. Die Einkäufer prüfen sorgfältig jede Ware, bevor sie ihr Angebot abgeben. Die Auswahl Ihres bevorzugten Pfeifentabaks ist daher eine sehr persönliche Angelegenheit, schon lange bevor Sie das erste Streichholz an den Pfeifenkopf führen, denn jemand anderer hat schon vorher ein Urteil darüber gefällt, wie diese spezielle Mischung schmecken wird. Aber es ist an Ihnen zu entscheiden, ob seine Entscheidung auch für Sie die richtige war.

Nach den Auktionen geht die Ware an die Herstellerfirmen, die sich auf die Komposition bestimmter Mischungen spezialisiert haben. Sie sind vor allem in den USA, Großbritannien, Deutschland, Holland und Dänemark angesiedelt. Hier werden die Tabakblätter mit Wasserdampf wieder zum Leben erweckt. Bei der Komposition einer Mischung nach einer bestimmten Rezeptur verwendet man mehrere Sorten aus verschiedenen Ernten. So kann der Hersteller, ist einmal eine Ernte schlecht ausgefallen und eine Sorte knapp, ersatzweise auf andere Tabake zurückgreifen, und der Raucher muß nicht auf den gewohnten Geschmack seiner Lieblingsmischung verzichten. Das Prinzip ist ähnlich wie bei der Cognac-Herstellung, wo diverse Brände verschiedener Jahrgänge zusammengestellt werden, um hinsichtlich Geschmack, Aroma und Farbe Kontinuität zu wahren. Das ist beim Tabak in den vergangenen Jahren zunehmend schwieriger geworden, denn die Anbaugebiete haben sich verändert, der Mineralstoffgehalt der Böden in den verschiedenen Pflanzgebieten ist sehr unterschiedlich, und damit auch Geschmack und Aroma der Tabakblätter. So hat zum Beispiel der heute in Deutschland gemischte »Balkan Sobranie« einen geringfügig anderen Geschmack als vor 20 Jahren, als er noch in Großbritannien hergestellt wurde. Ich gehe jedoch jede Wette ein, daß niemand den Unterschied zwischen aktuell produziertem Balkan Sobranie und einem vor drei Jahren gemischten feststellen wird. Die Hersteller achten mit geradezu fanatischer Rezepttreue darauf, daß sich die Charakteristika einer Mischung nicht verändern.

Nach kurzer Lagerzeit beim Hersteller landen die Tabakblätter in Maschinen, wo sie gereinigt und die holzigen Blattrippen entfernt werden. Einige renommierte Firmen ziehen es allerdings immer noch vor, diese Arbeitsgänge von Hand auszuführen. Bei manchen Tabaksorten, wie Latakia, sind die Blattrippenteile maßgebliche Aromaträger und werden deshalb nicht weggeworfen.

Das anschließende Mischverfahren ist eine aufwendigsten und komplexesten Phasen der ganzen Tabakherstellung. Dabei geht es nicht anders zu als bei der Zubereitung eines erlesenen Mahls. Es sind im wesentlichen die verschiedenen Zutaten, ihre Gewichtung untereinander und die Art, wie das fertige Gericht serviert (sprich: das Produkt verpackt) wird, die letztlich das Aroma und die unverkennbare Note des Tabaks hervorbringen und sich direkt in den Genuß übersetzen, den der Pfeifenraucher empfindet. Jeder Tabak hat charakteristische Eigenschaften, so bei Brenndauer, Farbe und Aroma, oder erfordert eine bestimmte Schnittweise; die Kunst besteht nun in der Herstellung eines Endprodukts, in dem sich alle diese Elemente harmonisch ergänzen. Deshalb überrascht es nicht, daß jeder Herstellungsbetrieb seine eigenen Rezepte und Mischmethoden hat. Diese Rezepte gehören zu den bestgehüteten Geheimnissen des ganzen Industriezweigs, sind sie doch der Schlüssel für den Erfolg einer Sorte. Jeder Pfeifentabak ist also eine einmalige Komposition.

Prinzipiell lassen sich alle Pfeifentabake, die im Handel sind, zwei Grundkategorien zuordnen: englische und aromatisierte Mischungen. Die englischen Mischungen haben den Pfeifenraucher am längsten begleitet. Bis 1986 war es in Großbritannien verboten, dem Tabak irgendwelche Zusatzstoffe beizumischen. Englische Mischungen bestehen aus reinen, naturbelassenen Tabaken wie Latakia und anderen orientalischen Sorten, deren jede dem Endprodukt ihre eigene, typische Geschmacksnote verleiht. Die englischen Tabake haben oft einen kräftigeren Geschmack und einen stärkeren Duft als aromatisierte Ware, und meist rauchen sie sich auch trockener. Wahre Kenner und Puristen, die auch ihren Whisky lieber unverfälscht ohne Soda trinken, geben ihnen daher oft den Vorzug.

Die aromatisierten Mischungen, die als Grundkomponenten meist Burley oder Cavendish enthalten, sind oft milder als die englischen. Die Anreicherung mit Aromastoffen verleiht ihnen jene ausgeprägte Duftnote, die den Pfeifenraucher so ziemlich bei jedem beliebt macht, der sich in seiner Nähe aufhält.

Aromatisierter oder halbaromatisierter Tabak wird »sauciert«. Das ist eigentlich nur ein anderes Wort für Aromatisieren, und solche Aromastoffe sind dafür verantwortllich, daß Ihr Sitznachbar anerkennend bemerkt: »Mmh, deine Pfeife riecht ja wie Schokolade!« Die Tabake werden mit Diäthylenglykol oder Propylenglykol besprüht, ein Zusatzstoff für Lebensmittel, durch den der Tabak seine Feuchtigkeit nicht so leicht verliert. Dann werden, je nach Rezept, Mischungen aus Zucker, Glukose, Melasse, natürlichen Geschmacksstoffen und Aromastoffen hergestellt. Spezielle Aromen sind zum Beispiel Kokos, Sirup, Lakritz und Vanille. Auch Nüsse und Früchte, wie Kiwis oder Litschis, werden zur Aromatisierung verwendet, und außer Schokolade werden auch Honig, Kirsche, Apfel, Pfirsich, Banane, Kaffee, Bourbon, Malt-Whisky und Rum sowie eine Fülle anderer Geschmacksstoffe den Tabakblättern in diesem Stadium des Herstellungsverfahrens beigemischt. Fehlten nicht Bier und Bratwurst in diesem Geschmacks-Potpourri, könnte man allein aus diesen Tabakzugaben eine komplette Mahlzeit zusammenstellen.

Manche Tabakmischungen werden kurz vor dem Verpacken zusätzlich noch mit einem speziellen Aroma besprüht, das natürlich mit den anderen Zusatzstoffen harmonisieren muß.

Ob es sich nun um englische oder aromatisierte Mischungen handelt: Sind die Tabake gemischt, müssen sie zur Abrundung lagern, damit die in der Mischung enthaltenen Blattsorten – das können bis zu 40 verschiedene sein – eine Verbindung eingehen und ihren vollen Geschmack entwickeln. Dann wird die Mischung verpackt und verschickt und landet schließlich in Ihrem Tabakladen, wo Sie mit leerer Pfeife und leerem Tabakbeutel erscheinen, über die bunte Vielfalt der Packungen, Dosen und Gläser in den Regalen staunen, sich nachdenklich am Kopf kratzen und sich fragen, ob Sie Ihr Portemonnaie zücken sollen, um herauszufinden, wie eine bestimmte Marke wohl schmeckt.

Die Auswahl des Tabaks ist, besonders für den Neuling, der mit den Marken noch kaum vertraut ist, vergleichbar mit der Mühsal, ein Gericht in einem Restaurant auszusuchen, das über eine Speisekarte von 24 Seiten verfügt. Das Angebot ist riesig, und das meiste klingt verlockend, aber wenn wir vorher noch nie dort gespeist haben und nicht wissen, ob wir der Empfehlung des Kellners vertrauen können, wird die Wahl zur Qual und führt unweigerlich zur Frustration. Und für einen Pfeifen-Novizen ist das Pfeifentabak-Menü zunächst ein Buch mit sieben Siegeln. Im Gegensatz zu Restaurants jedoch, die auf der Speisekarte vermerken, aus welchen Teilen das Menü besteht, ist auf vielen Tabakdosen nicht erwähnt, welche Tabaksorten zum Einsatz gekommen sind, so daß der potentielle Kunde ratlos vor den bunten Verpackungen steht.

Zudem wird diese Situation von vielen Herstellern zusätzlich erschwert, genauer gesagt von ihren Werbestrategen, denn kaum einer von ihnen verrät dem Kunden, wie sich eine bestimmte Tabakmischung raucht. Schenkt man den Werbetexten in Illustrierten und auf Tabakdosen Glauben, ist buchstäblich jeder Tabak auf der Welt »mild, kühl im Rauch und exquisit im Geschmack«. Das ist wohl der grausamste Schlag, den ein Werbetexter dem Pfeifenraucher verpassen kann: Schreibt man verschiedensten Tabakmischungen identische Eigenschaften zu, suggeriert man damit, daß alle Tabake sich gleich gut rauchen. Eine differenziertere Beschreibung wäre hier entschieden von Vorteil! Was die Verpackung angeht, so wäre ein Farbfoto des Tabaks auf dem Etikett sehr informativ, besser noch ein Deckel mit transparentem Pflastikfenster – so ließe sich der Tabak begutachten, ohne die Dose zu öffnen. Schließlich wird von den Herstellerfirmen ja auch sehr viel Wert auf die Gestaltung ihrer Verpackungen gelegt. Sollten wir nicht Gelegenheit bekommen, uns auch ein Bild des Tabaks zu machen, bevor wir ihn kaufen?

Es wäre auch eine Hilfe, wenn sich die Hersteller einmal zusammensetzten und eine Art internationales Klassifizierungssystem für ihre Tabake ausarbeiteten; diese Angaben könnte man dann auf den Verpackungen abdrucken. Alles, was wir wollen, sind Informationen über Verarbeitung und Eigenschaften der Mischung. Zum Beispiel: *Tabakgeschmack:* stark, mittelstark, mild. *Aroma:* süß, rauchig, blumig. *Brenndauer:* langsam, mittel, schnell. In früheren Ausgaben meiner Pfeifenbücher habe ich ein Notensystem zur Bewertung der Stärke von Tabaksorten vorgeschlagen und für meine Zigarrenbücher das HPH-Stärkefaktor-System entwickelt. Es funktioniert ganz zufriedenstellend, und so ließe es sich ohne weiteres auch auf Pfeifentabake anwenden.

HPH sind die Initialen für *Highly Prejudiced Hackerscale,* Hochvoreingenommene Hacker-Skala. Sie reicht von 1 (sehr mild) bis 3 (extrem stark). Danach fallen die meisten bekannten Tabaksorten in die Kategorie 2 (mild). Zur Abstufung gibt es die Noten 1,5 und 2,5. Die Skala heißt Hochvoreingenommene Hacker-Skala, weil sie von mir entworfen wurde. Ich bin sehr voreingenommen, wenn es um Tabak geht, und die Bewertungen beruhen auf meiner persönlichen Wahrnehmung und Einschätzung der Stärke eines Tabaks. Dabei geht es niemals um ein Qualitätsurteil! Die HPH-Skala wird uns noch im nächsten Kapitel beschäftigen, bei der Klassifizierung von über 100 verschiedenen Mischungen.

Die Stärke eines Tabaks sagt natürlich noch nicht alles über seine Eigenschaften aus, denn da gibt es ja auch noch den Geschmack. Und wie ein bestimmtes Gericht mittags anders munden kann als abends, verändert sich auch der Geschmack einer Tabakmischung mit der Tageszeit, zu der sie geraucht wird. Meiner Meinung nach ist es unrealistisch, von einem Pfeifenraucher zu erwarten, daß er sich mit einer einzigen Tabaksorte »verheiratet«, Tag für Tag und Woche für Woche. Vielfalt der geschmacklichen Reize und dann und wann die gespannte Erwartung auf eine noch unbekannte Sorte, wenn man den Deckel einer neuen Tabakdose öffnet – das hält die Lust auf Abenteuer rings um den Pfeifenständer lebendig.

Zugegeben, man genießt ein gewisses Gefühl der Sicherheit und Vertrautheit, wenn man einen gleichbleibend liebenswerten Pfeifentabak findet und mit ihm durch dick und dünn geht, wie mit einem treuen alten Freund. Deshalb sollte auch jeder Pfeifenraucher wenigstens eine Standardsorte haben, auf die er am Ende eines hektischen Tages zurückgreift, wenn er keine weiteren Überraschungen mehr verkraften kann. Solche Kostbarkeiten zu genießen, gehört zu den Höhepunkten im Leben eines Pfeifenrauchers. So ähnlich muß auch der Engländer A.M. Jenkinson empfunden haben, der in *Whifflets*, seinem 1897 veröffentlichten Klassiker der Tabakologie, behauptet:

»Es gibt unter den Menschen nichts, was selbst bei einem rechtschaffenen Manne rascher gerechten Zorn und Verachtung aufwallen läßt, als der Gebrauch einer armseligen Tabakmischung, mit der er anderen das Vergnügen vergällt und seinen eigenen Gaumen beleidigt ... In der Tat, die Wertschätzung eines guten Tabaks ist ein Prüfstein für die natürlichen Regungen eines wahren Gentleman ... Ein Mann, der schlechten Tabak raucht, obgleich guter Tabak im Überfluß vorhanden ist ... verfügt über einen unzureichend ausgebildeten oder abgestumpften Geruchs- und Geschmackssinn ... Daraus folgt, daß er, wenn er sich schon in seinem Urteil über den Tabak irrt, mutmaßlich auch in anderen bedeutsamen Dingen vom rechten Weg abweicht.«

Aber da wir ja jeden Tag eine andere, unserer Gemütsverfassung entsprechende Pfeife rauchen – warum also nicht auch einen anderen Tabak, um unsere unterschiedlichen Gelüste zu befriedigen und unseren Rauchgenuß mit dem persönlichen Biorhythmus in Einklang zu bringen? Zum Beispiel mag sich ein sehr milder Tabak am besten für die Morgenpfeife eignen, während eine mittelstarke Mischung gut zur Nachmittagspfeife paßt; sie hilft nicht nur der Verdauung, sondern auch uns, dem Rest des Tages mit Gelassenheit entgegenzusehen. Am Abend wiederum versetzt uns vielleicht ein etwas berauschenderer Tabak in eben den Zustand der Entspannung, die nur eine randvoll gestopfte Bruyère-Pfeife bieten kann.

Natürlich sind dies lediglich Verallgemeinerungen, und mancher Raucher mag es vorziehen, den ganzen Tag lang bei seiner »Morgenpfeife« zu bleiben oder seinen Rauchkonsum auf eine einzige Füllung der Abendmischung, mit einem Schuß Latakia versetzt, zu beschränken – zu welcher Tageszeit auch immer. Ich selbst hebe mir meine mittelstarke englische Mischung für den Abend auf, und es fällt mir schwer, mich mit den betäubenden, dicken Rauchwolken von Latakia oder Perique anzufreunden, wenn ich frühmorgens einen Tabakladen betrete. Andererseits trinke ich zum Fisch Rotwein, esse gerne sehr stark gewürzte Speisen und bin dafür berüchtigt, am Spätnachmittag Sandwiches mit Zwiebeln zu konsumieren. Es ist alles eine Frage des persönlichen Geschmacks, deswegen gebe ich ungern Empfehlungen zu Filmen, Musik oder Pfeifentabak ab.

Verfügt man über Zeit und Geld im Überfluß, kann es natürlich eines der größten Abenteuer im Pfeifenraucherleben sein, Kostproben aller verfügbaren Tabaksorten zu erstehen, seine Pfeife mit der Neuerwerbung zu stopfen und herauszufinden, ob man diesen Tabak mag. Dabei machen Sie sich über jeden Tabak ausführliche Notizen, werfen die übelschmeckenden Brocken Ihrem Hund vor und behalten die Leckerbissen für sich, bis Sie schließlich, auf dem Wege der natürlichen Auslese, irgendwann den Tabak gefunden haben, der für Ihren persönlichen Geschmack das *non plus ultra* ist. So einfach ist das Leben jedoch nicht, und es erfordert eine Menge Zeit, eine Menge Tabak zu rauchen. Wenn ich es allerdings recht bedenke, ist das soeben beschriebene Verfahren genau jenes, das ich zur Vorbereitung des 6. Kapitels anwandte.

Eine der Entscheidungen, vor die Sie auf der Suche nach dem richtigen Tabak mit Sicherheit gestellt werden, ist die, ob Sie eine englische oder eine aromatisierte Mischung probieren wollen. Beide Varianten erfreuen sich großer Beliebtheit. Noch vor wenigen Jahren fiel in Ländern wie Deutschland oder den USA die Wahl mit einer Wahrscheinlichkeit von 3:1 auf einen aromatisierten Tabak. Heute macht sich jedoch der Einfluß der immer zahlreicheren Zigarrenraucher bemerkbar, die auf Pfeife umsteigen, in den USA jedenfalls, so daß das Verhältnis jetzt ungefähr ausgeglichen ist – denn Zigarrenraucher bevorzugen den eher würzigen Geschmack natürlichen Tabaks. Was die Stärke angeht, so findet man in beiden Kategorien alle Nuancen von mild bis stark, als HPH-Wert ausgedrückt: von 1,5 bis 2,5. Man muß wirklich beide Tabakarten probieren, um eine Entscheidung treffen zu können.

Aromatisierte Mischungen haben mitunter leider die unangenehme Eigenschaft, sich »naß« zu rauchen. Das heißt, durch die Glut des Tabaks im Pfeifenkopf verflüssigen sich einige der aromatischen Zusatzstoffe, um sich sodann mit der natürlichen Feuchtigkeit des Tabaks zu verbinden und auf dem Grund des Pfeifenkopfs niederzuschlagen. So hört man dann irgendwann bei jedem Zug ein nervtötendes »Gurgeln«, ein unüberhörbares Signal, schleunigst nach dem Pfeifenreiniger zu greifen. Das gilt für viele aromatisierte Tabake, und es liegt in der Entscheidung des Rauchers, ob er lieber einen würzigen, manchmal auch stärkeren, aber trockenen Tabak wählt, oder einen süßen und milden vorzieht, bei dem er mehr Pfeifenreiniger verbraucht. Es gibt allerdings auch englische Mischungen, die sich naß rauchen. Dieses Problem läßt sich beheben, indem man eine Pfeife wählt, die Feuchtigkeit leicht absorbiert, zum Beispiel eine aus Ton oder Meerschaum; beide Materialien nehmen Feuchtigkeit viel besser auf als Bruyère. Rauchen Sie aber keinesfalls einen extrem feuchten Tabak aus einer porösen Maiskolbenpfeife – damit treiben Sie diese historische Pfeife in den Selbstmord!

Ein anderes Entscheidungskriterium beim Tabakkauf ist die Schnittart. Sie bestimmt, in welcher Konsistenz der Tabak in Ihre Pfeife gelangt, sie beeinflußt die Brenndauer und dadurch auch den Geschmack. Ein grob geschnittener Tabak brennt langsam und eignet sich sowohl für den Raucher, der schnell und kräftig an seiner Pfeife zieht, als auch für jemanden, der einen milden Geschmack bevorzugt (unabhängig von der Mischung). Ein Feinschnitt oder eine Mischung aus dünnem Strangtabak brennt dagegen schneller und heißer und ist somit ideal für einen langsamen, bedächtigen Raucher, da er nicht so oft ziehen muß, um seine Pfeife in Betrieb zu halten.

Die grundlegenden Schnittarten sind *Shag*, *Cube Cut* (auch *Chop Cut* genannt) und *Ribbon Cut* (oder *Long Cut*). Englische Mischungen sind traditionell langfaserige *Ribbon Cuts*, weil Virginia als typischer Langschnitt-Tabak die Basis bildet. Die feineren, strangähnlichen Streifen sorgen dafür, daß sich der Tabak leicht in Brand halten läßt. Burley ist fast immer ein *Cube Cut*, der aufgrund seiner Dicke sehr langsam brennt. Im viktorianischen Zeitalter war Shag ein ausgesprochener Grobschnitt, übrigens der Lieblingstabak von Sherlock Holmes. Heute versteht man unter Shag einen Feinschnitt, den man oft in Cavendish-Mischungen findet.

Eine heute selten gewordene Schnittart ist der *Plug* oder *Cake Cut*, auch *Navy Cut* genannt. Plugs werden mit Honig getränkt, der zugleich als Bindemittel und zum Süßen dient. Zum Formen preßt man diese klebrige Masse in die Bohrlöcher einer Holzscheibe (seit alters meist Mammutbaumholz) – wie einen Stöpsel, daher der Name »Plug« – und setzt sie 8 Stunden lang einer Belastung von ca. 5000 kg aus. Im 19. Jahrhundert war Plug sehr beliebt auf dem Land, weil er sich bequem in der Hosentasche

Die drei gängigsten Schnittarten des Pfeifentabaks (von links nach rechts): Ribbon, *der Standardschnitt englischer Mischungen;* Cube, *häufig bei aromatisierten Burleys, und* Flake, *den man vor dem Rauchen aufreiben muß.*

oder im Tabakbeutel verstauen ließ. Und man konnte eine Portion leicht mit einem Taschenmesser absäbeln, je nachdem auch mit einem Jagdmesser oder Dolch. Tabakhändler, die scheibenweise ihre Ware verkauften, benutzten »Plug-Schneider« aus schwerem Eisen. Zum Füllen der Pfeife brach man ihn mit der Hand in kleinere Stücke und Krümel.

Da *Cake Cut* eine ältere Form der Tabakzubereitung ist, sollte ich vielleicht noch etwas dazu sagen, wie man ihn zum Rauchen präpariert. Nehmen Sie zuerst eine kleine Portion in die hohle Hand, und reiben Sie ihn sanft zwischen den Handflächen, damit er zerbröselt. Man kann dieses Verfahren noch verfeinern, wenn man von den Tabaksträngen mit den Fingern kleinere Stücke abbricht. Die Dicke der Streifen ist von gewissem Einfluß auf die Brenndauer des Tabaks. Die adäquate Vorbehandlung des Cake Cut ist ebenso wichtig wie das richtige Stopfen der Pfeife, sonst kann das Raucherlebnis nicht zum Genuß werden. Dazu muß man ihn so bearbeiten, daß er locker in die Pfeife rieselt und sich gut feststopfen läßt. Reibt man ihn nicht vernünftig, so bleiben Klumpen, die den Luftstrom behindern. Man tut sich dann nicht nur schwerer, die Pfeife anzuzünden, sondern auch, sie nicht ausgehen zu lassen. Nun wissen Sie, warum es heute Mischungen zu kaufen gibt, die schon fertig gerieben sind!

Einer der Gründe für die nachlassende Popularität des Cake Cut ist offenbar eben diese mühsame Prozedur vor dem Pfeifestopfen. Das Aufbröseln von Cake oder Plug und das Reiben zwi-

Nach seiner Ankunft in der Fabrik werden Konsistenz und Aroma des Rohtabaks geprüft – für letzteres ist die Nase eines der verläßlichsten Hilfsmittel. Hier inspiziert der Däne Hans Petersen von A. & C. Petersen soeben angelieferten Virginia.

schen den Handflächen ist jedoch eine sehr entspannende Tätigkeit, vor allem wenn man dabei an einem klaren, frischen Herbsttag draußen sitzt. Auf einer Dinner-Party oder bei einem ersten Rendezvous ist es allerdings nicht gerade optimal.

Flake Cut ist ähnlich wie *Cake Cut,* wird jedoch in dünne kleine Tafeln geschnitten, bevor er in die Tabakdose kommt. Wie beim Plug muß der Raucher ein Stück in der Hand rollen und ihn aufbröseln, bevor er damit seine Pfeife stopfen kann. Ein »fertig geriebener« Tabak ist einfach ein Flake Cut, der vor dem Verpacken in großen Metalltrommeln hin und her gerollt wurde, wobei die Tafeln in kleinere Stücke zerbröselt werden und anschließend leichter verpackt werden können. »Rundschnitte« sind Tabake, die in dicke Stränge gerollt und dann in Scheiben geschnitten wurden. Der »Escudo« ist das beste Beispiel dafür. Auch er sollte vor dem Rauchen gerieben werden.

Ungeachtet der Schnittweise des Tabaks und ob Sie nun aromatisierte oder englische Mischungen bevorzugen: Der Schlüssel, um den idealen Tabak oder die idealen Tabake zu finden, ist die Lust am Entdecken und Ausprobieren neuer Sorten. Für mich hört das Abenteuer der Suche nach dem »vollkommenen«

Tabak niemals auf. Zum Verdruß der Tabakhersteller gibt es für die wenigsten Pfeifenraucher, mich selbst eingeschlossen, eine Lieblingsmarke, der sie treu blieben. Wir sind jederzeit dafür zu haben, etwas Neues auszuprobieren, obwohl wir für gewöhnlich immer wieder auf unsere Favoriten zurückkommen. Nach statistischer Wahrscheinlichkeit ist es nicht erstaunlich, daß viele Tabake sehr ähnlich im Geschmack sind, manche wiederum so außergewöhnlich, daß es unmöglich ist, sie zu imitieren. Ein gutes Beispiel hierfür sind die Tabake von »Clan« (gehören zu den weltweit beliebtesten aromatisierten), »Captain Black« (eine aromatisierte Mischung aus Burley und Cavendish) und »Kentucky Bird« (ein herrlich milder Virginia, der mit echten Rosenblättern gemischt wird). Es gibt Pfeifenraucher, die nur noch diese Mischungen rauchen wollen und nichts anderes. Anhänger englischer Mischungen können ohne Reue abwechseln beim Genuß von Sorten wie »Dunhill's Royal«, »London Blend« von Timm oder »Rattray's Red Rapparee«.

Einer meiner Freunde nimmt auf längere Reisen immer vier oder fünf Dosen »Condor« mit, auf daß er ihm ja nicht ausgehe ... Das grenzt allerdings an Paranoia, denn »Condor« ist ein sehr beliebter Tabak, zumal in England, wo mein Freund lebt. Auf Europareisen führe ich stets meinen eigenen Tabak mit, denn ironischerweise sind die europäischen Tabake (die ich fast ausschließlich rauche) in Amerika aufgrund der niedrigeren Tabaksteuer billiger. In Europa kaufe ich natürlich gerne Marken, die in Amerika nicht erhältlich sind, oft auch wegen der Tabakdose. Zurück daheim untersuche ich oft das Blattgut einer mir unbekannten Sorte unter dem Mikroskop, um festzustellen, was für Bestandteile es enthält. Übrigens ist der Name einer Tabaksorte nicht immer ein verläßliches Indiz für seine Herkuft. Der vermeintlich schottische »Mac Baren« zum Beispiel wird in Dänemark gemischt, »Ogden's Dutch Blend« kommt aus England, der sehr amerikanisch klingende »Indian Summer« aus Irland, und eine der großartigsten Mischungen, die je in England erfunden wurden, »Balkan Sobranie«, wird heute in Deutschland hergestellt.

Den Luxus, unter so vielen Tabaksorten wählen zu können, genießen wir erst seit etwas mehr als einem Jahrhundert, denn die hohe Kunst, verschiedene Tabaksorten zu mischen und aparte Duft- und Geschmackskompositionen zu schaffen, existiert erst seit 1877. Vor dieser Zeit war eine bestimmte Tabaksorte alles, was es zu kaufen gab – die Ware gab es entweder lose, oder es wurde ein Stück von einem Plug heruntergeschnitten, die Verpackung bestand aus Papier und Bindfaden. Mit zunehmender Vielfalt an Tabakmischungen wurden auch die Verpackungen aufwendiger und gefälliger. In den zwanziger und dreißiger Jahren entwickelte man immer vollkommenere Designs, und heute haben wir die opulenteste Auswahl hübscher Verpackungen in der ganzen Geschichte des Pfeiferauchens, mit so schönen Tabakdosen wie »Indian Summer«, »W.Ø. Larsen's Classic« oder die nostalgischen »Nightcap« und »Early Morning Pipe« von Dunhill, um nur einige Beispiele erstklassigen Designs zu nennen. Kein Wunder, daß die leeren Dosen gerne aufgehoben oder gar gesammelt werden.

Nicht nur Dosen werden übrigens zu Desiderata von Sammlern und Händlern, sondern auch die Tabake selbst. Das führte des öfteren zu Hamsterkäufen, wie im Fall der »Rattray«-Dosen, die von einer Handelsgruppe aufgekauft wurden, als man diesen Tabak noch in England mischte – kurz bevor die Herstellung nach Deutschland verlegt wurde. Als die Produktion des »Escudo« eingestellt werden sollte, fanden sich gleichfalls einige Sammler, die alle Dosen aufkauften, deren sie habhaft werden konnten. Jetzt, da es den »Escudo« wieder gibt, rauchen sie die neue Mischung und horten noch immer die alten Dosen, die auf dem Markt einen wesentlich höheren Sammlerwert haben als die neuen Exemplare. 1998, als es in den USA einen Rechtsstreit aufgrund einer Antiraucherkampagne gab und ein Importstop für die Marken »St. Bruno«, »Three Nuns«, »Clan« und »Condor« angekündigt wurde, brachten etliche amerikanische Pfeifen-Enthusiasten sie selbst aus Europa mit, um sie zu horten, damit zu handeln, und natürlich auch um sie zu rauchen. Offensichtlich möchten wir immer gerade das haben, was wir nicht bekommen können.

Noch ein Beispiel: Mir wurde einmal für eine ungeöffnete Dose des englischen »MacConnell« (heute in Deutschland hergestellt) das Doppelte dessen geboten, was ich dafür bezahlt hatte. Und ich kann mich noch gut erinnern, wie ein Sammler von GBD-Pfeifen fast wahnsinnig wurde, als er sah, daß ich eine frische Dose mit GBD-Tabak, der nicht mehr hergestellt wird, öffnete und meine Pfeife damit stopfte!

Vor allem in Amerika ist es unter Pfeifenrauchern gang und gäbe, Tabakvorräte zu horten und zu lagern, ganz wie bei Zigarren oder Weinen. Oft wird das Tabakaroma nach mehrjähriger Lagerung intensiver und zugleich milder. Man sollte jedoch nicht vergessen, daß der Tabak schon zum Zeitpunkt des Einkaufs im Laden eine längere Lagerzeit beim Hersteller hinter sich hat, so daß es meistens gar nicht notwendig ist, ihn noch länger liegenzulassen. Mischungen auf Virginia-Basis kann man übrigens lange Zeit lagern, während die würzigen Orienttabake nach acht bis zehn Jahren an Aroma verlieren.

Es gibt auch limitierte Auflagen mancher Tabake, die speziell für Sammler auf den Markt gebracht werden, wie der alljährlich zu Weihnachten herausgebrachte »Gold Block«, dessen Erwerb mit einer Spende verbunden ist, und die letzte Auflage des »Premier Grand Cru« von Alfred & Christian Petersen. Ein weiteres Beispiel aus jüngerer Zeit ist die von Alfred Dunhill am 24. September 1998 im Londoner Stammgeschäft organisierte Veranstaltung rund um die Pfeife. Hier wurden als Kostproben Privatmischungen berühmter Persönlichkeiten vorgestellt, die einst Kunden des Hauses waren, so die Schriftsteller P.G. Wodehouse und Rudyard Kipling.

Wer sie auch raucht und wo immer sie hergestellt werden, die Basis der meisten Mischungen besteht aus Burley, Cavendish oder Maryland, dem dann andere Tabaksorten und Zusätze beigefügt werden. Virginia, Latakia, Perique und Türkischer Tabak

Optisch und taktil werden auch Dicke, Farbe, Rippenmuster und Textur der Tabakblätter geprüft.

Schließlich wird der abgemischte und gelagerte Tabak verpackt, wie hier am Fließband der Firma Theodorus Niemeyer im niederländischen Groningen.

ergänzen sich zu starken, gehaltvollen Mischungen, für leichtere nimmt man meist Burley und Cavendish. Manche Länder, wie die Niederlande oder Deutschland, stellen häufig Tabake her, die für Boden und Klima ihres Landes charakteristisch sind, und schaffen somit einen »nationaltypischen Geschmack«, dessen Note in die Mischung mit einfließt.

Nun sind Sie zwar mit einer Fülle von Informationen gewappnet, aber es gibt trotzdem keine »Patentlösung«, auf Anhieb den für Ihren Geschmack passenden Tabak zu finden. Eine Möglichkeit ist, Ihrem Fachhändler Ihre Wünsche mitzuteilen, seinen Empfehlungen zu folgen und im Anschluß daran entweder einen stärkeren oder einen schwächeren Tabak zu probieren, einen aromatisierten Tabak oder einen englischen. Manchmal kann ein Händler mit einem breitgefächerten Angebot an Hausmischungen dem Pfeifenraucher eine Menge Zeit und Ärger ersparen, weil er in der Lage ist, aus verschiedenen Tabaksorten eine Komposition speziell nach Ihren Wünschen zu mischen.

Eine persönliche Tabakmischung zusammenzustellen ist allemal ein Vergnügen, ob nun Ihr Tabakhändler diese Aufgabe für Sie übernimmt oder Sie selbst es probieren. Es ist nicht schwer, sich bei Ihrem Fachhändler eine Auswahl zu besorgen, mit der Sie zu Hause entsprechend experimentieren können. Achten Sie aber darauf, daß Sie für eine Mischung stets Tabake derselben Schnittart verwenden (z. B. Cube Cut oder Ribbon Cut), da dann die Pfeifenfüllung gleichmäßiger brennt. Lassen Sie ein wenig Ihre Phantasie spielen – wie wäre zum Beispiel ein Cavendish mit etwas Latakia? Oder ein Quentchen Havanna-Blattgut als Akzent einer englischen Mischung à la »Dunhill 965«?

Einen Nachteil haben allerdings die persönlichen Mischungen gegenüber den Markenprodukten: Unternehmen Sie eine längere Reise, dürfen Sie nicht vergessen, sich mit einem ausreichenden Vorrat Ihrer Spezialmischung einzudecken. Es ist natürlich nichts dagegen einzuwenden, wenn Sie von unterwegs Ihren Stammtabakhändler anrufen und bitten, er möge Ihnen Ihre persönliche Mischung per Expreß senden. Pfeifenraucher in den entlegensten Winkeln der Erde machen das schon seit Jahren so, und ich selbst habe einmal bei der Planung einer Afrikareise dafür gesorgt, daß ein gerüttelt Maß meiner persönlichen Tabakmischung vorausgeschickt wurde. So fand ich den Tabak am Zielort schon vor – ich wußte ja nicht, welche Sorten in Simbabwe überhaupt zu haben sind.

Zur ansehnlichen Schar ehemaliger Zigarrenraucher, die auf die Pfeife umsteigen, um als neue Mitglieder unsere Zunft zu beleben, gesellen sich auch viele aus den nikotingeschwängerten Reihen starker Zigarettenraucher. Folglich mag ein leichter bis mittelstarker Tabak (HPH 1,5 – 2), den ich normalerweise jedem Neuling empfehlen würde, dem frischgebackenen Besitzer einer Bruyère-Pfeife, der früher täglich mehrere Päckchen Zigaretten gequalmt hat, nicht die rechte Befriedigung verschaffen; ihm wird wahrscheinlich eine der stärkeren Mischungen (HPH 2,5) mehr zusagen. *Nicht zu inhalieren* ist jedoch die größte Hürde, die ein ehemaliger Zigarettenraucher zu meistern hat. Der Vorteil beim Pfeiferauchen ist, daß man zwar noch die typische stimulierende Wirkung des Nikotins spürt, aber keine Lungenzüge mehr machen muß. Ein weiterer gesundheitlicher Vorteil besteht im niedrigen Nikotingehalt des Pfeifentabaks – nur 3%.

Oft fragen Pfeifennovizen: »Wieviel Tabak soll ich eigentlich kaufen?« Das hängt davon ab, wieviel Sie rauchen und ob Sie mit ihrer derzeitigen Mischung zufrieden sind. Um 1700 verbrauchte ein durchschnittlicher Raucher nicht mehr als zwei Pfund Tabak im Jahr. Natürlich waren die Pfeifenköpfe damals kleiner, sie hatten ungefähr die Hälfte oder zwei Drittel der

Größe, die man heute bei durchschnittlichen Bruyères antrifft. Heutzutage neigen Fachhändler zu der Auffassung, die adäquate Monatsration für einen mittelstarken bis starken Pfeifenraucher betrage ein Pfund Tabak. Ich selbst rauche jedoch nur ein bis zwei Füllungen am Tag, steigere den Konsum in den Herbst- und Wintermonaten und reduziere ihn unwillkürlich wieder im Frühjahr und Sommer. Folglich komme ich mit einem Pfund Tabak in der Regel gut vier bis sechs Monate aus. Aber da ich ja oft mit neuen Marken experimentiere, liegen zusätzlich zu meinem Hauptvorrat immer vier oder fünf angebrochene Dosen in meinem Arbeitszimmer oder unter dem Wohnzimmersessel.

Deshalb lautet die Antwort auf die Frage nach der Tabakmenge, die Sie jeweils kaufen sollten, schlicht und einfach: Jemand, der viel raucht, sollte eine größere Menge kaufen, während allen, die weniger oder nur gelegentlich rauchen, ein kleineres Päckchen reicht. Handgemischter Tabak wird normalerweise pfundweise verkauft, es kommt jedoch durchaus vor, daß ein Raucher eine Tabakprobe von 15 Gramm verlangt. Die handelsüblichen Blechdosen oder Päckchen enthalten meist 50 Gramm, also eine ganz handliche Portion.

Wieviel Tabak Sie auch auf einen Streich kaufen, um »rauchfähig« zu bleiben, muß er in jedem Fall sachgerecht vor dem Austrocknen geschützt werden. Rein theoretisch müßte man ihn bei 18 Grad Raumtemperatur und einer Luftfeuchtigkeit von 70 Prozent lagern. Falls Sie aber nicht gerade in einer hermetischen, nach wissenschaftlichen Gesichtspunkten konstruierten Klimakammer leben, läßt sich solche Perfektion in der Praxis nicht erreichen. Idealbedingungen habe ich nur in den Lagerhäusern großer Tabakfirmen angetroffen. Viele moderne Tabakläden weisen stolz auf ihre »begehbaren Humidore« hin, in denen ihre Tabakvorräte in einer halbautomatisch gesteuerten Atmosphäre lagern und frisch gehalten werden, bis sie in kleinere Glasbehälter auf die Ladentheke kommen. In Wohnungen und Büros sieht die Geschichte natürlich etwas anders aus. Die Raumtemperatur liegt normalerweise bei ungefähr 20 Grad, im Winter ist sie manchmal noch höher, und dann wird der Tabak leicht zu trocken. Die Feuchtigkeit läßt sich dagegen etwas besser regulieren.

Loser Tabak, der nicht richtig feuchtgehalten wird, trocknet sehr schnell aus. Natürlich werden verschiedene Pfeifentabaksorten in vakuumverschlossenen Blechdosen verkauft (die ein beruhigendes Zischen von sich geben, wenn man sie das erste Mal öffnet – ein Zeichen, daß der Tabak beim Verpacken frisch war und es immer noch ist) oder in luftdichten, in Folie eingeschweißten Packungen. Darin bleibt der Tabak monatelang oder sogar jahrelang frisch. Aromatisierte Tabake bleiben aufgrund der »Saucierung« länger frisch als englische Mischungen. Als ich allerdings neulich eine Dose »Dunhill 965« öffnete, die ich über zehn Jahre aufgehoben hatte, stellte ich fest, daß der Tabak noch immer frisch war. Ist die Dose einmal angebrochen, wird der Tabak indes schnell trocken, wenn man ihn nicht künstlich feuchthält. Hierzu legt man am besten einen Feuchtigkeitsspender hinein, wie er in jedem Laden zu haben ist. Ich habe einen in meinem Tabakbeutel und einen weiteren in meiner Vorratsdose.

Eine luftdicht verschließbare Vorratsdose mit wiederverwendbarem Feuchtigkeitsspender gehört zu den wichtigsten Utensilien des Pfeifenrauchers. Die Dose sollte aus einem Material sein, das den Tabakgeschmack nicht beeinflußt, wie Porzellan oder Holz, auf keinen Fall Plastik! Feuchtigkeitsspender gibt es in verschiedenenen Ausführungen: Das kann ein am Deckel befestigtes Schwämmchen sein oder Stücke porösen Tons, die eigens für diesen Zweck gefertigt werden. Besonders empfehlenswert sind die ursprünglich für Zigarren entwickelten Feuch-

Flakes gibt es in den verschiedensten Formen und Geschmacksrichtungen. Rechts unten neben den »Escudo«-Rollen eine zeitgenössische portugiesische 200-Escudo-Münze.

Einige der gängigeren Tabaksorten in Pouch-Packungen, darunter aromatisierte Mischungen mit Cavendish, Burley und Virginia.

tigkeitsspender der Firma »Credo«. Um Schimmelbildung zu vermeiden, verwenden Sie übrigens besser destilliertes Wasser als Leitungswasser. Einmal in der Woche sollte man den Spender frisch benetzen, vor allem wenn man die Vorratsdose mehrmals geöffnet hat oder die Außentemperatur sehr hoch ist. Ein Behälter mit Feuchtigkeitsspender hält nicht nur den Tabak frisch wie an dem Tag, an dem er gekauft wurde, er kann auch ein Jungbrunnen für eine ausgetrocknete Mischung sein und sie wieder rauchbar machen – allerdings wird er dann etwas von seinem Aroma verloren haben. Achten Sie jedoch darauf, daß Ihr Tabak nicht zu feucht wird: Dann brennt er schlecht und schmeckt bitter beim Rauchen. Außerdem kann sich dann Schimmel bilden, und in diesem Fall können Sie Ihren Tabak nur noch entsorgen!

Noch eine Anmerkung zum Thema Schimmel: Eine uralte Methode, den Tabak feucht zu halten, hat schon so manches gute Blatt ruiniert und sollte ein für allemal öffentlich gebrandmarkt werden: Halten Sie Ihren Lieblingstabak niemals mit einem Stück Apfel, Birne oder anderem Obst feucht. Das beeinträchtigt nicht nur seinen natürlichen Geschmack, bei der Obstscheibe setzt auch unvermeidlich der Fäulnisprozeß ein. Bleibt sie lange genug im Tabak, wird er irgendwann mit einer hübschen weißen Schimmelschicht überzogen sein, und Ihre Ration *Nicotiana taba-*

cum ist dann hoffnungslos ruiniert. Außerdem wird Ihr Tabaktopf bzw. Ihr Tabakbeutel auch durch die geringste Spur von Schimmelbildung völlig unbrauchbar, es sei denn, es gelingt Ihnen, ihn zu sterilisieren, indem Sie ihn gründlich auswaschen und längere Zeit in der Sonne stehen lassen, bis er völlig trocken ist.

Das war eine der zahlreichen Lektionen, die ich während meiner Collegezeit lernte. Als ich anfing, Pfeife zu rauchen, konnte ich mir keinen anständigen Vorratsbehälter leisten und bewahrte meinen Vorrat an »Old Hayseed« in einer Plastikdose mit Schraubverschluß auf. Als ich bemerkte, daß er schnell austrocknete, fragte ich Pfeifenexperten um Rat und bekam natürlich prompt die Standardempfehlung, es mit einem Apfelstück zu versuchen. Es dauerte genau eine Woche, bis sich Schimmel gebildet hatte, der sich von dem Apfelstückchen über meinen gesamten Monatsvorrat an Tabak ausbreitete. Schweren Herzens warf ich ihn weg, wusch die Dose aus, kaufte für einen Dollar neuen Tabak und füllte sie wieder. Doch die verflixten kleinen Sporen waren immer noch fleißig bei der Arbeit. Diesmal brauchten sie drei Wochen, um mich mit einer neuen, weißflaumigen Sippschaft zu überraschen. Ich war in Versuchung, die Nachkommen als Haustiere zu halten (damals hatte ich wenig Gesellschaft), aber dann kippte ich doch den ganzen Schlamassel in die Mülltonne und ging dazu über, mir jede Woche frischen Tabak zu kaufen, eine kleine Menge in einer luftdicht verschließbaren Packung.

Die Moral von der Geschichte: Halten Sie alle verderblichen Substanzen von Ihrem Tabak fern! Sollten Sie in Ihrem Fachgeschäft keinen Feuchtigkeitsspender bekommen, tut es auch ein zusammengerolltes, angefeuchtetes Stück Küchenpapier, das ungefähr einen Tag lang die Feuchtigkeit hält. Weitere Informationen hierüber finden Sie in Kapitel 9.

Ein anderes fragwürdiges »Geheimmittel« zum Feuchthalten und Aromatisieren des Tabaks wird zuweilen von erfahrenen Pfeifenrauchern an gutgläubige Neulinge weitergegeben: den Tabak mit ein paar Tropfen Rum oder Cognac zu beträufeln. Offen gestanden halte ich diese Methode entweder für die armselige Verschwendung eines erstklassigen Tropfens oder für die erstklassige Verschwendung eines armseligen Tropfens, je nachdem. In jedem Fall ist sie eigentlich überflüssig, denn viele Tabake werden ja heute schon bei der Herstellung mit Malt-Whisky oder Bourbon aromatisiert. Genießen Sie Ihren Rum oder Cognac also lieber aus dem Glas anstatt als Tabakbefeuchter. (Ja, ich weiß, Sie werden es natürlich trotzdem ausprobieren, jeder tut das!)

Für den Neuling, aber auch für den experimentierfreudigen alten Hasen bieten Probepäckchen aus dem reichhaltigen Sortiment bekannter Tabakhersteller, wie Dunhill, oft eine Fülle höchst erfreulicher Entdeckungen. Dasselbe gilt für eine Auswahl von Hausmischungen ihres Tabakhändlers. So kann man mit wenig Geld eine ganze Reihe von Tabaken testen, ähnlich wie bei einer Weinprobe.

Rauchen Sie schon längere Zeit Pfeife, werden Sie feststellen, daß Pfeifentabak eine Substanz mit paradoxen Eigenschaften ist – er kann sowohl stimulierend als auch entspannend wirken, je nach aktueller Gemütsverfassung des Rauchers. Viele Geschäftsleute aus Branchen mit beinhartem Wettbewerb – wie Verlagswesen, Finanzwirtschaft oder Unterhaltungsindustrie – greifen gerne zur Pfeife, um ihre Geistesgegenwart zu steigern. Und dieselben Personen sieht man Stunden später abermals ihr Pfeifchen schmauchen, um sich nach einem hektischen Tag zu entspannen und den Adrenalinspiegel wieder zu senken. Sie genießen den Tabak dann als Balsam für die Seele, wenn die Telefone endlich verstummt sind und sie den ständigen Termindruck für eine Weile vergessen können.

Pfeiferauchen ist ein Zeitvertreib, dem man sich am besten in Maßen hingibt. Ob der Tabak stark, mittelstark oder mild ist, spielt eigentlich keine ausschlaggebende Rolle für den Genuß. Es kommt weniger darauf an, wie wir mit dem Tabak umgehen, sondern wie der Tabak mit uns umgeht. Dennoch werden wir in unserem Pfeifenraucherdasein, ob es nun wenige Jahre dauert oder bis zum allerletzten Zug, immer bewußt oder unbewußt auf der Suche nach dem vollkommenen Tabak sein, in der Hoffnung, in einem Päckchen oder einer Dose unser Utopia zu finden, wie James Matthew Barrie, der Autor, dem Peter Pan sein Leben verdankt. In *My Lady Nicotine* pries der Schotte die Vorzüge seiner Lieblingsmischung »Arcadia«:

»Den ›Arcadia‹ empfehle ich nur selten Männern, die ich kaum kenne, damit ich sie in späteren Jahren nicht für unwürdig erachten muß. Aber ebenso wie Aladin seine Lampe bisweilen fraglos nur rieb, um andere zu beeindrucken, gab ich mich bei manchen Gelegenheiten betont großzügig. Falls aber nach einer

Probe des ›Arcadia‹ der glückliche Raucher, dem ich sie angeboten hatte, keine Anstalten machte, meine Hand zu ergreifen oder auf irgendeine andere Weise zu bekunden, daß etwas Köstliches in sein Leben getreten war, vergaß ich schleunigst seinen Namen und seine Existenz.«

Für den wahren Pfeifenkenner ist Tabak eine Kostbarkeit. Niemand weiß das besser als diejenigen Pfeifenraucher, die noch die Zerstörungen des Zweiten Weltkriegs erlebt haben. Als Tabak kaum mehr erhältlich war, bauten viele ihr eigenes Kraut an. Es wird mir unvergeßlich bleiben, wie ich auf einer Hollandreise in ein wohlsortiertes Tabakgeschäft in Den Haag kam. Der Inhaber, ein älterer Herr, erkannte mich, da er meine Pfeifenbücher gelesen hatte, und begrüßte mich wie einen alten Freund. Es stellte sich zudem heraus, daß wir beide Mitglieder der Confrérie des Maîtres-Pipiers de Saint-Claude waren.

»Ich habe etwas für Sie«, sagte er schließlich und legte mir freundlich die Hand auf den Arm. Dann verschwand er im Hinterzimmer seines Ladens und kam mit einem kleinen, in vergilbtes Papier eingewickelten Päckchen zurück, das mit Bindfaden verschnürt war. »Hier, bitte«, sagte er und drückte es mir

Bei Tabakdosen und -schachteln lassen sich viele interessante Entdeckungen machen. Auf seine erste Dose »Baker Street« stieß der Autor einst am Bremer Hauptbahnhof. »My Own English« ist eine Privatmischung der Alten Tabakstube in Stuttgart, erworben anläßlich einer Besichtigung von Mercedes. Den »Indian Summer«, der so amerikanisch wirkt, aber in Irland hergestellt wird, habe ich in Frankfurt gekauft. Den gestanzten Deckel der »Planta Point«-Dose kann man zum Ablegen der Pfeife benutzen, der japanische Tabak wiederum wird mit passender Streichholzschachtel angeboten.

sanft in die Hand. »Es ist der allerletzte Rest des Tabaks, den ich während des Krieges angebaut habe. Ich habe ihn all die Jahre über aufgehoben. Jetzt möchte ich, daß Sie ihn bekommen, damit sie niemals vergessen, wie kostbar manche Dinge sein können.«

Pfeifentabak gehört wirklich zu den Dingen, die einem eine bestimmte Lebensart ermöglichen und einen Genuß, der einzigartig ist und nur denjenigen bekannt, die schon einmal eine Pfeife geraucht haben. Und darin liegt das wirkliche Geheimnis bei der Suche nach dem richtigen Tabak.

Kapitel 5

Tabakmischungen im Test

»Die Suche nach dem richtigen Tabak hört niemals auf, Gott sei Dank!«

Mag ein Tabak in der Werbung auch noch so gepriesen werden und seine Verpackung ebenso einladend wie sein Aroma verführerisch wirken – wie er tatsächlich schmeckt, können Sie nicht beurteilen, bevor Sie ihn geraucht haben. Die zweitbeste Alternative ist das Urteil einer Person, die mit diesem Tabak schon Erfahrung hat. Also ist dieses Kapitel, obwohl ich natürlich längst nicht jeden verfügbaren Tabak vorstellen kann, hoffentlich für Sie von Nutzen als Leitfaden und Starthilfe zum Probieren.

Das Problem der meisten Pfeifenraucher, die auf Entdekkungsreise gehen wollen, um neue wohlschmeckende Tabaksorten zu finden, ist der damit verbundene finanzielle Aufwand. Das Ausprobieren neuer Sorten ist ein kostspieliges Abenteuer, und noch dazu eines, das niemals aufhört. Hat man eine neue Mischung angebrochen, die einem nicht schmeckt, bleibt man nach der ersten Pfeife auf dem Rest sitzen. Auf der Suche nach seinem Lieblingstabak kann man so im Laufe der Zeit ein hübsches Sümmchen loswerden. Solche Tabak-Experimente haben gewiß ihren Reiz, doch ein Leitfaden kann zumindest dabei helfen, unnötige Irrwege zu vermeiden. Als kleinen Führer durch das Labyrinth der Pfeifentabake, die Ihnen in Katalogen oder den Regalen der Händler begegnen, habe ich daher dieses seit langem überfällige Kapitel verfaßt – natürlich auch, damit Sie Ihr Geld nicht für ungeeignete Marken ausgeben (und so die Investition für dieses Buch wieder hereinbekommen …).

Ein Mischmeister des niederländischen Hoflieferanten Niemeyer prüft eine Auswahl verschiedener Tabaksorten für eine bestimmte Mischung.

Ich muß zugeben, daß ich in meinem bisherigen Raucherleben nur sehr ungern von eingefleischten Vorlieben abgewichen bin. Am liebsten rauche ich viel Latakia, wenig Perique (an manchen Tagen auch mehr) und nach Lust und Laune mitunter türkische oder orientalische Mischungen. Aber es gibt natürlich viele Raucher mit ganz anderen Vorlieben und daher Hunderte von Mischungen. Es existiert sicherlich nicht nur ein vollkommener Tabak für jeden Raucher, sondern viele! Wir können leider nur davon träumen, sie im Lauf unseres Raucherlebens alle kennenzulernen.

Um dem Leser eine Auswahl von Mischungen vorzustellen, mit denen er experimentieren kann, habe ich eine Liste mit über hundert Marken aufgestellt, die ich alle untersucht, geraucht und bewertet habe. Manche sind schon seit Jahren liebgewordene Begleiter für mich und meine Pfeifen, andere wiederum Neuentdeckungen. Da man heute Tabak auch über das Internet bestellen kann, nahm ich deshalb eine Auswahl von kleineren amerikanischen Herstellerfirmen auf, wie McClellan's, Cornell & Diehl und Esoterica Tobacciana, der eigentlich in Großbritannien für einen amerikanischen Importeur hergestellt wird. Viele dieser »Boutique-Tabake« gewinnen bei Pfeifenrauchern in den USA und anderen Ländern eine immer größere Anhängerschaft. Das stetig wachsende internationale Angebot an Tabakmischungen ist für den Pfeifenraucher eigentlich nur von Vorteil, denn um so größer wird seine Chance, den »vollkommenen« Tabak zu entdecken.

Beim Ausprobieren unbekannter Mischungen habe ich schon einige sehr gute Tabake entdeckt. Ironischerweise haben wir heute zwar so viele Tabaksorten zur Auswahl wie nie zuvor, dafür aber um so weniger Zeit, sie auch zu kosten. Und bei aller Freude am Experiment – manchmal wollen wir uns einfach nur gemütlich zurücklehnen und unseren blauen Dunst genießen, ohne irgendwelche Überraschungen zu erleben. Das war ein entscheidender Beweggrund für mich, dem Buch dieses neue Kapitel hinzuzufügen. Meine persönliche Vorliebe gilt englischen Tabaken, doch habe ich natürlich ebensoviele Geschmacksproben aromatisierter Mischungen in meine Recherche einbezogen.

Das bringt uns zum Thema Geschmack. Auch als Freund englischer Mischungen will ich keinesfalls die aromatisierten Tabake herabsetzen; es gibt immer wieder Gelegenheiten, zu denen ich sie gern rauche. Warum würde ich sonst am Weihnachtsabend »McClellan's Christmas Blend« genießen? Oder »Larsen's Choice«, wenn ich meine Larsen-Pfeife hervorhole, und einen »Castello Optimo« in meiner Castello Fiammata, einfach aus Spaß an der Freud'? Geschmack ist eine subjektive Angelegenheit, wie könnte ich Ihnen also vorschreiben, was Ihnen gefallen soll und was nicht? Diese individuelle Entscheidung können nur Sie fällen, beziehungsweise Ihre Geschmacksknospen.

Die Stärke eines Tabaks hingegen ist besser objektiv einzuschätzen. Ob ein Tabak eher mild oder würzig schmeckt, kann ich leichter beurteilen als seine Qualität. Deshalb habe ich bei den Pfeifentabaken dieselben Kriterien zugrunde gelegt wie bei der Verkostung von Zigarren in meinem Buch *Die Welt der Zigarre*, nämlich das bereits erwähnte HPH-Punktesystem zur Bewertung der Tabakstärke. HPH steht für *Highly Prejudiced Hackerscale*, Hochvoreingenommene Hacker-Skala, und diese reicht von 1 (so mild, daß man schauen muß, ob Rauch aus der Pfeife aufsteigt, will man sich vergewissern, daß der Tabak noch brennt) über 2 (mittlere Stärke, die meisten bekannten Mischungen gehören in diesen Bereich) bis 3 (eine Mischung, die so stark ist, daß man eine gebogene Pfeife damit gerade rauchen oder eine Canadian

Der Autor inspiziert im Testlabor die einzelnen Ingredienzen einer Mischung.

aus einer Lovat machen kann. Diese Stärke erreicht wohl kaum ein Tabak, und wenn, muß man ihn wahrscheinlich als rezeptpflichtiges Medikament in der Apotheke kaufen. Als Mittelwerte gibt es noch die HPH-Werte 1,5 für sehr leichte Tabake und 2,5 für starke Sorten. Ich muß noch einmal betonen, daß die HPH-Werte keine Noten für die Güteklasse sind. Die können nur Sie beurteilen! Die HPH-Skala dient lediglich der Einschätzung der *Stärke* eines Tabaks.

Vergessen Sie auch nicht das »voreingenommen« *(prejudiced)* in der HPH-Bewertung, denn dies ist meine persönliche Bewertungsskala, und es kann durchaus sein, daß meine Vorlieben oder Abneigungen das Urteil beeinflussen. Wenn es zum Beispiel um Wein geht, bevorzuge ich einen schweren Rotwein wie Carbernet Sauvignon. Ich mag Steaks, die *medium* gebraten sind, und trinke am liebsten den rauchigen Malt-Whisky von Islay. Jemand anders trinkt dagegen vielleicht lieber Weißweine, ißt vegetarische Salate und schätzt einen Lowland Malt-Whisky mit seinem zarten, blumigen Aroma. Deshalb kann es sehr gut sein, daß ein Tabak, der für mich den HPH-Wert 2 hat, für jemand anders eine 2,5 oder sogar 3 in der Werte-Skala hätte. Man muß also auch den Gaumen dessen, der den Tabak gekostet hat, in Betracht ziehen. Wenn man aber berücksichtigt, daß keine DIN-Normen für die Einstufung von Tabak existieren, funktioniert die HPH-Skala ganz gut. Wer weiß, vielleicht wird sie irgendwann sogar auf Tabakpackungen und in Beschreibungen als einheitliches Bewertungssystem verwendet, das uns zumindest einen Anhaltspunkt gibt, ob der Tabak für uns geeignet ist oder nicht.

Ich wehre mich indes dagegen, Pfeifentabake mit einem Notensystem nach dem Motto »Gut, besser, am besten« zu bewerten. Dazu gibt es einfach zu viele Einzelaspekte, die den Charakter einer Mischung ausmachen, wie zum Beispiel die Schnittweise, die verschiedenen Tabakarten, aus denen sie zusammengestellt ist, ihre Brenndauer und ihr Aroma. Wie soll man zum Beispiel eine Mischung mit Pfirsicharoma im Vergleich zu einer mit Whisky-Aroma bewerten? Oder eine englische Mischung, die keinen Latakia enthält? Wie die Pfeifenraucher selbst sind auch die Tabake viel zu individuell, als daß sie sich in ein vorgefertigtes Schema pressen ließen, aus dem sich wiederum allgemeingültige Richtlinien ableiten ließen, was man nun rauchen soll. Ich habe mich immer gefragt, wie jemand eine Zigarre allein auf Empfehlung eines völlig Fremden kaufen kann, der sie in einer numerischen Skala bewertet hat. Ich möchte eine Zigarre immer probieren, um zu entscheiden, ob sie zu mir paßt oder nicht. Bei Weinen ist das schon etwas anders, denn es gibt gute und schlechte Jahrgänge und objektive Kriterien wie Körper, Gerbsäuregehalt und Abgang. Aber auch hier gilt: Ein Wein, den ich exzellent finde, mag einem anderen vielleicht längst nicht so zusagen. Ausschlaggebend ist immer Ihr persönlicher Geschmack; er ist das einzige, worauf Sie sich wirklich verlassen können.

Ich möchte noch kurz etwas zu meinen Testmethoden sagen. Aus persönlichen Gründen war ich nicht bereit, aromatisierte Mischungen aus einer meiner Lieblings-Bruyères zu rauchen, denn die Aromastoffe können leicht in das Holz eindringen, so daß es dann für immer nach Früchten, Beeren, Schokolade oder Kaffee schmeckt. Das macht nichts, wenn man immer aromatisierte Tabake raucht. Dann ist es sogar Teil des Rauchvergnügens, eine Pfeife für eine bestimmte Mischung einzurauchen. Die meisten meiner Pfeifen sind jedoch überwiegend mit Lata-

Tabakdosen sind für den Raucher wie den Sammler von besonderem Reiz. Einige interessante zeitgenössiche Exemplare scharen sich hier um einen Teller mit Pfeifenraucher-Motiv aus dem 19. Jahrhundert – ein Indiz für die enge Verwandtschaft von Tabak und Speisen.

kia und Perique eingeraucht worden (allerdings habe ich auch einige »aromatisierte« für Forschungszwecke im Regal, bin also nicht völlig voreingenommen). Die Ablagerungen in den Bruyère-Pfeifen nehmen jedenfalls den Geschmack der Mischungen an, die aus ihnen geraucht werden, und dieses Aroma hätte unweigerlich den Geschmack des nächsten getesteten Tabaks verfälscht. Wie wir in Kapitel 2 gesehen haben, sind sogar bei junfräulichen Exemplaren Holzart und -behandlung von Einfluß auf den Tabakgeschmack. Bruyères schieden also als Testpfeifen aus, ebenso Meerschaumpfeifen, weil sie so pöros sind, es sei denn, ich hätte für jeden Tabak eine neue hernehmen wollen. Ich muß ja gestehen, daß diese Vorstellung sehr reizvoll für mich war, denn da ich mehr als hundert Marken testen wollte, wäre das eine Möglichkeit gewesen, schnell und bequem an über hundert neue Pfeifen zu kommen. Aber auch wenn meine Frau sehr verständnisvoll ist, läßt sie sich doch nicht mehr so leicht täuschen und hätte meine hinterhältigen Pläne schnell durchschaut. Mit Rücksicht auf den Ehefrieden schieden Meerschaumpfeifen also ebenfalls aus.

Maiskolbenpfeifen kamen natürlich auch in Frage. Sie sind nicht teuer, allerdings sind sie auch extrem porös; wenn man sie raucht, schmeckt man immer, welcher Tabak vorher daraus geraucht wurde.

Nach reiflicher Überlegung kam ich also zu dem Schluß, daß Tonpfeifen am besten zum Testen geeignet seien. Erstens sind sie fast geschmacksneutral, so daß man wirklich den unverfälschten Tabakgeschmack genießen kann, und zweitens nicht so teuer. Wenn also eine Tonpfeife den Geschmack einer besonders kräftigen englischen Mischung oder eines stark aromatisierten Tabaks angenommen hat, kann sie ohne großen finanziellen Verlust ersetzt werden. Außerdem haben Tonpfeifen, die nach traditionellen Formen des 18. und 19. Jahrhunderts hergestellt sind, einen ziemlich kleinen Kopf, so daß ich von einem mir weniger angenehmen Tabak nicht so viel zu rauchen brauchte. Wenn ich dagegen feststellte, daß ein Tabak mir besonders gut schmeckte, versah ich die Packung mit einem Feuchtigkeitsspender, um ihn später einmal ganz gemütlich genießen zu können, ohne mich mit Stift und Papier auf den Test konzentrieren zu müssen.

Tabakverkostung ist ein Unterfangen, das Zeit braucht. Man kann an einem Tag nicht mehr als drei oder vier unterschiedliche Sorten probieren. Sonst sind die Sinnesorgane überreizt, und der Gaumen verliert seine Fähigkeit, zwischen verschiedenen Geschmacksrichtungen zu unterscheiden und sie zu analysieren – vor allem wenn man Mischungen mit einem besonders starken oder außergewöhnlichen Geschmack raucht. Wir Pfeifenraucher kennen alle das Phänomen, den Nachgeschmack eines Tabaks noch lange nach dem Rauchen auf der Zunge zu spüren. Bei Weinen nennt man das einen »langen Abgang«. Testet man Tabak, läßt man sich am besten Zeit, auch wenn man gewohnt ist, täglich mehrere Pfeifen zu rauchen. Das Testrauchen ist anders als das normale Rauchen, so wie eine Weinprobe sich vom normalen Weintrinken unterscheidet. Manchmal habe ich meine

Testsitzungen auch mit einer schnellen Mahlzeit aus Brot und Mineralwasser unterbrochen, um meinem Gaumen Gelegenheit zu geben, zwischen zwei Pfeifen wieder einen neutralen Geschmack anzunehmen.

Das Ergebnis ist das Kapitel, das Sie jetzt vor sich haben. Manche Marken habe ich ausführlicher beschrieben als andere, je nachdem, wie viele Informationen mir zur Verfügung standen, und offen gesagt auch je nach der Stimmung, in die mich ein Tabak versetzt hat. Jedenfalls hoffe ich, daß meine Erfahrungen und meine persönlichen Notizen Ihnen helfen werden, einige köstliche Mischungen zu entdecken, und daß dieses Kompendium Sie inspirieren wird, weitere Sorten auszuprobieren und Ihr Vergnügen am Pfeiferauchen noch zu steigern.

ALSBO BLACK
Eine milde Mischung aus Cavendish und Virginia, mit Vanille aromatisiert. Süß und mittelstark. HPH 2

ALSBO GOLD
Eine Mischung aus afrikanischem und brasilianischem Golden Virginia, hellem Burley und Black Cavendish. Mit getrockneten Früchten, vor allem Apfel, aromatisiert, hat aber auch einen leicht nussigen, walnußähnlichen Geschmack und eine blumige Aromakomponente. HPH 1,5 – 2

ALSBO SILVER
Der Name täuscht, denn es ist ein schwarzer Tabak, dank der Mischung aus Cavendish und dunklem Virginia. Er ist mit Vanille und anderen orientalischen Geschmackstoffen aromatisiert, süß und dabei leicht im Rauch. HPH 2 – der Beweis, daß Silber schwerer wiegt als Gold.

AMPHORA BROWN
Nicht so süß im Geschmack wie der rote, aber auch noch sehr aromatisch. HPH 2

AMPHORA GREEN
Die mildeste der Amphora-Mischungen, leicht und angenehm, mit einem ganz dezenten Frucht- und Haselnußaroma. HPH 1,5 – 2. In Europa ist dieser Tabak sehr beliebt, und in Amerika

wurde er auch sehr geschätzt, wird aber leider seit einiger Zeit nicht mehr importiert.

AMPHORA RED

Ein stark aromatisierter Tabak, aus reichlich Burley, Kentucky, orientalischen Tabaken und Virginia gemischt, mit einem vollen, fruchtigen Aroma. Er zählte zu den Lieblingstabaken des Schauspielers William Conrad. HPH 2 – 2,5

ASHTON OLD CHURCH

Ein milder aromatisierter Tabak. HPH 2

ASUKA SMOKING MIXTURE

Diese japanische Mischung, in Japan von Japan Tobacco Inc. hergestellt, hat einen so klassisch englischen Geschmack, daß man erwartet, als Herkunftsort »London« auf der Dose zu lesen. Raucht sich herrlich trocken und hat einen ausdrucksvollen, ziemlich rauchigen Geschmack. HPH 2 – 2,5

BALKAN SOBRANIE

Ein weiterer Vertreter der großartigen englischen Mischungen, früher von Sobranie in London hergestellt, die historische Adresse ist 34 Burlington Arcade (Sie brauchen nicht nach dieser Adresse zu suchen, es gibt sie nicht mehr). Heute wird dieser Tabak in Deutschland hergestellt. Seinen wunderbar würzigen und vollen Geschmack verdankt er einer Mischung aus hellem und dunklem Virgina, aus mazedonischem Tabak und einer passenden Prise feinen, sehr rauchigen Latakias. Dieser Tabak ist für mich seit vielen Jahren ein Maßstab für alle anderen englischen Mischungen. Aus Gründen des Urheberschutzes wird er in den USA in leicht abgewandelter Form unter dem Namen »Balkan Sasieni« angeboten. Eindeutig ein HPH von 2,5! Man raucht ihn am besten in den Abendstunden.

BENTLEY

Wird von den Herstellern der Bentley-Pfeife (siehe Kapitel 11) verkauft. Eine extrem milde Mischung aus Burley, Virginia und Maryland. Da diese Sorten von Natur aus ein leichtes Aroma haben, ist es es nicht überraschend, daß er einen HPH von 1,5 hat.

BILL BAILY'S BALKAN BLEND
Ein intensiver, würziger und schwerer Tabak, mit sehr viel Latakia (über 40%!), ein wenig Kentucky und – als ob das noch notwendig wäre – einer Prise Perique. Rauchen Sie diesen Tabak nicht auf leeren Magen! HPH 2,5

BORKUM RIFF
In Schweden gemischt, in Deutschland weiterverarbeitet, mit amerikanischem Bourbon aromatisiert – als ob man sich mit diesem stark aromatisierten Tabak die Vereinten Nationen in die Pfeife stopft! Internationale, sehr beliebte Mischung. HPH 2 – 2,5

BORKUM RIFF CHERRY CAVENDISH
Wenn Sie Desserts mit Kirschen und Schlagsahne mögen und zwischen den Mahlzeiten gern Kekse und Nachos mit Käse essen, ist der für Sie genau recht. HPH 2

BORKUM RIFF ULTRA LIGHT
Ideal für alle, die sich noch nicht sicher sind, ob sie aromatisierten Tabak mögen: eine sehr milde Sorte mit einem Hauch von Vanille- und Schokoladengeschmack. HPH 1,5

CAPSTAN
Eine angenehm milde Mischung aus Virginia-Tabaken. HPH 2

CAPTAIN BLACK GOLD
Hauptbestandteil ist ein goldfarbener Cavendish, daher der Name. Sehr süßer aromatisierter Tabak mit Vanillegeschmack. HPH 1,5 – 2

CASTELLO OPTIMO
Ein Italiener, der in Dänemark hergestellt wird, von Hans und Jens Petersen. Mittelstarke Mischung aus Black Cavendish, Virginia und Tabaksorten aus Simbabwe, aromatisiert mit Orange, Vanille und Rum. So herzhaft und kräftig, wie der Tabak schmeckt, so dick wird er auch geschnitten. HPH 2 – 2,5

CELLINI
Ein sehr leichter, mit Orange aromatisierter Tabak aus Berlin. HPH 1,5

CLAN
Eine sehr beliebte, mittelstarke aromatisierte Mischung. Sie besteht aus luft- und sonnengetrockneten Tabaken, vor allem aus Virginia, indonesischem Tabak und Latakia. Das süße Aroma hat Anklänge an Schokolade und Karamel. Da er besonders angenehm duftet, kann man ihn gefahrlos auch in Gesellschaft von Nichtrauchern konsumieren, wenn es nicht gerade Fanatiker sind. Es gibt drei verschiedene Mischungen von Clan: den Erstling »Clan Aromatic«, ferner »Light Aromatic« und »Mild Cavendish«. Ihr Aroma gehört zu den ausdruckvollsten und angenehmsten unter den aromatisierten Tabaken. Leider sollen diese Marken in den USA nicht mehr verkauft werden, so daß die amerikanischen Raucher sie nur noch in Europa beziehen können. Dort sind sie ohne weiteres erhältlich, und in Großbritannien gehören sie zu den beliebtesten Pfeifentabaken. HPH 2

CONDOR READY-RUBBED
Ein dick geschnittener englischer Tabak, der langsam brennt und einen vollen, recht würzigen Geschmack hat. HPH 2,5

CORNELL & DIEHL BAYOU NIGHT
Wie der Name vermuten läßt (bayou = frz. Sumpf, Perique wird in einem Sumpfgebiet angebaut, siehe Kapitel 5, Anm. d. Übers.), enthält diese Mischung Perique, mit im Ofen getrocknetem roten Virginia, Latakia und Türkischem Tabak, abgerundet mit grob geschnittenem Burley. Dafür ist es ein erstaunlich milder Tabak (HPH 1,5 – 2), was er in erster Linie dem Burley zu verdanken hat. Mit seinem würzigen und gleichzeitig leicht süßen Geschmack eine der mildesten Perique-Mischungen auf dem Markt. Er raucht sich auch angenehm trocken, ein Vergnügen für alle Freunde englischer Tabake, dabei ist er aber längst nicht so schwer im Rauch, wie es bei diesen Mischungen sonst üblich ist. Dieser Tabak wird lose verkauft.

CORNELL & DIEHL RAJAH'S COURT
Der Versuch eines amerikanischen Herstellers, den Geschmack der klassischen »Durbar«-Mischung von Alfred Dunhill nachzuahmen. Dieser Tabak raucht sich aber etwas leichter als der »Durbar«, der kürzlich von Dunhill wieder herausgebraucht wurde. Er ist aus rotem und hellem Virginia, Türkischem Tabak und

Latakia gemischt, hat ein würziges, mittelstarkes Aroma und einen leicht süßen, rauchigen Geschmack. HPH 2

CORNELL & DIEHL Nr. 063
Diese angenehme, süß und würzig schmeckende englische Mischung, die sich leicht und ziemlich trocken raucht, wird lose verkauft und ist eine der mildesten Perique-Mischungen, der Sie je begegnen werden. HPH 1,5 – 2

CORNELL & DIEHL RED STAG
Diesen Tabak würde ich schon wegen seines Namens rauchen (»Rothirsch«, *stag* heißt aber zugleich »Platzhirsch«, Anm. d. Übers.). Er wird aus rotem und Flake Virginia sowie Türkischem Tabak und Latakia gemischt und schmeckt leicht parfümiert und rauchig.

CORNELL & DIEHL BRIGADIER
Eine Mischung aus würfelförmig gepreßtem Burley, Black Cavendish, Latakia und Perique, mit Aprikose aromatisiert. Ein sehr milder und aromatisierter Tabak, nicht gerade das, was man von einem echten Brigadier erwartet. HPH 2

CRAVEN
Diese Marke wurde um 1860 nach dem Dritten Earl of Craven benannt. Sie entspricht heute nicht mehr der früheren Mischung, denn sie wird jetzt als aromatisierter Tabak hergestellt, als »Aromatic«, »Mild Flake« und »Mild Ready-Rubbed«. Aber leider gibt es keinen »Craven A« mehr, den sagenhaften »Arcadia Blend«, den J.M. Barrie in seiner Abhandlung *My Lady Nicotine* so eindrucksvoll beschreibt (siehe Kapitel 5). Als aufgrund dieser Veröffentlichung sein Name auf die Dose erschien, wurde dem Schotten der Rummel zu viel, er verlor das Interesse an der Marke und stieg auf »John Cotton's« um. Die heutigen aromatisierten Mischungen sind immer noch angenehme Sorten, sie haben ein leicht süßes und mittelstarkes Aroma. HPH 2

CRAVEN EXTRA
Ein aromatisierter Ableger der heutigen Craven-Mischung, nur dieser neueste Craven-Tabak enthält dunklen Virginia, wodurch er etwas stärker ist. HPH 2 – 2,5

DANSKE CLUB BLACK LUXURY
Diese Mischung ist so dunkel wie ihr Name. Sie wird aus vier verschiedenen Burleys und sechs Virginias hergestellt und mindestens zwei Monate lang gelagert. Das Ergebnis ist ein herzhafter aromatisierter Tabak mit Vanille-Geschmack. HPH 2,5

DAVIDOFF COOL MIXTURE
Eine sehr langsam brennende Mischung, aufgrund ihrer Bestandteile – dick geschnittener Black Cavendish, gerösteter Burley und ein wenig Virginia Plug Cut. Mit ihrem feinen Geschmack ist sie wohl eine »Einstiegsmischung«. HPH 1,5 – 2

DAVIDOFF ORIENTAL MIXTURE
Eine Mischung aus Türkischem Tabak, Latakia, Burley und Virginia, mittelstark und sehr aromatisch. HPH 2,5

DAVIDOFF DANISH MIXTURE
Diese milde bis mittelstarke Mischung aus Virginia, Burley und Black Cavendish ist mit ihrem starken Aroma ein typisch dänischer Tabak. HPH 2

DAVIDOFF ENGLISH MIXTURE
Ein Tabak mittlerer Schnittstärke, daher gut zu stopfen. Er wird aus Virginia, Burley, Latakia und ein wenig Perique gemischt und ist mild im Geschmack. HPH 2

DAVIDOFF LIGHT MIXTURE
Eine der neueren Marken, offensichtlich für Raucher bestimmt, die einen nicht zu aufdringlichen Tabak möchten. Eine milde Mischung aus Virginia, Burley und aus Black Cavendish, der das fruchtige Aroma noch verstärkt. HPH 1,5 – 2.

DAVIDOFF ROYALTY
Eine mittelstarke englische Geschmacksrichtung aus gereiftem Virginia, Orient-Tabak und ein wenig Latakia. HPH 2

DAVIDOFF SCOTTISH MIXTURE
Mit Virginia, Burley, Kentucky und Orient-Tabak eigentlich eine typisch englische Mischung, aber durch die dezente Aromatisierung mit Scotch Whisky gehört er eindeutig zu den aromatisier-

ten Sorten. Sein ausgesprochen angenehmes Aroma kommt auch den Nichtrauchern in Ihrer Umgebung zugute. Genießen Sie diesen Tabak zusammen mit einem Glas schottischen Whiskys. HPH 2 – 2,5

DAVIDOFF MILD MIXTURE
Wird aus den gleichen Basistabaken hergestellt wie die »Light Mixture«, hat aber ein intensiveres Aroma. HPH 2

DUNHILL EARLY MORNING BLEND
Es gibt sogar Nichtraucher, die diese Mischung nur wegen der schönen Dose kaufen, aus rein nostalgischen Gründen. Aber glücklicherweise ist auch der Tabak mit seinem herrlich milden Geschmack sein Geld wert. Eine gut abgerundete und leichte Mischung aus orientalischem Tabak, hellem und rotem Virginia, langsam brennend und von sehr feinem Geschmack. Dieser Tabak ist wirklich ideal für »die erste Morgenpfeife«, wie Nigel Bruce in einem Sherlock-Holmes-Film gegenüber Basil Rathbone bemerkt. HPH 1,5

DUNHILL STANDARD MIXTURE MEDIUM
Eine englische Mischung, genauso wie der Name sagt: mittelstark. Sie besteht hauptsächlich aus Virginia, Latakia und Orient-Tabaken, die sich mehr durch ihren charakteristischen Geschmack als durch Stärke auszeichnen. Ein guter Einstieg, will man sich mit englischen Mischungen vertraut machen. HPH 2

DUNHILL AROMATIC
Eine der neuen Marken, die in Packungen abgefüllt werden. Vor 1986, als es in England noch nicht erlaubt war, den Mischungen Geschmacksstoffe zuzusetzen, hätte dieser erst vor kurzem auf den Markt gebrachte Tabak dort nicht verkauft werden dürfen. Er wird aus amerikanischem und brasilianischem Virginia gemischt, gepreßt und später wieder aufgelockert und mit Früchten aromatisiert. Eine sehr milde Mischung, fruchtig und dezent aromatisiert, die sich etwas naß raucht. HPH 1,5 – 2

DUNHILL ROYAL YACHT
Ein geschichtsträchtiger Tabak aus einer Epoche, die die Royals noch regelmäßig im alten Laden in der Duke Street sah. Eine

mittelstarke Mischung mit einem feinen, leicht süßen Geschmack. HPH 2 – 2,5

DUNHILL MY MIXTURE 965
Eine meiner Lieblingsmischungen, die ich gerne bei mir hätte, wenn ich einsam in einer Jaghütte in den Bergen oder auf einem bayrischen Schloß leben müßte. Der volle, komplexe Geschmack dieses mittelstarken Tabaks resultiert aus der Mischung feuergetrockneter Blätter mit aromatischem Burley, rauchigem Latakia und dampfbehandeltem Türkischem Tabak. Das ergibt eine klassische Mischung mit Assoziationen englischer Herrensitze und Lagerfeuer, abgerundet von einer leicht blumigen Süße. Sie gehört zu den wenigen Sorten, die sich besonders trocken rauchen und dabei eine sehr schöne grauweiße Asche bilden. HPH 2 – 2,5

DUTCH BLEND
Ausgesprochen aromatisch und mild. Ein sehr beliebter Tabak, der in den späten 1980er Jahren als Einstiegstabak für frischgebackene Pfeifenraucher auf den Markt gebracht wurde. HPH 1,5

EDWARD G. ROBINSON
Eine amerikanische Marke, 1946 herausgebracht mit dem Konterfei des berühmten Schauspielers auf der Packung. Die Herstellerfirma gehörte Robinson und seinem Partner, dem bekannten Hollywood-Regisseur George Sydney (*Harvey Girls*, *Pal Joey*, *Showboat*, *Viva Las Vegas*, etc.). In seinen Filmen stellte Robinson meist Gangster dar, und man sah ihn oft Zigarre rauchen. Im Privatleben war er leidenschaftlicher Kunstsammler und Pfeifenraucher. Diese milde aromatisierte Mischung wird noch immer hergestellt, ist aber ziemlich in Vergessenheit geraten. HPH 2

ERINMORE
Wurde schon in den 1920ern von Murray Sons & Company hergestellt, seitdem ist die Mischung nur wenig verändert worden. Der beliebte irische Tabak enthält mit Orange und Mahagoni fermentierte, heißluftgetrocknete Sorten, die sich mit Burley, gepreßtem Cavendish und dazu noch ein wenig Virginia zu einer vollkommenen Mischung verbinden. Er ist von angenehmem, leicht blumigem Geschmack und herrlich mildem Aroma, so

frisch wie der Duft eines Gartens nach einem Frühlingsregen. Beim Rauchen schmeckt er nach Honig, frisch gemähtem Rasen und auch wenig nach Holz (durch die Holz-Fermentierung). HPH 2. »Erinmore Flake« ist etwas stärker und aromatischer, HPH 2 – 2,5

ESCUDO NAVY DE LUXE

Ein klassischer englischer Tabak, der um 1800 sehr beliebt war. Er wurde ursprünglich vom britischen Traditionsunternehmen Cope hergestellt. Im 20. Jahrhundert war er einer der Lieblingstabake von Alfred Sasieni, in dessen Fabrik die ersten Pfeifen mit einem Punkt für Europa und mit vier Punkten für Amerika hergestellt wurden. Das portugiesische *escudo* bedeutet »Goldmünze«. Als der Seehandel noch mit Segelschiffen vonstatten ging, nahmen die Matrosen gerne Tabakblätter aus den großen, *hogsheads* (»Schweinsköpfe«) genannten Transportfässern, wickelten sie fest in ein Stück Segeltuch und verschnürten es sorgsam. Nach ein paar Wochen, wenn die getrockneten Tabakblätter durch diese Art der Lagerung eine innige Verbindung eingegangen waren, wurden sie ausgepackt und in dünne Scheiben geschnitten, die man dann aufbröckelte und aus den damals gängigen Tonpfeifen rauchte. Diese fest gepreßten Rollen hatten ungefähr den Durchmesser der portugiesischen Goldmünze, daher der Name. Die Brüder Cope waren Händler und kannten diese »Escudos«, die von den Seeleuten auf ihren Schiffen geraucht wurden. Sie fanden die Idee gut, und so entstand um 1870 eine neue Marke dieses Namens. Als vakuumverschlossene Dosen aufkamen, wurde der Escudo bald weltweit verkauft.

Seine Herstellung ist arbeitsintensiv und teurer als bei den meisten anderen Mischungen, weshalb er stets als exklusiver Tabak galt. Die hohen Herstellungskosten führten schließlich 1994 zur Einstellung der Produktion, doch da er so viele treue Anhänger hatte, wurde er 1998 von der Japan Tobbaco Company wieder auf den Markt gebracht. Heute werden die *»Curve Cuts«* (wie die Escudos manchmal auch genannt wurden) von Hans & Jens Petersen in Dänemark hergestellt, die sogar die Originalpresse von Cope erwarben. Die gepreßten Scheiben müssen vor dem Rauchen aufgebrochen werden; früher brachte manch findiger Kopf die Scheiben auch in zylindrische Form und füllte sie dann in den Pfeifenkopf, wobei er entweder den überstehenden Teil des Tabaks abbrach oder ihn gewaltsam mit hineinstopfte. Seit Anfang des 20. Jahrhunderts und bis auf den heutigen Tag wird der Escudo nur aus zwei Tabaksorten hergestellt, aus leichtem Virginia und Perique. Er hat ein schweres, süßes und rauchiges Aroma und ist der vollkommene Tabak für einen Abend am Kamin – oder einen stürmischen Tag auf hoher See. HPH 2,5

ESOTERICA DUNBAR

Diese Marke, hergestellt von der kleinen Firma G. F. Germain and Son auf der Kanalinsel Jersey, wird vorrangig durch den amerikanischen Importeur und Pfeifenhersteller Michael Butera vertrieben. Sie enthält sieben verschiedene Virginia-Sorten und gerade genug Perique, um ihr eine besondere Note zu geben. Diese maschinell geriebene Mischung ist schwer und würzig und erinnert ein wenig an Cavendish, wenn ihr auch das Sirup-Aroma fehlt. Ich finde allerdings, daß sie sich ein wenig naß raucht. HPH 2 – 2,5

ESOTERICA - AND SO TO BED

Eine der Mischungen, die man schon ihres Namens wegen probieren sollte! Dieser *Ribbon Cut* hat eine mittlere Schnittlänge und ist dadurch besser zu handhaben als die meisten Tabake dieser Schnittart. Eine milde, englische Mischung mit einem feinen, süßen und leicht rauchigen Geschmack und Aroma. HPH 2

FLYING DUTCHMAN

Ein klassischer Tabak, den es schon gab, als ich ein Junge war. Vielleicht erinnere ich mich aber auch nur an die Geschichte vom Fliegenden Holländer. Nicht weniger als zwölf verschiedene Tabaksorten aus aller Welt finden sich in dieser aromatisierten Mischung. Sie ist fein geschnitten und läßt sich leicht in die Pfeife stopfen, ist aber nichts für schnelle Raucher, denn sie raucht sich leicht heiß. Eher wird ein langsamer, methodischer Raucher an ihr Gefallen finden und ihren milden, aber doch herzhaften und leicht holzigen Geschmack schätzen. HPH 2

GERMAIN'S NO. 7

Eine milde, aromatisierte Mischung aus Burley und hellem Virgina. HPH 1,5 – 2

GOLD BLOCK

Er verdankt seine Süße dem Virginia und seine Würzigkeit dem Burley. Ein sehr feiner und milder Tabak, ideal für den Mittag oder Nachmittag. Die erste Dose dieser Mischung kaufte ich an einem eisig kalten Dezembertag in London, sie war saisongerecht in eine Papphülle mit Weihnachtsmotiv verpackt. Ich erinnere mich noch gut, wie ich die Dose öffnete, meine Pfeife stopfte und sie, während ich die New Bond Street hinabging, in der eisigen Kälte wohltuend meine Hände wärmte. Vielleicht hat sie mir sogar das Leben gerettet! HPH 1,5 – 2

GORDON PYM

Eine sehr schwere Mischung aus goldgelbem Virginia, Maryland, Orient und dunklem Virginia. Sie ist nichts für Zartbesaitete. Die Beschreibung auf der Dose ist eher irreführend: »kühl und leicht im Rauch«. Kühl, das mag ja stimmen, aber diese Mischung mit reichlich Latakia ist ungefähr so leicht wie ein Schwergewichtsboxer. Lassen Sie sich also nicht täuschen – diese herzhaft würzige Mischung hat den HPH-Wert 2,5 – 3. Da die Tabakblätter so grob geschnitten sind, brennen sie gottlob langsam; sie haben ein intensives, rauchiges Aroma und bei jedem Zug einen leicht süßen Nachgeschmack.

HOLGER DANSKE BLACK & BOURBON

Eine der stärkeren Mischungen, sehr aromatisch und voll im Geschmack. HPH 2 – 2,5

HOLGER DANSKE ORIGINAL HONEY DEW

Wird in Berlin gemischt, hat ein sehr leichtes und süßes Aroma. Diesen Tabak kann man sehr gut tagsüber rauchen. HPH 2

HOLLAND HOUSE

Ein sehr milder, goldfarbener Cavendish. HPH 2

INDIAN SUMMER

Ob Sie es glauben oder nicht: Die Tabaksorten für diese mittelstarke aromatisierte Mischung wurden nicht nur aus geschmacklichen Aspekten ausgesucht, sie sollten auch die Schattierungen bunten Herbstlaubs haben. Verschiedene Sorten von heißluftgetrocknetem Virginia, Burley und Orient-Tabaken werden in dieser Mischung verwendet, die einen fruchtig süßen Geschmack hat. Er wird als typisch amerikanischer Tabak präsentiert (auf der Packung ist sogar zu lesen, daß die hier verwendeten Sorten von den Amish People in Pennsylvania geerntet wurden), erfreut sich aber auch in Europa, vor allem in Deutschland, großer Beliebtheit – eine meiner ersten Dosen kaufte ich vor über einem Jahrzehnt am Bremer Hauptbahnhof. Heute wird er auch in Packungen angeboten, ebenfalls in farbenprächtigem Design. HPH 2

KENDALL BLACK CHERRY
Ein ausgesprochen aromatischer Cavendish, der nach Kirschen duftet und auch dezent danach schmeckt. HPH 2

KENTUCKY BIRD
Eine sehr milde dänische Mischung aus Tennessee Burley und Golden Virginia, die getrocknete Rosenblätter enthält. Ich rauche ihn sehr gern im Frühling. Sein volles Aroma erinnert an den Geruch von Weizen, Honig und Erdbeeren, mit Akzenten von Blütenduft. HPH 1,5

LONDON BLEND
Eine herzhafte, würzige Mischung aus Latakia, Orient-Tabak und Virginia aus Simbabwe. Eine englische Geschmacksrichtung, jedoch von Timm in Hamburg hergestellt. HPH 2,5

MAC BAREN'S PLUMCAKE
Virginia und andere heißluftgetrocknete Tabaksorten ergeben eine würzige Mischung, die so fruchtig ist wie ein richtiger Pflaumenkuchen. HPH 2 – 2,5. Kein Tabak für Weichlinge!

MAC BAREN'S MIXTURE SCOTTISH BLEND
Schwer, stark und süß mit wunderbarem Aroma. Aus feuergetrocknetem Kentucky, Burley und Virginia gemischt, bringt er es leicht auf einen HPH-Wert von 2,5. Er ist die ideale Abrundung einer traditionellen schottischen Mahlzeit mit *Haggis* (Herz, Lunge und Leber vom Schaf, fein gehackt und im Schafsmagen gekocht), *turnips* (weißen Rüben) und *tatties* (Kartoffeln). Sie sollten unbedingt genug Highland Malt Whisky im Haus haben, um das Ganze herunterzuspülen!

MAC BAREN'S VANILLA CREAM
Eine neue aromatisierte Mischung, wohl für Raucher gedacht, die ein gutes Dessert schätzen, denn sie schmeckt wie Millirahmstrudel mit Vanillesoße. Diese frische und delikate »Schlagsahne« wird aus grob geschnittenem Virginia und Black Cavendish gemischt und mit Vanille aromatisiert. Schmeckt sehr nahrhaft – aber dick werden kann man davon nicht! HPH 1,5

MAC BAREN'S ORIGINAL CHOICE
Von vollfruchtigem Aroma, das die milden Basistabake Burley und Virginia dominiert. Leicht und mild im Geschmack, mit ein wenig Zitronenaroma. HPH 1,5

MAC BAREN'S VIRGINIA NO. 1
Sehr leicht, jedoch mit kräftig-süßem Oberton, dieser maschinell geriebene *Cake Cut.* Mancher wird ihn aber sicher noch feiner reiben, damit er besser brennt und sich ein wenig kühler raucht. HPH 1,5 – 2

McCLELLAND NO. 1
Einer der mildesten englischen Tabake, gemischt von einem der wenigen (und wohl bekanntesten) Hersteller der USA. Schöner Einstieg in das Reich des Latakia. HPH 1,5

McCLELLAND NO. 12
Die stärkste englische Mischung aus dem Sortiment von McClelland. HPH 2,5 – 3

McCLELLAND'S BLACK SHAG
Der erste aus der Serie *221 B Baker Street.* Gottlob hat diese Mischung nichts mit dem schwarzen Knaster aus den Tagen von Sherlock Holmes gemeinsam, sonst würden wir wohl alle Dr. Watsons Abneigung dagegen teilen. Allerdings habe ich immer noch genug Miniatur-Äste und Zweige für einen kleinen Wald darin gefunden. Auch der eifrigste Detektiv wird von dem intensiven, würzigen und nussigen Geschmack dieses kräftigen, öligen Tabaks äußerst angetan sein. Er ist von mittlerer Stärke, wirkt inspirierend und ist damit ideal zur Aufklärung von Verbrechen geeignet, oder auch zum Meditieren. Diese englische Mischung, die sich hervorragend stopfen läßt, habe ich beim ersten Mal aus einer

1 Eine »Pesaro« von Mastro de Paja aus dem Jahr 1998.

2 Diese facettierte Straight Grain ist ein exquisites Werk des deutschen Pfeifenkünstlers Rainer Barbi.

3 Vielfalt der Formen und Größen bei Larsen (von oben nach unten): eine »Pearl«-Straight-Grain mit Cumberland-Mundstück und Silberbeschlag; eine Straight Grain mit einem Ring aus Buchsbaumholz und eine »Two-Tone Special« mit abnehmbarer Bruyère-Kappe, aus derselben Kantel geschnitten.

4 Anmutige Bent Straight Grain von Ingo Garbe.

5 *Kunstvoll gearbeitete Freehand des Amerikaners Randy Wiley, aufgenommen in einem alten indianischen Pueblo in New Mexico.*

6 *Harmonie edler italienischer Pfeifen und Weine (von oben nach unten): Eine frühe Sammler-Pfeife von Castello, Modell »Old Antiquari« Nr. 93 mit eiförmigem Kopf und zweifarbigem Finish. Eine »One Note« von Don Carlos mit glatter Oberfläche und ein Exemplar der Grand-Designer-Serie von Brebbia, entworfen von Rainer Barbi. – Und dazu Weine aus der Toskana: ein Colvecchio 1995 Syrah und ein 1996er Lupicaia vom Weingut Tenuta del Terricio, ein »Super Tuscan« aus Cabernet Sauvignon und Merlot.*

7 Diese makellose »Royal Classic« stammt aus der Hand des renommierten amerikanischen Pfeifenmachers Michael Butera, der auch selbst den goldenen Zierring fertigte.

8 Drei typische Modelle von Castello (von links nach rechts): Claret stained Castello trademark; ein naturbelassenes Exemplar der Serie »Carlo Scotti«; eine sandgestrahlte »Old Antiquari Greatline« mit unbearbeiteter Plateauholzborke am Rand des Pfeifenkopfes.

9 *Sechs ideale Pfeifen für den Schmauch am Kamin an einem Winterabend mit klirrendem Frost, loderndem Feuer und einem guten Hochprozentigen (von links nach rechts): Eine Chacom in modernem Design. Eine aktuelle türkische Meerschaumpfeife, die gerade nachzudunkeln beginnt. Eine »Peterson Antique«-Jubiläumspfeife in limitierter Auflage. Eine Brebbia mit integriertem silbernem Windschutz. Eine »Royal Grain« von Dunhill mit Goldreif – der Prototyp der »Ring Grain«. Und eine facettierte Straight Grain mit Sattelbiß von Nørding. Das Pfeifen-Feuerzeug stammt von Colibri, der gläserne Pfeifenständer, ein Werk des Designers Wilhelm Eser, von Ars Vitri in Deutschland.*

10 *Die »Raindrop« mit oben am Pfeifenkopf angesetztem Holm, ein exklusives Modell des Kanadiers Julius Vesz. Dieses Exemplar wurde aus einer 200 Jahre alten kalabrischen Bruyère-Kantel, also aus »totem Holz«, gefertigt. Das Zierband aus Kupfer und Gold stammt von einer deutschen Meerschaumpfeife des 19. Jahrhunderts. Das Mundstück ist handgearbeitet aus einem Stück Wiener Bernstein, das Vesz vor über dreißig Jahren erwarb und für besondere Gelegenheiten aufhob – wie diese höchst ungewöhnliche Sammler-Pfeife.*

11 *Perfekte Straight Grains zweier Perfektionisten: oben eine Kombination von Buchsbaum- und Bruyère-Holz von Jess Chonowitsch, darunter eine Bruyère von Karl-Heinz Joura mit Öl-Finish.*

12 *Kontrast der Pfeifen-Stile: oben eine Ingo Garbe mit extrem langem Holm, unten ein klares, modernes Design von Bertram Safferling.*

13 *Form und Funktion in Perfektion bietet diese Pfeife von Ingo Garbe.*

14 *Verschiedene »Weihnachts-Pfeifen« des Jahres 1998 (von links nach rechts): eine »Autograph« von Savinelli, Dunhills »Four Geese A-Calling« mit Buchschatulle und passendem silbernem Stopfer; die »Buon Natale« von Brebbia und die Jahrespfeife von Stanwell mit Silberring.*

15 *Eine »Fiammata Star« von Lorenzo mit mattem Finish und Goldring. Lorenzo-Pfeifen haben ein variables Filtersystem für den Einsatz von Metall- und 9 mm-Filtern.*

16 *Das Interesse der Sammler, einst auf historische Pfeifen beschränkt, gilt inzwischen auch Modellen des 20. Jahrhunderts – ein Trend aus den USA, der nun auch in Europa immer mehr Interesse findet.*

geschwärzten Tonpfeife geraucht, aber am besten schmeckt sie wohl aus einer Kalabasch. HPH 2

McCLELLAND DOMINICAN GLORY

Diese Mischung mußte mit in die Auswahl für alle, die auch gerne zur Zigarre greifen. Sie wurde nämlich dafür konzipiert, Zigarrenraucher für die Pfeife zu begeistern, und hat als Basis einen milden dominikanischen Zigarrentabak. Eine mittelstarke Mischung, die sich recht angenehm raucht, aber aromatischer ist als die meisten Zigarrentabake, also nicht unbedingt nach Zigarre schmeckt. Das liegt daran, daß der Tabak für Zigarren anders fermentiert wird als derjenige für Pfeifen. Dieser hier schmeckt eher wie ein milder »Piloto Cubano« Long Filler, der mit gereiften Virginiasorten zusammen gelagert, zu *Cakes* gepreßt und erneut gelagert wurde. Geschnitten als *Ribbon Cut*, was ihm das Aussehen einer englischen Mischung verleihen soll, raucht er sich jedoch wie ein milder aromatisierter. Der gepreßte Virginia ist von einer Süße, die den Geschmack des Zigarrenblattes fast überdeckt, was aber durch den weichen, würzigen kubanischen Tabak wieder ausgeglichen wird. Das Ergebnis ist eine Mischung von mittlerer Stärke. HPH 2

McCLELLAND – DOMINICAN GLORY MADURO

Diese Marke schmeckt schon eher nach Zigarre und hat einen HPH von 2 – 2,5. Diesen Unterschied bewirkt das Maduro-Blatt (eigentlich ein würziges Deckblatt für Zigarren, Anm. d. Übers.), das mit rotem Virginia gemischt wird. Die Mischung wird gelagert und zu *Cakes* gepreßt. In die Dose gelangt sie dann in grob geschnittenen, ziemlich dicken Brocken, die vor dem Stopfen aufgerieben werden müssen. Maduro ist ein robustes Blatt, das länger fermentiert wird und deshalb bei der Reifung eine höhere Temperatur erreicht. So wird in den Tabakblättern mehr Stärke in Zucker umgewandelt. Es überrascht daher nicht, daß diese Mischung einen süßen und vollen Geschmack hat. Übrigens schmecken beide Dominican Glory-Marken mehr nach Pfeifentabak als nach Zigarren!

McCLELLAND – NAVY CAVENDISH

Möchten Sie eine Vorstellung davon bekommen, was britische Marinesoldaten zu Zeiten geraucht haben, als noch Rum-Rationen ausgeteilt wurden, dann stopfen Sie sich einmal eine Tonpfeife mit dieser herzhaften Mischung, die zu den traditionellen Cakes gepreßt und monatelang in Jamaica-Rum sauciert wird. Sie zu rauchen kommt einer Schlacht gegen ein Piratenschiff nahe – sie muß erst aufgerieben werden, bevor man sie anzünden kann. Mit ihrem schweren, kräftigen und süßen Geschmack bietet diese Mischung den rechten Rauchgenuß für Aufschneider und Haudegen. HPH 2,5

McCLELLAND – FROG MORTON
Beliebte englische Mischung eines führenden US-Herstellers, in der Tat einer der besten »neuen« englischen Tabake, die ich in letzter Zeit geraucht habe. Mittelstark, mit unglaublich viel Latakia, etwas Türkischen Tabak und Virginia. Mit HPH 2,5 ideal für Regenabende am Kamin.

McCLELLAND – FROG MORTON GOES TO TOWN
Eine bedeutend leichtere Variante des »Frog Morton«, mit einer angenehmen Stärke von HPH 2. Die ideale Alltagskost für Raucher, die eine milde und zugleich sehr edle Latakia-Mischung schätzen.

McCLELLAND'S BOMBAY COURT
Ein nicht allzu dick geschnittener Türkischer Tabak und genau die richtige Menge Virginia und Latakia geben dieser mittelstarken, langsam brennenden englischen Mischung ihren süßen, rauchigen Geschmack. Sie ist dem »Durbar« von Dunhill nachempfunden, die Hersteller hatten den Inhalt einer 40 Jahre alten Dose dieser Marke als Muster. So raucht sich das Ganze auch ein wenig wie sehr alter Durbar. Ein Muß für jeden, der sich an anspruchsvollere reine englische Mischungen wagen will. HPH 2

McCLELLAND'S NO. 8
Eine sehr gelungene, nicht zu starke englische Mischung. HPH 2

THE MALTHOUSE »FOUNDER'S RESERVE«
Virginia, mit einer unbekannten Sorte Malt-Whisky sauciert und dann 12 Wochen lang unter Druck fermentiert. Ein sehr aromatischer Tabak, obwohl er eigentlich nicht aromatisiert ist. Den Scotch kann man deutlich herausschmecken. HPH 2

MELLOW BREEZE
Enthält Virginia, Orient-Tabak und Burley und verdankt das süße Aroma der Saucierung mit Frucht- und Vanille-Essenzen. Wer gerne aromatisierte Mischungen der Stärke HPH 2 raucht, sollte diese auf jeden Fall probieren.

MICK MCQUAID
Dieser *Square Cut* läßt mich vermuten, daß der gute alte Mick ein ziemlich gewichtiger Bursche war, denn dies ist ein ganz schön schwerer Tabak. HPH 2,5

NAPPA VALLEY
Diese dänische aromatisierte Mischung ist hell, trocken und hat ein fruchtiges Aroma mit einem Anklang an Chardonnay. Ihren Namen hat sie natürlich von dem berühmten kalifornischen Weinanbaugebiet, das sich allerdings mit nur einem P schreibt. Bestandteile der Mischung sind ein sehr milder Cavendish, süßer Virginia und Burley. Greifen Sie zum ersten Mal in ihrem Leben zur Pfeife, wäre dies ein idealer aromatisierter Tabak für den Erfolg Ihrer Unternehmung. HPH 1,5 – 2

NEPTUNE
Virginia und Burley mit einem Hauch brasilianischen Tabaks. Sehr mild und aromatisch, mit Himbeerton. HPH 1,5 – 2

ORLIK CLUB
Eine relativ neue Mischung für alle, die einen ausgesprochen milden Tabak schätzen. Virginia, Burley und Black Cavendish mit zarten Fruchtnoten. Dieser Tabak bewegt sich zwischen HPH 1 – 1,5, wobei er HPH 1 sehr nahekommt!

ORLIK GOLD MEDAL
Virginia und Orient-Tabak, leicht mit Jamaica-Rum versetzt. Das Ergebnis ist eine mittelstarke Mischung mit vollem Nachgeschmack, der noch lange auf der Zunge bleibt. Lassen Sie ihren acht Jahre alten Bacardi in der Flasche, und rauchen sie statt dessen eine Pfeife mit dieser Marke! HPH 2

PARSON'S PLEASURE
Der Name ist passend gewählt, denn diese Mischung ist absolut

harmlos für jedermann, ebenso mild wie ein Sonntagnachmittag im Mai. HPH 1,5 – 2

PENZANCE
Ein englischer *Cross Cut* aus Virginia, Türkischem und Orient-Tabak, deren dicke gepreßte *Cakes* nur darauf warten, von Ihnen aufgerieben zu werden. HPH 2 – 2,5

PETER STOKKEBYE KENTUCKY NOUGAT
Milder Burley und Cavendish mit Golden Virginia aus Afrika, lose geschnitten und mit einem kräftigen Vanillearoma sowie einer Andeutung von Haselnuß. HPH 2

PETER STOKKEBYE OPTIMUM
Sehr süß und fruchtig, diese Mischung aus schwarzem Cavendish, mildem Burley und heißluftgetrocketen Tabaksorten aus Simbabwe und dem südostafrikanischen Malawi. HPH 2

PETER STOKKEBYE EVENING TREASURE
Eine stark aromatisierte Mischung aus Black Cavendish und gold- und orangefarbigem Virginia. Süß und fruchtig. HPH 2 – 2,5

PETERSON IRISH OAK
Eine Mischung aus schwerem, dunklem Cavendish, orangefarbigem Tabak aus Simbabwe und Burley aus Thailand, abgerundet mit einem Hauch von Perique. Die Lagerung in Sherry-Fässern aus Eichenholz verleiht ihr den charakteristischen Sherrygeschmack. Eindeutig HPH 2,5

PETERSON IRISH WHISKEY
Das Äquivalent einer Zigarre, der man ein Tauchbad in Cognac gönnt, oder einer Pfeife, die in Whiskey eingelegt wird. Hier ist endlich ein Tabak, der uns den Simultangenuß von Trinken und Rauchen ermöglicht! Diese Mischung aus Virginia, heißluftgetrocknetem Kentucky und Tabaksorten aus Indien und Thailand wird nach der Lagerung mit irischem Whiskey eingesprüht. HPH 2

PETERSON SHERLOCK HOLMES
Schon der Dose wegen lohnt es sich, diesen Tabak zu kaufen, sie gehört in jede Sherlock-Holmes-Sammlung. Und womit sonst

wollen Sie im Andenken an Sherlock Holmes Ihre Peterson rauchen? Eine kräftige Virginia-Mischung nach einem Rezept aus der Epoche der Gaslaternen. HPH 2

PETERSON OLD DUBLIN
Diese 1998 eingeführte Marke ist eine traditionelle, mittelstarke englische Mischung aus Latakia, Golden Virginia, Black Cavendish und süßem Basma-Orient-Tabak. HPH 2

PETERSON UNIVERSITY FLAKE
Diesen *Flake Cut* sollte man nur rauchen, wenn man die nötige Zeit, Geduld oder Neugier hat, die Tabakscheiben mit der Hand aufzubröckeln, bevor man sie in die Pfeife stopft. Mehrere Virginia-Sorten und Tabake aus Indien ergeben eine schwere, langsam brennende Mischung. Der Name ist gut gewählt, einen solchen Tabak habe ich mir gewünscht, als ich mich an der Universität viele Nächte hindurch wachhielt, um für die Abschlußprüfung zu pauken. Für Sammler ist auch die ausgesprochen nostalgische Dose interessant, die schönste aus dem Peterson-Sortiment. HPH 2,5

PIPE TÜNUNU
Aus welchen Sorten diese Mischung besteht, ist unbekannt; sie raucht sich jedenfalls, als ob die Tabakblätter mit zuviel gemahlenem Pfeffer traktiert und dann an einer furchtbar rußigen Feuerstelle getrocknet wurden. HPH 2,5

PLAYER'S NAVY CUT
Aromatisch und mild. HPH 1,5 – 2

PUNCHBOWL
Eine englische Mischung mit unmäßig viel Latakia; raucht sich wie eine Knackwurst. HPH 2,5 – 3

R. WILL'S SOLANI
Dieses Sortiment naturreiner Mischungen stammt von einem der innovativsten Hersteller Deutschlands. Der sehr milde »Solani Blue« besteht aus Virginia, Burley, Black Cavendish und ein wenig Perique, der etwas würzigere »Solani Green« aus rotem Virginia und doppelt fermentiertem Cavendish, und der herzhaftere »Solani

Red« aus rotem Virginia, Orient-Tabak und Latakia. Sie alle bewegen sich im HPH 2-Bereich, der »Solani Red« nähert sich 2,5.

RATTRAY'S OLD GOWRIE

Ein angenehmer, mittelstark aromatisierter Virginia, der sich auf die Marke HPH 2 einpendelt.

RATTRAY'S ACCOUNTANT'S MIXTURE

Eine englische Mischung, die sich wie ein aromatischer Tabak gibt, soweit Sie sich das vorstellen können. Sie hat einen leicht süßen und gleichzeitig scharfen Geschmack und raucht sich ziemlich naß. Halten Sie Pfeifenreiniger im Überfluß bereit. HPH 2

RATTRAY'S MARLIN FLAKE

Ähnlich wie der »Old Gowrie«, aber dunkler und etwas stärker in Geschmack und Aroma (weniger für den Raucher selbst wahrnehmbar als für seine Umgebung). HPH 2 – 2,5

RATTRAY'S RED RAPPAREE

Dieser berühmte englische Tabak wird heute in Deutschland gemischt. Seinen Namen hat er von den roten Virginia-Sorten, die mit reichlich Orient-Tabak gemischt werden. Er schmeckt angenehm süß und würzig, und durch die Latakia-Beimischung auch recht deftig. Ungefähr wie ein *medium* gebratenes Steak mit einer Philadelphia-Kruste. HPH 2 – 2,5

RATTRAY'S BLACK MALLORY

Ein herzhafte englische Mischung mit leichter Süße. Gönnen Sie sich gerne ein Porterhouse-Steak, dazu einen herzhaften Cabernet und als Krönung eine Vanillecreme, ist dies der ideale After-Dinner-Tabak. HPH 2,5

ROYAL VINTAGE MATURED VIRGINIA

Drei Virginia-Tabake – ein heller, mit Zitrone fermentierter, ein roter und ein im Ofen getrockneter schwarzer wurden hier gemischt und ergeben einen mittelstarken Tabak mit unaufdringlichem Geschmack. HPH 2

ROYAL VINTAGE GOLDEN CAKE

Heißluftgetrockneter, goldfarbener Virginia wird in Cakes gepreßt und gelagert, wobei die Blätter vom Saft der natürlichen Zucker und Öle durchtränkt werden. HPH 1,5 – 2

SAIL AROMATIC (grüne Packung)
Eine holländische Mischung mit Cavendish als Basistabak und Orient-Tabak, Virginia, mildem Burley und starken Latakia, die sich wunderbar ergänzen. Sie ist sehr süß, mittelstark im Rauch und von äußerst angenehmem Aroma. HPH 2 – 2,5

SAMUEL GAWITH SQUADRON LEADER
Auch so ein Tabak, den man allein seines Namens wegen rauchen sollte. Am besten an einem Samstagnachmittag, bei wolkenlosem Himmel und klarer Luft, wenn der Hund beim Spaziergang an der Leine zerrt. *Ribbon Cut* Virginia, Latakia und Türkischer Tabak verleihen dieser würzigen Mischung ein Aroma, das an Zitrone und Holz erinnert. HPH 2

SAMUEL GAWITH CURLY CUT
Der Name hat Ihnen sicher schon verraten, daß Sie diesen Tabak aufreiben müssen. Heißluftgetrocknete und mit Dampf behandelte helle und dunkle Tabake werden mit Vanille sauciert, dann in ein Tabakseil eingewickelt und in dünne Scheiben geschnitten. Er hat ein süßes, relativ mildes Aroma. HPH 2

SAMUEL GAWITH GROUSEMOOR
Eine Mischung, die die Briten schon vor 200 Jahren, während der Herrschaft Georges III., aus Tonpfeifen rauchten. Es gibt nur drei Mitarbeiter in der Samuel Gawith Company, die das Rezept kennen. Mit Dampf behandelter und heißluftgetrockneter Tabak wird erst gelagert und dann mit den »geheimen Zutaten« gemischt, die diese Kakophonie an Geschmacksvarianten hervorbringen. Ein Tabak, so stark wie ein fester Händedruck. HPH 2 – 2,5

SAMUEL GAWITH PERFECTION
Eine der aromatisierten britischen Mischungen neueren Datums (denn sie enthält Geschmackstoffe, was ja in Großbritannien einst untersagt war). Sie ist wohl für den anonymen Raucher gedacht, der nie die richtige Mischung fand und hier endlich auf seine Kosten kommt. Brauner und heller Virginia, ein Schuß Latakia,

die Würze des Türkischen Tabaks und Vanillearoma – all dies legt unserem unbekannten Raucher das Urteil in den Mund, das der Marke den Namen gab – ein vollkommener Tabak. HPH 2

SAMUEL GAWITH K.B.E. MIXTURE
Die geschichtsträchtigen Initialen stehen für Kendal Brown English. Die Geschichte beginnt 1792, als viele der Originalrezepte von Samuel Gawith auf dem Pferderücken von Schottland in den von Wordsworth besungenen Lake District gebracht wurden, zum legendären Haus von Kendal Brown. Ein bärenstarker Tabak, der je zur Hälfte aus zyprischem Latakia und aus mit Dampf behandeltem Virginia besteht. HPH 2,5

SAMUEL GAWITH SKIFF MIXTURE
Eine milde, holzig schmeckende englische Mischung, mit etwas Orient-Tabak. Türkischer *Ribbon Cut* und schwarzer Latakia aus Zypern runden diesen leichtenTabak ab. Er läßt sich gut tagsüber rauchen, für den Abend ist er mir persönlich ein bißchen zu leicht. HPH 1,5 – 2

SAMUEL GAWITH SCOTCH CUT MIXTURE
Eine herzhafte englische Mischung mit heißluftgetrockneten Tabaksorten, unter anderem einem Schuß Latakia und ein wenig Black Cavendish. HPH 2,5

SKANDINAVIK REGULAR CAVENDISH
Burley und Virginia mit nußähnlichem Geschmack ergänzen hier einen Cavendish von starkem Aroma und Geschmack. Dick geschnitten, langsam brennende Glut. HPH 2

ST. BRUNO
Heißluftgetrocknete und durch das Trocknen dunkel gewordene Virginia-Sorten gehen hier eine ausgezeichnete Verbindung ein. Sie werden als fertig geriebener Tabak oder als *Flake Cut* angeboten. Diese äußerst beliebte, mittelstarke Mischung hat HPH-Stärke 2.

ST. BRUNO READY RUBBED
Eine der großen britischen Mischungen. Ihren vollen, herzhaften Geschmack bekommt sie durch die heißluftgetrockneten und die

dunklen, feuergetrockneten Virginias. Ein vollkommener Genuß für kalte Winterabende, wenn man es sich am Kaminfeuer gemütlich macht.

STANWELL VANILLA
1998 auf den Markt gebracht und vor allem in Deutschland verkauft. Eine Mischung aus Burley, Virginia und Cavendish, mittelstark und mit einem Aroma, das an den Duft frischgebackener Kekse erinnert. HPH 2

THREE NUNS
Feuer- und sonnengetrocknete Tabaksorten werden mit einem brasilianischen Blatt gemischt. Eine schwere Mischung, die zu Kopf steigt und schon immer begeisterte Anhänger fand. HPH 2 – 2,5

TORBEN DANSK
Eine sehr aromatische Mischung aus Virginia und Latakia, mit einer HPH-Bewertung von 2 – 2,5.

TROOST
Eine Mischung aus leichtem, heißluftgetrocknetem Virginia und Burley, nach einem Rezept aus dem Jahre 1750. Voller Geschmack, ausdrucksvolles Aroma und mit HPH 2 von angenehmer mittlerer Stärke. Es gibt auch einen »Troost Special Cavendish« mit Java-Tabaken und dezentem Whisky-Aroma. HPH 2 – 2,5

TROOST ULTRA MILD CAVENDISH
Diese Mischung mußte ich mit aufnehmen, da sie der leichteste Cavendish ist, der Ihnen je unterkommen wird. Sehr gut für den Vormittag. Dieses Leichtgewicht wird aus Black Cavendish, braunem Virginia Cavendish und mildem hellem Virginia hergestellt, brennt extrem langsam und hat einen dezent süßen, leichten Vanillegeschmack. HPH 1,5

W. Ø. LARSEN OLD BELT
Ein fertig geriebener *Ribbon Cut* mit wunderbar süßem Geschmack und einem Anflug von Honig und Zitrone. Diese dänische Mischung ist besonders mild im Rauch und hat einen schwachen nußartigen Nachgeschmack. HPH 1,5

W. Ø. LARSEN'S CLASSIC PIPE MIXTURE
Die Dose gehört zu den farbenfrohesten, die es gibt, aber auch der Inhalt kann sich sehen lassen. Eine Mischung aus Früchten, vor allem Kirschen, und ein wenig Honig geben der Mischung ihren angenehm milden, leicht süßen Geschmack. Für einen saucierten Tabak raucht er sich erstaunlich trocken. HPH 2

YAYLADAG
Ein sehr milder aromatisierter Türkischer Tabak, der einem das Gefühl gibt, auf Wolken zu schweben. HPH 1 – 1,5

* * *

Im folgenden stelle ich Ihnen noch einige handgemischte Tabake aus dem Hause Alfred Dunhill vor.

Raucher, die zu dem Dunhill-Geschäft in der Jermyn Street in London pilgern, sind manchmal überwältigt, wenn sie die Stufen zur Pfeifenabteilung hinaufgestiegen sind und sich plötzlich dem stattlichen Angebot an Tabakmischungen gegenübersehen, die nur in diesem Geschäft erhältlich sind. Der Geschäftsführer, Marc Burrows, oder einer seiner fachkundigen Assistenten wird sich natürlich glücklich schätzen, Sie zu beraten, aber vielleicht kann Ihnen ja auch eine Vorabinformation über einige meiner Lieblingsmischungen von Nutzen sein.

221 B BAKER STREET
Ich probierte diesen Tabak in der festen Überzeugung, es sei eine englische Mischung. Aber weit gefehlt, es war ein aromatisierter Tabak. HPH 2 – 2,5

CHERRY & RUM
Diesen Tabak nehme ich in meine Auswahl auf, damit all Ihr Liebhaber aromatisierter Tabake nicht glaubt, ich sei voreinge-

nommen (was ich selbstverständlich bin!). Nehmen Sie »Royal Yacht«, und saucieren Sie ihn zu gleichen Teilen mit Kirsch- und Rum-Aroma, dann erhalten Sie diese Mischung. Sie eignet sich bestens als Ersatz für einen Nachtisch. HPH 2,5

CUBA MIXTURE 1167
Das ist der Tabak, den man aufgrund des Handelsembargos gegen Kuba in Amerika nicht bekommen kann. Eine herrliche, mittelstarke Mischung (HPH 2). Ihren leicht süßen und würzigen Geschmack verdankt sie dem Havanna-Blatt, den Virginia-Sorten, dem Orient-Tabak und einer Prise Perique. Für die Stärke HPH 2 ist diese Mischung erstaunlich mild.

DURBAR
Eine der großartigsten alten Dunhill-Mischungen, die erst seit kurzem auch wieder in Dosen verkauft wird. Die grob geschnittene Mischung aus Virginia und Latakia brennt extrem langsam, wodurch sich der reichliche Anteil an Orient-Tabak noch besser genießen läßt. Die Stärke des Tabaks bewegt sich, je nachdem wie stark man zieht, zwischen HPH 2 – 2,5.

JUNE '86
In Deutschland und Frankreich einer der beliebtesten aromatisierten Tabake. Eine Mischung auf Virginia-Basis, dezent aromatisiert mit Scotch Whisky und Karamel. HPH 1,5

MIXTURE 27
Latakia, Orient-Tabak, Virginia und Cavendish ergeben eine milde, mittelstarke Mischung mit nußartigem, würzigem Geschmack. HPH 2

MR. ALFRED'S OWN
Auch »Mixture 36080« genannt, diese Mischung müssen Sie unbedingt probieren, wenn Sie bei Dunhill vorbeischauen. Sie ist eine der Original Dunhill-Mischungen: aus Cavendish, Latakia, Virginia und Orient-Tabak, mit einem Hauch Havanna zur Abrundung. Genießen Sie sie, während Sie an einem schönen Nachmittag das Dunhill-Geschäft verlassen und die Jermyn Street hinunter zu Turnbull & Asser schlendern, um sich dort einen Smoking schneidern zu lassen. HPH 2

WHITE SPOT
Den sollten Sie wenigstens einmal probieren! Aber seien Sie gewarnt: mit HPH 2,5 – 3 ist diese Mischung aus Latakia, Türkischem Tabak und rotem Virginia ein sehr schweres Kaliber! Als Begleitung des Rauchgenusses sollte man sich ein Glas rauchigen Single Malt aus einer der Islay-Brennereien gönnen (siehe Kapitel 8).

Kapitel 7

Pfeiferauchen für Damen

»Es rauchten gewiß mehr Frauen Pfeife,
würden weniger Männer sie deswegen anstarren.«

Seit Pfeiferauchen Eingang in die westliche Zivilisation fand, übte es eine magische Faszination auch auf Frauen aus, ob sie nun Zuschauerinnen blieben oder selbst rauchten. Schon im 17. Jahrhundert, als Pfeiferauchen in der Öffentlichkeit gerade in Mode kam und seinen ungehemmten Siegeszug antrat, bot man in Europa Theaterbesucherinnen während der Pause gerne eine kleine Tonpfeife zur Stärkung an. In Japan wurden Damen von Stand damals von Dienstboten begleitet, die Pfeifen samt Zubehör bereithielten. Die Holländerinnen des 17. und 18. Jahrhunderts rauchten ebensoviel Pfeife wie ihre männlichen Landsleute und gingen nicht ohne Zunder, Tabak sowie ihre Lieblingspfeife aus Ton oder Meerschaum aus dem Haus. Und in der Ära Ludwigs XIV. entzogen sich die Hofdamen öfters der steifen, langweiligen Konversation und borgten lieber von Offizieren der Schweizer Garde eine Tonpfeife, um heimlich in ihren Gemächern zu rauchen. Madame Pompadour schließlich, die Mätresse seines Nachfolgers Ludwig XV., hatte als begeisterte Raucherin angeblich über 300 Pfeifen in Gebrauch.

Im Amerika der Kolonialzeit rauchten Frauen oft ganz offen Pfeife: Zu den gängigsten Anekdoten der Tabakhistorie gehört die Geschichte der Sarah Fell, einer Stieftochter des Quäker-Gründervaters George Fox, die Tonpfeifen und Tabak für ihre Schwester Susannah kaufte – bei den frühen Quäkern waren pfeiferauchende Frauen in der Öffentlichkeit nichts Ungewöhnliches, vor allem in ländlichen Gebieten. Die Städterinnen rauchten ihre Tonpfeifen wohl eher in den eigenen heimischen vier Wänden.

Die Gattin Andrew Jacksons, des siebten Präsidenten der Vereinigten Staaten, ist eines der ersten bekannten Opfer von Vorurteilen gegenüber weiblichen Pfeiferauchern: Als Jackson 1829 als Präsident ins Weiße Haus einzog, durfte sie ihre Maiskolbenpfeife nicht mitnehmen und blieb beileibe nicht die einzige First Lady, die den Stachel der Diskriminierung zu spüren bekam. So durfte Mrs. Taylor, die Frau des zwölften Präsidenten, Zachary Taylor, auch in Washington ihre Pfeifen behalten, mußte sie jedoch heimlich hinter verschlossenen Türen rauchen.

In Europa bewahrten Pfeifenraucherinnen sich zwar mehr Freiheiten als ihre amerikanischen Geschlechtsgenossinnen, das Ganze blieb jedoch ein gesellschaftliches Randphänomen. Wie auch immer, es besteht seit dem 17. Jahrhundert bis heute fort, mit geographisch unterschiedlicher Akzeptanz. In manchen Gegenden Europas, Afrikas und der USA sieht man auch heute häufig Frauen Pfeife rauchen, ohne daß ihr Anblick einen Kulturschock auslöst. In Europa mag hierfür die weit zurückreichende Sozialgeschichte des Pfeiferauchens verantwortlich sein, in Afrika entsprechende Stammessitten. Kalifornien wiederum ist seit je der Trendsetter für die Vereinigten Staaten, und daher begegnet man auf dem Rodeo Drive in Beverly Hills, in den Boutiquen von Encino und am Strand von Malibu Avantgarde-Models und Schauspielerinnen mit zierlichen Bruyères; der Menschenschlag hier ist einfach offen und aufgeschlossen für neue Ideen. Frauen mit Pfeife sind heutzutage zwar sicherlich nichts Neues, doch ihr Anblick ist noch längst nicht selbstverständlich. Hierfür gibt es viele Gründe, insbesondere Vorurteile, die aus gewissen gesellschaftlichen Verhaltensnormen erwachsen.

Pfeiferauchen galt von Anbeginn als Männerdomäne, was gewiß auch daran liegt, daß die ersten Akteure Priester, Häuptlinge und andere männliche Würdenträger waren. Dieses »Exklusivrecht« übertrug sich in der Folge auf die Seeleute und Entdecker, die die ersten Tabakblätter von ihren Reisen mitbrachten.

Nicht anders als das männliche rauchte auch das weibliche Geschlecht zunächst aus Neugier und machte dann bisweilen das Vergnügen zur Gewohnheit; diese Frauen blieben aber eine Minderheit, die sich nie gesellschaftlich etablieren konnte: zeitweise geduldet, aber nie zu ihrem Tun *ermutigt*.

Damen schmauchen heute oft ganz ungeniert ihr Pfeifchen in Gesellschaft.

Insofern war der englische Schriftsteller Thomas Browne seiner Zeit um einiges voraus, als er 1700 an eine Pfeifenjüngerin schrieb:

»Die boshafte Welt mißbilligt Ihren Rauchgenuß, doch ich würde Ihnen raten, Madam, von einer so unschuldigen Zerstreuung nicht abzulassen.«

Im folgenden zahlte er diverse Vorzuge des Pfeifenrauchens auf, als Empfehlung auch für die Damenwelt: »Es ist gesund ... eine große Hilfe für die christliche Meditation... Es ist ein hübsches Spielzeug...«, und schließlich: »Es ist in Mode, oder zumindest auf dem besten Wege dahin.«

Die eigentliche Wende im blauen Dunst, zumindest für die europäische Weiblichkeit, kam erst ein gutes Jahrhundert später – 1885 bot die Princess of Wales ihren Gästen beim Lunch ganz freimütig Zigaretten an. Das war noch während der Herrschaft Queen Victorias, als man in der königlichen Familie über jedwede Form des Tabakgenusses die Nase rümpfte. In Amerika dauerte es etwas länger, bis die »Rauch-Revolution« in Gang kam; das Startsignal war vermutlich die Verabschiedung des 19. Zusatzartikels zur Verfassung im Jahre 1920, der Frauen endlich das Wahlrecht zubilligte. Diese »offizielle« Anerkennung ihrer demokratischen Gleichberechtigung mündete in ein neues Frei-

Im 17. Jahrhundert war ein Tonpfeifchen eine durchaus übliche Erfrischung für das schwache Geschlecht.

heitsgefühl, dem sie fortan auch mit Kurzhaarschnitten und einer radikalen Abkehr von althergebrachten Kleidungsgewohnheiten Ausdruck verliehen – Schockeffekte für eine konservativ-patriarchalische Gesellschaft. Im Zug der Frauenrechtsbewegung der zwanziger Jahre zündeten sich die Vertreterinnen des schönen Geschlechts auf Partys, in Restaurants und sogar auf der Straße ihre Zigaretten an! Daß auch Frauen rauchten, davon nahm man offiziell jedoch erst 1927 Notiz, als in einer Serie von Zeitungsanzeigen eine Dame mit Zigarette in der Hand auftauchte und sie offenbar auch rauchte. Das war seinerzeit eine Sensation, auf die manche Leser empört reagierten, während andere sie mit einem Seufzer der Erleichterung quittierten. Unter den männlichen Pfeifenjüngern löste es eine gewisse Beklommenheit aus – was, wenn diese unheilige Entwicklung nicht bei Zigaretten haltmachte, sondern auch die Pfeife erfaßte? Ein Zeitungsartikel jener Tage goß noch Öl in das Feuer, das bald landesweit in den Pfeifen der Feministinnen zu brennen drohte:

»93jährige Frau raucht seit 81 Jahren Pfeife, ungeachtet der Vorhaltungen ihres Ehegatten; sagt, heutzutage rauchten alle Mädchen, sie befinde sich also ganz im Trend!«

Daß Frauen öffentlich Pfeife rauchten, wurde jedenfalls im 20. Jahrhundert zur unumstößlichen Tatsache und, sobald Dunhill zierliche, mit Diamanten, Rubinen und Saphiren geschmückte Damenpfeifen herstellte, auch zur Mode. Der Weihnachtskatalog der renommierten Firma glänzte 1923 mit einem Pfeifenrauch-

Set für die Damenhandtasche und Brokathüllen für Streichholzbriefchen! 1927 brachte Dunhill ein Sortiment von Cocktailpfeifen für Damen heraus, mit stilvollen Mundstücken in Grün, Rot, Blau, Violett und Elfenbein, passend zur jeweiligen Garderobe. Sechs Jahre später folgte GBD mit »City de Luxe Debutante«, einer Serie schlanker Damenpfeifen; in der Anzeige eines Tabak-Journals waren sechs Exemplare abgebildet, mit verschiedenfarbigen Hüllen und dem Slogan: »Für die Mußestunden meiner Herzensdame«. In vielen Restaurants herrschte damals jedoch noch generelles Rauchverbot für Frauen.

Dann setzte eine interessante Entwicklung ein. Aus Gründen, die wohl am besten Psychologen beurteilen können, wurde die Zigarette allmählich als spezifisch weibliche Form des Rauchens angesehen und akzeptiert. Pfeiferauchen hingegen galt als ausgesprochen maskulin, und die Bruyère avancierte zum Symbol einer der letzten uneinnehmbaren Bastionen der Herren der Schöpfung. Das entbehrt nicht einer gewissen Ironie, denn wie Wandern, Kochen und Lesen gehört auch Pfeiferauchen zu den angenehmen Beschäftigungen in diesem Leben, die Männer wie Frauen mit demselben Geschick und Vergnügen ausüben können.

Ein Stigma haftet Pfeifenraucherinnen leider heute noch an. Nicht zuletzt als Resultat der Frauenrechtsbewegung der Siebziger und einer allgemeinen Lockerung gesellschaftlicher Normen tritt man ihnen zwar nicht mehr so voreingenommen entgegen wie früher, aber ein Rest von Reserviertheit blieb. Die beste Reaktion auf ein solches Vorurteil ist, es einfach zu ignorieren, ganz wie die Princess of Wales vor hundert Jahren.

So handelte bereits Mitte des 19. Jahrhunderts eine der berühmtesten Pfeiferaucherinnen der Geschichte, die Baronin Dudevant, geborene Amandine-Lucie-Aurore Dupin, eher geläufig unter ihrem Pseudonym als Erfolgsschriftstellerin – George Sand. Sie besaß Pfeifen unterschiedlichster Machart, von bemalten Orientpfeifen bis zu gedrechselten Kirschholz-Exemplaren. Als Paradiesvogel der Pariser Gesellschaft konnte sie sich wohl auch das Recht herausnehmen, in der Öffentlichkeit mit Pfeife oder Zigarre aufzutreten. Die Amerikanerin Gertrude Stein, Enfant terrible der Pariser Intelligenzia der zwanziger Jahre, machte gleichfalls keinen Hehl aus ihrer Liebe zur Pfeife.

Wie viele Frauen heutzutage weltweit zur Pfeife greifen, läßt sich schwer einschätzen, in den USA stellen sie rund 3 bis 5 Prozent der pfeiferauchenden Bevölkerung. Eine ganz erkleckliche Zahl, allerdings sieht man sie kaum in der Öffentlichkeit rauchen, da sie sich hierzu lieber in die eigenen vier Wände zurückziehen, als Schutzmaßnahme gegen Mißbilligung und abfällige Blicke. So bilden sie eine Art »unsichtbaren Markt«.

Es ist aber doch durchaus vorstellbar, daß berufstätige Frauen, als Ausgleich für den täglichen Streß, gerne die Behaglichkeit und Entspannung genössen, die das Pfeiferauchen ihnen böte – und zwar ohne Kater am nächsten Morgen! Auch den medizinischen Gesichtspunkt sollte man hierbei beachten – für starke Zigarettenraucherinnen ist die Pfeife eine der wenigen Möglichkeiten, sich von einer Nikotinabhängigkeit zu befreien, die vor allem im fortpflanzungsfähigen Alter, aber auch darüber hinaus gesundheitliche Risiken birgt.

Die Antwort auf die Frage, ob Pfeiferauchen für Frauen schädlich sein kann, ist dieselbe wie bei Männern: Maßvoller Genuß und korrekte Rauchtechnik sind das Geheimnis für jahrelangen Genuß ohne schädliche Nebenwirkungen. Ich erinnere mich an einen vergilbten Zeitungsausschnitt mit einem Artikel über Rossale Spuler, eine Einundachtzigjährige aus Chillicothe (Ohio), die »immer eine gute Tonpfeife im Mund hatte, so lange sie zurückdenken mochte«. Der Artikel handelte von einer akuten Notlage: der Schwierigkeit, an Ort und Stelle eine Quelle für den

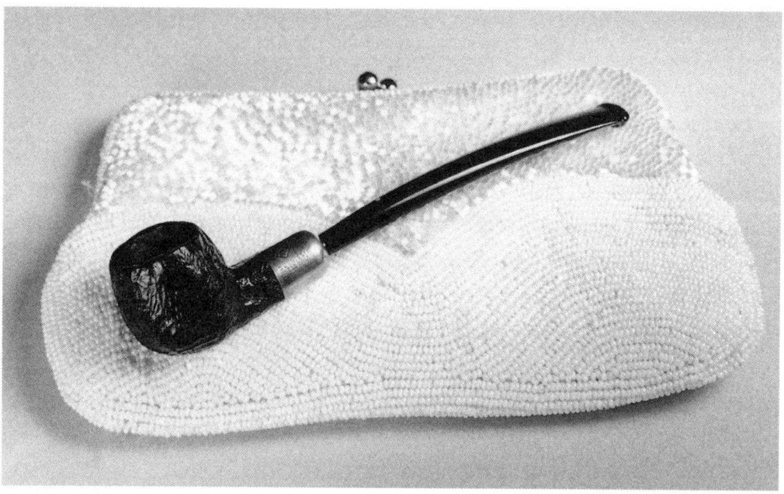

Dunhills sandgestrahlte Pfeife für Damen aus den zwanziger Jahren demonstriert, daß diese schon lange vor der Frauenrechtsbewegung gerne zur Pfeife griffen.

Ein Reklame-Foto mit Damenpfeife aus dem Amerika der fünfziger Jahre.

Erwerb von Tonpfeifen aufzutreiben, denn sie besaß nur noch eine einzige!

Frauen, Tonpfeifen und langes Leben scheinen sich nicht auszuschließen – die älteste Pfeifenraucherin, die ich ermittelt habe, war Jane Garbut, die das biblische Alter von 110 Jahren erreichte. Das war 1856, als die Lebenserwartung allgemein niedriger war als heute. Angeblich rauchte Mrs. Garbut täglich eine Tonpfeife und war bis zu ihrem Todestag in vollem Besitz ihrer körperlichen und geistigen Kräfte.

Eines ist fast allen Pfeifenraucherinnen, die ich kenne oder interviewt habe, gemein: Sie sind entschiedene Individualistinnen oder legen zumindest Wert darauf, so zu erscheinen. Frauen sollten aber eigentlich nur Pfeife rauchen, sofern es ihnen tatsächlich um den Rauchgenuß geht, und aus keinem anderen Grund. Keinesfalls, nur um etwas zu beweisen. Fühlt eine Frau sich unwohl, wenn sie in der Öffentlichkeit eine Bruyère raucht, sollte sie es lieber unterlassen, denn sie bringt sich damit um wesentliche Qualitäten des Pfeiferauchens: Entspannung und Genuß. Andererseits – eine Frau wird um so eher ihre Reserve gegenüber der Pfeife verlieren, je häufiger sie Geschlechtsgenossinnen offen zu derselben greifen sieht; so ist nun einmal die menschliche Natur beschaffen.

Die Serie »L« von Butz-Choquin mit ihren zierlichen Maßen ist eigens für Damen konzipiert. Das hier abgebildete Modell Nr. 301 nennt sich »Cléo«.

Erstaunlich viele Frauen tun ihren ersten Zug aus reiner Neugier aus der Pfeife ihres Partners und finden dann soviel Gefallen daran, daß sie sich selbst eine zulegen. Ich persönlich finde, wenn Ihr Ehegespons schon rauchen *muß*, dann am besten Pfeife! Ein Paar, das einander liebt und seine Pfeifen, kann sich an Weihnachten gegenseitig die wunderbarsten Geschenke machen. In der amerikanischen Ausgabe eines meiner Pfeifenbücher habe ich vor ein paar Jahren engagierten Pfeifenherstellern den Vorschlag gemacht, ein »Pfeifenset für Sie und Ihn« herauszubringen, mit zueinander passenden Bruyère- oder Meerschaumpfeifen. Bislang hat niemand diese Idee aufgegriffen, vielleicht wird ja durch dieses Buch jemand dazu angeregt.

Frauen fangen heute meist in ihren Zwanzigern oder Dreißigern mit dem Pfeiferauchen an. Aber hierfür existiert natürlich keine Altersgrenze, das muß man einfach nach Lust und Laune entscheiden. Besondere Sorgfalt sollte man indes schon walten lassen, sucht man eine Pfeife für eine Dame aus, erst recht, wenn es sich um ihr Debüt handelt. Manche Damenpfeifen sollen in erster Linie chic sein und schnellebigen Modetrends angepaßt – meist von Männern entworfen, die diesem zukunftsträchtigen, expansiven Markt nur beiläufige Aufmerksamkeit schenken, anstatt vernünftige, langfristige Perspektiven zu entwickeln. Vor ein paar Jahren gab es eine Serie sehr eleganter und farbenfroher Damenpfeifen, leider mit so kleinen Köpfen, daß sie nur eine

Viertelstundenration Tabak aufnehmen konnten und sich »heiß« rauchten. Außerdem war das Holz lackiert, was jedem Raucher, gleich welchen Geschlechts, den wahren Tabakgenuß verwehrt. Kurz, dieses Produkt entpuppte sich als »Scherzartikel« und erwies den Pfeifenraucherinnen einen Bärendienst.

Nichts hindert einen Hersteller schließlich daran, weiblich-elegante und zugleich zweckmäßige Pfeifen für das schöne Geschlecht zu konzipieren, mit einem Kopf aus geöltem oder gebeizten Bruyère-Holz, wie die »Lady's Pipe« von Savinelli (mit Spezialetui). Andere Hersteller treten mit innovativem Design auf den Plan: besonders paneelierte oder ovale Köpfe, mehrfarbige Acrylmundstücke, farbige Zierringe aus Synthetik, Edelmetalleinsätze im Holm oder gar eingelassene Halbedelsteine.

Die holländische Firma Big Ben hat zum Beispiel erst kürzlich in Deutschland, Dänemark und Schweden eine Serie zierlicher bunter Damenpfeifen herausgebracht, in Weiß, Rot und Schwarz, mit Sattelbißmundstücken aus Acryl; die Köpfe sehen ungefähr aus wie ein sechseckiges paneeliertes Horn. Aus dem Haus Butz-Choquin kommt eine Damen-Churchwarden in Walnuß, Grün und Hellrot, mit einer neuen luftdurchlässigen Lackierung, nach eigener, unlängst optimierter Rezeptur. Und eventuell sollte man Dunhills Cocktailpfeife aus den dreißiger Jahren wieder auflegen: eine lange, schlanke, hochmoderne Churchwarden mit austauschbaren Köpfen. Sie erscheint wesentlich zweckmäßiger als die damalige Damen-Wasserpfeife von derselben Adresse, für deren Gebrauch man in unserer intoleranten Zeit vermutlich verhaftet würde.

Beim Pfeifenkauf muß eine Dame neben der äußeren Gestalt des Modells vor allem darauf achten, daß der Pfeifenkopf von ausreichendem Volumen und das Holz ordentlich nachbearbeitet ist (siehe Kapitel 2). Viele Raucherinnen greifen vernünftigerweise zu Exemplaren durchschnittlicher Größe, die eine angemessene Rauchdauer garantieren. Im übrigen sei ihnen bei der Pfeifenwahl dieselbe Sorgfalt ans Herz gelegt wie den Herren: Form und Größe sollten mit ihren Gesichtszügen harmonieren. Eine Apple oder Churchwarden, ja sogar eine elegante Crosby mit geradem Holm verbinden Zweckmäßigkeit mit ansprechender Erscheinung. Sie sind in einer Vielzahl von Holzschattierungen zu haben, vom hellem Naturton bis zu schwarzen Sandgeblasenen.

Als Alternative zu Bruyère kann ich der Damenwelt auch Meerschaum wärmstens als Pfeifenmaterial empfehlen. Diese Pfeifen besitzen hervorragende Raucheigenschaften, und aus dem attraktiven Werkstoff lassen sich elegante, zierliche Formen schnitzen, die gut zur weiblichen Anatomie und Garderobe passen. Und Frauen, die einen Handschuh tragen, um keine Flecken auf dem Meerschaum zu hinterlassen, fallen hiermit längst nicht so auf wie weißbehandschuhte Männer. Sogar Michael Jackson hätte da seine Probleme.

Der Wahl des Tabaks sollte ebenso überlegt erfolgen wie diejenige der Pfeife. Begehen Sie nicht den Fehler, denselben Tabak wie ihr Partner zu kaufen, weil er aus dessen Pfeife so angenehm duftet. Bedenken Sie: Rauchen Sie selbst den Tabak, so schmecken Sie ihn lediglich. Deshalb würde ich für den Beginn etwas Harmloses empfehlen, je nach Vorliebe zum Beispiel einen Cavendish oder eine sehr leichte englische Mischung. Versuchen Sie ein paar Füllungen jeder Geschmacksrichtung, auch aromatisierte Tabake, und gönnen Sie Ihrer Pfeife und Ihren Geschmacksknospen einen Tag Ruhe, bevor Sie eine neue Mischung probieren. Denken Sie daran: Nirgendwo steht geschrieben, daß man Tag für Tag denselben Tabak rauchen muß. Wie bereits im vorhergehenden Kapitel dargelegt, wechsle ich die Tabaksorte kontinuierlich entsprechend dem jeweiligen Wochentag. Die meisten gewohnheitsmäßigen Pfeifenraucherinnen, mit denen ich sprach, zogen übrigens den aromatisierten Mischungen, die sie als zu »klebrig« empfanden, sehr leichte bis mittelstarke englische Tabake vor.

Auch beim Zubehör der Pfeife sollte eine Raucherin auf Stil und Zweckmäßigkeit achten. Angesichts des breitgefächerten Sortiments an Tabakbeuteln und Pfeifenetuis für die Reise sowie andererseits der wachsenden Schar weiblicher Pfeifenfans ist es wohl nur eine Frage der Zeit, daß größere Hersteller spezielle Design-Linien für Frauen entwickeln, mit Tabakbeuteln aus Wild- oder Lackleder und Pfeifenhüllen mit echtem oder künstlichem Pelzbesatz. Auch Pfeifenstopfer lassen sich Frauenhänden gut anpassen, und eine ganze Reihe schlanker Designer-Feuerzeuge ist ja bereits auf dem Markt. Es ist nun an der Pfeifen- und Tabakindustrie, die Pfeifenraucherinnen als ernstzunehmende und gewinnträchtige Klientel zu entdecken.

Auch eine Damenpfeife sollte von einem Format sein, das angemessene Rauchqualität garantiert. Das Eindringen in eine Männerdomäne wird zwar mitunter mißtrauisch beäugt, doch Frauen erzielen bei Wettbewerben für Pfeifenraucher zunehmend achtbare Ergebnisse.

Ihre Pfeife in den heimischen vier Wänden anzuzünden, ist kein medienträchtiges Ereignis für eine Frau – sie in der Öffentlichkeit zu rauchen, kann jedoch unverhofft zur traumatischen Erfahrung geraten. Jean Bain, dreimalige Gewinnerin der US-Meisterschaften im Pfeiferauchen, spricht aus Erfahrung: »Man kann vermeintlich maskuline Dinge auf ausgesprochen weibliche Art und Weise tun.«

Das trifft zu. Auf einer Cocktail-Party beobachtete ich einmal mit großem Interesse, wie eine sehr kultivierte Dame, die sich mit zwei Herren unterhielt, ganz beiläufig ihre Pfeife anzündete – mit so gelassener Selbstverständlichkeit, daß keiner der beiden es überhaupt zu bemerken schien oder sich gar bemüßigt sah, dem Gespräch eine andere Wendung zu geben.

Im allgemeinen sind Frauen sehr bewußte Pfeifenraucher. Sie stopfen ihre Pfeife sorgfältig, zünden sie korrekt an und paffen langsam und regelmäßig. Kurz, sie genießen ihre Pfeife offensichtlich in vollen Zügen. Das vielleicht beste Beispiel hierfür erlebte ich 1982 als Schiedsrichter eines Pfeifenraucher-Wettbewerbs in den USA. Gelegentlich nehmen an diesen Wettbewerben auch Frauen teil, viele einfach aus Neugier. Diesmal jedoch entpuppte sich eine Frau als Meisterin, die alle anderen Teilnehmer in dem riesigen, raucherfüllten Auditorium bezwang, mit einer Rauchzeit von einer Stunde, 23 Minuten und 55 Sekunden. Ihr Sieg war um so bemerkenswerter, als sie überhaupt zum ersten Mal eine Pfeife rauchte! Sie hatte einfach ihren Ehemann über die korrekten Rauchprozeduren befragt und sich alles gut eingeprägt, um dann jeden der Anwesenden auszustechen, sehr zum Vergnügen ihrer neunjährigen Tochter, die als Zuschauerin dabei war.

Für Pfeifenraucherinnen, die sich ihren männlichen Kollegen als durchaus ebenbürtig erwiesen haben, gibt es mittlerweile eigene Wettbewerbe mit besonderen Regeln. So gewann Sussi Jensen vom Pfeifen-Club Frederikshavn 1996 die Meisterschaft der dänischen Pfeifenraucherinnen mit einer Zeit von einer Stunde, 58 Minuten und 40 Sekunden.

Pfeiferauchende Frauen in der Werbung gibt es nach wie vor nicht, aber ich glaube, die Zeit hierfür ist allmählich reif. Das dürfte dann denselben Effekt haben wie 1927 die erste »weibliche« Zigarettenwerbung, die einer schon recht fortgeschrittenen Entwicklung Rechnung trug und sie zugleich unterstützte. Inwieweit die Werbung Pfeifenraucherinnen Aufmerksamkeit zollt, spielt jedoch letztlich keine Rolle. Tatsache ist, daß sie existieren und die Welt der Pfeife durch sie nur gewinnen kann. Ob sie ihre Pfeife nun zu Hause, im Büro oder auf Partys anzündet: Die Pfeifenraucherin ist ein Symbol dafür, daß Pfeiferauchen zunehmend in das allgemeine Bewußtsein rückt und gesellschaftlich an Bedeutung gewinnt.

Kapitel 8

»Rauch trinken«

»Mit Pfeife und einem Glas edlen Destillates in Händen läßt sich manch vergnüglicher Abend verbringen.«

Schon die ersten Europäer, die ihre Tonpfeifen anzündeten, genehmigten sich zum Rauchgenuß gerne einen Seidel Bier oder einen anderen passenden Trank. Kein Wunder, daß Pfeiferauchen und Trinken allezeit so harmonierten, sind doch beide ein angenehmer Zeitvertreib und – bei maßvollem Genuß – Entspannung und Geselligkeit dienlich.

Wir schwelgen heutzutage in einer opulenten Auswahl verschiedenster Tabaksorten, und die geistigen Getränke stehen da nicht nach. Der klassische Begleittrunk zur Pfeife ist Bier, seit einigen Jahren greift man aber auch vermehrt zu Malt Whisky, Bourbon oder Cognac. Die Kompatibilität dieser Destillate mit Pfeifentabak demonstriert nicht zuletzt die Vielzahl mit Whisky aromatisierter Sorten, die mittlerweile auf dem Markt sind. Schon seit über hundert Jahren kombinieren aber auch Raucher englischer Mischungen ihr Pfeifchen mit diversen Alkoholika; daher obliegt uns hier die Pflicht, das hochprozentige Thema einmal genauer unter die Lupe zu nehmen – zum Gewinn künftiger Rauch- und Trankopfer.

Zu den beliebtesten flüssigen Begleitern einer Pfeife Tabaks gehört, wie gesagt, schottischer Single Malt Whisky. Anders als Blended Whisky, bei dem man auf einer Basis von Getreidebrand bis zu vierzig verschiedene Sorten zu einer harmonischen Geschmackskomposition vereint, ist Single Malt nichts anderes als eine Sorte Malt Whisky aus einer einzigen schottischen Brennerei – »Scotch« darf sich auch nur ein Whisky nennen, der tatsächlich aus Schottland stammt. Jeder der zur Zeit über 300 Single Malts ist so individuell und einzigartig, daß mancher Experte schon an der »Nase« präzise seine Herkunft ablesen kann.

Schottischer Whisky (dort ohne »e« geschrieben, anders als bei den meisten irischen und amerikanischen Whiskeys) kommt vorrangig aus vier Regionen, von denen jede ihre spezifische Eigenart besitzt. Da wären zunächst die Lowlands im Süden, ein flaches Hügelland; der Single Malt aus dieser Gegend ist sanft und von leichtem Geschmack. Aus den eher rauhen, gebirgigen Highlands des Nordens kommen kräftigere Sorten. Im Nordosten jenes Gebietes, an den Ufern des Spey, konzentriert sich ein Ensemble von mehr als dreißig Destillerien: Hier, im sogenannten Speyside District, wird die Mehrzahl der bekannten Single Malts produziert. Und dann sind da schließlich auch noch die anderen Gebiete wie Campbeltown, Skye, Orkney und besonders Islay (»Ailah« ausgesprochen), die windumtoste Hebriden-Insel vor der schottischen Westküste, in deren ehemals acht Brennereien (heute noch sieben in Betrieb) einige der rauchigsten aller Single Malts entstehen. Das hängt unter anderem mit den Torfvorkommen zusammen. Gemälzte Gerste wird in Schottland über dem beißenden Rauch von Torffeuern gedörrt. Zudem ist das Grundwasser, ebenfalls eine Komponente des Whiskys, in einigen Regionen Schottlands häufig mit Torfspuren durchsetzt – eine dunkelbraune Naturquelle, die das Raucharoma noch intensiviert.

Malt Whisky wird aus gemälzter Gerste, Hefe und Wasser (gewöhnlich Quell- oder Flußwasser aus der Umgebung der Brennerei) hergestellt. Die gemälzte Gerste wird gemahlen und mit Wasser zur Maische vermischt. Die daraus entstehende Würze wird mit Hefe zur Gärung gebracht. Anschließend wird in alten Kupferkesseln, deren Form sich seit der Gründung der Destillerie vielfach nicht verändert hat, mindestens zweifach destilliert. Anschließend füllt man das Destillat in Fässer ab und lagert es mindestens drei Jahre in dunklen, feuchten Lagerhäusern. Die meisten Single Malts reifen allerdings erheblich länger; gemeinhin gelten acht bis sechzehn Jahre als Optimum, nur bei wenigen wartet man dreißig Jahre und mehr bis zur Flaschenabfüllung.

Der Charakter eines Malt Whiskys basiert im wesentlichen auf drei Faktoren: erstens auf Herkunft und Zusammensetzung des Wassers, zweitens auf der Bauart der Brennblasen (keine gleicht der anderen; tauscht man sie gegen neue, ändert sich auch der

Single Malt Whisky verträgt sich hervorragend mit englischen und aromatisierten Tabakmischungen, wie MacBarens »Scotch Highlands Blend«, dem »Scotch Type« von Orlik oder Samuel Grawiths »Grouse-Moor«.

Geschmack des Whiskys), drittens auf der Art der Fässer, in denen er reift. Es ist ein Unterschied, ob darin zuvor Sherry, Bourbon oder anderer Whisky gelagert wurde. Das gesamte Vorleben des Fasses – also Natur und Intensität der Nutzung – spielt eine Rolle für den Reifeprozeß des Whiskys und sein Aroma. Und je länger ein Whisky reift, desto mehr reduziert sich der Fassinhalt durch Verdunstung – genannt Angel's Share (Anteil der Engel).

Nun wissen Sie im Prinzip über Single Malts Bescheid und können Ihren Gaumen auf ein paar Experimente vorbereiten – welcher Whisky paßt zu welchem Tabak? Erstes Gebot ist die Koinzidenz von Sorten adäquater Stärke auf der HPH-Skala. Trinken Sie zum Beispiel einen *Glenfiddich* (HPH 1,5-2) zu einer Füllung *Three Nuns* (HPH 2-2,5), erschlägt der kräftige Tabak das Whiskyaroma. Greifen Sie andererseits zu einem *Glenfarclas* (HPH 2,5) und schmauchen hierzu ein Pfeifchen *Mac Baren's Virginia Nr. 1* (HPH 1,5-2), geht der Tabakgeschmack unter in den markanten Obertönen von Karamel und Eichenholz dieses Single Malts mit 60% Alkohol. *Mac Baren's Highland Mixture Scottish Blend* wird zwar mit dreißig Jahre altem *Glenfarclas* sau-

Die Kombination von Pfeife und Bourbon hat, ausgehend von den USA, inzwischen eine weltweite Anhängerschaft gefunden. Zu diesem uramerikanischen Trank paßt am besten eine englische Mischung.

ciert, aber das ist ein dezenter Geschmack ohne »alkoholischen« Charakter, der dem Tabak einen zusätzlichen Akzent verleiht, jedoch nicht sein Aroma dominiert.

Für Liebhaber von Sherry gibt es keine bessere Wahl als *The Macallan*, wobei der achtzehn Jahre alte mehr Körper hat als der Zwölfjährige und zugleich nichts von der Wucht des Fünfundzwanzigjährigen. Ähnlich, wenn auch nicht so intensiv, ist der *Glenmorangie Sherry Wood*, der zehn Jahre in Bourbonfässern reift und dann zwei weitere Jahre in kleinen Sherrygebinden. Beide passen mit der Stärke von 2-2,5 auf der HPH-Skala hervorragend zu *Amphora Red* oder *Escudo. Peterson's Irish Oak* wiederum ist eine dunkle, schwere Cavendish-Mischung, die durch Lagerung in eichenen Sherryfässern von sich aus eine entschiedene Sherrynote mitbringt und mit satten HPH 2,5 zu vollen, sherryfaßgereiften Single Malts vom Schlage *Mortlach* oder *Royal Lochnagar Special Reserve* geraucht werden sollte. *Borkum Riff Highland Malt Whisky* ist eine Virgina-Burley Mischung, aromatisiert mit *Cragganmore*, einem zwölf Jahre alten Speyside-Whisky der Stärke 2, krautig und zart. Der läßt sich auch bestens zu diesem Tabak trinken, da haben die Mischer von Borkum Riff also eine gute Hand bewiesen! Am anderen Ende der HPH-Skala böte sich beispielsweise eine Füllung *Balkan Sobranie* oder *Dunhill 965* an als Pendant zum kompakten, rauchigen *Lagavulin 16 Years Old* (HPH 2,5-3) oder dem Salz- und Seegras-Ton des *Laphroaig 10 Year Old,* beide von der Insel Islay.

Zum Aromatisieren von Tabaken nimmt man gerne auch den ur-amerikanischen Bourbon und nur amerikanische Whiskeys, die zu mehr als 51% aus Mais hergestellt werden, dürfen unter der Bezeichnung Bourbon auf dem Markt gebracht werden. Bourbon wird hergestellt aus Mais, Roggen, Gerste, Hefe und dem kristallklaren Wasser unterirdischer Quellen in Kentucky und Tennessee. Die entstehende Maische – »saure Maische« genannt, sofern zum Ansatz ein Teil der vorherigen Maische Verwendung findet, wird ähnlich destilliert wie Single Malts. Die Verwendung von saurer Maische war früher eine gängige Methode zur Wahrung der geschmacklichen Kontinuität.

Bei der Lagerung gibt es aber ein paar Unterschiede zwischen Bourbon und Scotch. Während Scotch am besten in gebrauchten Fässern reift, ist beim Bourbon die Lagerung in neuen, innen ausgekohlten Eichenfässern gesetzlich vorgeschrieben. Dieses Verfahren, das beim Bourbon praktiziert wird, geht auf das 18. Jahrhundert zurück. Damals geriet einem Priester, der klaren Mais-Whisky herstellen wollte, versehentlich ein hierfür bestimmtes Faß ins Feuer; wegwerfen wollte er es nicht und füllte also trotzdem sein Destillat hinein. Einige Jahre später barg das Faß eine braune Flüssigkeit, die man dann nach ihrem Ursprungsort – Bourbon County – benannte. Eben das verkohlte Holz verleiht dem Bourbon seinen typischen Vanille- und Karamelgeschmack und die natürliche braune Farbe. Anders als Scotch, der bei längerer Lagerung in kaltem Klima auch an Alkoholgehalt einbüßt, reift Bourbon in der Hitze des amerikanischen Südens, mit meist genau dem gegenteiligen Effekt.

Der Whiskey aus Tennessee unterscheidet sich kaum vom Kentucky Bourbon, einzig, daß man das Destillat aus den Kupferkesseln langsam durch große Behälter mit Holzkohle rinnen läßt, die als Filter fungiert. Hierdurch gewinnt der Whiskey einen vergleichsweise reineren Geschmack, ohne seine typische Farbe oder das charakteristische Eichenholzaroma einzubüßen. *Jack Daniels,*

Die Iren haben sich einen Namen gemacht mit ihren Whiskeys; sie sind im allgemeinen leicht im Geschmack und ohne rauchige Komponente. Als passende Tabake bieten sich natürlich der »Sweet Dublin« und Peterson's »Irish Wkiskey« an, aber auch leichte englische oder dezent aromatisierte Mischungen.

Gentleman Jack und *George Dickel* sind die wohl bekanntesten Tennessee-Whiskeys. Bei *Jack Daniels* gibt es die Spezialität des *Single Barrel Tennessee-Whiskey* – hier wird jeweils der Inhalt eines einzigen Fasses auf Flaschen gezogen (also 250 Stück). Ein solcher Single Barrel präsentiert sich voll und markant im Bereich 2-2,5 der HPH-Skala, während die meisten anderen Bourbons und Whiskeys die Stärke 2 nicht überschreiten. Als *Jack Daniels Single Barrel Whiskey* 1990 auf den Markt kam, gingen die ersten Partien übrigens nach Deutschland.

Solch exklusive Ware gibt es natürlich auch beim Bourbon: den Small Batch, was soviel heißt, daß er nur in geringer Quantität hergestellt wird (und zuweilen auch aus einzelnen Fässern stammt). Die bekanntesten Small Batch Bourbons sind wohl diejenigen von *Jim Beam,* darunter der *Basil Hayden* mit 40% Alkohol (HPH 2), der *Knob Creek* mit 50% Alkohol (HPH 2-2,5), der 53,5% alkoholhaltige *Baker's* (HPH 2,5) und der kräftige *Booker's,* der direkt aus dem Faß abgefüllt wird, ohne Beimischung reinen Quellwassers. Seine Normalstärke schwankt daher, abhängig vom jeweiligen Faß, zwischen 60,5 und 63,5% Alkoholgehalt. Wie nicht anders zu erwarten, bringt es der *Booker's* – als einziger Bourbon – auf einen Wert von 3 auf der HPH-Skala.

Will man Pfeifentabak und Bourbon adäquat kombinieren, steht einer wahren Phalanx von Tabaksorten ein recht schmales Geschmacksspektrum beim Getränk gegenüber – weit weniger als bei den Single Malts. *Brookfield Black Bourbon,* ein mit Bourbon aromatisierter Burley, raucht sich indes sicher ganz gut zu einem Glas Tennessee-Whiskey. *Holger Danske Black and Bourbon* wiederum weist dasselbe Vanillearoma auf, das Bourbon bei der Reifung im Fass aufnimmt, und eignet sich so vor allem für vollmundige Single Barrels, wie *Blanton's* oder *Wild Turkey Kentucky Spirit. Borkum Riff Bourbon Whiskey* wird mit acht Jahre altem *Four Roses Kentucky Bourbon* sauciert, harmoniert aber gewiß noch besser mit einem *Four Roses Super Premium* mit 43% Alkoholgehalt oder dem *Single Barrel Reserve* derselben Firma (die beiden letztgenannten werden interessanterweise ausschließlich für den Export produziert).

Selbstverständlich passen aber auch Tabake zum Bourbon, die nicht damit aromatisiert sind. So sind *Marker's Mark* und *Jack Daniels* (beide HPH 2) sehr empfehlenswert zu einer Füllung *Rattray's Accountant's Mixture* oder *St. Bruno*, um nur zwei Beispiele zu nennen. An einem Winterabend mit klirrendem Frost gibt es indes nichts Besseres als ein Gläschen *Knob Creek* oder *Wild Turkey Rare Breed* am Kamin, begleitet von einem Pfeifchen *Punchbowl* oder *Timm's London Blend* – alle von der Stärke 2-2,5.

Etwas leichter im Geschmack als Bourbons und Single Malts sind die irischen Whiskeys, was vielleicht daran liegt, daß sie meist nicht zweifach, sondern dreifach destilliert werden; außerdem entfällt für die meisten irischen Whiskeys mit dem Torffeuer auch die rauchige Note. So entsteht ein klares Destillat von zartem Geschmack, meist blumig-grasigen Obertönen und einer 2 auf der HPH-Skala. Hierzu bieten sich natürlich keine schweren Tabake an. Versuchen Sie es aber mal mit einem leichten *Sweet Dublin* oder *Peterson's Irish Whiskey Ready Rubbed* – beide mit irischem Whiskey fermentiert – zu einem *Glas Jameson's 12 Year Old* oder *Bushmills.* Soll es ein Whiskey mit vollerem, markanten Geschmack sein, greifen Sie zu einer Flasche *Bushmills 16 Year Single Malt Irish Whiskey,* und rauchen Sie dazu einen *Craven, Samuel Gawith Curly Cut* oder *Orlik Gold Medal* – das wird hervorragend zusammenpassen.

Der klassische Begleiter zum Tabak ist seit Jahrzehnten der Cognac – und hier steht, anders als beim Bourbon, eine erkleckliche Auswahl zur Verfügung. Cognac ist eigentlich ein zweifach destillierter Weinbrand aus dem Südwesten Frankreichs und darf nur unter dieser Bezeichnung verkauft werden, wenn er tatsächlich dorther stammt: aus der Gegend um die Stadt Cognac in der Charente. Entscheidenden Anteil an seinem spezifischen Charakter haben auch die kupfernen Destillierkessel und die Fässer aus Limousin-Eiche, in denen er gelagert wird. Die Weine, aus denen er gewonnen wird, kommen aus fünf verschiedenen Regionen, die besten darunter aus der Champagne, die Spitzenware wiederum aus der Grande Champagne; daher hängen Qualität und Preis eines Cognacs wesentlich vom Anteil dieser Trauben ab.

Der Cognac ist meistens ein Verschnitt aus mehreren Sorten unterschiedlicher Anbaugebiete oder Crus innerhalb der Cognac-Region, ähnlich wie Pfeifentabak, der aus Tabaken verschiedener Provenienz gemischt wird. Laut Gesetz muß das auf dem Etikett angegebene Alter eines Cognacs dem Durchschnitt der verwendeten Sorten entsprechen: Entsteht eine Cuvée aus einer zehn und einer dreißig Jahre alten Sorte, hat der Cognac ein »Alter« von zwanzig Jahren. Die Unterscheidung der Altersstufen erfolgt anhand eines Klassifizierungssystems: So steht V.S.O.P. (Very Superior Old Pale) für ein Alter von mindestens 4 Jahren, X.O. (Extra Old) für mindestens 6 Jahre, und so fort. Grande-Champagne-Trauben werden ausschließlich bei der Herstellung einiger edler Cognacs eingesetzt; so bringen es zum Beispiel *Louis XIII* und *Pierre Ferrand* auf hundert Prozent.

Der intensive Geschmack des Cognacs verlangt als Begleiter mindestens einen Tabak der Stärke HPH 2, sonst wird das Tabakaroma erschlagen. Doch diese generelle Empfehlung gilt es natürlich zu differenzieren: So harmoniert ein *Davidoff Classic Cognac* mit einem Pfeifchen *Davidoff Royalty*, aber nicht mit der *Danish Mixture* desselben Herstellers. Beide sind zwar Tabake der Kategorie HPH 2, aber der Cavendish der letzteren Mischung verträgt sich nicht mit den intensiven Obertönen von Honig und Vanille dieses Cognacs. Ein Schwenker *Rémy Martin* X.O. läßt sich dagegen ohne weiteres zu einer Füllung *Royal Yacht* von Dunhill oder *St. Bruno Ready Rubbed* genießen. Einer der exklusivsten Cognacs, der *Hennessy Richard*, paßt seinerseits hervorragend zum *Commonwealth* von Gawith, Dunhills *Nightcap* oder

Zur Eleganz eines guten Cognacs gehört ein Tabak mit entsprechend delikatem Aroma.

anderen Mischungen mit viel Latakia – die es mit dieser phantastischen Cuvée hundert verschiedener Sorten und einem Altersspektrum von 75 bis 175 Jahren aufnehmen können.

Ich persönlich genehmige mir zu Cognacs aller Altersstufen am liebsten eine englische Mischung, da die Süße der aromatisierten leicht die komplexe Balance des Cognac-Geschmacks überdeckt. Sind Sie indes ein großer Freund eines aromatisierten After-Dinner-Smokes am Kamin, besteht die Lösung vielleicht in einem Glas *Grand Marnier* Likör, mit seinem süßen Nektar aus Bitterorangen. Gängig ist der zehn Jahre alte; wollen Sie aber einen satten, schweren Geschmack, greifen Sie lieber zum *Grand Marnier Cuvée du Centenaire* – ursprünglich 1927 zum hundertjährigen Firmenjubiläum präsentiert und aus fünfundzwanzig Jahre altem Cognac hergestellt. Noch besser ist der *Grand Marnier Cuvée du Cinquantenaire*, ein exklusiver Verschnitt fünfzig Jahre alten Cognacs mit der bewußten Pomeranzenbasis. Hierzu paßt ein *Erinmore* oder der *Cellini* mit seinem leichten Orangenaroma.

Mit Pfeife und einem Glas edlen Destillates in Händen läßt sich in der Tat manch vergnüglicher Abend verbringen, an dem man den perfekten Paarungen bestimmter Flaschen und Tabakdosen nachspürt. Zum Glück sind genügend Tabake, Whiskys und Cognacs erhältlich, um uns viele Feierabendstunden zu beschäftigen. Das haben die Briten vielleicht auch gemeint, als sie im 16. Jahrhundert so begeistert vom »Rauch trinken« sprachen.

Kapitel 9

Zubehör für den Pfeifenraucher

»Irgend etwas kann der Pfeifenraucher immer brauchen, auch wenn er schon alles hat.«

Während ich an diesem Text schreibe, liegen vor mir auf dem Schreibtisch nicht weniger als fünf verschiedene Pfeifenstopfer, drei Feuerzeuge, diverse Streichholzschachteln (Souvenirs von Fernreisen des vergangenen Jahres), und daneben stehen zwei Tabakhumidore, einer davon so lädiert, daß er von Schnur und Klebeband gerade noch zusammengehalten wird. Natürlich habe ich noch andere – im Bücherregal und gar unter dem Bett –, doch ich vermag mich von diesem arg mitgenommenen Exemplar einfach nicht zu trennen: Es ist ein Geschenk meiner Frau, und ich hänge sehr daran. Was ich damit sagen will: Als Pfeifenraucher kann man gar nicht genug Pfeifen und Zubehör besitzen; das liegt einfach in der Natur der Sache.

Damit hätten wir auch gleich einen guten Geschenktip für Angehörige und Freunde, nach dem Motto: »Besorg ihm doch etwas für seine Pfeifen, da ist er beschäftigt!« Feuerzeuge, Reiniger, Bestecke, Stopfer, Tabakbeutel, Humidore, Pfeifenständer und zahllose andere Accessoires, mit denen wir uns selbst und unseren Pfeifen eine Freude machen können, warten nur darauf, daß wir sie in Besitz nehmen; und schenkt sie uns niemand, kaufen wir sie eben selbst – wie gewohnt.

Ich kann mir jedenfalls kaum eine angenehmere Beschäftigung vorstellen, als nachmittags auf ein Schwätzchen mit Gleichgesinnten meinen Tabakladen aufzusuchen und, nachdem ich ausgiebig herumgestöbert habe, eine Kleinigkeit zu erstehen und

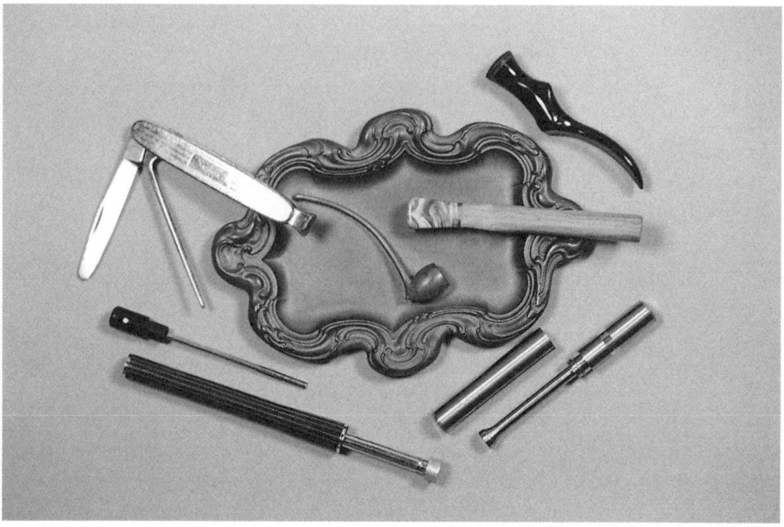

Der Stopfer ist eine der wichtigsten Requisiten des Pfeifenrauchers (im Uhrzeigersinn von links oben): ein Pfeifenbesteck der britischen Firma Rogers; ein Stopfer aus Acryl und Messing von Nørding; ein »Streichholz«-Modell in Acryl und Holz von Georg Jensen; ein Besteck von Davidoff aus Titan und Gold; ein ausziehbarer Stopfer von Vauen.

sie heimzutragen wie einen Schatz. Manches ist nützlich, anderes weniger oder sogar völlig wertlos, also sollten wir weder an dieser Stelle noch zu Hause zuviel Platz dafür verschwenden. Leider habe ich, wenn ich mich so auf dem aktuellen Pfeifen- und Tabakmarkt umsehe, in letzter Zeit kaum neue oder innovative Dinge entdecken können. Trotzdem möchte ich kurz auf Bewährtes eingehen und auf die wenigen Neuerungen, die der Erwähnung wert sind.

Das Nützlichste neben den Pfeifen selbst und einem großen Vorrat an Reinigern ist ein vernünftiger Pfeifenstopfer; er verhindert, daß Ihr Zeigefinger verkohlt und unansehnlich wird. Stopfer werden seit je aus unterschiedlichstem Material hergestellt, wie Holz, Bein, Elfenbein oder Metall. Die preiswertesten Modelle bestehen meist nur aus einer Art einfachem Nagel mit breitem Kopf, die kostbarsten etwa aus einem silberverzierten, geschnitzten Elfenbeinstäbchen. Eine größere Auswahl finden Sie bei ihrem Pfeifenhändler oder speziellen Versandhäusern. Das wichtigste Kriterium beim Erwerb eines Stopfers ist das geeignete Format: einerseits lang genug, um damit bis auf den Boden der Tabakkammer zu kommen, andererseits von so geringem Durchmesser, daß er noch in die Pfeife paßt. Das ist keineswegs so selbstverständlich, wie es klingt: Unlängst mußte ein Hersteller, der ein bestechendes Sortiment von Messingstopfern altenglischer Machart auf den Markt gebracht hatte, erleben, daß plötzlich der Umsatz stagnierte: Zu Hause stellten die Käufer nämlich fest, daß die Stopfer zu breit waren!

Eines der elegantesten Modelle ist sicherlich das Titan-Besteck mit Stopfer und Dorn von Davidoff, ideal für den abendlichen Stadtbummel (s. Abb. S. 228). Noch einen Hauch raffinierter ist der »Pipe Gadget« von Dunhill, ein Röhrchen im Taschenformat und ebenfalls mit Dorn und Stopfer ausgestattet; es ist mit einem Schraubdeckel verschließbar, was verhindert, daß Aschenreste in die Jackett-Tasche gelangen. Sehr praktisch und ansprechend gestaltet ist auch der Automatik-Stopfer von Vauen: Hier verschwindet der Stopfer mittels eines Federmechanismus' in einer Metallhülse, ergänzt von einem integrierten, herausziehbaren Dorn, mit dem sich festgebackener Tabak im Pfeifenkopf auflockern läßt. Eher traditionell dagegen das klassische Klapptaschenmesser aus Silber von Rogers in Sheffield (s. Abb. S. 228). Es verfügt über eine Klinge zum Pfeifenkopfreinigen und Tabakschneiden und einen Dorn; der Stopfer ist fest mit

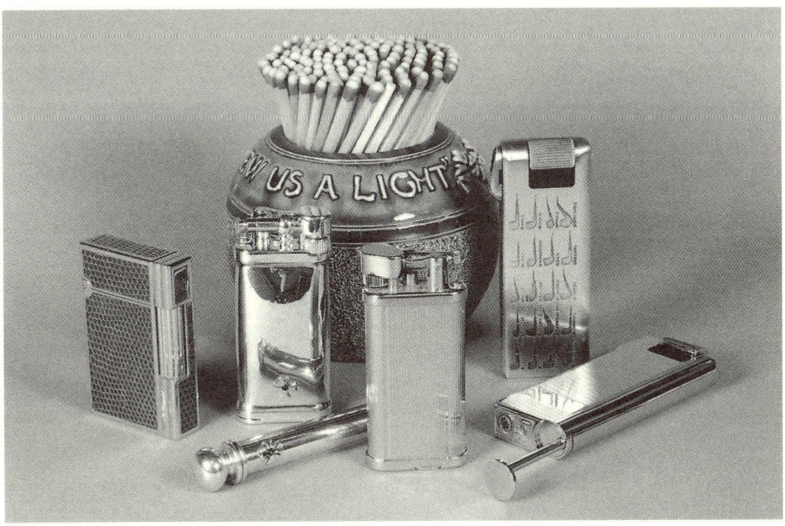

Ohne Feuer können Sie nicht Pfeife rauchen (von links nach rechts): ein goldenes »Gatsby«-Feuerzeug mit Lederbesatz von DuPont; ein silbernes Exemplar von Sillem's, mit passendem Stopfer; ein goldenes »Unique« von Dunhill; ein Feuerzeug von Corona mit waagerecht austretender Flamme, das mit Abbildungen der klassischen Pfeifenformen verziert ist, sowie ein weiteres Modell des japanischen Herstellers in Gold, beide mit integriertem Stopfer.

dem Messer verbunden. Ich verlege meine diversen Stopfer gerne im ganzen Haus und finde dann unweigerlich immer alle zwölf auf einmal wieder.

Was mich bei Pfeifenstopfern am meisten ärgert, ist der Umstand, daß einem ausgerechnet die teuren so schnell abhanden kommen. Einmal habe ich im Lauf eines Monats nicht weniger als fünf wertvolle Stopfer aus Gold und Elfenbein eingebüßt. Läßt man ein solches Kleinod im Aschenbecher liegen, kommt mit Sicherheit jemand, der offenbar genau dasselbe Modell besitzt, dies Exemplar für seines hält (oder auch nicht) und es konfisziert. Für die langweiligen »Hufnagel«-Stopfer aus Aluminium dagegen, die man oft als Dreingabe im Tabakgeschäft bekommt, interessiert sich offensichtlich kein Mensch. Vergißt man einen im Aschenbecher, bleibt er dort für alle Zeiten liegen.

Ein weiteres unentbehrliches Accessoire für den Pfeifenraucher sind Reiniger, auf die ich bereits in Kapitel 4 ausführlich eingegangen bin. Ich beschränke mich daher auf den Hinweis, daß man in alter Zeit Bindfäden und spezielle Drahtbürstchen benutzte, im 19. Jahrhundert gar Hühnerfedern; sie wurden im Dutzend verkauft, was vermutlich einem Zwanzigstel des ge-

Von links nach rechts: ein Colibri-Feuerzeug mit Schnappmechanismus, der die Flamme in einem 45°-Winkel hält; der silberne Miniatur-Bierseidel ist eine Feuerzeug-Idee von Dunhill aus den fünfziger Jahren; rechts ein Feuerzeug von Colibri mit waagerecht austretender Flamme und Schildpatt-Dekor. Die beiden Gold Spigots von Dunhill aus dem Jahre 1967 sind die Modelle Root Briar Nr. 475 und Shell Finish Nr. 59.

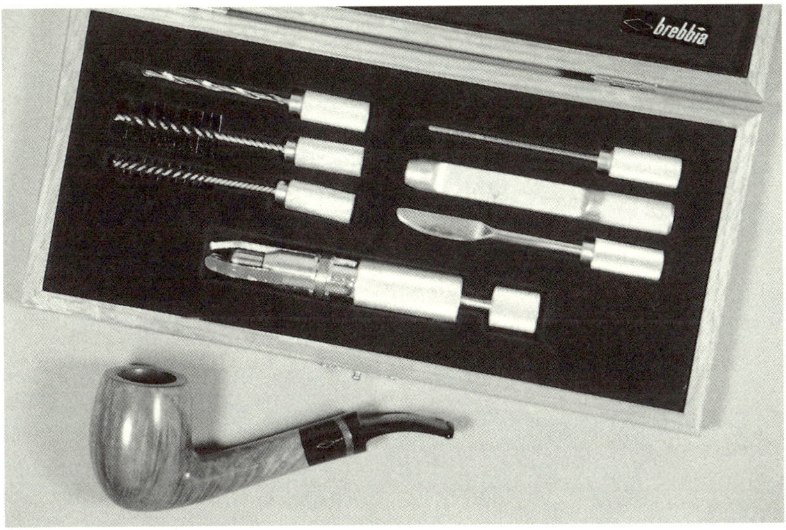

Dieser Holzkasten von Brebbia enthält ein komplettes Pfeifenreinigungs-Set. Davor eine Straight Grain derselben Firma.

samten Federkleides entsprach. Im 21. Jahrhundert läßt sich eine Pfeife leicht mit anderen Mitteln reinigen, was gewiß auch unsere gefiederten Freunde dankbar zur Kenntnis nehmen.

Auch der sachgemäßen Aufbewahrung des Tabaks sollten Sie gebührende Aufmerksamkeit schenken, denn nur wenn er die Feuchtigkeit hält, haben Sie optimalen Genuß an Ihrer Pfeife, und den haben Sie sich schließlich verdient. Die meisten Raucher kaufen jeweils nur 25- bis 50-Gramm-Packungen ihrer Lieblingssorte. Wirtschaftlicher und bequemer sind indes 225-Gramm-Dosen oder noch größere Mengen, womit man zu Hause oder im Büro einen kleinen Vorrat anlegen kann: So ist man nicht gezwungen, kurz vor Geschäftsschluß oder feiertags ein Taxi zum nächsten Laden zu entern und wird nicht bei strömendem Regen daheim zum Raubtier, weil der Tabak ausgegangen ist. Ideal zur längeren Lagerung ist ein Humidor oder Tabaktopf. Er sorgt für gleichbleibende Feuchte des Tabaks und verlängert so dessen Haltbarkeit. Jeder Pfeifenraucher sollte daher mindestens ein Exemplar besitzen.

Die meisten handelsüblichen Modelle heutzutage sind aus Holz, Porzellan oder Glas. Ein guter Humidor muß in jedem Fall über einen gut schließenden Deckel mit integriertem Befeuchtungssystem verfügen. Das Befeuchtungselement, zumeist

Zwei Tabakbeutel mit innovativem Komfort: Das Goldscharnier des Davidoff-Modells zur Linken öffnet sich auf Fingerdruck, so hat man die andere Hand frei zum Pfeifenfüllen. Der Beutel von Comoy's läßt sich für den Transport in der Jackentasche ganz flach zusammenlegen und zur Herausnahme des Tabaks weit öffnen. Der Ebenholzstopfer mit Silberapplikationen stammt von Otto Pollner in Bünde (Westfalen).

ein Schwamm oder ein wasserspeicherndes Stück Ton, sollte für eine konstante Luftfeuchtigkeit von 70 Prozent sorgen – nicht anders als bei Zigarren-Humidoren, die sich deshalb ebensogut für Pfeifentabak eignen. Wie bei anderen Befeuchtungssystemen auch, darf man nur destilliertes Wasser verwenden; keimhaltiges Leitungswasser kann Schimmelbildung bewirken. Trinken können Sie es ohne Bedenken, doch ihre Lieblingstabake sollten Sie damit verschonen! Der Befeuchter darf niemals in direkten Kontakt mit dem Tabak kommen; auch in diesem Fall besteht die Gefahr von Schimmelbildung. Es empfiehlt sich, Tabak und Befeuchtungssystem ungefähr einmal wöchentlich zu kontrollieren, vor allem während der Heizperiode. Ist der Tabak doch einmal zu trocken geworden, kann man ihn wieder feuchtmachen. Verwenden Sie jedoch niemals tropfnasse Befeuchtungselemente – auch überfeuchter Tabak ist nämlich ein Problem, das gar nicht so selten auftritt.

Ein Humidor schützt den Tabak, der leicht Aromen absorbiert, obendrein vor der Einwirkung von Gerüchen – etwa wenn Knoblauchdämpfe aus der Küche durchs Haus ziehen.

Bei manchen Tabaken bewirkt eine längere Lagerung im Humidor sogar eine Steigerung des Aromas, ähnlich wie bestimmte Gerichte intensiver schmecken, wenn man sie am nächsten Tag wieder aufwärmt. Ein interessantes Phänomen läßt sich auch bei diversen englischen Mischungen in Blechdosen beobachten. Unmittelbar nach dem Öffnen schmecken sie oft ein wenig befremdlich, und erst während des Kontaktes mit der Luft entfaltet sich allmählich das Aroma – einem Rotwein vergleichbar, den man nach dem Entkorken erst eine Weile »atmen« läßt, bevor man ihn trinkt.

Humidore werden in unterschiedlichster Ausführung angeboten, so daß sich für jeden Geschmack und Einrichtungsstil etwas Passendes finden läßt. Sie können aus Porzellan, Glas, Holz oder gar Silber bestehen oder mit Leder bezogen sein. Ein besonders prächtiges Exemplar befand sich, wenig verwunderlich, einst im Besitz von Sir Walter Raleigh. Laut Aussage eines gewissen Ralph Thoresby aus Leeds war es zylinderförmig und 30 Zentimeter hoch, bei einem Durchmesser von 18 Zentimetern. Dieses lederbezogene Tabakbehältnis hatte eine Art »Kragen« mit Löchern zum Aufhängen von Tonpfeifen. Es konnte etwa ein Pfund Tabak aufnehmen – also die Monatsration eines heutigen Durchschnittsrauchers, doch in der Ära der Tonpfeifen mit ihren

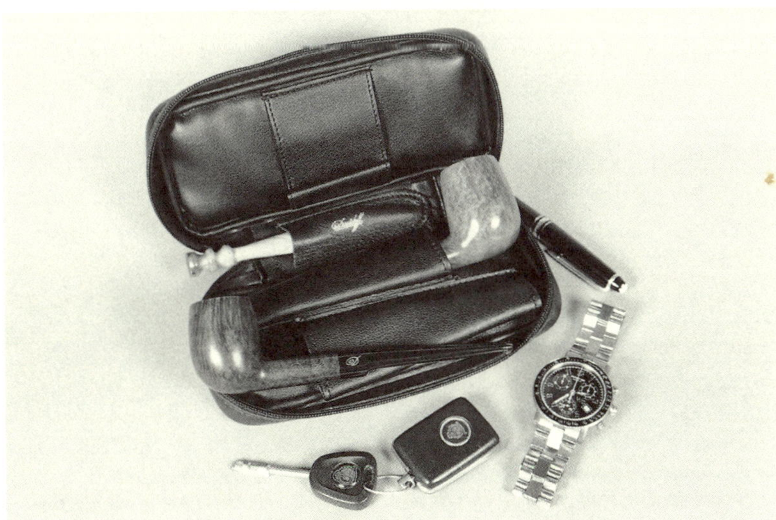

Ein Pfeifenetui, wie dieses von Davidoff, faßt alle Dinge, die ein kultivierter Mensch benötigt, wenn er aus dem Haus geht: Ersatzpfeife, Stopfer, Tabak und sogar Kreditkarten.

winzigen Köpfen war das wohl ausreichend für ein halbes Jahr. Doch in welchem Jahrhundert auch immer, ein Humidor war stets ein Einrichtungsgegenstand mit sympathischer Ausstrahlung, der selbst die bescheidenste Behausung in ein gemütliches Heim verwandelte – signalisierte er doch, daß hier ein Pfeifenraucher lebte.

Doch natürlich raucht man nicht nur in den eigenen vier Wänden, oft begleitet uns unsere Bruyère wie ein guter Freund, mit dem man gemeinsam der Unbill einer »feindlichen« Welt trotzt. Soll unsere Pfeife stets gut gestopft und auch draußen »im Feld« gut versorgt sein, ist ein Tabakbeutel unentbehrlich. Als Anfang des 17. Jahrhunderts das Pfeiferauchen in England groß in Mode kam, begab sich kein kultivierter Zeitgenosse ohne Accessoires wie Tonpfeife, Zange (zum Aufgreifen einer glühenden Kohle), Zündeisen, Zunderbüchse und Reißholz aus dem Haus. Den Tabak bewahrte man gewöhnlich in Behältnissen aus Metall, Elfenbein oder versteiftem Leder auf; meist waren sie mit aufwendigen Gravuren oder anderem Zierat versehen sowie einem separaten Fach für mehrere Tonpfeifen. Auf der anderen Seite

Der Pfeifenständer von Mastro de Paja sieht zusamengeklappt aus wie ein solider Holzblock. Die Pfeife links ist eine Straight Grain »Pearl« von Larsen mit marmoriertem Cumberland-Mundstück; rechts ein Stück aus der Design-Pfeifen-Serie von Brebbia, entworfen von Pierre Müller aus Genf. Im Hintergrund eine »B Grade«-Bent von Julius Vesz, auf deren goldenem Zierreif eine Eule mit Diamantaugen prangt.

Der elegante Pfeifenständer von Davidoff ist aus Makassar-Holz und Silber gefertigt. Die Halter fassen leicht auch großformatige Pfeifen, wie diese Dunhill ODA und die überdimensionierte »Bark Bulldog« von L. Wood (Ferndown) mit Silberbeschlag.

des Globus' behalfen sich die Chinesen mit kunstvoll verzierten Tabakbeuteln aus Seide. Später benutzten Herren von Welt (in der Alten und der Neuen) unterwegs Tabakbeutel mit einem Riemen, die man am Handgelenk oder über der Schulter trug. Eine Weiterentwicklung dieses Typs bildete schließlich das handliche, faltbare Necessaire, das gut in die Tasche paßt und deshalb noch heute gerne verwendet wird.

Tabakbeutel findet man in den verschiedensten Ausführungen, die besseren sind meist aus Leder und mit imprägniertem Stoff oder Synthetikmaterial gefüttert, um zu verhindern, daß der feuchte Tabak das Leder angreift, das bei direktem Kontakt seinerseits den Geschmack des Tabaks unangenehm beeinflussen kann. Preiswertere Modelle, die ihren Zweck ebenso gut erfüllen, bestehen ganz aus Synthetik. In der Regel besitzen sie einen Reißverschluß oder werden zusammengefaltet. Mit Ausnahme der billigen Plastikbeutel, in die man im Laden losen Tabak abfüllt, habe ich jedoch bisher noch kein Exemplar gefunden, das sich absolut luftdicht verschließen ließe; am ehesten noch der »Flavorlok« von Duncan mit seiner Gummilasche.

Einen der besten Tabakbeutel, den ich je besaß, schenkte mir vor Jahren meine Frau (noch vor unserer Hochzeit: Schenkt die Braut Ihnen einen Tabakbeutel, können sie ziemlich sicher sein, daß Sie die rechte Wahl getroffen haben!). Das war ein ganz einfaches Faltmodell aus Känguruhfell, doch der Tabak blieb darin mindestens eine Woche lang feucht. Als ich es später, dank ihres Einflusses, zu etwas gebracht hatte, leistete ich mir ein recht teures schwarzes Kamellederetui mit Reißverschluß und separatem Fach für Pfeife und Feuerzeug. Äußerst luxuriös und elegant – doch aus unerfindlichem Grunde hielt dieses vornehme Behältnis die Feuchtigkeit nicht, der Tabak schien darin in Minutenschnelle knochentrocken zu werden. Ich habe sogar schon erwogen, diesen Beutel als trockensten Platz der Erde ins »Guinness Buch der Rekorde« eintragen zu lassen. Noch im Augenblick des Einfüllens schien er den Tabak buchstäblich trockenzusaugen. Zum Glück findet sich dieses Phänomen bei neueren Modellen selten, deshalb tröste ich mich gerne damit, daß ich damals versehentlich einen experimentellen »De-Humidor« erwarb.

Da, wie gesagt, die wenigsten Tabakbeutel ganz luftdicht schließen, sollte man nie mehr als eine Ein- oder Zwei-Tages-Ration seines Lieblingstabaks mitnehmen (mehr faßt er ja gewöhnlich auch nicht), damit er wirklich frisch bleibt; ich lege gern sicherheitshalber ein Befeuchtungselement hinein. Auch die klimatischen Bedingungen haben Einfluß darauf, wie lange sich der Tabak im Beutel frisch hält: Es ist nicht einerlei, ob Sie im Regen oder in der Wüste herumlaufen. Manche Tabakbeutel haben ein separates Fach für die Pfeife, doch ich finde diese Version meist zu klobig und unpraktisch. Ich benutze diese Fächer lieber für Pfeifenstopfer, Streichhölzer und Reiniger. So kann man nichts verlieren oder vergessen, und wie ein fertig gepackter Koffer liegt der Tabakbeutel immer bereit, will man aus dem Haus gehen.

Praktisch sind auch Pfeifentaschen, wie sie zum Beispiel Klaus Überholz und andere deutsche und englische Hersteller anbieten; ich habe sogar schon Importmodelle aus China entdeckt. Diese flachen, handlichen Behältnisse aus weichem Leder fassen meist zwei bis zehn Pfeifen und verfügen über separate Taschen und Fächer, die groß genug sind für eine ganze Tabakdose, Feuerzeug, Stopfer und andere Utensilien. Kleinere Modelle sind gewöhnlich mit einer Traglasche versehen, größere mit einem

Handgearbeiteter Pfeifenständer aus Glas und Gold: Dieses Werk des Deutschen Wilhelm Eser von Ars Vitri ist bestens zur Präsentation hochwertiger Bruyères geeignet. Jedes Exemplar wird vom Künstler signiert und datiert. Die Pfeifen, von links nach rechts: eine »Collector« von Comoy's; eine 1971er Sandgestrahlte von Dunhill, mit Bambusholm; und ein perfekt gemasertes facettiertes Modell von Erik Nørding.

Schultergurt. In einer Pfeifentasche kann man nicht nur alles Notwendige zusammen verstauen, sondern auch eine ganze Reihe von Pfeifen, falls man sich wieder einmal uneins ist, welche man diesmal dabei haben möchte. Ich stecke einfach so viele wie möglich ein! Ungeachtet dieser Vorzüge konnten sich Pfeifentaschen in den USA bislang nicht recht durchsetzen. Vielleicht fänden sie dort mehr Anklang, sähen sie wie Cowboy-Satteltaschen aus …

Bevor das Streichholz erfunden und alltäglich wurde, zündete man Pfeifen mit glühender Kohle an, glimmenden Stofflappen (auch »Zunder« genannt), brennenden Zedernscheiten, Kerzen oder benutzte irgendeine andere Feuerquelle, die gerade zur Verfügung stand. Pfeiferauchen war damals wahrlich noch keine Sache, die sich überall problemlos bewerkstelligen ließ. Das änderte sich aber sehr bald nach der Erfindung des Sicherheitszündholzes mit Schwefelkopf in der Mitte des 19. Jahrhunderts; allerdings waren diese komfortablen Schwefelhölzchen anfangs noch sehr teuer und schwer erhältlich. Doch bald kamen sie als industriell gefertigte Massenware unters Volk und sind unter Kennern heute noch erste Wahl beim Anzünden einer Pfeife.

Auf solch kleinen Ablagen, hier aus Zinn, lassen sich Einzelstücke auch aufbewahren. Auf der linken (Sheffield, 19. Jahrhundert) ruht eine »Melos« von Don Carlos, auf der rechten (Design der dreißiger Jahre von Wilsons & Co. of Sharrow, England) ein Designer-Stück von Rainer Barbi für Brebbia.

Zwischen 1850 und 1914 transportierte man Streichhölzer in kleinen Metalldosen für die Westentasche. Diese – nach Vesta, der römischen Göttin des Herdfeuers benannten – Behältnisse ähnelten in der Form den heutigen Feuerzeugen; sie hatten einen mit Scharnier befestigten Deckel und eine Aussparung, in der man das Streichholz anreißen konnte. Später wurden sie abgelöst von Alkohol- und Benzinfeuerzeugen mit Feuerstein und Docht, ein permanentes Ärgernis für Pfeifenraucher (siehe Kapitel 4, sollten Sie es noch nicht gelesen haben). Sie machten gottlob nach 1945 dem Gasfeuerzeug Platz – ein bewährtes und noch heute gängiges Hilfsmittel zum Pfeifenanzünden.

Gasfeuerzeuge werden heute in breiter Auswahl an Marken und Modellen angeboten, so das »Corona Old Boy« von Sillem's (u.a. in attraktiver Silberausführung), IMCO, Dunhills Modelle »Rollagas« und »Unique« (auch in Miniaturversion) sowie viele andere von DuPont, Colibri oder Falcon. Alle sind auch in einer Ausführung erhältlich, bei der man die Flamme auf einen 45°-Winkel stellen kann, oder lassen sich entsprechend umrüsten. So kann man sie in den Pfeifenkopf »eintauchen«, ohne daß Herren sich hierbei die Finger versengen oder bei Damen gar der Nagellack Blasen wirft. Gasfeuerzeuge sind bei Pfeifenrauchern inzwischen so beliebt, daß ständig neue Modelle speziell für Pfeifen entwickelt werden. Lassen Sie sich die aktuellen von ihrem

Tabakhändler zeigen, und erkundigen Sie sich dabei auch nach Garantie- und Reparaturkonditionen. Manche Hersteller sind besonders zuverlässig; sie haben deswegen auch einen besseren Ruf, und es gibt deutlich weniger Reklamationen. Von Miniaturflammenwerfern, lassen Sie jedoch lieber die Finger, denn deren Flamme ist viel zu heiß für Ihre Bruyère und versengt sie im Handumdrehen.

Jeder Raucher, der mehr als zwei Pfeifen besitzt, sollte sich einen Pfeifenständer zulegen, nicht nur zur sicheren Aufbewahrung: So hat er seine Schätze immer im Blick und kann das gerade passende Exemplar leicht heraussuchen. Es ist immer wieder ein Vergnügen, sie so in Reih und Glied zu sehen wie eine Kompanie braver Bruyère-Soldaten, zum Appell angetreten in Erwartung Ihrer Wahl für den abendlichen Rauchfeldzug, von dem Pfeife wie Raucher stets als Sieger heimkehren. Leider sind viele heutige Ständer recht phantasielos gestaltet und bringen die Pfeifen nicht immer optimal zu Geltung. Doch es gibt auch Ausnahmen, wie die mundgeblasenen Glasständer von Wilhelm Eser, die er unter dem Markennamen Ars Vitri vertreibt.

Eine Alternative zu Ständern ist der Pfeifenschrank, hinter dessen Glastüren sich auch eine größere Anzahl von Pfeifen staubfrei präsentieren läßt. Diverse Modelle bieten derzeit Mastro de Paja, Savinelli, Ser Jacopo, Dan Pipe und viele andere an. Den idealen Pfeifenschrank habe ich bislang nicht gefunden. Meines Erachtens müßte seine Rückwand innen verspiegelt sein, damit man die Pfeifen beiderseits im Blick hat, und er sollte über eine Belüftung verfügen, so daß sie nach dem Rauchen und Reinigen gut »atmen« können. Vielleicht ergreift jetzt endlich ein Hersteller die Initiative, der kann sich dann bei mir bedanken. Doch, ob Ständer oder Schrank, nehmen sie immer ein Modell, das noch genügend Platz für Neuerwerbungen läßt – und hierdurch dazu anregt!

Eine Alternative zu neuen Pfeifenständern ist der Erwerb eines älteren Modells, das meist nicht nur praktisch und sehr ansprechend ist, sondern oft auch eine kluge Investition, da Rauchutensilien des 19. und frühen 20. Jahrhunderts derzeit auf verstärktes Sammlerinteresse stoßen (siehe Kapitel 10). Sie können sie nicht nur benutzen, sondern auch einen allmählichen Wertzuwachs verbuchen. Ich habe in meiner Sammlung zwei sehr schöne Exemplare aus der Zeit um 1890. Die Pfeifen sind darin nach europäischer Manier mit dem Kopf nach oben eingehängt, während sie bei amerikanischen Modellen mit dem Kopf nach unten verstaut werden. Dies nur als kleiner Tip am Rande für Ihren nächsten Antiquitäten-Bummel ...

Alternative und Ergänzung zum Ständer sind Pfeifenablagen, handliche kleine Objekte, die man zu Hause oder im Büro verwenden kann. Sie werden in unterschiedlichster Spielart angeboten, oft mit Bezug auf persönliche Vorlieben des Kunden, wie ein Hobby oder eine Sportart. Sie sind meist aus Holz, Zinn oder Keramik und sollen nicht nur ein bis zwei Pfeifen attraktiv zur Geltung bringen, sondern in erster Linie verhindern, daß diese versehentlich vom Tisch gefegt werden. Sie sind aber auch sehr praktisch, will man die Pfeife zwischen zwei Zügen kurz beiseite legen und die Hände für andere Dinge freihaben.

Empfindlichere Pfeifen aus Ton oder Meerschaum hebe ich am liebsten in der Originalverpackung auf und lasse sie nur ungern herumliegen, damit sie sicher vor allen Gefahren sind. Eine Ausnahme mache ich nur bei den Tonpfeifen, die ich zum Tabaktesten verwende, und einigen altholländischen Churchwardens, die nach dem Gebrauch dekorativ in ihren antiken Ständern postiert werden. Eine andere bewährte Tonpfeife ruht in einem perlenbestickten indianischen Tabakbeutel aus der Zeit um 1840, ein sogenanntes *gage d'amour* (Liebesunterpfand), das einst ein Trapper um den Hals trug oder in seiner Hütte aufgehängt hatte (vgl. Abb. S. 21). An der Wand meines Arbeitszimmers erinnert es mich an viele schöne Ausflüge in die Wildnis der Rocky Mountains.

Es ist tröstlich zu wissen, daß in unserer Epoche fortschreitender Spezialisierung auch spezielle Aschenbecher für Pfeifenraucher existieren. Sie haben meist eine Vertiefung, in der sich die Pfeife aufrecht abstellen läßt, und in der Mitte eine Kugel aus Kork – eigentlich dazu bestimmt, daß man mit dem umgedrehten Pfeifenkopf leicht dagegenklopft, um ihn auszuleeren. Doch ich scheine irgend etwas falsch zu machen, denn bei mir tanzt der Aschenbecher dann immer über den ganzen Tisch, oder ich mache wenigstens so viel Lärm, daß Umsitzende manchmal mitten im Gespräch innehalten und mich anstarren, weil ich mit meiner Pfeife rastlos auf das Korkstück einhämmere, wie eine Art geistesgestörter Zimmermann. Ich finde es, ehrlich gesagt, wesentlich praktischer, mit der weichen Handfläche sanft gegen den ausgerauchten Pfeifenkopf zu klopfen, so daß die Asche auf

Mit etwas Phantasie, ein wenig Holz und einem Gummi-Clip kann man selbst Ständer für ungewöhnliche Exemplar bauen, wie diese um 1710 entstandene Pfeife aus blauer »Jasperware« (Wedgwood Sail's Patent Pipe).

dieses komische Korkteil herabfällt. Verstehen Sie mich nicht falsch: Ich habe nichts gegen solche Aschenbecher, schon weil sie in meinem Haus selbst dem flüchtigen Betrachter signalisieren, daß ich Pfeifenraucher bin. Sie sind eine Art Rangabzeichen, wie ein Universitätsdiplom, eine Ehrenurkunde oder eine Medaille. Ein guter Aschenbecher für Pfeifenraucher muß groß genug sein für mehrere Pfeifen in aufrechter Position; so kippen sie nicht um, und es fällt keine Asche heraus. Das Mundstück sollte immer etwas höher lagern als der Kopf, damit keine Feuchtigkeit hineinläuft. Alles andere ist schmückendes Beiwerk, aber gleichwohl legitim.

Einen ›Pfeifenräumer‹ benötigen Sie, wenn die Kohleschicht im Pfeifenkopf zu dick geworden ist. Es gibt auch verstellbare Exemplare, wie den »Senior Pipe Reamer«, und solche mit auswechselbaren Einsätzen verschiedenen Durchmessers; das bekannteste Modell dieser Art ist wohl der »PipeNet« aus Schweizer Produktion. Mit einem Auskratzer können Sie jedenfalls die Kohleschicht immer auf das gebotene Maß zurückstutzen. Von der Verwendung einer Messerklinge hingegen rate ich Ihnen dringend ab, denn damit kann man nur ungleichmäßig arbeiten und verletzt oft versehentlich die Tabakkammer. Auskratzer sind außerdem recht gut geeignet zum Abtragen der Kohleschicht in Meerschaumpfeifen, die mitunter die Nachdunklung behindert. Seien Sie dabei aber nicht zu schwungvoll, sonst gibt es Kerben in der weichen Meerschaummasse.

Und da wir schon beim Thema Rauchen sind, wäre auch noch der »Smoking« zu erwähnen – eine Errungenschaft des 19. Jahrhunderts, die im 21. offenbar eine Renaissance erlebt. Wie ich vor längerer Zeit einmal in einem *Playboy*-Artikel schrieb, ist er wieder ganz up to date, was Herausgeber Hugh Hefner aus vollem Herzen bestätigte. Demonstrativ trug ich also bei der vorigen Silvesterparty meinen Smoking anstatt eines Abendjacketts. Auch auf Hollywood-Partys mischen sich Smokings, die ja ursprünglich dafür gedacht waren, zu Hause getragen zu werden, vermehrt zwischen die Abendjacketts. Zu den traditionsreichsten Herstellern dieses pfeifenraucherfreundlichen Kleidungsstücks gehören Turnbull & Asser, Sulka und Dunhill.

Gottlob kommt jedes Jahr neues Pfeifenzubehör auf den Markt – zumindest neue Versionen des Altgewohnten – und stellt uns vor die Entscheidung, ob wir es wirklich brauchen oder nicht. Zubehör wird in der Tat fast ebenso gern gesammelt wie die Pfeifen selbst, doch dies ist Thema des nächsten Kapitels.

Kapitel 10

Pfeifensammeln im 21. Jahrhundert

»Nicht nach ihrer Seltenheit bemißt sich der Wert einer Pfeife – sondern daran, wie begehrenswert sie ist.«

Warum werden wir Sammler? Ist das eine bewußte Entscheidung, oder geschieht es instinktiv? So mancher Pfeifenraucher trägt alle möglichen Bruyères zu reinem Rauchvergnügen zusammen, andere bevorzugen bestimmte Formen oder Marken. Im Grunde sind alle Pfeifenraucher Sammler, ob ihnen das nun bewußt ist oder nicht.

An den Begriff des Pfeifensammelns knüpfen sich durchaus unterschiedliche Vorstellungen, auch geographisch bedingt. Während sich das Interesse europäischer Sammler vorwiegend auf Exemplare des 19. Jahrhunderts oder noch ältere richtet, fallen diese in einem jungen Land wie den Vereinigten Staaten unter die Rubrik »Antiquitäten«. Hier sammelt man neuerdings vorwiegend Bruyère-Pfeifen aus dem 20. Jahrhundert – das Thema dieser »Estate Pipes« haben wir bereits in Kapitel 3 kurz gestreift. Nun, nach dem Sprung in das 21. Jahrhundert, haben Pfeifen jener Zeit noch an nostalgischem Reiz gewonnen. Von Europäern wie Amerikanern gleichermaßen geschätzt wird die moderne Kategorie limitierter Editionen und Jubiläumspfeifen, darunter die beliebten Weihnachts- und Jahrespfeifen namhafter Hersteller.

Über historische Pfeifen existiert glücklicherweise ein umfangreiches Schrifttum, und im ersten Kapitel dieses Buches war ebenfalls einiges über hochkarätige Seltenheiten zu lesen. Wichtig ist in jedem Fall der einwandfreie Zustand einer Pfeife –

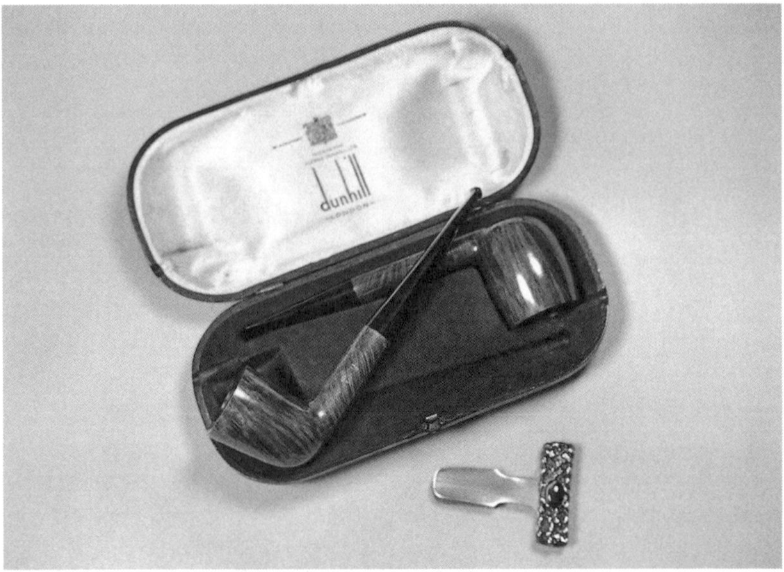

Ein äußerst rares Paar Root Briars *im Original-Etui (Dunhill 1950), gestempelt DRRH. Der Reiniger aus den sechziger Jahren ist mit gehämmertem Silber und einem Tigerauge verziert.*

Exemplare mit gebrochenem Kopf oder einem Haarriß im Mundstück sind wertlos. Sammlerstücke aus der Zeit vor dem 20. Jahrhundert, vor allem die fragilen Meerschaum- und Porzellanpfeifen, nimmt man am besten nicht mehr in Gebrauch, um das Risiko diffiziler Reparaturen zu vermeiden. Andererseits bin ich während meiner Pfeifenritter-Zeremonie in Miltenberg (vgl. S. 129) einem prominenten Pfeifenmann begegnet, der seine Reservistenpfeife schmauchte, und weder er noch sie trugen irgendwelchen Schaden davon. Haben Sie also Urgoßvaters Meerschaum- oder Regimentspfeife geerbt und wollen sie aus besonderem Anlaß wieder einmal anzünden – vielleicht aus Familientradition zu Ostern oder Silvester –, steht dem nichts entgegen, solange Sie vorsichtig damit umgehen. Meerschaum kann splittern, Bernstein brechen, alte Metallapplikationen sich lockern, eben unter dem Einfluß der Hitze, die sich beim Rauchen entwickelt. An solch kostbaren alten Stücken, anmutigen Zeugen der Pfeifengeschichte, sollte man sich in erster Linie als Betrachter erfreuen.

Bei moderneren Bruyères des 20. und 21. Jahrhunderts ist das Rauchen hingegen unproblematisch. Die begehrtesten Marken sind hier Dunhill, Charatan (Exemplare vor der Neukonzeption des Designs 1989) und Barlings, die vor 1960 hergestellt wurden, als die Firma sich noch in Familienbesitz befand. Weiter wären zu nennen die *Specimen Straight Grains* und *Blue Ribands* von Comoy's, die *Uniques* von GBD, und, zumindest in den USA, die Pfeifen von Alfred Sasieni – mit einem, vier oder acht Punkten, aus der Zeit vor dem Verkauf der Firma 1979.

Als neuester Schrei für Sammler etablieren sich neuerdings auch hochwertige aktuelle Spitzenpfeifen – vorwiegend diejenigen kleinerer Werkstätten in Deutschland, Dänemark und den Vereinigten Staaten. Besonderer Wertschätzung erfreuen sich zum Beispiel Modelle von Svend Bang, Rainer Barbi, Karl-Heinz Joura, Bo Nordh, Bertram Safferling, Ingo Garbe, Lars Ivarsson (Sohn von Sixten Ivarsson, dem Doyen der dänischen Freehand-Künstler), Michael Butera, Jess Chonowitsch und Randy Wiley. Ihre Erzeugnisse sind nicht gerade billig, dafür aber auch technisch und ästhetisch perfekt. Pfeifen von Freehand-Künstlern der Spitzenklasse können möglicherweise in wenigen Jahren schon eine Wertsteigerung erleben, weil derzeit kein Nach-

Zwei Sammler-Pfeifen von Dunhill mit goldenen Deckeln: links eine »Deerstalker Tanshell« (1979), daneben eine sandgestrahlte »Chimney« (1980). Der Keramiktopf im Hintergrund, gefertigt von Gray's Pottery im englischen Stoke-on-Trent, stammt aus der Pariser Filiale.

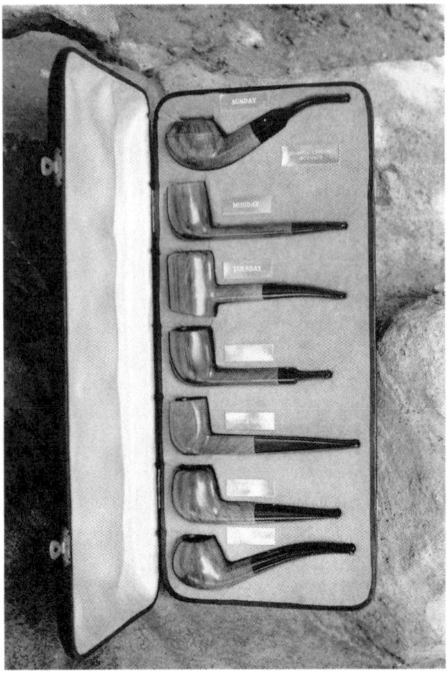

Traum vieler Sammler ist ein Sieben-Tage-Set. Sie sind oft extrem teuer, wie diese Dunhill-Kombination von Root Briars aus dem Jahre 1977, aufgelegt zum siebzigsten Firmenjubiläum.

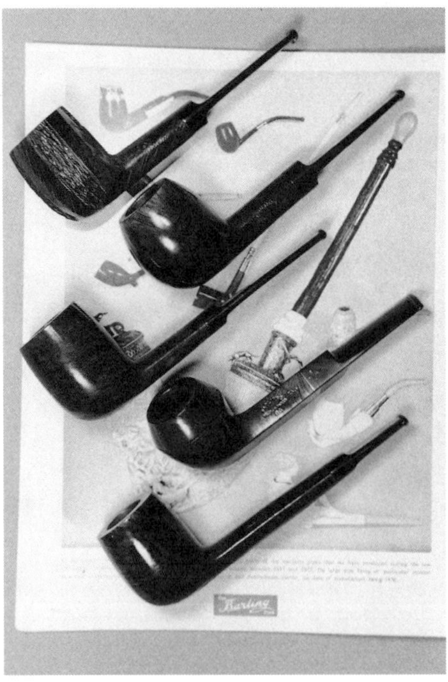

Barlings der frühen »Ye Olde Wood«-Serie vor dem Hintergrund der seltenen Erstauflage des Kataloges von 1962 (von oben nach unten): eine handgearbeitete »Quaint«, Nr. 274; Nr. 277, Nr. 86 und Nr. 303. Alle Exemplare haben ein Mundstück mit Sattelbiß und (abgesehen von der zweiten Pfeife von unten, einer EXEL) das Format EXEXEL.

Unge(b)rauchte Sammlerpfeifen kosten natürlich mehr, wie diese beiden sündhaft teuren Charatans: oben eine »Extra Large« in Eiform, unten das beliebte Modell »After Hours« mit Originalverpackung.

Wieviel ältere Sasieni-Pfeifen wert sind, hängt oft von der Anzahl der Punkte auf dem Mundstück ab. Hier sehen Sie drei Varianten (von oben nach unten): eine europäische mit einem Punkt (Patent Nr. 101 XXL) ohne englischen Stadtnamen zur Bezeichnung; eine weniger seltene »Pembroke« mit vier Punkten, Patentnummer und natürlichem Finish; eine frühe »Felsted« mit acht Punkten, Patentnummer und natürlichem Finish.

Peterson-Pfeifen rückten während der letzten Jahre in die Gilde der begehrtesten Sammler-Bruyères auf. Hier vier Exemplare aus der zweiten Hälfte des 20. Jahrhunderts (von oben nach unten): die »Lestrade« aus der laufenden Sherlock-Holmes-Serie; die 1998er »P Lip Centenary«; die 1988er »Millennium« und die »Peterson Centenary« aus dem Jahre 1975.

wuchs in Sicht ist und die meisten dieser Pfeifenmacher ein Alter um die Fünfzig erreicht haben. Es ist also zu befürchten, daß es in absehbarer Zeit kaum noch Freehand-Pfeifen geben wird, was somit den Wert der jetzt gefertigten Modelle erhöhen würde.

Die beliebtesten Lieferanten der Weihnachts- und Jahrespfeifen, die alljährlich in begrenzter Stückzahl auf dem Markt kommen, sind Dunhill, Savinelli, Comoy's und Stanwell, aber auch Butz-Choquin, Ser Jacopo, Nørding und Peterson stellen welche her. Manche Sammler setzen ihren Ehrgeiz in komplette Sets einzelner Hersteller; sie sehen eine Wertsteigerung allein in dem Umstand, daß ein Jahrgang nach Ausgabe der folgenden von Mal zu Mal schwieriger greifbar ist. So kann man zum Beispiel davon ausgehen, daß weltweit nicht mehr als zehn komplette Weihnachts-Sets von Dunhill existieren – aufgrund ihres hohen Preises, der begrenzten Auflage (zur Zeit weniger als 500 Stück jährlich) und der relativ langen Laufzeit (seit 1980). Weniger selten sind komplette Kollektionen der Ausgaben von Comoy's, Savinelli und Stanwell. In der Regel warten Sammler aber einfach ab, ob eine aktuelle Jahrespfeife ihnen gefällt, und bereiten sich dann ein exquisites Adventsvergnügen mit dem Erwerb und Gebrauch dieses Sondermodells. Seit einigen Jahren zeigt die Herstellung von Weihnachtspfeifen eine inflationäre Tendenz, zahlreiche Pfeifenfirmen haben sie ins Programm aufgenommen. Kaufen sollte man sich solche Modelle nur, wenn sie einem von der Form her gefallen, denn eine Wertsteigerung ist kaum zu erwarten, zumal viele Hersteller nicht einmal die Anzahl der gefertigten Stücke angeben.

Konkurrenz erhalten die Weihnachts- und Jahrespfeifen von Jubiläumsmodellen und anderen limitierten Ausgaben – auch die hat eben nicht jeder. Mit Jubiläumspfeifen, wie der *Centenary* von 1975 und der *Mark Twain* von 1986, hat sich zum Beispiel Peter-

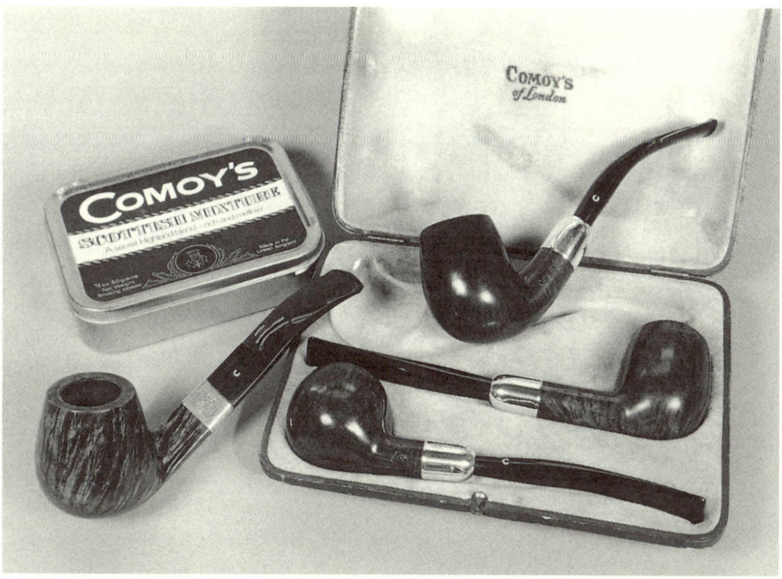

Sammler-Pfeifen von Comoy's: links das erste Modell der Explorer-Serie, 1997 in limitierter, numerierter Auflage von 150 Stück zu Ehren von Sir Francis Drake erschienen. Rechts wundervolle silberbeschlagene Blue Ribands aus den fünfziger Jahren, im Original-Etui. Links oben die (ungeöffnete) Dose einer ehemaligen Tabakmischung der Firma.

son einen Namen gemacht. Andere limitierte Editionen dieses Herstellers waren die *Dublin Millenium* (1988) und die *1898-1998 P Lip*, letztere zu Ehren des vollständig kopierten Mundstücks mit Lippenbiß. Zum größten Verkaufsschlager indes entwickelte sich die Serie der *Sherlock-Holmes-Commemoratives*, erstmals aufgelegt im Jahre 1987 und nach wie vor mit neuen Modellen produziert. Wie nicht anders zu erwarten, ist Dunhill auch auf diesem Feld sehr erfolgreich, unter anderem mit den Zweier-Sets zum 75. (1985) und 80. Firmenjubiläum (1987). Das erscheint arithmetisch etwas unlogisch, und damit hat es folgende Bewandtnis: 1985 bezog man sich auf das Jahr 1910, als Dunhill mit der Produktion eigener Pfeifen begann, zwei Jahre später auf die Eröffnung des ersten eigenen Pfeifenladens in der Londoner Duke Street (1907). Eine *Alfred Dunhill Centennial* gab es auch 1993, zur Erinnerung an das Gründungsjahr der Firma 1893. So ist das halt mit Jubiläen – es ist jedem freigestellt, was er aus einem bestimmten Datum macht. Die Sondereditionen von Dunhill-Pfeifen sind aber in der Tat aufgrund ihrer Qualität und ihres Prestiges besonders begehrte Sammlerstücke: Da gab es welche zum Jahrestag der London Bridge, des Cricketspiels oder zum vergangenen Millennium. Die wohl gesuchteste ist jedoch

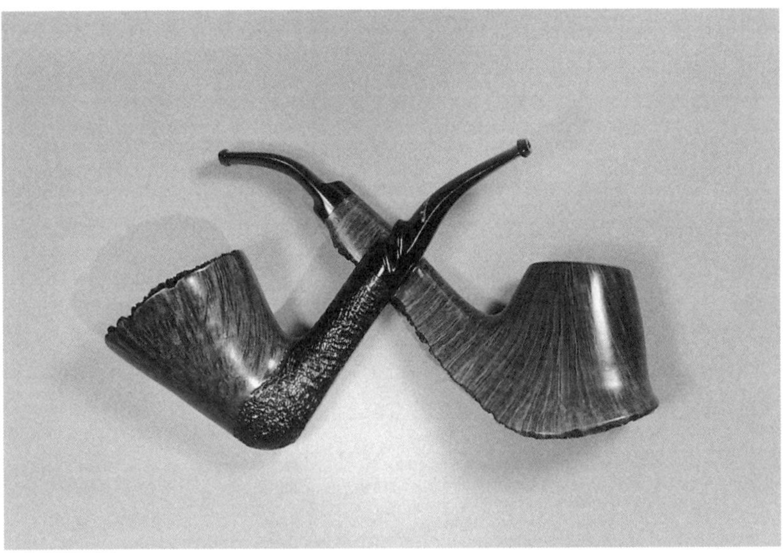

Die »Autographs« von Savinelli kann man nicht nur sammeln, sondern auch rauchen. Links eine schmucke teilsandgestrahlte Nr. 5, daneben eine der seltensten der ganzen Reihe mit der Nr. 0000, der höchste 0-Grad, der je produziert wurde.

Hier ist keine Liliputanerin mit Pfeife zu sehen, sondern eine Dame in Normalgröße, die eine überdimensionierte Meerschaumpfeife mit Bernstein-Mundstück aus dem Jahre 1890 in Händen hält. Ursprünglich wurde sie natürlich als Dekorationsstück gefertigt, aber irgendwann muß tatsächlich jemand versucht haben, daraus zu rauchen, soviel beweisen die Gebrauchsspuren.

die Sherlock-Holmes-Gedächtnis-Pfeife von 1987, von der nur 250 Exemplare existierten. All diese Pfeifen sind auch schwer auf Pfeifen-Börsen etc. zu bekommen, da eingefleischte Dunhill-Sammler immer Gewehr bei Fuß stehen, um Neuausgaben zu ergattern. Wenn Sie sich für solche Sonder-Editionen interessieren, greifen Sie aber nur zu, sofern Ihnen ein bestimmtes Modell als solches zusagt, unabhängig von irgendwelchen Spekulationen auf eine Wertsteigerung. Bleibt diese nämlich aus – und Garantien gibt es da nicht –, haben Sie gleichwohl Ihr Geld gut angelegt.

Sollte man Pfeifen dieser Kategorie eigentlich rauchen oder sie lieber schonen? Diese Frage kann nur jeder Besitzer solcher Exemplare für sich selbst beantworten. Nimmt man eine potentielle Sammler-Pfeife in Gebrauch, setzt das ihren Wert gewöhnlich um die Hälfte herab. Andererseits hat man dann weit mehr Vergnügen daran – ich schmauche jedenfalls gerne meine Lieblings-Jubiläumspfeifen, darunter die Sherlock Holmes von Dunhill und verschiedene Weihnachts-Pfeifen. Andere ruhen unangetastet in ihren Kästchen, weil mir das in ihrem Fall lieber ist oder ich bislang nicht dazu kam, sie einmal anzuzünden. Wenn ich mal neunzig Jahre alt bin, kann ich mir aber vorstellen, daß ich all meine jungfräulichen Jubiläumspfeifen um mich versammle und zumindest eine Füllung aus jeder rauche. Schließlich verhält es sich doch folgendermaßen: Sie sei so selten oder elegant, wie sie mag – eine Pfeife ist zum Rauchen da. Das ist nach meiner Auffassung der wirkliche Schatz, den man als Eigner jedweder Pfeifen-Kollektion hütet.

Kapitel 11

Internationale Pfeifenmarken

»Zu viele Pfeifen kann man gar nicht haben.«

Dieses Kompendium der Pfeifenmarken hat seinen Ursprung in der amerikanischen Erstausgabe meines *Ultimate Pipe Book* von 1984. Seitdem ist es mit jedem Buch, das ich seither veröffentlicht habe, kontinuierlich gewachsen und revidiert worden. So halten Sie mit diesem *Handbuch* zugleich eine der umfassendsten Übersichten über internationale Pfeifenmarken in Händen, die es gibt.

Im Folgenden finden Sie die überwiegende Mehrzahl der aktuellen internationalen Pfeifenhersteller; ich habe aber bewußt darauf verzichtet, hier Hunderte von Privat- oder Exklusivmarken einzelner Tabakläden aufzulisten – dies nähme so viele Seiten in Anspruch, wie Sie bislang gelesen haben. In einigen Fällen habe ich allerdings, soweit ihre Erzeugnisse noch im Handel sind, auch bekannte Firmen aufgenommen, die ihre Produktion inzwischen eingestellt haben. Leser aus Deutschland, Österreich und der Schweiz werden zudem auf so manche Marke stoßen, die in ihrem Heimatland nicht ohne weiteres zu bekommen ist. Versandhauskataloge und Internet haben indes auch die Pfeifenwelt zusammenwachsen lassen, und deshalb erschien es mir sinnvoll, solche Produzenten hier aufzuführen.

Es bleibt zu hoffen, daß diese Übersicht internationaler Pfeifenhersteller und Marken den Leser in dem Gefühl bestärkt, einer noblen Freizeitbeschäftigung nachzugehen – in dem beruhigenden Bewußtsein, daß die Bruderschaft der Bruyère nicht an irgendwelche geographischen oder ideologischen Grenzen gebunden ist.

Adsorba
Eine preiswerte Serienpfeife, die ausschließlich mit der Kammer für 9mm-Filter hergestellt und von Denicotea vorwiegend für den Export vertrieben wird. Adsorba stellt überwiegend klassische Formen mit sandgestrahlter und glatter Oberfläche her.

Aerosphere
Eine beliebte englische Bruyère, jährlich in einer Zahl von 2000 Stück gefertigt. Nur wenige gelangen außerhalb des Vereinigten Königreiches in den Verkauf.

Alpha
Amerikanischer Markenname für die israelischen Pfeifen, die in Europa unter dem Namen *Shalom* verkauft wurden. 1987 vorübergehend vom Markt genommen, werden sie nun wieder in derselben Fabrik in Sparta (North Carolina) hergestellt wie die *Dr. Grabow*-Pfeifen. Die Alpha ist im Prinzip eine Dr. Grabow ohne Filter, einige Modelle haben nämlich Zapfen mit Gewinde, und alle sind »eingeraucht« in dem 1933 von Lewis Linkman entwickelten Verfahren.

Amorelli
Seit Gründung der Firma im Jahre 1982 steht der Name Salvatore Amorelli für die weltweite Renaissance des Pfeifenmachens, besonders für die Spezies der Pfeifenkünstler, die sich auf eine quantitativ geringe Produktion auf hohem Niveau beschränken. Die Güteklasse der Amorelli-Pfeifen wird mit einem bis fünf Sternchen auf der linken Seite des Holms gekennzeichnet. Interessant auch die beiden Goldbarren-Intarsien in Mundstück und Holm, an deren Position sich exakt überprüfen läßt, ob die Pfeife richtig zusammengesetzt wurde.

Amphora
Eine Zweitmarke von Gubbels in den Niederlanden, die auch Big Ben, Royal Dutch und Hilson herstellen und Teil des Herstellerkonsortiums für Amphora-Tabak sind – daher der Name.

Anne-Julie
Anne-Julie Rasmussen ist eine der wenigen Pfeifenmacherinen mit internationalen Renommee. Verheiratet war sie in erster Ehe

mit dem Pfeifenmacher Poul Rasmussen, der aber die Pfeifenherstellung für Männersache hielt. Nach seinem Tod im Jahr 1967 übernahm sie die Werkstatt und lernte das Pfeifenmachen von Former, der seinerzeit bei ihrem Mann ausgebildet wurde. Bekannt wurde sie durch die inzwischen häufig kopierte »Tulpenpfeife«. Nachdem sie sich vor einigen Jahren eigentlich zur Ruhe gesetzt hatte, ist sie nun wieder aktiv und fertigt jährlich wenige Exemplare neben diversen anderen Tätigkeiten: Sie malt abstrakte Bilder und kümmert sich um die Farm und ihren zweiten Ehemann. Ihre Werkstatt hat sie auf der dänischen Ostseeinsel Læsø. Die wenigen Pfeifen, die sie herstellt, zeichnen sich durch originelle Einfälle bei Gestaltung, Form und der Verwendung von Edelmetallen aus. Namhafte dänische Pfeifenkünstler haben in der Vergangenheit für sie gearbeitet, darunter Former, Tom Eltang, Teddy Knudsen, Ulf Noltensmeier (einer der beiden Pfeifenmacher von Bang) und Björn of Sweden.

Ardor

Diese Pfeifen werden handgefertigt im italienischen Varese von Vater Angelo Rovera und seinem Sohn Dorelio – das Akronym des Firmennamens setzt sich zusammen aus den Initialen des Vaters und den ersten drei Buchstaben vom Vornamen des Sohnes. Die Tradition des Pfeifenmachens geht in ihrer Familie zurück bis auf das Jahr 1911. Damals gründeten die vier Brüder Carlo, Cornello, Francesco und Federico das Unternehmen unter dem Namen Rovera. Angelo, Federicos Sohn, gab dessen Fertigkeiten an den eigenen Filius weiter, als dieser dreizehn Jahre alt war, so blieb sie auch in der nächsten Generation erhalten.

Heute leitet Dorelio den Betrieb, entwirft die Modelle und sucht persönlich das Bruyère-Holz aus Kalabrien, Ligurien und Sardinien aus. Das Holz läßt man bei Ardor zehn Jahre lagern. Die maschinengefertigte Ware kommt unter dem Namen Lampedusa auf den Markt, die handgearbeitete als Varese. Die Mundstücke entstehen in Handarbeit aus Acryl, und viele Modelle weisen das typische, patentierte Ardor-Mundstück auf: breit und flach für Raucher, die es gerne fest zwischen die Zähne klemmen.

Armellini

Mauro Armellini betreibt seine winzige Fabrik in dem kleinen Dorf Cucciago, dem Zentrum der italienischen Pfeifenherstellung, wo auch Ascorti und Radice angesiedelt sind. Armellini, der seinen beruflichen Werdegang bei Nino Rossi, dem Leiter der seinerzeit größten Pfeifenfabrik des Landes, begann, ist ein genialer Konstrukteur von Maschinen für die Pfeifenherstellung. In den USA machte er sich indes einen Namen mit einer Serie von Hausmarken für den Tabakkonzern Tinder Box, darunter die beliebten *Verona* und *Napoli;* diese Modelle avancierten schnell zu Dauerbrennern der unteren bis mittleren Preisklasse. Um das Renommee seiner Marke zu verbessern, brachte Armellini dann auch handgefertigte, eng an klassische Formen angelehnte Freehands auf den Markt, wie die *Direttore.*

Insgesamt bestechen die maschinen- wie die handgefertigten Exemplare dieses Herstellers durch ihr außergewöhnliches Design. Die Exportrate in die Vereinigten Staaten ist drastisch gesunken, seine Pfeifen sind jedoch auch in Italien und – sehr selten – in Deutschland und Großbritannien erhältlich. Früher betrug der gesamte Produktionsaustoß 20000 Stück per Jahr, heute sind es deutlich weniger.

Ascorti

Peppino Ascorti war 1968 Mitbegründer der angesehenen Caminetto-Fabrik. Nach deren Schließung nahm er 1980 die Produktion von Pfeifen unter seinem eigenen Namen auf, die bald den Weg in die USA fanden. Die Ascorti-Pfeifen rauchen sich, ganz wie die alten Caminetto, extrem trocken und kühl. Sie zählen heute mit Sicherheit zu den besten italienischen Pfeifen. Sie sind mit rustizierter, sandgestrahlter und glatter Oberfläche erhältlich: letztere – je nach Qualität der Maserung – in Rot, Orangefarben und Natur.

Die Mundstücke der über dreißig verschiedenen Modelle sind durchweg aus handgeschnittenem Acryl. Das Logo »A« (für Ascorti) zierte sie ursprünglich als Goldletter, 1985 ging man zu Weiß über, 1986 zu Silber, und inzwischen ist man wieder bei Weiß. Nach Peppino Ascortis Tod im Jahr 1984 übernahmen die handwerklich ebenfalls hochbegabten Söhne Roberto und Pierangelo das Ruder. Pierangelo, der jüngere der beiden, kam 1990 bei einem Motorradunfall ums Leben; seither liegt es an Roberto, die Familientradition weiterzuführen. Jährlich verlassen ungefähr 3000 Pfeifen die Fabrik; sie werden vorrangig nach Deutschland und in die USA exportiert.

Ashton

William Ashton Taylor repräsentiert einen ganz neuen Schlag britischer Pfeifenmacher, der Mitte der achtziger Jahre auf den Plan trat. Bei der Herstellung seiner hochklassigen Pfeifen bedient er sich althergebrachter Methoden: Sie werden von Hand gedreht, die Köpfe mit heißem Öl behandelt; früher kochte man gar den Kautschuk für die Mundstücke vor der Verarbeitung, um seinen Schwefelgehalt zu reduzieren (der für die Oxidation verantwortlich ist). Seit 1996 fertigt man hier die Mundstücke aus »Ashtonite«, einer hauseigenen Mischung aus Kautschuk und Acryl, die nicht oxidiert und weniger hart an den Zähnen ist als Acryl.

Aufgrund all dieser technischen Vorzüge zählen Ashtons zu den begehrtesten britischen Pfeifen auf dem amerikanischen Markt. Taylor begann als Lehrling bei Dunhill und machte sich nach fünfundzwanzig Jahren Berufserfahrung 1984 selbständig – sofort mit durchschlagendem Erfolg. Die Nachfrage seiner klassischen Bruyères in den Vereinigten Staaten war so immens, daß er erst ein Jahr später auch den englischen Markt belieferte. Heute hat sich das Verhältnis von Angebot und Nachfrage einigermaßen eingependelt, trotz eher zögerlichen Nachschubs: Ashton stellt mit seinen drei Mitarbeitern jährlich etwa 3500 Pfeifen her. Neben Amerika (dem Hauptabnehmer) werden seine Pfeifen vorwiegend nach Deutschland und Italien exportiert.

1993 legte Ashton mit den *Taylor Mades* eine preiswerte Serie für die USA auf. Das sorgte für einige Verwirrung, da diese Bezeichnung zuvor den Spitzenmodellen aus der Hand des Firmenchefs vorbehalten war. Somit waren plötzlich Ashton-Pfeifen ganz unterschiedlicher Qualität auf dem Markt: Da die *Taylor Mades* inzwischen in alle Exportländer als preiswerte Alternative geliefert werden, haben die Kunden sich inzwischen an diesen Namen gewöhnt. Die höherwertigen Ashtons sind, vor allem in den USA, sehr begehrt bei anspruchsvollen Rauchern und Sammlern – dafür versieht Taylor sie sogar mit dem Herstellungsdatum. Ashtons gibt es mit fünf verschiedenen Oberflächen: die zweifach sandgestrahlte *Pebble Grain,* die patentierte *Pebble Shell,* die zunächst von Hand rustiziert und dann sandgestrahlt wird (hierzu nimmt man gewöhnlich Exemplare aus Holz extremer Dichte), die 1989 eingeführte *Oldchurch* (ohne religiösen Bezug, außer zu den heiligen Hallen der Firma am Old Church Rise), sandgestrahlt, ölbehandelt und ungebeizt. Des weiteren die *Brindle,* gleichfalls ein Modell von 1989, mit attraktivem Sandstrahlfinish in zweierlei Brauntönen und die sehr seltene, glatte *Sovereign*, eine Straight Grain mit zuweilen exquisiter Maserung. Nur Firsts erhalten den Ashton-Stempel.

Die Seconds, ursprünglich in Großbritannien unter dem Namen *Briarwoods* in den Handel gebracht, gab es im zweiten Halbjahr 1987 auch vereinzelt in den USA. 1988 kam Ashton dann mit der *Quaint* heraus, einem drei-, sechs- oder achtfach facettierten, ausgesprochen modernen Modell. Am meisten geschätzt werden indes nach wie vor Taylors Klassiker, von denen die sandgestrahlten den Löwenanteil stellen. 1999 begann die Produktion einer neuen *Ashton Quaint Collection;* alle sechs Monate erscheint ein weiteres von fünfzehn geplanten Modellen.

Bei Ihrem nächsten London-Aufenthalt sollten Sie der Firma ruhig einmal einen Besuch abstatten. William ›Ashton‹ Taylor ist ein sehr zuvorkommender Gastgeber, der sogar – soweit seine Terminsituation es zuläßt – höchstpersönlich unter Ihren Augen eine Pfeife für Sie anfertigt, und das ist doch gewiß keine alltägliche Erfahrung. Wenn Sie allerdings in einem Moment auftauchen, in dem Besucher ihm die Tür einrennen, dann können Sie wochenlang auf eine solche Sonderanfertigung warten. Es hält sich übrigens hartnäckig das Gerücht, Ashton habe, als Ergänzung zur klassischen englischen Linie, ein »figurales« Modell in Planung; einer seiner Mitarbeiter ist nämlich sehr bewandert in dieser Technik. Vorläufig jedoch scheint man bei Ashton bestens damit ausgelastet zu sein, die aktuellen Formen in ausreichender Menge zu produzieren.

BBB-Pfeifen

Allen anderslautenden Aussagen zum Trotz: BBB ist zweifellos das älteste eingetragene Warenzeichen für Bruyère-Pfeifen in England – präsent seit Inkrafttreten des »Registration of Trademarks Act« im Jahre 1876. Pfeifen wurden bei BBB indes schon weit länger hergestellt, vermutlich schon 1847. Das Buchstabenkürzel steht übrigens nicht – so eine geläufige Interpretation – für *Britain's Best Briars*, sondern für *Blumfeld's Best Briars*, benannt nach Louis Blumfeld, der lange Jahre an der Spitze des Unternehmens stand. Auf den Weltausstellungen 1908 in Paris und 1910 in Brüssel erhielten die Pfeifen höchste Auszeichnungen; die Londoner Firma residierte damals in der Queen Victoria

Street 119. Außer den traditionellen Bruyères wurden dort auch für Sammler höchst interessante Kalabaschs mit Silberapplikationen, Pfeifen aus Kirschholz, Meerschaum und Ton, Wasserpfeifen und sogar Maiskolbenpfeifen hergestellt. Die Mundstücke der besseren Bruyères wurden meist aus Kautschuk gefertigt, zuweilen auch aus Horn, die der preiswerteren gewöhnlich aus Ambroid, einem frühen Kunststoff.

Andere interessante BBB-Modelle des frühen 20. Jahrhunderts waren die *Army Briars* (Steckpfeifen), die *Waistcoat Pocket Pipe* mit ovalem Kopf, die kurze, stämmige *Golfer* oder die populäre *Captain Warren's Health Briar* mit abnehmbaren Kopf (zur Erleichterung des Reinigens). Diese angesehenen Pfeifen werden mittlerweile in der alten Orlik-Fabrik in Southend-on-Sea produziert, in derselben Fabrikhalle wie Comoy's, Loewe, Dr. Plumb's und GBD. Seit 1980, als die US-Lizenz für den Namen BBB in die Hände des Importeurs Wally Frank überging, werden die – sonst weltweit vertriebenen – Pfeifen nicht mehr in die Vereinigten Staaten exportiert. Seit 1984 sind sie dort nur noch existent als Hausmarke von Fachgeschäften, die BBBs mit eigenem Namenszug verkaufen.

Baldo Baldi

In Genua stellte der gelernte Architekt Baldo Baldi früher rund 250 Pfeifen pro Jahr her – sündhaft teure, erstklassige Bruyères für wohlhabende Raucher und Sammler. Zu drei Vierteln gingen diese spektakulären Stücke in die USA, vorwiegend mit glatter Oberfläche, nur etwa zwanzig rustizierte jährlich kamen hinzu. Mit Rücksicht auf das zunehmende Sammlerinteresse und auf Drängen seines US-Importeurs ordnete Baldi ab 1989 seine Pfeifen in eindeutige Güteklassen; so ließ sich besser nachvollziehen, weshalb manche Exemplare einige Tausend Dollar kosten.

Die Grobeinteilung erfolgt mit dem Buchstaben »B«, vom einzelnen bis zum dreifachen, die Kategorisierung innerhalb dieser Stufen mit Ziffern von »1« bis »4« – demnach ist »B1« die niedrigste, »BBB4« die höchste Klasse. In sehr begrenzter Stückzahl fertigte Baldi auch »BBBX«-Pfeifen, wobei das »X« für »Extraordinary« steht. Keine Frage, daß der Preis eines solchen Kunstwerks gleichfalls außergewöhnlich ist und leicht ein durchschnittliches Monatsgehalt übersteigt. Aus Krankheitsgründen mußte Baldo Baldi die Pfeifenherstellung für mehrere Jahre aufgeben, fertigt aber seit Beginn des Jahres 2000 wieder einige wenige exklusive Stücke.

Balleby

Dahinter verbirgt sich der Pfeifenkünstler Kurt Balleby Hansen aus dem dänischen Kolding. Seine bevorzugten Modelle sind Variationen von Tulpen-, Kugel-, Bulldog- und Rhodesianformen, die er mit eigener Handschrift versieht. In der Vergangenheit verwendete er als Erkennungszeichen ein Dreieck aus Silber (das gleichzeitig zur Befestigung des Teflonzapfens diente), seit Beginn des Jahres 2000 benutzt er ein Fünfeck aus Gold. Seine glatten und sandgestrahlten Pfeifen sind in Deutschland, Dänemark und Österreich erhältlich und werden seit kurzem in geringer Stückzahl auch in die USA geliefert.

Gerade in den letzten zwei Jahren hat der Name an Bedeutung gewonnen – insbesondere wegen der sehr guten Verarbeitung. Ihm wird – neben Ilsted – der beste Kantenschliff nachgesagt.

Bang

Das ist der Markenname eines der exklusivsten dänischen Pfeifenhersteller: Svend Bang, der 1968 im Hinterzimmer seines Kopenhagener Tabakladens eine Werkstatt einrichtete, jedoch selbst – wenig erfolgreich – nur einige Pfeifen herstellte. Seine wunderschönen, erstklassigen Bruyères entstammen den begnadeten Händen von Per Hansen und Ulf Noltensmeier, die seit 1970 bzw. 1971 für ihn tätig sind; die beiden hatten sich kurz zuvor bei Preben Holm kennengelernt. Jede Bang-Pfeife trägt seither neben dem ovalen Firmen-Logo die Bezeichnung für die jeweilige Qualitätsstufe. Die Initialen PH und UN sind eine Konzession für Sammler und werden nur auf Pfeifen gestempelt, die nach Amerika exportiert werden.

Svend Bang übergab 1984 sein Geschäft den beiden Pfeifenkünstlern. Die Silberapplikationen für die glatten und sandgestrahlten (Hansens Job) Pfeifen fertigen sie jeweils selbst. Die Bruyères – vorwiegend aus korsischem Holz – werden entsprechend der Maserung klassifiziert: in aufsteigender Qualität zunächst sandgestrahlte schwarze Pfeifen, dann helle sandgestrahlte und schließlich diejenigen mit glatter Oberfläche. Diese sind – je nach Maserung und Holzqualität – mit den Nummern 5 bis 9 gekennzeichnet, dann folgen die Buchstaben A bis C und schließlich numerierte Einzelstücke. Von letzteren verlassen weniger als 10 Modelle im Jahr die Kopenhagener Werkstatt. Die Jahresproduktion von rund 500 Exemplaren (darunter ganz selten einmal eine Meerschaumpfeife von Per Hansen) wird vorrangig nach Deutschland, Japan, Kanada und USA exportiert. Svend Bang ist vor einigen Jahren gestorben.

Rainer Barbi

Die Modelle von Rainer Barbi, einem der bekanntesten deutschen und internationalen Pfeifenmacher mit Sitz im schleswig-holsteinischen Dörfchen Worth, zeichnen sich aus durch hervorragende handwerkliche Verarbeitung und eine besonders phantasievolle Formenvielfalt – vom halbwegs Klassischen bis zum wagemutig Modernen mit eigener Handschrift. Seine Mundstücke fertigt er aus Kautschuk oder Cumberland und verwendet Verzierungen aus Horn, Edelhölzern und (sehr selten) Silber. Das hochwertigste Plateauholz des Mittelmeerraums für seine 150 bis 200 Pfeifen pro Jahr sucht er stets persönlich an Ort und Stelle aus.

Barbi hatte ursprünglich Jura studiert, doch seine ersten handgefertigten Pfeifen hatten international so großen Erfolg, daß er seit 1974 hauptberuflich Pfeifenmacher ist. Der besessene Perfektionist legt Wert auf sorgfältigste handwerkliche Verarbeitung, was seine Pfeifen – nicht nur in Europa – zu begehrten Objekten bei Pfeifenkennern gemacht hat. Sein umfangreiches Wissen über Pfeifenherstellung und die Zusammenhänge von Holz, Verarbeitung und Rauchqualität hat der Pfeifen-Enthusiast in zahlreichen Artikeln veröffentlicht. Inzwischen ist er auch ein gefragter Referent bei Pfeifenzirkeln, wo er seine Kenntnisse in unterhaltsamer Form vorträgt. Durch mein *Ultimate Pipe Book* wurde Barbi auch in den USA ein fester Begriff – seine hochwertigen und interessanten Pfeifen sind nicht billig, aber allemal ihren Preis wert.

Bari

Im dänischen Kolding produziert Bari exzellente und dabei erstaunlich erschwingliche Freehands. Inhaber von Bari ist Helmer Thomsen, der das Handwerk bei Viggo Nielsen lernte, dem früher die Fabrik gehörte. Wurden bis vor einigen Jahren vor allem voluminöse Modelle im dänischen ›Fancy-Stil‹ hergestellt (man bekam damit viel Holz für sein Geld), so fertigt der Ein-Mann-Betrieb jetzt vorwiegend Pfeifen im klassischen (dänischen) Stil.

Barling

Der Name Barling, ursprünglich eine Familie englischer Silberschmiede, die in die zweite Hälfte des 18. Jahrhunderts zurückreicht, hat einen guten Klang unter Rauchern und Sammlern. Benjamin Barling versah seine Meerschaumpfeifen – 1851 preisgekrönt auf der Weltausstellung in London – ab 1812 mit Silberbeschlägen samt Feingehaltsstempel. Um 1854 begann er Pfeifen aus algerischem Bruyère-Holz herzustellen, häufig mit komfortablem Sattelbiß. Aufgrund ihrer legendären Rauchqualitäten wurden sie schon bald zum Verkaufsschlager und stachen durch ungewöhnliches firmenexklusives Design hervor, wie beim »Brandy Glass« – einem Pfeifenkopf in Form eines Cognacschwenkers.

Nach dem Verkauf des Unternehmens im Jahre 1960 erlebten die Barling-Pfeifen zwei Dekaden eines empfindlichen Identitätsverlustes, da sie nun von verschiedenen Herstellern wenig originalgetreu nachgebaut wurden. Nach der Reorganisation von Barling 1979 wurden die Pfeifen probeweise wieder auf den amerikanischen und europäischen Markt lanciert und 1984 offiziell wieder eingeführt. Unter den über dreißig verschiedenen neuen Modellen, die nun auf der Isle of Man produziert wurden, befanden sich auch einige Klassiker. Und wie in der Frühzeit der Firma bot man wieder Hausmarken für englische Tabakläden und Warenhäuser an – mit Harrod's als prominentestem Kunden.

1989 erfolgte nochmals eine tiefgreifende Umstrukturierung des Unternehmens, dessen Verwaltungssitz sich nun in York befindet. Für die USA schuf man eine neue Serie mit großen, lediglich gewachsten Köpfen; die preiswerteren lackierten werden aber nach wie vor für den europäischen Markt hergestellt. Barling hält auch noch die *Ye Olde Wood* und *Guinea Grain* in Ehren, brachte zusätzlich die *Garnet Stain* und *Londoner* heraus sowie die Manx-Meerschaumpfeifen der achtziger Jahre. 1999 schließlich startete man einen Versuch zur Reaktivierung älterer Modelle.

Becker

Der gebürtige Österreicher Fritz Becker, vier Jahrzehnte lang Inhaber eines Studios für Innenarchitektur und Möbeldesign in Rom, verlegte sich 1982 als leidenschaftlicher Pfeifenraucher auch auf die Pfeifenherstellung. Die Qualitätsabstufung seiner teuren, komplett von Hand gefertigten Modelle entspricht Karten des Pokerspiels: Die höchste Stufe war damals ein Royal Flush. Rund 800 Pfeifen jährlich fanden seinerzeit großen Anklang bei Handel und Sammlergemeinde. Ab 1985 beteiligte sich auch Beckers Sohn Paolo an der Produktion einer breiten Palette neoklassischer Formen. Sein Traum, so sagte Fritz Becker mir einmal, sei ein perfektes »Bird's Eye« von 360 Grad – eine fast unlösbare Aufgabe, an der er bis zu seinem Tod im Jahre 1992 denn auch scheiterte.

Heute führt Paolo Becker die Familientradition in dem günstig in der Nähe der Fontana di Trevi gelegenen Laden »Becker & Musicó« fort, gemeinsam mit seinem Partner Giorgio Musicó. Paolo ist verantwortlich für Entwurf und Fertigung der Pfeifen, unterstützt von Giorgios Sohn Massimo, der sich um die Mundstücke und Silberapplikationen kümmert. Derzeit herrscht bei den Becker-Pfeifen die an dänischen Vorbildern orientierte Freehandlinie vor, von denen nur wenig mehr als 200 Exemplare im Jahr gefertigt werden. Verwendet wird ausschließlich Holz aus Kalabrien, das vor der Verarbeitung noch mindestens drei Jahre lagert. Einige wenige diese Becker-Pfeifen werden auch in die USA exportiert. Der Hauptanteil mit mehr als 1000 Pfeifen im Jahr ist der 1889 eingeführten zweiten Marke Becker & Musicó vorbehalten; diese Serie im funktionalen englischen Stil mit kleinen Köpfen ist häufig mit Silberbeschlägen verziert. Im Gespräch ist neuerdings auch eine »Fritz-Becker«-Serie in Anlehnung an typische Entwürfe des Firmengründers.

Benson & Hedges

Diese recht erschwinglichen Pfeifen, hergestellt in derselben Fabrik wie Comoy's, kamen 1985 auf den englischen Markt. Der bekannte Markenname ist wesentlich älter: Er geht zurück auf das Jahr 1873, als Richard Benson und William Hedges ihren Tabakladen in der Londoner Old Bond Street 13 eröffneten, wo Sie ihn heute noch finden. Die Pfeifen wurden von der Cadogan-Gruppe in Southend-on-Sea ausschließlich für den britischen Markt hergestellt; allerdings wurde die Produktion inzwischen wegen sinkender Nachfrage eingestellt.

Bentley

Die Ursprünge der Marke gehen zurück bis in das Jahr 1872, als sie bei der Bru-Bu Pfeifen-Werk AG im schweizerischen Kleinlützel produziert wurde. Jahrelang war das Unternehmen in erster Linie ein Begriff als Hersteller der sehr beliebten »Kanton«-Bauernpfeifen und Tiroler Pfeifen für Touristen. Der Name Bentley führte indes ein relatives Schattendasein, bis 1986 der Hamburger Horst Wiethüchter, ehemals Reemtsma-Chef, das Schweizer Werk übernahm. Fortan zeichnete auch der renommierte dänische Pfeifenmacher Hans Jonny Nielsen (genannt »Former«), der zuvor in Deutschland Pfeifen unter eigenem Namen hergestellt hatte, für Entwurf und Fertigung verantwortlich. Ein Jahr nahm die Aufrüstung des Maschinenparks und die Schulung der Mitarbeiter in Anspruch; die damals produzierten 1000 Stück wurden vorrangig in der Schweiz verkauft.

1991 verlegte man den Produktionsstandort der Bentley nach Lauenburg an der Elbe. Inzwischen werden die Bentley-Pfeifen von Former und seiner Frau Daniela in Dänemark hergestellt und von Charles Fairmorn in Deutschland vertrieben. Zusammen stellen Former und seine Frau etwa 1600 Pfeifen im Jahr her, vorwiegend in klassischem Design. Die zwölf Grundmodelle gibt es – je nach Holzqualität – in verschiedenen Oberflächen. Die Preise sind, selbst bei den Spitzenmodellen, moderat und übersteigen nicht die Grenze von 500 DM. Auf Wunsch vieler Händler werden die Mundstücke nicht mehr aus hochwertigem Kautschuk, sondern leider aus Acryl gefertigt. Wie nicht anders zu erwarten, finden die Bentley-Filterpfeifen vor allem in Deutschland ihre Kundschaft. Es ist im übrigen schon interessant, wie diese deutsche Marke in einmaliger Weise das Beste dreier anderer Länder vereint: Schweizer Präzisionsarbeit, klassisches britisches Design und dänische Handwerkskunst.

Big Ben

Eine beliebte Marke von Gubbels, dem einzigen Hersteller von Bruyère-Pfeifen in Holland, mit rund sechzig festangestellten Mitarbeitern. Sie stellen neben einer großen Auswahl von Bruyères in geringer Stückzahl auch andere Pfeifen her, zum Beispiel Kalabaschs. Big Ben ist in ganz Europa und den Vereinigten Staaten präsent. Gubbels produziert darüber hinaus verschiedene Hausmarken.

Bjarne

Die Marke wurde 1973 von Bjarne Nielson ins Leben gerufen, seines Zeichens pfeifenrauchender Angestellter im Außenministerium. Dem weitgereisten Nielson waren nicht nur sieben Sprachen geläufig, sondern auch die Ausfuhrgesetze seines Landes; so beschloß er, Arbeit und Vergnügen zu vereinen, und gründete eine Firma zur Herstellung handgearbeiteter Pfeifen für den Export. Ähnlich wie Bang oder Larsen fertigt Nielson die Pfeifen nicht selbst, sondern beschäftigt eine Reihe hochkarätiger Pfeifenmacher. Die Bjarne-Pfeifen aus korsischem und griechischem Plateauholz sind in unterschiedlichsten Varianten erhältlich – darunter auch Damenpfeifen, Pfeifen-Sets und Modelle mit extrem großem Kopf. Die typischen dänischen Freehandformen dominieren. Jedenfalls hat Nielson sein Ziel erreicht, eine populäre dänische Export-Marke zu schaffen: Sie ist in mehr als dreißig Ländern präsent, mit Deutschland und den USA als wichtigsten Abnehmern.

Björn of Sweden
Neben Bo Nordh der zweite Pfeifenkünstler aus Schweden, der allerdings dem Stil und der Verarbeitung nach den dänischen Pfeifenmachern zuzurechnen ist. Er lernte das Handwerk bei Poul Rasmussen und arbeitete nach dessen Tod für Anne-Julie. Von ihm stammt der ›Golden Contrast‹, ein seidenmattes Oberflächenfinish mit schwarz-goldener Beize, das später von Tom Eltang vervollkommnet wurde. Björn Bengtsson, wie er mit bürgerlichem Namen heißt, stellt nur sehr wenige Pfeifen im Jahr her, die allerdings erstklassig verarbeitet sind. Einige davon sind auch in Deutschland und auf dem US-Markt zu bekommen.

BKP
Der einzige Großproduzent von Pfeifen in Osteuropa residiert in Prosec (Tschechische Republik). Hier entstehen Hunderte verschiedener Modelle zu sehr zivilen Preisen. Die Jahresproduktion von circa 500 000 Stück wird vorwiegend in andere (ost-)europäische Länder exportiert.

Blakemar
Ein britischer Hersteller mit einer Firmentradition von mehr als 100 Jahren. Daß die Marke international weitgehend unbekannt blieb, liegt daran, daß in der Vergangenheit überwiegend Pfeifen exklusiv für bestimmte Händler hergestellt wurden. Seit der Verbreitung durch das Internet hat sich das jedoch geändert.

Das Unternehmen aus dem britischen Litchborough beschäftigt vier Mitarbeiter und stellt jährlich zwischen 5000 und 10000 Pfeifen her, vorwiegend im klassisch-englischen Stil.

Bontemps
Einst ein selbständiges Familienunternehmen in Saint-Claude, nun zu Cuty Fort Enterprises gehörig (siehe Cuty Fort).

Brebbia
Eine der zahlreichen italienischen Pfeifenfirmen, die nach dem Zweiten Weltkrieg gegründet wurden – 1947 in Brebbia von Enea Buzzi und seinem Cousin Achille Savinelli, der später mit einer eigenen Marke Berühmtheit erlangte. Die Modelle der beiden wurden mit »Savinelli« gestempelt, da dieser Name unter den Pfeifen-Enthusiasten des Landes bereits ein Begriff war durch die Fachgeschäfte, die Achilles Vater Carlo und ein Onkel in Mailand und Genua unterhielten. 1953 trennten sich die beiden Partner in gütlichem Einvernehmen: Buzzi blieb in Brebbia, Achille Savinelli eröffnete in Molina di Barasso die Fabrik, die noch heute dort ansässig ist.

1956 brachte Buzzi seine Pfeifen unter dem neuen Namen Manifatture Pipe Brebbia (MPB) heraus, allerdings mit bescheidenem Erfolg, da diese Marke niemand kannte. Aus irgendeinem Grunde tat sich die Kundschaft schwer mit dem Kürzel MPB, ein Problem, das GBD oder BBB niemals hatten. Jedenfalls folgten harte Zeiten für MPB. 1968 änderte man den Namen schließlich in Brebbia. Ein gewisses Echo konnte man dann endlich mit der preiswerten *Cellini*-Serie verbuchen.

Fortan trat das Unternehmen auch mit innovativem Design auf den Plan, so mit der *frangifumo* (»Rauchbrecher«), ein Modell mit doppeltem Luftkanal für besonders kühlen Rauch. Außerdem verwendete man nun unzerbrechliche Stöpsel für die Zapfen der Mundstücke. Doch, wie gut diese Pfeifen auch waren, nennenswerten Erfolg hatten sie erst, als Enea Buzzis Sohn Luciano, von Haus aus Architekt, in den achtziger Jahren das Ruder übernahm. Mit aggressiver Marketingstrategie plazierte er die Brebbia auf den beiden wichtigsten internationalen Märkten für Pfeifen: Deutschland und USA. Ich kann mich noch bestens entsinnen, wie ich, kurz nach dem Erscheinen der amerikanischen Erstausgabe des *Ultimate Pipe Book*, in sein Zimmer bei der Retail

Tobacco Dealers Association gebeten wurde, um seine – auf Tischen und Stühlen verstreute – erste hochkarätige Kollektion in Augenschein zu nehmen: Meiner Meinung nach war das Holz ausgezeichnet, doch haperte es noch am angemessenen Styling. Im Jahr darauf legte er eine Auswahl deutlich verbesserter Exemplare vor.

Brebbia-Pfeifen, von denen jährlich 15 000 Stück gefertigt werden, haben sich seither einen respektablen Ruf erworben, dank ihrer stilistischen und preislichen Vielfalt. Die Mundstücke der exklusiveren Modelle werden aus Acryl gemacht, die der preiswerteren aus Kautschuk – genau andersherum als bei vielen britischen Marken. Mit großem Gespür für die heterogene Raucherklientel entwickelt man zudem unterschiedliche Serien für einzelne Länder. So sind die Filterpfeifen auf Deutschland abgestimmt, die klassischen auf Großbritannien und USA, die handgearbeiteten auf anspruchsvolle Sammler.

Der größte Coup der vergangenen Jahre war die 1998 etablierte *Grand Designers*-Serie: Jedes Jahr ehrt man zwei ausgewählte Pfeifenmacher, indem man eine ihrer Original-Pfeifen in limitierter Auflage bei Brebbia herstellt. Daß man den Fähigkeiten dieser Künstler solche Reverenz erweist, ist eine unter renommierten Pfeifenfirmen unübliche Geste der Anerkennung. Die ersten, denen diese Ehre zuteil wurde, waren Rainer Barbi (eine seiner Pfeifen zierte bereits den Schutzumschlag der zweiten Auflage des *Ultimate Pipe Book*) und der Schweizer Pierre Müller, mein Gefährte von der Académie Internationale de la Pipe. Zwei weitere prominente Pfeifenmacher, Alberto Paronelli und Bjarne Nielson, standen 1999 zur Auswahl. Mit nimmermüdem Erfindungsgeist bei Konzeption und Gestaltung seiner Modelle ist Brebbia in die Elite der italienischer Pfeifenmacher aufgerückt – ein Sensationserfolg für dieses Unternehmen nach über drei recht mageren Jahrzehnten.

Brigham

Eine allgegenwärtige, sehr preiswerte Pfeife in Kanada.

Buckingham

Eine beliebte, sehr preisgünstige Bruyère für den britischen Markt, hergestellt von der John Redman Company in London.

Butera
Michael Butera, einer der penibelsten, fähigsten und angesehensten Pfeifenmacher der USA, lernte sein Handwerk bei Baldo Baldi in Italien und machte sich 1983 selbständig. In seiner Werkstatt im texanischen Houston kreiert er jede Pfeife als individuelles Meisterstück aus erstklassigem korsischem Bruyère-Holz: Zuweilen widmet er dem Biß des Mundstücks ebensoviel Zeit wie dem Korpus des Modells. Ungeachtet des enormen Aufsehens, das er in der Welt der Pfeifensammler mit seinen Kreationen erregt hatte, zog er sich in den Neunzigern fünf Jahre von diesem Handwerk zurück und kümmerte sich ausschließlich um seine Zigarren und Pfeifentabake.

Heute stellt er wieder rund 150 Exemplare jährlich her, mit drei verschiedenen Oberflächen in absoluter handwerklicher Perfektion: die *Royal Classic*, eine Straight Grain mit spiegelglattem Finish, die rustizierte *Butera Classic* und die sandgestrahlte *Vintage Classic*. Die Kennzeichnung seiner Pfeifen ist ein wenig verwirrend; nehmen Sie nur den obligatorischen 18-Karat-Goldpunkt: Hat das Modell einen Silberbeschlag, mutiert er zum Silberpunkt. Die Metallarbeiten nimmt Butera allesamt eigenhändig vor und führt Aufzeichnungen über jedes Exemplar, das seine Werkstatt verläßt. So kann er Ihnen zu jeder Butera Auskunft geben. Interessenten für Butera-Pfeifen müssen übrigens immer eine Wartezeit in Kauf nehmen – doch in diesem Fall lohnt es sich, die Geduld aufzubringen.

Butz-Choquin
Diese große französische Pfeifenfirma, Mitglied der fünfzehn Maîtres-Pipiers de Saint-Claude, besteht seit 1858, und der jetzige Leiter Jean-Paul Berrod ist ein Nachfahre der Gründers. »BC« ist inzwischen der größte Pfeifenhersteller an diesem Standort, einer der wenigen, die noch selbst ihre Bruyères drehen. Exemplare mit dem Stempel »BC Collection« oder »Maître-Pipier« sind handgefertigt, die teuersten haben ein goldenes »BC« auf dem Mundstück – mit Rücksicht darauf, daß Zeitgenossen, die des Französischen nicht mächtig sind, Schwierigkeiten mit der Aussprache des Firmennamens haben (so machen die Amerikaner daraus »Boots-Show-Can«). Das angesehene Unternehmen bietet eine komplette Reihe in der mittleren Güteklasse an, alles in überlieferter französischer Handwerkstradition. Zu den 40000

Exemplaren unter eigenem Namen gesellen sich Auftragsarbeiten für andere renommierte Firmen. Während der vergangenen Jahre war man bei Butz-Choquin sehr experimentierfreudig in der Verwendung von Holzintarsien, luftdurchlässigen Farblackierungen und avantgardistischen Designs, die fast vergessen lassen, daß es sich hier um einen Betrieb mit jahrhundertealter Geschichte handelt.

Colin Byford
Eine alte britische Marke, die inzwischen von Orlik übernommen wurde. 1957 bis 1960 war in Großbritannien auch ein Tabak gleichen Namens auf dem Markt. Hervorstechendes Merkmal dieser Pfeifen, die im früheren Herkunftsland nicht mehr erhältlich, dafür aber in Südafrika enorm populär sind, ist ihr spezielles System von Metallfiltern. Unter dem Namen Orlik-Byford werden sie inzwischen in Südafrika verkauft.

Calabresi
Eine Billigpfeife konventioneller Machart, hergestellt in den USA von Thomas Cristiano.

Caminetto
Die Marke wurde 1968 in Cucciago (Como) aus der Taufe gehoben von Gianni Davoli, einem Geschäftsmann reinsten Wassers, und den beiden Pfeifenmachern Peppino Ascorti und Luigi Radice: Ersterer zeichnete für das Marketing verantwortlich, die beiden anderen für die Produktion. Sie waren die ersten der neuen Generation italienischer Hersteller, denen es gelang, auch in den Vereinigten Staaten Fuß zu fassen – allerdings stellten sie auch in ihrer aktivsten Phase nicht mehr als 4500 Exemplare pro Jahr her. 1980 trennten sich die Wege des Trios in der Übereinkunft, fortan keine Pfeifen unter dem alten Namen zu vertreiben. In jenen zwölf Jahren gehörte die Caminetto zu den besten italienischen Bruyères, die überhaupt zu bekommen waren, aufgrund einzigartigen Finishs und einer Holzbehandlung, die für einen unvergleichlich kühlen Rauch sorgte. Während Davoli sich aus dem Geschäftsleben zurückzog, gründeten Ascorti und Radice Firmen unter eigenen Namen. So endete die Geschichte der Original-Caminetto-Pfeife, mit ihren unverwechselbaren, in Gold geprägten Logo: Davolis dramatisch gezwirbeltem Schnurrbart

(in der frühen Version mit dünnen, dann mit stärkeren Linien). Kein Wunder, daß sie als Sammlerstücke höchste Wertschätzung in interessierten Kreisen genießen. (Anfang der achtziger Jahre verschwand unter mysteriösen Umständen das letzte Original aus einem Lager.) Nach kurzer Pause indes gab es eine neue, hochklassige Caminetto-Serie bei Ascorti, die sich stilistisch aber recht weit von den alten Modellen entfernte. Das Schnurrbart-Logo lebt fort, seit 1986 als Intarsie aus weißem Acryl. Die Caminetto, derzeit unter der Leitung von Peppino Ascortis Sohn Roberto produziert, wird nun vorrangig in die USA exportiert – und ist dort fast ebenso schwer erhältlich wie das Original.

Castello
Mit diesem unverwüstlichen Klassiker begann einst die Renaissance der italienischen Pfeifenindustrie nach dem Zweiten Weltkrieg. Bei der Namensgebung ließ sich der Firmengründer Carlo Scotti »von der Musik des Namens« inspirieren, der in vielen Sprachen das gleiche bedeutet (Kastell, Schloß). Eine Burg hat es jedoch in Cantù nie gegeben. Die ersten Pfeifen fertigte er Ende der vierziger Jahre, später gemeinsam mit Peppino Ascorti und Luigi Radice, die sich hier ihre Sporen verdienten, bis sie sich mit der Caminetto selbständig machten.

Als Scotti 1988 starb, konnte er auf ein stolzes Lebenswerk zurückblicken: Castello war zum beliebtesten italienischen Pfeifenimport der USA geworden. Heute führen sein Schwiegersohn und seine Tochter, Franco und Savina Coppo, das Unternehmen. Der Entdecker der Castello für den amerikanischen Markt, wo sie noch heute ihre größte Käufergemeinde hat, war der Tabakhändler Wally Frank. In den sechziger Jahren war sie sehr begehrt, blieb indes aufgrund der geringen Stückzahlen eher ein Geheimtip. Heute ist sie leichter erhältlich, was ihr ein wenig von ihrem Nimbus genommen hat, aber immer noch eine gesuchte Pfeife. Castello war der erste italienische Hersteller, der ein und dasselbe Modell mit unterschiedlichem Oberflächenfinish anbot: glatt, rustiziert oder sandgestrahlt. Außerdem tat er sich als Pionier jener Rauchqualitäten hervor, die typisch für die hochwertigen modernen italienischen Pfeifen sind: geringes Gewicht, trockener und leichter Rauch. Das geheimnisvolle Flair der Castello erhielt, zumindest für amerikanische Sammler, noch einen zusätzlichen Akzent durch den Umstand, daß die Pfeifen je nach Destination unterschiedlich gekennzeichnet wurden: Die Exemplare für die USA zierte ein kleiner, mit durchsichtigem Acryl überzogener »Diamant« aus Silberfolie auf der linken Seite des Mundstücks, die europäischen hingegen ein weißer Acrylbalken. Da die letztgenannten in den USA kaum zu haben waren – nur auf dem »grauen Markt« gegen entsprechenden Aufpreis –, sahen sich US-Sammler auf Europareise mit als erstes nach einer Castello mit weißem Balken um. Das sind aber Tempi passati, denn inzwischen werden durchweg alle Castellos mit dem weißen Balken versehen. Als eigenwillige Kehrtwende erscheint nun der amerikanische »Diamant« wiederum auf einer limitierten Edition von Jahrespfeifen namens »Old America«. Welches Erkennungszeichen sie auch immer tragen, Castello-Pfeifen sind zu Recht sehr gesucht und ein würdiger Neuzugang jeder Pfeifen-Kollektion.

Cesare
Cesare Barontini fertigt seine hochmodischen Modelle in einer der modernsten Pfeifenfabriken Italiens. Reno (wie er sich gerne nennt) ist Sohn eines Bruyère-Holz-Händlers und wandelt in den Fußstapfen seines Vaters. So sitzt er gewissermaßen an der Quelle (zumindest seiner eigenen) besten, gut abgelagerten Rohstoffs. Wie Mauro Armellini baut er selbst seine Maschinen, an denen halbklassische und klassische Pfeifen betont maskulinen Charakters entstehen. Sie sind gut proportioniert, haben ein ansprechendes Finish und eine attraktive, ja zuweilen spektakuär anmutende Maserung. Die Fabrik produziert auch Pfeifen für andere Marken.

Chacom
Markenname der Pfeifen von Chapuis-Comoy, in Saint-Claude von Cuty Fort Enterprises hergestellt. Bereits seit 1922 wirkten die Unternehmen von Henry Comoy und seinem Cousin Louis Chapuis zusammen, erst ab 1928 jedoch unter dem gemeinsamen Namen Chacom (ein Akronym beider Familiennamen). 1972 übernahm Yves Grenard, ein Nachfahre der früheren Comoy-Familie, das Unternehmen (siehe Chapuis-Comoy) und hat es seitdem mit einer Auswahl ausgezeichneter Modelle aller Stilrichtungen und Preislagen zu neuen Ehren in der Pfeifenwelt gebracht.

Chap
Eine 1904 begründete französische Marke, die jetzt von Butz-Choquin in Saint-Claude hergestellt wird.

Chapuis-Comoy
Die Pfeifenfirma, ehemals »La Bruyère«, kann im buchstäblichen Sinne als französische Cousine von Comoy's of London gelten. Als die Firma Anfang der siebziger Jahre nach dramatischem Umsatzeinbruch in die roten Zahlen geriet und vor der Schließung stand, trat Yves Grenard (siehe Chacom), damals bei Comoy's beschäftigt, als Retter auf den Plan. Er überredete Comoy's zum Erwerb der französischen Produktionsstätte und führte das angeschlagene Familienunternehmen schließlich in die Spitzengarde der Pfeifenindustrie des Landes.

Chapuis-Comoy zählt zu den wenigen Herstellern, die noch selbst ihre Pfeifköpfe drehen, und ist Hauptsitz eines Kartells, zu dem sich einige der prominentesten Pfeifenmacher in Saint-Claude zusammengeschlossen haben. Die Firma gehört außerdem zum Kreis der Confrérie des Maîtres-Pipiers de Saint-Claude. Wurden früher Pfeifen in Europa unter dem Namen Chapuis-Comoy verkauft, so werden sie jetzt nur noch unter der Bezeichnung Chacom geliefert.

Charatan
Die frühe Firmengeschichte von Charatan ist leider nur spärlich dokumentiert, da die hauseigenen Archive den Bomben des Zweiten Weltkriegs zum Opfer fielen. Frederick Charatan gründete sein Unternehmen im Jahre 1863 und war der erste Londoner Pfeifenmacher, der Bruyère-Kanteln importierte und die Pfeifenköpfe in der eigenen, nahe des Tower gelegenen Fabrik drehte. Er betrieb außerdem zwei Fachgeschäfte, die aber heute nicht mehr existieren.

Der Name Charatan hatte immer einen guten Klang, auch in Kreisen der königlichen Familie, und 1960 zählte ein Modell der Firma zu den ersten Pfeifen, die in den USA über 100 Dollar kosteten. Frederick Charatans Sohn Reuben führte das Unternehmen weiter. Weil die Enkel kein Interesse an der Fortführung des Betriebes hatten, wurde das Unternehmen 1977 von der Witwe Reuben Charatans an die Dunhill-Gruppe verkauft. Acht Modelle sind derzeit auf dem Markt, in zwei verschiedenen

Kategorien: hochwertige mit voluminösen Köpfen, die in London von Hand fertiggestellt werden, und eine preiswertere Serie, die in Frankreich produziert wird.

Jess Chonowitsch
Chonowitsch ist bereits seit 1967 tätig, jedoch der Generation dänischer Pfeifenmacher neuen Stils zuzurechnen. Seine Lehrzeit absolvierte er bei Poul Rasmussen und Großmeister Sixten Ivarsson, sozusagen in Abendkursen: Tagsüber war er für Ole Larsen tätig, abends machte er sich mit der Handwerkskunst Ivarssons vertraut. Er stellt jährlich etwa 200 Exemplare her. Obwohl er für seine makellosen Bruyères exorbitante Preise verlangt, sind sie unter Pfeifen-Enthusiasten sehr gefragt. Früher kamen Chonowitschs Pfeifen nur in Deutschland zum Verkauf, aber angesichts des vehementen Interesses vieler Kunden sind sie nun auch in den USA im Handel sowie in der Schweiz und in Japan.

Der Däne hat eine Sammlung eigener Modelle; zur Zeit besitzt er rund hundert Exemplare, mehr als irgendwer sonst. Er verwendet meistens korsisches Bruyère-Holz und verziert häufig den Holm mit Applikationen aus Buchsbaum, Horn, Silber oder Gold. Zudem mischt er seine eigene Beize, in einem ausgefallenen, bräunlich-hellen Orange. Ungefähr drei Viertel seiner Pfeifen erhalten ein glattes Finish, der Rest wird sandgestrahlt. Sein Vater Emil, der als Tabakhändler bei W. Ø. Larsen arbeitete, machte ebenfalls als Pfeifenmacher – vorwiegend klassischer Exemplare von sich reden. Dessen Modelle sind mit ›Chonowitsch – Danmark‹ gestempelt, während die des Sohnes zusätzlich mit dem Vornamen ›Jess‹ versehen sind.

Clairmont
Neben der bekannten Kirschholz-Pfeife von Ropp (siehe dort) ist dies die einzige in diesem Kapitel erwähnte Holzpfeife, die nicht aus Bruyère ist: Die Clairmont, eine Entwicklung des legendären Alberto Paronelli aus den siebziger Jahren, wird von Tommaso Spanu aus sardischem Olivenholz gefertigt. Dessen dunkle, breitständige Maserung mit kräftigen Linien bildet einen markanten, reizvollen Kontrast zum hellen Grund, der nach längerem Gebrauch zu einem matten Dunkelbraun changiert. Das Olivenholz hat deutlichen Einfluß auf den Geschmack des Tabaks – behagt

Ihnen diese Vorstellung nicht, greifen Sie zu einer konventionelleren Clairmont aus sardischem Bruyère. Beide Varianten sind in Europa wie in den USA im Handel. Und falls Sie sich fragen, woher der französische Name bei einer italienischen Pfeife kommt: Im Dorf Chiaramonte wurde Tommaso Spanu geboren – und dessen Namen hat er einfach ins Französische übertragen.

Comoy's

Der Welt älteste Fabrik für Bruyère-Pfeifen, die seit ihren Anfängen in Betrieb ist. Nachdem der Vater François Comoy bereits seit 1825 Tonpfeifen hergestellt hatte, ging sein Sohn Louis 1848 als einer der ersten seiner Branche zum Werkstoff Bruyère über. Unter Enkel Henri wurde die Produktion 1879 nach London verlegt, wo es damals noch kaum Hersteller von Bruyère-Pfeifen gab. Heutzutage, rund fünf Generationen später, fertigt Comoy's nach wie vor exzellente Pfeifen der mittleren bis höheren Preisklasse, manche Modelle sind gar zu Sammlerstücken geworden. Produziert werden sie gegenwärtig in der ehemaligen Orlik-Fabrik in Southend-on-Sea.

Courrieu

Eine etwas mysteriöse französische Pfeifenmarke mit Firmensitz in Cogolin bei Saint-Tropez. Heute steht sie unter der Leitung von Charles Courrieu, dessen Vorfahr Ulysse Courrieu das Unternehmen 1802 gründete und angeblich schon damals Bruyère als Material für seine Pfeifen nahm. In diesem Fall wäre er mit einer solchen Pioniertat Comoy('s) in Saint-Claude, die um 1848 erstmals den Werkstoff verwendeten, fast ein halbes Jahrhundert zuvorgekommen. In späterer Zeit ist jedenfalls ein Sägewerk in Cogolin bezeugt, das Ébauchons für die florierende französische Pfeifenindustrie zuschnitt. Einige Courrieu-Pfeifen werden noch immer aus dem sehr alten und lange abgelagerten Holz aus der Provence gefertigt. Man findet sie in wenigen Fachgeschäften Frankreichs, auf diversen europäischen Messen sowie in den firmeneigenen Läden in Cogolin und Saint-Tropez.

Cristiano

Thomas Cristiano bietet eine breitgefächerte Palette handwerklich solider Freehands und klassischer Pfeifen an, die von verschiedenen Herstellern in Italien gefertigt werden. Darunter das bemerkenswerte handgearbeitete Edelmodell »T. Cristiano Signature« sowie die Billigmarke Calabresi. Die Pfeifen werden vornehmlich unter dem Namen Cristom in die USA importiert.

Cuty Fort Enterprises
Weniger eine Marke als ein Konsortium alteingesessener Pfeifenhersteller aus Saint-Claude: 1987 schlossen sich Chacom, Jeantet, Lacroix, Ropp und Vuillard aus Gründen der Konsolidierung des Traditionsstandortes zusammen; Produktion und Verwaltung haben ihren Sitz in der Chacom-Fabrik.

Davidoff
Der Name Davidoff hat seit je unter Kennern von Zigarren einen guten Klang: Früher waren es Havannas, seit 1989 kommen sie aus der Dominikanischen Republik. Als Pfeifenhersteller betrat Davidoff zunächst 1974 in England, einige Jahre später in den USA die Szene; inzwischen werden seine Modelle weltweit vertrieben. Die Produktion, ehemals in Italien und Frankreich angesiedelt, konzentriert sich nun auf England: hochwertige Bruyères zu entsprechenden Preisen, in vierzehn verschiedenen, recht traditionellen Ausführungen. Gemeinsam ist ihnen der ›Halbsattel‹ an der Unterseite des Mundstücks mit dem auffällig geschwungenen »D«. Es gibt drei Finishs unterschiedlichen Fertigungs- und Preisniveaus: sandgestrahlt in Schwarz, mit glatter Oberfläche in Rot und, als teuerste Variante, naturbelassen und poliert in Matt. Das Unternehmen mit Hauptsitz in der Schweiz hat außerdem eine große Auswahl an Pfeifentabaken im Programm sowie exklusive Humidore und Accessoires.

Denicotea
Eine deutsche Systempfeife, die für Kieselgelfilter vorgesehen ist. Zum Verkauf gelangt sie ausschließlich in Europa, da Amerika kein Markt für Filterpfeifen ist.

Design Berlin (auch »**db**«)
1948 von Hubert Hartmann gegründet, wurde das Unternehmen international bekannt, als es Anfang der achtziger Jahre von der Planta-Gruppe übernommen wurde und die Bezeichnung ›Pfeifenstudio Hartmann Design Berlin-db‹ einführte. Die Modellpallete zeichnet sich durch eine enorme Formenvielfalt aus, für

das die drei Designer Rudolf Apelt, Lothar Schirwitz und Martin Schmalz verantwortlich zeichnen. Sie reicht von extragroßen Magnums bis zur *Hunter series* mit ihrem wundervoll herausgearbeiteten Blattwerk rings um den Pfeifenkopf. Die »db«-Modelle gehören zu den seltenen Pfeifen mit doppeltem Rauchkanal. Das Unternehmen produziert auch Exemplare, die in unterschiedlichen Farbtönen gebeizt sind – sie haben in vielen Teilen Europas ihre Anhängerschaft und inzwischen auch in den Vereinigten Staaten, wohin sie seit 1998 ebenfalls exportiert werden. Ungewöhnlich deshalb, weil db-Pfeifen ausnahmslos mit der Kammer für 9mm-Filter ausgestattet sind.

Don Carlos

Eine der beliebtesten und besten italienischen Marken der jüngeren Generation, gegründet 1988 von Bruto Sordini und seiner Frau Rosaria. Zuvor arbeitete er zwei Jahrzehnte als Pfeifenmacher in der Region Pesaro, davon sechs Jahre mit Giancarlo Guidi bei Ser Jacopo. Der Markenname leitet sich her von Verdis Oper »Don Carlos«, und in der Werkstatt arbeitet Sordini ständig beim Klang (italienischer) Opern und anderer klassischer Musik. Er ist nämlich ein ausgesprochener Opernfan, daher auch das Logo: ein Dirigent mit wirrer Künstlermähne und erhobenem Taktstock.

Man arbeitet im Team: Bruto formt die Pfeifen, Rosaria sorgt für Politur und Versand, zwei andere Mitarbeiter übernehmen das Rustizieren. Die rustizierten Pfeifen werden entweder in hellem Braun oder in Schwarz gebeizt; ihren schnellen, beachtlichen Erfolg verdankt die Marke indes den glatten Exemplaren mit natürlichem Finish sowie den *Fiammata*-Straight Grains. Sordini lagert sein kalabrisches Bruyère mindestens zwei Jahre im Freien; an der Qualität dieses Holzes gemessen, verlangt er recht faire Preise. Die Werkstatt wurde beim Erdbeben von 1996 beschädigt, aber unverzüglich wieder repariert. So hatte das ein glückliches Finale: Bruto und Rosaria können nun ihrer Beschäftigung in einem von Grund auf renovierten Ambiente nachgehen. Sämtliche Pfeifen werden »musikalisch« durch Noten gekennzeichnet: Das schwarz rustizierte Modell erhält eine, das braun rustizierte zwei und das teilrustizierte drei Noten. Die Pfeifen mit glatter Oberfläche sind ebenfalls – je nach Maserung – mit ein bis drei Noten gestempelt, und ebenso verhält es sich mit den Straight Grains, wobei die Spitzenklasse zusätzlich die Bezeichnung ›Chorale‹ erhält. Als bedürfe es einer Folge von Noten, damit man Bescheid weiß. Gleichwohl erscheint mir die Vorstellung nicht zu weit hergeholt, man könne durch Spiel auf den Holmen eine ganze Ouvertüre komponieren.

Dr. Grabow

Obgleich es eine Serie billiger Drugstore-Pfeifen ist, möchte ich sie doch hier erwähnen, und zwar aus folgendem Grund: Dies ist die Pfeifenfabrik mit dem höchsten Produktionsaufkommen der Welt – jährlich eine Million Exemplare in 120 verschiedenen Ausführungen.

Dr. Max

Eine beliebte, preiswerte Pfeife, hergestellt von John Redman in England. Im Handel ist sie auch in anderen Ländern, einschließlich Osteuropa. Die 1945 eingeführte Marke trägt den Namen von Max Cunard, dem Agenten der Firma in Südafrika, dessen Wunschtraum es immer war, daß eine Pfeife nach ihm benannt würde – nun, er hat seinen Willen bekommen.

Dr. Plumb

»This pipe is a plum!« (diese Pfeife ist ein Knüller!); J. B. Rubinovich schnippte mit den Fingern, und die Geburt eine der erfolgreichsten Pfeifen war besiegelt. Der Industrielle aus Montreal saß 1925 bei GBD in Saint-Claude, um eine preiswerte Pfeife für den kanadischen ›Ein-Dollar-Markt‹ zu entwickeln. Als man das Modell fertig hatte, kam es zu dem bekannten Ausspruch. Der Sekretär von Rubinovich hieß Leslie Watts Plumb, und da dessen Namen ähnlich klang, beschloß man in launiger Stimmung, die Pfeife nach ihm zu benennen. L.W. Plumb war zudem für die Buchführung von Rubinovich zuständig, die er hin und wieder »frisieren« mußte – was man im Englischen mit »to doctor figure« umschreibt (weshalb man ihn mitunter auch als »Herr Doktor« anredete). Man entschied sich, der Pfeifenmarke gleich den akademischen Titel hinzuzugeben: ›Dr. Plumb's Perfect Pipe‹.

Ob diese Geschichte wahr ist oder eine Legende, mag dahingestellt sein. Sicher ist, daß diese Pfeife eine der bestverkauften Bruyères in England und überhaupt auf dem europäischen Kontinent ist, dazu sehr beliebt – besonders bei einer Klientel, die ihr eigenwilliges Design schätzt.

Ursprünglich waren die Pfeifen mit einem System von 9mm-Filter und einem zusätzlichen ›Reservoir‹ – ähnlich dem Peterson-System – ausgestattet. Doch inzwischen werden sie nahezu ausnahmslos ohne Filterkammer von der Cadogan-Gruppe im britischen Southend-on-Sea hergestellt. 1999 ließ man die System-Pfeife ›Dr. Plumb's Peacemaker‹ wieder aufleben, mit auswechselbaren Köpfen und einem zusätzlichen Filter im Boden des Pfeifenkopfes (der legendären »Falcon« vergleichbar, siehe dort).

Duncan Briars
Die bekannte, früher vorrangig in Europa präsente britische Marke wurde 1899 von John Louis Duncan gegründet, dem sein Sohn Robert und später sein Enkel John in der Leitung der Firma nachfolgten. Duncan Briars ist vor einigen Jahren vom irischen Unternehmen ›Peterson of Dublin‹ übernommen worden, das jetzt Eigner des Markennamens ist. Für kurze Zeit ließ Peterson noch Pfeifen in Großbritannien herstellen und bewahrte die ursprünglichen Formen von Duncan Briars, doch seit 1997 ruht die Produktion. Sollte in Zukunft wieder eine Nachfrage nach diesen Pfeifen entstehen, so schließt Tom Palmer, Eigentümer von Peterson, nicht aus, die Produktion abermals aufzunehmen. Bekannt wurde Duncan vorwiegend im Norden Großbritanniens durch die ›Duncan Delta‹, eine System-Pfeife mit auswechselbaren Köpfen und einem Metallholm, doch auch dieses Modell wird nicht mehr produziert.

Alfred Dunhill
Dunhill zählt heute zur Elite der internationalen Pfeifenfirmen und zu den teuersten, denn in den Handel gelangen nur Firsts – nach jedem der 94 Arbeitsschritte bei der Fertigung erfolgt eine Kontrolle, bei der man Seconds rigoros aussortiert. Das 1893 von Alfred Dunhill gegründete Unternehmen stellte zunächst Accessoires für frühe Automobilisten her, erst 1907 eröffnete er seinen Londoner Pfeifenladen. Und seit 1912 gibt es den legendären weißen Punkt: ursprünglich gedacht als Orientierungshilfe für Kunden und die Angestellten seiner Fabrik, wenn sie die handgefertigten Kautschuk-Mundstücke in den Holm einsetzten. Dieser weiße Punkt auf der Oberseite des Mundstücks wurde

schließlich ein weltweit geschütztes Markenzeichen. Den weißen Punkt darf (in Deutschland) nur noch Vauen führen. Die Londoner Firma verwendet bei ihren zumeist klassischen Formen ausschließlich Bruyère-Holz der obersten Güteklasse (Premium Grade AA). Hergestellt werden auch ausgefallenere Formen und Sonderanfertigungen für einzelne Kunden, die dann allerdings oft ein Jahr auf das kostbare Stück warten müssen. Das Unternehmen gehört inzwischen zur Vendome Luxury Group, und Richard Dunhill, Enkel des Firmengründers und ein ebensolcher Perfektionist, übernimmt neben repräsentativen Pflichten auch die Auswahl der rund 120 Spitzenpfeifen, die im Jahr entstehen. Auf seine Initiative wurde die traditionelle Produktpalette, darunter die *My Mixture*-Pfeifentabake und Zigarren, erweitert: So prangt der klangvolle Name nun auch auf Schmuck, Parfüms, Lederwaren und Designerkleidung.

Tom Eltang
Ein dänischer Pfeifenmacher der jüngeren Generation. Untrennbar mit seinem Namen verbunden ist das Oberflächenfinish ›Golden Contrast‹, ein aufwendiger Beiz- und Schleifvorgang, der dem Pfeifenkopf ein seidiges, schwarz-goldenes Aussehen verleiht. Diese Technik hatte er in den siebziger Jahren bei Anne-Julie kennengelernt, die es ihrerseits von Björn of Sweden übernommen hatte. Tom Eltang jedoch hat den ›Golden Contrast‹ weiterentwickelt, perfektioniert und bekannt gemacht.

Der talentierte Pfeifenmacher mit einem sicheren Gefühl für Formen arbeitet zudem als Designer für Stanwell. Deren Milleniums-Pfeife ist eine seiner vielen Kreationen für das dänische Traditionshaus. Unter eigenem Namen stellt er etwa 100 Pfeifen im Jahr her, die in Dänemark, Deutschland und – in geringen Stückzahlen – auch in Amerika erhältlich sind.

Elwood
Ehemaliger Markenname der Ferndown-Pfeifen für den deutschen Export. Er leitet sich ab von »Les Wood«, genauer gesagt von der Kombination des Nachnamens mit der (phonetischen) Initiale des Vornamens. Da dies von den Kunden offenbar nicht ohne weiteres nachzuvollziehen war, ging man unlängst zur Kennzeichnung »L. Wood« auf dem Stempel über. Siehe auch L. & J. S. Briars.

Karl Erik
Ein solider dänischer Pfeifenmacher, der mit vollem Namen Karl Erik Ottendahl heißt. Er fertigt allein – mit maschineller Unterstützung – etwa 4000 Freehand-Modelle im Jahr. 1988 äußerte er zwar die Absicht, sich zur Ruhe zu setzen, konnte aber wohl doch nicht von seiner Tätigkeit lassen. Daher findet man seine Modelle gottlob weiterhin in Europa wie Amerika.

Ewa
Eine im 19. Jahrhundert gegründete französische Marke, heute hergestellt in dem Betrieb in Saint-Claude, der bis 1999 Michael Waille gehörte.

Falcon
Die Falcon ist eine beliebtesten Pfeifen Englands, wenn nicht der ganzen Welt – außer in ihrem Ursprungsland, den Vereinigten Staaten. Ihre Geschichte liest sich wie die Biographie mancher Hollywood-Stars: Als ersten Meriten in Amerika die internationale Karriere folgte, verblaßte allmählich ihr Stern im Heimatland. Sie versuchte zwar, mit weltweitem Erfolg im Rücken auch dort wieder Fuß zu fassen, dies gelang jedoch nur in bescheidenem Maß.

Entwickelt wurde die Falcon 1936 von einem Ingenieur namens Kenley Bugg aus Fort Wayne (Indiana) als eine der seinerzeit in den USA gängigen System-Pfeifen. Die entscheidende Neuerung war der Aluminiumkorpus mit Gewinde, auf dem ein austauschbarer Pfeifenkopf saß. Die Pfeife kam 1940 auf den Markt, der Vertrieb aber lief kriegsbedingt nicht gut. Das änderte sich nach Kriegsende, als George Hunt von der Diversay Machine Company of Chicago Produktion und Marketing in die Hand nahm: Schon 1954 hatte man (in den USA) insgesamt sechs Millionen Exemplare abgesetzt. Dieser beachtliche Erfolg rief britische Lizenznehmer auf den Plan: Die Falcon wurde bald auch in Großbritannien produziert, und als sie, nach kurzem Testlauf, dort offiziell 1958 auf dem Markt kam, gingen noch im selben Jahr 30000 Stück über den Ladentisch. Die britische Version verzeichnete fortan eine eigenständige Entwicklung; um 1965 glich sie zwar äußerlich noch den amerikanischen Modellen, war jedoch deutlich besser in der Qualität und avancierte zu einer der bestverkauften Pfeifen aller Zeiten – eine Million Exemplare in 92 Ländern der Erde. In Amerika hingegen war es um ihr Ansehen immer schlechter bestellt. 1988 hatte man dann die Idee, die Falcon durch den Import der britischen Variante wieder in den USA zu etablieren; Weihnachten desselben Jahres tauchten die ersten in amerikanischen Tabakläden auf. Ob die Falcon – nunmehr von Merton & Falcon Ltd. hergestellt und in Großbritannien sowie anderen europäischen Ländern nach wie vor ein Verkaufsschlager – abermals in ihrem Heimatland Furore macht, bleibt abzuwarten.

Heute stellt das Unternehmen etwa 100 000 Pfeifen im Jahr her. Unter die alten Standardmodelle mischen sich nun auch solche in traditionellem Stil und regenbogenfarbene in einem Metallic-Finish. Die Qual der Wahl haben Sie in jedem Fall: Sieben unterschiedliche Holme und 48 Varianten von Pfeifenköpfen – das ergibt 336 mögliche Kombinationen... und dann brauchen Sie eigentlich nur noch einen neuen Pfeifenständer.

Ferndown
Siehe L. & J.S. Briars.

Fiamma di Re
Eine gutgemachte italienische Pfeife, die in Zusammenarbeit mit Mastro de Paja entstand und in den Achtzigern einen kurzen Boom erlebte. Die Produktion wurde zu Beginn der neunziger Jahre eingestellt. Der Name bedeutet »Flamme des Königs«, und ganz passend ließ sich die jeweilige Qualitätstufe an der Anzahl der aufgestempelten Kronen ablesen.

R. Filar
Eine der wenigen polnischen Pfeifenmarken, mit großer stilistischer Bandbreite vom Klassiker bis zur Freehand.

Former
Unter diesem Namen verkauft der angesehene dänische Pfeifenkünstler Hans Jonny Nielsen seine Pfeifen. Seine berufliche Laufbahn begann er 1956 bei Poul Rasmussen, wo er auch mit Sven Knudsen (dem jüngeren Bruder von »Teddy« – siehe dort) zusammen arbeitete. Nach dem Militärdienst war Nielsen von 1962 bis 1972 für Ole Larsen tätig, vervollkommnete dort seine handwerklichen Fähigkeiten und machte sich schließlich selb-

ständig. 1986 wurde er mit der Reorganisation der Schweizer Firma Bru-Bu, in der die Bentley-Pfeifen hergestellt wurden, betraut. Heute ist er nach wie vor für Bentley tätig, stellt aber auch Freehand-Pfeifen unter dem Namen Former her. Von seinen rund 300 bis 400 produzierten Exemplaren pro Jahr geht die eine Hälfte nach Deutschland, Österreich, Japan und in die Schweiz, die andere seit 1999 in die USA.

Wally Frank Ltd.
Eine bekannte New Yorker Firma, die seit 1930 Pfeifen verkauft. Wally Frank war als Importeur erfolgreich bei der Einführung zahlreicher heute in den USA etablierter Marken – und sehr kreativ bei der Erfindung neuer Varianten, was Sammler oft den letzten Nerv kostete: so mit zwei unterschiedlichen Logos bei Castello, einem blauen oder weißen Balken bei Comoy's-Pfeifen und der amerikanischen BBB. Die diversen Importe an Bruyères und Tonpfeifen sowie die Hausmarken der Firma wurden oft unter verschiedenen Namen in den Handel gebracht und zusätzlich mit dem eigenen Logo versehen. Als Frank vor einigen Jahren starb, hinterließ er ein respektables Vermächtnis der Pfeifengeschichte. Seine Legende aber lebt fort, und mit ihr auch einige seiner Marken.

Fukashiro
Die 1930 von Sannosuke Fukashiro gegründete Firma ist heute einer der beiden bedeutendsten Pfeifenhersteller Japans. Anfangs verwendete man hier meist aus Deutschland importiertes Bruyère-Holz. Als die einheimische Tabakindustrie 1934 versuchsweise Anpflanzungen auf japanischem Boden unternahm, bewirkte dies eine Umsatzsteigerung bei den Pfeifenproduzenten. Während des Zweiten Weltkriegs war der Import europäischen Bruyères weitgehend unterbunden, daher wich man auf heimische Holzsorten aus, konnte jedoch einen drastischen Rückgang der Produktion nicht abwenden. Erst nach Kriegsende erholte sich die japanische Bruyère-Pfeifen-Industrie.

Bei Fukashiro stellt man zwei Serien für den nationalen Markt her. Am meisten verbreitet ist die Roland, eine maschinengefertigte Pfeife mit Kautschuk-Mundstück (preiswertere Modelle auch mit Acryl-Mundstück), von der jährlich rund 30000 Stück umgesetzt werden, im Gegensatz zur handgearbeiteten, edlen

Tsutomu mit nur 150 pro Jahr. Deren Entwurf stammt von Tsutomu Fukashiro, dem Sohn des Firmengründers.

Ingo Garbe

Der gebürtige Hamburger Ingo Garbe nahm 1969 seine Tätigkeit als Pfeifenmacher auf und verlegte 1972 seinen Wohnsitz in die Wahlheimat Dänemark, wo er heute zu den angesehensten und markantesten Vertretern seiner Zunft zählt. Er arbeitete zunächst als Praktikant ohne Salär bei Anne-Julie in Kopenhagen, knüpfte während dieser Zeit zahlreiche Verbindungen zu anderen Pfeifenmachern und wurde gewahr, daß er ein Naturtalent für die Arbeit mit Bruyère besaß. 1979 kehrte er für drei Jahre nach Hamburg zurück und etablierte sich als einer der ersten Deutschen, die Pfeifen im dänischen Freehand-Stil herstellten.

Anfangs wurden seine Modelle vorwiegend in Hamburg und München verkauft. Allmählich machte er sich einen Namen, erweiterte daraufhin die Palette um klassische Formen, sein Markenzeichen aber blieben die gewagten freien Entwürfe. In der Überzeugung, daß sie als dänischer Import größeren Anklang fänden, schlug er schließlich sein Domizil auf der malerischen Insel Laesø auf, wo er zugleich die zum Arbeiten erwünschte Abgeschiedenheit vorfand. Seine perfekten Bruyères haben seither nicht nur den Weg in die exklusivsten Fachgeschäfte, sondern sogar in verschiedene Kunstmuseen gefunden, und auf der Münchner Messe wurde er 1979 mit einer Goldmedaille geehrt.

Garbe verzichtet bei seinen Modellen bewußt auf jedes schmückende Beiwerk, um Holz und Linienführung nicht in ihrer Wirkung zu beeinrächtigen. Wie die meisten anderen deutschen Pfeifenkünstler beschränkt er sich auf die Produktion weniger hochkarätiger Exemplare im Jahr, um die 200 aus korsischem Bruyère-Holz mit handgearbeiteten Mundstücken aus Kautschuk mit geringem Schwefelgehalt. Sie gehen vornehmlich nach Deutschland und in die USA und sind allenthalben ihrer Seltenheit wegen um so begehrter. Gesellig und unbefangen, wie er ist, singt Garbe amerikanischen Pfeifenbuchautoren gerne Opernarien vor, während er sie durchs dänische Hinterland kutschiert. Er ist zudem ein Experte für Bauschreinerei und reetgedeckte Dächer. So kann man schön mit ihm unter einem Dach sitzen, paffen und ihm fasziniert lauschen – das ist noch besser, als ihn singen zu hören.

Gasparini
Eine weitere Pfeifenfirma aus dem italienischen Luvinate. Der Familienbetrieb, in dem drei Generationen unter einem Dach arbeiten, stellt im Jahr mehr als 25 000 Pfeifen her, von denen die meisten in Italien, Deutschland und Dänemark verkauft werden. Das Angebot umfaßt preiswerte Massenware wie hochwertige Einzelstücke und reicht von klassischen Modellen bis zu gewagten Freehandformen.

GBD
Hinter dem Kürzel GBD verbergen sich die Initialen der drei Gründerväter des französischen Unternehmens: Ganeval, Bondier und Donninger taten sich 1850 in Paris zusammen bei der Produktion von Tonpfeifen und Meerschaumpfeifen, den damaligen »High Grades«. Sie machten sich mit der Zeit auch international einen Namen. Bereits ab 1870 unterhielt man Verkaufsbüros in London und etablierte 1903 dort eine Produktionsstätte, um näher am boomenden englischen Bruyère-Pfeifen-Markt zu sein. GBD London stand unter der Kuratel der alteingesessenen Firma Oppenheimer. Die Gründer hatten zwar zu diesem Zeitpunkt mit der Firma nichts mehr zu tun, aber ihr Markenzeichen, der von einem Oval umgebene Schriftzug GBD, war ein so bekannter Qualitätsgarant für ausgezeichnetes Bruyère, daß man ihn beibehielt – bis auf den heutigen Tag.

1952 wurde die gesamte Stammfirma von Paris nach Saint-Claude verlegt, und das GBD-Logo war auf britischen wie französischen Pfeifen zu finden. Seit 1981 werden die GBDs in der Cadogan-Fabrik im britischen Southend-on-Sea gefertigt, wo auch die Marken Orlik, BBB, Loewe, Dr. Plumb's und Comoy's produziert werden. Manche frühen Modelle, wie die Unique und Millenium, sind in amerikanischen Sammlerkreisen sehr gesucht. Das aktuelle Programm bewegt sich eher im Bereich soliden, erschwinglichen Mittelmaßes für den täglichen Rauchgenuß. Bedauerlicherweise wich beim Logo unlängst die alte Metallintarsie einem simplen weißen Stempel.

Genod
Eines der fünf verbliebenen Gründungsmitglieder der ›Maîtres Pipiers de Saint-Claude‹. Das Unternehmen wurde 1865 von Henry Comoy gegründet und wird heute von Jacques Craen ge-

führt, der mit drei Mitarbeitern etwa 8000 Pfeifen im Jahr herstellt. Neben der Massenware für die Touristen stellt Craen auch Sonderstücke her, darunter die stark gebogene Variante einer Oom Paul mit einer Bogenbohrung im Kopf. Genod ist eine der wenigen, wenn nicht die einzige der Pfeifenfirmen in Saint-Claude, die noch unabhängig von einem Großunternehmen arbeiten.

Gubbels
Der einzige Hersteller von Bruyère-Pfeifen in den Niederlanden und mit einer Jahresproduktion von 250000 Stück einer der größten in Europa. In den modernen Fabrikhallen werden die Pfeifen der Marken Amphora, Big Ben, Hilson und Royal Dutch gefertigt.

Hardcastle
Edmund Hardcastle nahm 1908 die Produktion auf, zunächst in der alten Jack-O'London-Fabrik in der Forest Road 276 im Londoner Stadtteil Walthamstow – also ganz in der Nähe von Dunhill, das die Firma später denn auch übernahm und unter Parker-Hardcastle weiterführte. Die Hardcastle-Pfeifen in ihren vertrauten grünen und schwarzen Kästchen waren während der fünfziger Jahre in Amerika sehr beliebt, nun werden sie nach kurzfristiger Marktabstinenz wieder in kleiner Stückzahl in Großbritannien und Europa vertrieben. In den USA sind sie, nach einer letzten Importinitiative im Jahre 1990, nur noch in sehr geringer Zahl als Hausmarke erhältlich.

Hartmann
Siehe Design Berlin-db.

Hedegaard
Der Däne Peter Hedegaard, der sein künstlerisches Talent ursprünglich an der Staffelei erprobte, machte 1979 die Pfeifenherstellung zu seinem neuen Metier, nachdem er zuvor schon für mehrere Pfeifenmacher tätig gewesen war, darunter für Ole Larsen. Von den circa 100 Pfeifen, die jährlich seine Werkstatt verlassen, gehen die meisten nach Deutschland, Italien und in die Schweiz, einige wenige auch in die USA. An seinem Arbeitsplatz mit Blick auf das Hamletschloß Kronborg entstehen auch Pfeifen für andere hochwertige dänische Marken.

Preben Holm

Seit die Quelle dieser hervorragenden dänischen Freehands mit dem Tod Preben Holms im Jahre 1989 versiegte, sind sie gesuchte Sammelobjekte geworden, doch hin und wieder findet man noch Pfeifen in Lagerbeständen. Holm war zunächst im Kopenhagener Tabakladen seines Vaters tätig, erlernte nebenbei die Reparatur von Bruyères, erwarb schließlich eine Drehbank und begann 1964 mit dem Pfeifenmachen – als Freizeitbeschäftigung. Seine erste Pfeife verkaufte er am 5. Juni 1964, das ist doch mal ein Detail, das Sie nirgendwoanders zu lesen bekommen!

Allmählich kam das Geschäft in Schwung, und er vertrieb seine Kreationen nun in dem berühmten *Pipe Dan*-Laden (der leider nicht mehr existiert), wo sie bei amerikanischen Touristen sofort Anklang fanden. Doch der eigentliche Durchbruch sollte noch kommen. Bevor er 1967 seinen Militärdienst antrat, überließ Holm seinem Vater zwanzig Pfeifen zum Verkauf in dessen Laden. Als er zurückkehrte, waren inzwischen alle an einen bedeutenden Händler in den USA veräußert worden, der um Nachschub bat. Auf diese Weise wurde Preben Holm zu einer der ersten dänischen Freehand-Marken, die sich in den Vereinigten Staaten etablieren konnten.

Leider war Holm als Geschäftsmann nicht so tüchtig wie als Pfeifenmacher und ging einige Jahre später bankrott. Ein neuer Anlauf erfolgte 1971, dieses Mal übernahm der US-Gigant Lane Ltd. Import und Vertrieb. 1984 brachte Holm eine neue Serie namens Windhorst heraus; die größte Aufmerksamkeit zollte man jedoch seinen Edelmodellen. Zusätzlich zu diesen Sammlerstücken fertigte er auch einige Pfeifen-Sets. Das Gros seiner Jahresproduktion von 500 Stück exportierte der Däne in die USA und inspizierte sorgsam jede einzelne Pfeife, bevor sie auf die Reise ging. 1986 stellte er, wiederum aus wirtschaftlichen Gründen, die Produktion ein. Es folgten noch einige halbherzige Versuche, denen aber sein Tod am 28. Juni 1989 ein Ende setzte, fast auf den Tag genau fünfundzwanzig Jahre, nachdem er seine erste Pfeife verkauft hatte. Mit seinen ›Devotionalien‹ hatte der erst in den Vierzigern stehende Pfeifenkünstler aber zu Lebzeiten einen regelrechten Kultstatus errungen, und seine Modelle sind inzwischen in den Vereinigten Staaten gesuchte Sammlerobjekte.

G. Huybrecht

Die Marke dieses englischen Pfeifenmachers führte eine regelrechte Schattenexistenz, war sie doch selbst der einheimischen Kundschaft kaum ein Begriff. Die 1919 gegründete Fabrik (damals noch Davies & Huybrecht) in der Londoner Milk Street fiel den Bomben des Zweiten Weltkriegs zum Opfer, wurde jedoch wieder aufgebaut und belieferte den englischen und internationalen Markt mit handgefertigter Ware. Zu ihren Spezialitäten zählten makellose Straight Grains im klassischen Stil und handgearbeitete Freehands.

Wer an einer maßgeschneiderten Straight Grain interessiert war, konnte sich – ähnlich einem Maßanzug – in »Londoner Smith's Snuff Shop« eine Pfeife fertigen lassen. Auf das innovative Konzept dieses Pfeifenherstellers wäre ich niemals aufmerksam geworden, hätte ich nicht an jenem schicksalsträchtigen Novembernachmittag bemerkt, daß mir die Pfeifenreiniger ausgegangen waren – gerade als ich an besagtem hundertjährigem Tabakladen vorbeiflanierte. Seit dem Tod Huybrechts vor einigen Jahren werden seine Modelle jedoch kaum noch angeboten.

Il Ceppo

Meisterhaft verarbeitete italienische Pfeifen in klassischem bis hypermodernem Design, aus der Werkstatt des ehemaligen Architekten Giorgio Imperatori. Derzeit werden sie gefertigt von seiner Schwester Nadia und seinem Schwager Franco Rossi, der früher für Ser Jacopo tätig war. Dieser Einfluß macht sich bemerkbar an den phantasievollen Silberapplikationen. Das italienische Wort *ceppo* bedeutet »Strunk«, der Markenname bezieht sich also auf den Rohstoff, aus dem alle guten Pfeifen sind.

Ilsted

Der berufene dänische Pfeifenmacher Poul Ilsted begann seine Laufbahn 1969 in der Werkstatt seines Landsmannes Erik Nørding und stellte später, gemeinsam mit Henric Jorgensen und TAO, eine Zeitlang die Svendborg-Pfeifen her. 1975 machte er sich selbständig, sein Markenzeichen sind facettierte Modelle.

Invicta Briars

Als Colin Leeson und Colin Fromm 1974 die alteingesessene Firma Medway Pipe Repairs aufkauften, setzten sie zwar deren

Tradition des Reparierens und Aufarbeitens von Pfeifen fort, jedoch unter dem neuen Namen Invicta – und eroberten sich auf diesem Feld bald landesweit einen guten Ruf durch Präzision und Professionalität. So lag es eigentlich nahe, vier Jahre später selbst in die Pfeifenherstellung einzusteigen. In der kleinen Werkstatt in Kent erledigen die beiden mit vier Angestellten aber nach wie vor in großem Stil auch Reparaturaufträge und leisten so in zweifacher Hinsicht ihren Beitrag zum Fortleben der englischen Pfeifentradition.

Israelische Pfeifen
Die einzige größere Firma unter den zahlreichen Kleinbetrieben, die in Israel Pfeifen herstellen, drosselte ab 1987 leider drastisch ihre Produktion. Die Modelle findet man vereinzelt unter verschiedenen Bezeichnungen auf dem europäischen Markt, darunter eine *Shalom* in hebräischen Buchstaben.

Lars Ivarsson
Der Sohn des legendären dänischen Pfeifenmachers Sixten Ivarsson studierte zunächst Betriebswirtschaft, doch dann bewog ihn der Ruhm des Vaters, dessen berufliches Erbe anzutreten – obgleich dieser nie mit dem Wunsch an ihn herangetreten war. Das sahen wohl beide unabhängig voneinander eher als Bestimmung an, und darüber hinaus zeigte Lars Ivarsson wie sein Vater die Begabung, den individuellen Charakter einer Bruyère-Kantel zu erfassen und bei der Pfeife entsprechend herauszuarbeiten. Zudem hatte er in ihm natürlich einen idealen Lehrmeister. Sein erstes Exemplar verkaufte er 1964 als sechzehnjähriger Gymnasiast. Schon dem Knaben war jedoch klar, daß er vieles von seinem Schulwissen nie beruflich nutzen würde: Das Pfeifenmachen war ihm die Wiege gelegt.

Heute geht das meiste aus seiner Produktion nach Japan und in die USA, manches auch an Läden und Privatkunden in Italien, Deutschland und der Schweiz. Für die circa 60 glatten und 20 sandgestrahlten Stücke pro Jahr verwendet er korsisches und mazedonisches Bruyère-Holz und verlangt durchweg vierstellige Preise. Jede Pfeife erhält einen Stempel mit Jahreszahl und fortlaufender Produktionsnummer (innerhalb des Jahres). Findet eine seinen besonderen Gefallen, kennzeichnet er sie zusätzlich mit einem Fisch-Symbol. (Dahinter verbirgt sich kein religiöser oder mythischer Grund, sondern eine schlichte Reverenz an seinen *blowfish*; diesen flossenbewehrten Freund liebt er so sehr, daß er sich entschloß, ihn auf den besten seiner Pfeifen zu verewigen.) Bislang hat es allerdings nur 40 dieser Exemplare gegeben, rare Meisterstücke unter ohnehin seltenen Pfeifen. Lars Ivarsson führt im besten Sinne das Vermächtnis seiner Vaters fort, zugeschnitten auf die Ansprüche der modernen Rauchergeneration.

Sixten Ivarsson

Sixten Ivarsson, der Vater des modernen dänischen Pfeifendesigns, ist eigentlich gebürtiger Schwede. Er gilt allenthalben nicht nur als Schöpfer der Freehand, sondern als Seele der ganzen Bewegung. Sein Werdegang begann mit einer Bruyère, die er 1946 zum Eigengebrauch fertigte; nach mehrjähriger Praxis im Reparieren eröffnete er 1951 sein Pfeifenstudio – und sorgte mit seinen Modellen für Wirbel bei einer gleichermaßen faszinierten wie irritierten Kundschaft. Das hing damit zusammen, daß er nicht nur Form und Funktion in Einklang brachte, sondern sich stets ganz konsequent vom Verlauf der Maserung leiten ließ. So wurde unter anderen Stanwell auf ihn aufmerksam, für die er viele Jahre als Pfeifenmacher und Designer tätig war; manche seiner klassischen Freehands aus dieser Zeit werden nach wie vor hergestellt.

Der wahre Durchbruch erfolgte indes 1960, als zwei Großaufträge aus den USA seine Position in der wiederaufstrebenden Pfeifenwelt sicherten, die gerade die Freehand für sich entdeckte. Sie kamen interessanterweise, unabhängig voneinander, beide aus Chicago: zum einen vom Kaufhaus-Giganten Marshall Fields, zum anderen von Stan Levi von Iwan Ries & Co., dem ältesten und größten Pfeifenfachgeschäft Amerikas. Aufträge anderer Kunden aus aller Herren Länder ließen nicht lange auf sich warten. Fortan arbeitete Ivarsson allein in seiner Werkstatt, und die knapp 200 sorgfältigst gearbeiteten Pfeifen, die sie jährlich verließen, fanden reißenden Absatz bei Rauchern und Sammlern, vorwiegend aus den USA, Deutschland und Japan. 1994 war der Vierundachtzigjährige gezwungen, sich aufgrund schwindender Sehkraft zur Ruhe zu setzen. Sein Vermächtnis lebt jedoch weiter in seinem Sohn Lars, der als Pfeifenmacher vom besten aller Lehrer profitieren konnte.

Jeantet
Eines der Gründungsmitglieder der Pfeifenmacher von Saint-Claude, deren Firmengeschichte bis in das Jahr 1775 zurückreicht. Das Unternehmen wird noch heute von einem Nachkommen der Gründerfamilie geleitet und gehört zu Cuty Fort.

Georg Jensen
Der seit 1954 bestehende Familienbetrieb fertigt, abgesehen von einigen Freehands, Pfeifen in traditionellem Design, mitunter mit Silberringen oder Holzintarsien verziert, auf denen sich die Initialen des Kunden eingravieren lassen. Neuerungen in jüngster Zeit waren Ensembles von Pfeifen und Krawatten sowie Jahrespfeifen, älteren Modellen der Firma nachempfunden. Wie die meisten dänischen Pfeifen zeichnen sich auch diese durch gute handwerkliche Qualität aus. Sie sind, wenn auch nicht unbedingt massenhaft, in ganz Europa erhältlich, in geringerer Stückzahl auch in den USA, wo sie unter dem Namen »Jensen« verkauft werden.

Jirsa
Oldrich Jirsa gehört zur aufstrebenden Gilde der neuen Generation tschechischer Pfeifenmacher.

JL – Jørgen-L. Pipes
Eine dänische Marke, die in Deutschland, Hongkong, Taiwan und Norwegen verkauft wird. Der Hersteller ist Jørgen Larsen, der auch für die limitierte Edition der Stokkebye-Pfeifen verantwortlich zeichnet, die auschließlich in den USA verkauft werden, aber die gleichen Formen haben wie seine eigenen Modelle. Larsen lernte das Handwerk von seinem Onkel, der für Stanwell tätig war.

Jobey
Diese beliebte US-Marke, mit einer Modellpalette vom Klassiker bis zur Freehand, kommt nicht, wie häufig vermutet, aus Dänemark, sondern ursprünglich aus Großbritannien. Zeitweise wurde sie von Carl Weber, dem Autor des Buches *The Pleasures of Pipe Smoking*, in New York und später in New Jersey produziert. Die Jobey war eine der letzten in Massenfabrikation hergestellten Pfeifen mittlerer Preislage in den USA. 1987 wurde ihre Produk-

tion ins französische Saint-Claude verlegt, sie hat aber auch als Importpfeife in Amerika nicht an Beliebtheit eingebüßt. Sozusagen ein populäres Mittelklassemodell aus dreier Herren Länder.

Karl-Heinz Joura

Der Bremer Pfeifenkünstler, einer der angesehensten seiner Zunft in Deutschland – er nennt sich neuerdings nur *Karl* –, hat eine ausgesprochene Vorliebe für glatte Straight Grains in fließenden, halbklassischen Formen. Joura, einst Sportlehrer und Turmspringer in der DDR, ging zur Zeit des Mauerbaus in den Westen, endeckte in seiner neuen Heimat die Freuden des Pfeiferauchens und fertigte ab 1975 Pfeifen zum Eigengebrauch. 1979 machte er das Handwerk zu seinem Beruf, was bei einem erfahrenen Werkzeugmacher wie ihm auch nahelag. Das korsische Bruyère-Holz für die etwa 250 Pfeifen jährlich sucht er persönlich aus und lagert es vor der Verarbeitung achtzehn Monate. Die Form folgt überwiegend klassischen bis halbklassischen Mustern und immer auch der Maserung des Holzes. Alle erhalten abschließend eine zehntägige Behandlung mit Öl – so entsteht eine der deutschen Pfeifen mit den besten Raucheigenschaften. Die Beize für seine geliebten und beliebten Straight Grains mischt er häufig selbst, damit sie exakt den Farbton haben, den er sich vorstellt. Allesamt mustergültige Pfeifen für den Connaisseur in Deutschland, der Schweiz, Italien und Tschechien, neuerdings auch in den USA.

Kaywoodie

Die Marke wurde außer in den USA auch in Großbritannien hergestellt, wo sie erstaunlicherweise mehr Ansehen genießt als in ihrem Ursprungsland. Als Billigpfeife für den US-Markt wurde sie zeitweise auch in Italien produziert, seit 1991 wieder in den USA selbst bei S. M. Frank & Co. in Tampa (Florida). Die Kaywoodie für den europäischen Markt, wo sie vor allem aufgrund des »Synchro-Mundstücks« und der Tropfvorrichtung »Drinkless« populär ist, kam aus der Cadogan-Fabrik in Southend-on-Sea, wird dort jetzt jedoch nicht mehr hergestellt. In Amerika schätzt man in erster Linie die Vorkriegsmodelle, deren »Flame Grain«- und »Matched Grain«-Sets sich durchaus mit dem Niveau von Pfeifen renommierterer Hersteller messen können. Ihre einstige Beliebtheit hat die amerikanische Kaywoodie jedoch nicht wiedergewinnen können.

Keyser Hygienic Pipe
Eine System-Pfeife aus Aluminium ohne separaten Filter, entwickelt 1940 von Peter Keyser. Hergestellt wird sie in Großbritannien aus französischem Bruyère-Holz in verschiedenen klassischen Designs. Ein interessanter Aspekt sind die von Pfeife zu Pfeife problemlos austauschbaren Mundstücke.

Kirsten
Eine der ehemals in den USA sehr gängigen Pfeifen mit Metallkorpus, entwickelt von Frederick Kirsten Ende der dreißiger Jahre. Von all diesen Metallpfeifen aus der Zeit der Wirtschaftskrise hat einzig die Kirsten überlebt – mit dem austauschbaren Kopf, Holm und Korpus (mit »Radiator«-Filtersystem), der sie einst so beliebt machte. Das Unternehmen wird nun geleitet von Gene Kirsten, dem Sohn des Gründers.

Sven Knudsen
Der Bruder von Teddy Knudsen, der aus gesundheitlichen Gründen die Pfeifenherstellung aufgeben mußte.

L. & J. S. Briars
Der Name steht für ›Leslie John Silverware‹, es handelt sich dabei um englische Qualitätspfeifen der neueren Generation. Les Wood und seine Ehefrau Dolly bieten eine breite Palette unterschiedlicher Modelle an. Die Pfeifen werden in Deutschland unter dem Namen L. Wood verkauft und in Großbritannien und den USA unter der Bezeichnung *Ferndown*, eine Spitzenpfeife aus griechischem Plateauholz, die nach alter Dunhill-Manier mit Öl behandelt wird. Kein Zufall, denn Les Wood und seine Frau waren bei Dunhill tätig, bevor sie sich selbständig machten. Ebenfalls nicht zufällig werden fünfzig Prozent aller Modelle mit Gold- oder Silberbeschlägen versehen – Wood ist einer der renommiertesten Silberschmiede in England und der einzige Pfeifenmacher, der über eine entsprechende maschinelle Ausrüstung verfügt. Ich kann Ihnen aus persönlicher Erfahrung versichern, daß er in der Lage ist, für wirklich jede Pfeife einen passenden Gold- oder Silberring mit Gravur zu fertigen.

Les Wood fertigt übrigens auch für die meisten anderen britischen Pfeifenhersteller die Silberarbeiten. Von der 1983 entwickelten Ferndown verlassen jährlich 1500 Stück die Fabrik, die meisten bleiben in Großbritannien oder gehen nach Deutschland, in einer speziellen Filterversion. In die USA, einst der größte Abnehmer, werden nur noch wenige exportiert. Das rührige Ehepaar fertigt auch Einzelstücke nach Entwurfszeichnungen von Kunden und erfüllt andere Sonderwünsche. Angeboten werden die Ferndown-Pfeifen in drei Ausführungen: Neunzig Prozent machen die wiederum drei Varianten der rustizierten *Bark* aus: schwarz mit dezenten roten Tupfern, mittelbraun oder natur. 1994 kam eine glatte *Chestnut* auf den Markt, die vor allem in Deutschland sehr gut aufgenommen wurde. Glatte *Roots* mit besonders schöner Maserung runden die Palette ab.

Die Mundstücke aller Modelle sind durchweg aus schwarzem Kautschuk oder Cumberland. Es bedarf kaum des Hinweises, daß die silberglänzende Ferndown mit ihren ausgezeichneten Raucheigenschaften sehr gesucht ist. Gestempelt werden die Pfeifen mit einem bis zu drei Sternen, doch sind diese kein Qualitätsmerkmal, sondern eine Einstufung der Größe. Les ist jedoch oft so beschäftigt, daß er vergißt, sie aufzustempeln.

LaCroix

Die – meist mit Cumberland-Mundstück versehenen – Pfeifen der 1956 gegründeten Firma Jean LaCroix in Saint-Claude (heute Teil von Cuty Fort) werden in ganz Europa vertrieben.

W. Ø. Larsen

Das 1864 von Wilhelm Øckenholt Larsen zunächst als Tabakhersteller gegründete Unternehmen zählt heute, in der vierten und fünften Generation, zur absoluten Spitze der dänischen Pfeifen-Anbieter. 1960 wandte Ole Larsen sich Konzeption und Entwurf von Pfeifen zu und übertrug die Fertigung angestellten Pfeifenmachern. Heute arbeiten einige selbständige Pfeifenmacher für Larsen. Die Bruyères aus korsischem Holz werden heute vorwiegend in drei Stilrichtungen gefertigt: die Larsen Straight Grains, davon jährlich knapp 100 Exemplare der allerfeinsten *Pearl*; die W. Ø. Larsen Handmade, der dänische Klassiker, in vier Varianten (*Select*, *Two-Tone*, *Rustica* und *Burley Brown* – letztere, mit besonders attraktivem Finish und Cumberland-Mundstück, wurde 1993 eingeführt). Seit 1998 gibt es zusätzlich die *Larsen Line*, eine Serie maschinell vorgedrehter, von Hand fertiggestellter Pfeifen; sie sind insofern ungewöhnlich, als hierfür

Plateauholz verwendet wird, eine Qualität, die normalerweise rein handgefertigten Exemplaren vorbehalten ist. Die (aufgrund der teilmaschinellen Herstellung deutlich preisgünstigeren) Larsen-Line-Modelle, mit einem dekorativen Kupferring zwischen Acrylmundstück und Holm, werden in drei Ausführungen angeboten: *Cognac* (ein hell schattiertes Goldbraun), *Port* (Rotbraun) und *Double Black* (sandgestrahlter Kopf mit glattem Holm).

Die Larsen-Pfeifen aller Kategorien bestechen durch vollendete Formgebung und perfekte Machart und sind daher bei anspruchsvollen Rauchern und Sammlern hochbegehrt. W. Ø. Larsen stellt, alter Familientradition gemäß, weiterhin Pfeifentabak her: die Serie Larsen's Choice in ihren farbenprächtigen Dosen. 1993 wurde Ole Larsens Sohn Niels Geschäftsführer des Unternehmens, und im folgenden Jahr wurden das in der Kopenhagener Fußgängerzone gelegene Stammgeschäft sowie das kleine, im Erdgeschoß angesiedelte Museum aufwendig restauriert. Mit Unterstützung der Scandinavian Tobacco Company entstand hier ein Museum der dänischen Tabakkultur, deren Geschichte eng mit dem renommierten Namen Larsen verknüpft ist.

Loewe

1856 eröffnete der französische Pfeifenmacher Emile Loewe eine Ladenwerkstatt in seiner Wahlheimat London. Die Pfeifen von Loewe & Co. Ltd. erwarben sich schnell einen guten Ruf – vor allem bei Anhängern der dramatischen Muse, denn das Geschäft lag im Zentrum des Haymarket-Districts mit seinen berühmten Theatern. Man schätzte die breitgefächerte Modellpalette, darunter Besonderheiten wie ein Kästchen silberbeschlagener Reisepfeifen mit auswechselbarem Holm. Mit dem Niedergang dieses Stadtteils verschwanden leider auch Werkstatt, Laden und Büros von Loewe. Die Pfeifen werden heute in der Cadogan-Fabrik in Southend-on-Sea hergestellt und haben eine Käufergemeinde in ganz Europa, Australien und Korea. In bescheidener Stückzahl haben sie hin und wieder auch den Weg nach Amerika gefunden.

Lorenzo

Die Namensgebung dieser italienischen Marke ist einem Verwirrspiel zu verdanken: Jahrelang gab es zwei Pfeifenmacher namens Tagliabue, die ständig verwechselt wurden; daher entschloß sich Lorenzo Tagliabue nach dem Zweiten Weltkrieg, seine Modelle fortan mit dem Vornamen zu kennzeichnen. Gegründet wurde das Unternehmen bereits im Jahr 1900 von den Brüdern Lana, die jedoch keinen Markennamen angaben. Lorenzo bot eine große Vielfalt erstklassiger Bruyères an und arbeitete für verschiedene Hausmarken; Comoy's besorgte den Vertrieb in den USA.

Als der Firmengründer am 12. Juli 1987 ohne Nachkommen starb, lag die Firma einige Jahre brach, bis schließlich Comoy's Produktionsstätte und Namensrechte erwarb. 1990 kam man mit einer preiswerten Serie in klassisch-englischem Design heraus; da diese italienischen Pfeifen mit dem Stempel von Comoy's versehen waren, glaubten viele, sie kämen aus England. Sie werden weiterhin in Italien hergestellt, jedoch ohne Beteiligung von Comoy's. Um die steigende Nachfrage vor allem in Deutschland und den USA zu decken, läßt man die maschinengefertigten Pfeifen inzwischen auch von anderen Produzenten liefern. Die Qualität der Lorenzos ist sehr unterschiedlich und reicht von der billigen *Spitfire* bis zur edlen *Fiammata*-Straight Grain. Die vierzig Beschäftigten der Fabrik arbeiten in der Tat unter ihrem Chef, denn dessen Privatwohnung befindet sich über den Werkstätten; so ist er immer in der Mitte des Geschehens.

Luciano
Diese elegante handgefertigte Pfeife traditionellen Stils wurde 1989 von Brebbia auf den Markt gebracht. Sie ist benannt nach Luciano Buzzi, dem Sohn des Brebbia-Gründers Enea Buzzi.

Masta
Von Parker-Hardcastle vorrangig für den norwegischen Markt hergestellt.

Mastercraft
Eine preiswerte, beliebte US-Marke, in den dreißiger Jahren gegründet von Bernard Hockstein. 1968 wurde sie von U.S. Tobacco übernommen, später von Sparta und schließlich von Lane Ltd. Zeitweise war der Sänger und Schauspieler Bing Crosby Miteigentümer. Die Pfeife wurde ursprünglich im New Yorker Stadtteil Brooklyn hergestellt, seit einigen Jahren kommt sie nun aus North Carolina.

Mastro de Paja

Diese bekannte, 1972 von Terenzio Cecchini und Giancarlo Guidi (jetzt Inhaber von Ser Jacopo) gegründete Marke war eine Zeitlang der bedeutendste Produzent handgefertigter Pfeifen in Italien. Heute ist sie im Besitz von Alberto Montini, einem dynamischen Kunsthandwerker und Geschäftsmann, der mit Hilfe von fünf absoluten Spitzenkräften wirklich ausgezeichnete Bruyères klassischen bis halbklassischen Stils herstellt. Die Produktion, die Montini vom Entwurf bis zum fertigen Exemplar sorgsam überwacht, beträgt derzeit rund 5000 bis 6000 Stück pro Jahr, von denen die meisten in die USA sowie nach Deutschland und Japan gehen. Bemerkenswert ist die wundervolle Maserung der Topmodelle und deren Silberschmuck, der bestens mit dem Logo harmoniert: ein großer Silberpunkt auf dem handgearbeiteten Mundstück. Es gibt auch eine preiswertere Zweitmarke »Alberto Montini« – eine Bescheidenheit, die eigentlich nicht angebracht ist: Der Name des Mannes, der Mastro de Paja wieder zu Renommee verholfen hat, sollte auf den edlen Exemplaren stehen. Die Firma stellt auch lederne Tabakbeutel und andere Accessoires für den Pfeifen- und Zigarrenraucher her.

Peter Matzhold

Nahezu der einzige österreichische Freehandkünstler, der seine 200 Pfeifen im Jahr in individuellem Design herstellt, das sich an klassischen Vorbildern orientiert. Der studierte Architekt hatte, nachdem er zunächst nur Pfeifen für den Eigenbedarf gefertigt hatte, so großen Erfolg, daß er den alten Beruf an den Nagel hängte und sich 1980 als Pfeifenmacher selbständig machte. Seine perfekten Straight Grains und Bird's Eyes kommen ausschließlich naturfarben und in glatter Oberfläche auf den Markt; – sie sind in Deutschland, Österreich und den USA erhältlich.

Jørn Micke

Jørn Micke, einst Zögling von Großmeister Sixten Ivarsson, stellt seine wenigen Pfeifen in freien künstlerischen Formen her. Nur etwa 20 Pfeifen im Jahr verlassen seine Werkstatt auf der dänischen Ostseeinsel Bornholm. Sie gehen vorwiegend nach Japan und zählen zu den exklusivsten Pfeifen überhaupt. Hergestellt werden sie aus griechischem und korsischem Plateauholz und sind mit dem Aufdruck ›Micke make‹ gestempelt, dazu einzeln numeriert und mit dem Herstellungsjahr versehen. Sandgestrahlte Modelle beginnen bei 3000 DM, glatte Straight Grains können über 10000 DM kosten.

Millville
Millville wurde 1980 unter Beteiligung einiger Mitarbeiter von Charatan gegründet, als kleines Familienunternehmen unter der Leitung von Dennis Marshall (ehemals Geschäftsführer von Charatan und in der Übergangszeit auch für Barling tätig) und seinem Sohn John. Die handgefertigten Firsts von Millville gibt es als Klassiker oder Freehand in verschiedener Ausführung, manches davon in Anklang an die alten Charatans. In Europa sind sie außerhalb Großbritanniens nicht immer leicht aufzutreiben, in den USA überhaupt nicht. Zusätzlich zu den Edelmodellen stellt die Firma auch preiswertere Hausmarken für englische Tabakhändler her. Flaniert ein Pfeifenraucher donnerstags, freitags oder samstags durch das Londoner West End, wird er erfreut zur Kenntnis nehmen, daß Millville-Pfeifen auch auf dem Wochenmarkt nahe der St.-James's-Church angeboten werden. Und wenn man eine Pfeife trefflich im Freien genießen kann, warum sollte man sie dort nicht auch kaufen?

Molina
Ein Hersteller aus dem italienischen Barasso-Varese, der aus der früheren Rossi-Fabrik hervorgegangen ist und nicht nur Pfeifen unter dem eigenen Namen vertreibt. Die zehn Mitarbeiter stellen die Bruyères im unteren bis mittleren Preisniveau zum Teil noch immer auf den Maschinen des früheren Großunternehmens her. Viele (deutsche) Haus- und Eigenmarken werden in der kleinen Fabrik am Lago Varese per Hand gefertigt.

Morabito
Eine kaum bekannte kleine Französin mit klassischen Konturen, von der noch nie jemand etwas gehört hat, bis er dies Buch aufschlug.

Aldo Morelli
Eine »italienische« Filterpfeife des deutschen Herstellers Denicotea, deren modernes Styling auf den Raucher von heute abgestimmt ist.

Moretti
Die seit 1968 bestehende italienische Marke, die den Namen ihres Gründers trägt, wird nun von dessen Schwiegersohn Marco Biagini geleitet. Die Pfeifen haben sich eine treue Anhängerschaft erobert, da ausschließlich Modelle mit glatter Oberfläche hergestellt werden, keine sandgestrahlten oder rustizierten. Die Kanteln aus kalabrischem Bruyère-Holz werden fünfzehn Jahre gelagert, und Biagini benutzt für die Verarbeitung eher Messer und Meißel als Maschinen und verzichtet bewußt auf Metallapplikationen, damit nichts den Eindruck des Holzes stört. Die Jahresproduktion von knapp 1000 Exemplaren gelangt kaum über die Landesgrenzen hinaus – aber alle, deren er habhaft werden kann, verkauft Clive Humm vom Pipe Club of London in Großbritannien.

Mountbatten
Von Parker-Hardcastle für die Schweiz hergestellt.

Munalli
Diese unkonventionell gestylten italienischen Pfeifen erlangten einen gewissen Ruhm durch den Umstand, daß sie auch in der Sammlung des ehemaligen Staatspräsidenten Alessandro Pertini zu finden waren. Im Februar 1990 entschlief derselbe friedlich im biblischen Alter von 93 Jahren – da sieht man mal wieder, daß Pfeifenraucher das Leben mehr und länger genießen als irgendwer sonst.

Kai Nielsen
Ein Pfeifenmacher der jüngeren Generation, der – ähnlich wie Lars Ivarsson – den Lehrmeister im eigenen Haus hatte: Vater Viggo Nielsen nämlich gehört zu den Pionieren der dänischen Pfeifenmacherzunft. Kai jedoch hatte keine Lust, eine Fabrik zu übernehmen, und zog es vor, selbständig als Freehandkünstler zu arbeiten. Seine Modelle – häufig Varianten von Kugel- und Bulldogformen – tragen Bezeichnungen aus der Edelsteinbranche, wobei die ›Supreme‹ die höchste Qualitätsstufe darstellt.

Viggo Nielsen
Seit mehr als 50 Jahren in der Pfeifenbranche, stellt Viggo Nielsen noch immer etwa 200 Pfeifen im Jahr her, die vorwiegend in

Deutschland und Dänemark verkauft werden. 1948 hatte er die Fabrik Bari in Kolding gegründet und diese 30 Jahre später an den Hamburger Konzern van Eicken verkauft. Da er das Pfeifenmachen jedoch nicht lassen konnte, gründete er das Unternehmen Faaborg Piben, wo er zunächst mit seinen Söhnen Kai und Jørgen zusammenarbeitete. Die Pfeifen (oft ausgefallene Fancy-Modelle mit überdimensionierten Köpfen) mittleren Preisniveaus hatten großen Erfolg in Deutschland, doch da die Söhne das Werk nicht übernommen wollten, wurde die Fabrik geschlossen. Heute fertigt Viggo Nielsen wegen eines Augenleidens nur noch wenige hochwertige Pfeifen, die an klassischen Formen orientiert sind.

Heinz Nolte

Ein solider Pfeifenmacher aus Neuenburg (Baden-Württemberg) mit einer Vorliebe für Holme mit großem Durchmesser (oft dicker als das Mundstück).

Bo Nordh

Als Meister von Stil und Grazie läßt dieser schwedische Pfeifenkünstler seinen Modellen äußerste Sorgfalt angedeihen – das geht so weit, daß er das fertige Exemplar beim Verpacken für den Versand nur mit weißen Handschuhen anfaßt. Aus seiner Werkstatt kommen Klassiker und Freehands; am bekanntesten ist die legendäre »Schnecke« die sowohl mit glatter als auch mit sandgestrahlter Oberfläche hergestellt wird. Gelegentlich verwendet er, als reizvollen Kontrast zum Bruyère, Zierelemente aus Bambus, Horn und Buchsbaum. Seine Pfeifen, die mitunter das Vorbild Sixten Ivarssons erkennen lassen, werden oft als reine Kunstwerke erworben – was eigentlich ein Jammer ist angesichts des hervorragenden Bruyère-Holzes korsischer Herkunft, das Nordh vor der Verarbeitung drei bis fünf Jahre lagert. Er macht von jeder der knapp 50 Pfeifen, die er jährlich herstellt, ein Foto, so daß er sie stets nachträglich identifizieren kann. Zum Verkauf gelangen sie hauptsächlich in den USA, Deutschland und Japan.

Erik Nørding

Aus dieser Werkstatt kommen jährlich zwischen 20000 und 30000 Pfeifen, die nahezu in alle Welt geliefert werden und hoch angesehen sind. Erik Nørding fertigt zusammen mit sechs Mitarbeitern sowohl klassische Pfeifen als auch Freehand-Modelle und ist zudem als Hersteller diverser Hausmarken für einzelne Tabakhändler in vielen Ländern tätig. Die Preisskala seiner Pfeifen ist sehr weit gespannt, alle zeichnen sich jedoch durch eine gute Rauchqualität aus. Der vielseitige Nørding, von Beruf eigentlich Schmied und Ingenieur und ehemals ein bekannter Sportler, begann 1967 mit dem Pfeifenmachen. Heute sind seine Bruyères der unterschiedlichsten Formen und Qualitätsstufen in zahlreichen Sammlungen auf der ganzen Welt zu finden. Der begeisterte Jäger stellt seit einigen Jahren als Jahresmodell eine ›Hunting Pipe‹ her, die jeweils an den Körperformen eines bestimmten Jagdwildes orientiert sind und zusammen mit einer Zeichnung geliefert werden.

Oldenkott
Eine der bekanntesten deutschen Pfeifenfirmen, 1909 von Heinrich Oldenkott gegründet. Während der letzten Jahre vor der Schließung produzierte man hier überwiegend halbklassische Freehands, manche mit Adapter für 9mm-Filter. Das interessanteste Modell des Hauses war indes die 1984 eingeführte Porsche-Pfeife, entwickelt von Ferdinand Alexander Porsche, dem Designer der 904- und 911-Sportwagen. Beim hypermodernen Design der Pfeife ließ er sich von den Kühlrippen des Flugzeugmotors anregen, auch von deren Funktionalität: Er war überzeugt, daß dieses Kühlprinzip ebenfalls beim Rauch funktioniert. Die Produktion der Porsche-Pfeifen wurde in den neunziger Jahren eingestellt, sie haben jedoch den Status von Sammlerstücken erlangt. Können Sie sich das Auto nicht leisten, bleibt die Möglichkeit, wenigstens die Pfeife zu rauchen. Die Oldenkott-Fabrik ist inzwischen geschlossen worden.

Orlik
Das von Louis Orlik 1899 in London gegründete Unternehmen, bis 1980 in Familienbesitz, gehört seitdem zur Cadogan-Gruppe, unter deren Dach zum Beispiel auch Comoy's und GBD zu finden sind. In großer Auswahl werden hier Bruyères und Meerschaumpfeifen gefertigt. Die bekannten Orlik-Tabake hingegen sind dänische Fabrikation. In den sechziger Jahren wurden Orlik-Pfeifen auch in die Vereinigten Staaten exportiert, waren aber trotz ihres moderaten Preises und lebhafter Nachfrage schwer

erhältlich und verschwanden schließlich ganz vom US-Markt. Eine gute Pfeife läßt sich jedoch nicht so schnell unterkriegen, und so startete man 1990 eine neue Amerika-Initiative; die Orlik ist dessen ungeachtet in erster Linie in Großbritannien und sporadisch auf dem Kontinent präsent. Pfeifengeschichte geschrieben hat jedenfalls das berühmte Warenzeichen der Firma: ein Richter im Amtsornat, der weise hinter seiner Pfeife hervorblinzelt, verbunden mit dem Motto: »Smoked by all shrewd judges« (von allen scharfsinnigen Richtern geraucht).

Parker-Hardcastle

Dieser Doppelname entstand 1967 durch den Zusammenschluß der Firmen Parker und Hardcastle (siehe dort) unter dem Dach von Dunhill. Parker war bereits 1923 als Dunhill-Tochter gegründet worden – als Verwertungsgesellschaft für Pfeifenköpfe, denen man den weißen Punkt aus Qualitätsgründen vorenthielt. In den dreißiger bis fünfziger Jahren war die Parker in Amerika ebenso populär wie bis heute in Großbritannien, verschwand dann aber vom US-Markt. Eine solide Pfeife aus dem Dunhill-Imperium, die in Europa und seit 1991 auch wieder in den Vereinigten Staaten erhältlich ist.

Peterson

An der Bauart dieser enorm beliebten, altehrwürdigen Pfeife aus Irland hat sich seit über hundert Jahren wenig geändert, und das »Peterson-System« besitzt eine treue internationale Anhängerschaft, vor allem in Großbritannien, dem übrigen Europa und Amerika. Gegründet wurde das Dubliner Unternehmen 1865 von den Brüdern Friedrich und Heinrich Kapp. Einige Jahre danach wurde ein pfeiferauchender Erfinder bei ihnen vorstellig mit der Idee, den Pfeifenkopf unterhalb der Tabakkammer mit einem Reservoir zu versehen, das mit dem Rauchkanal verbunden war und die Feuchtigkeit aufnahm, so daß sie nicht mehr in den Mund des Rauchers geriet. Als weiteres Mittel gegen das »Zungenbrennen« hatte er ein Mundstück entwickelt, dessen Bohrung den Rauch nach oben gegen den Gaumen ableitete und als Lippenbißmundstück bezeichnet wird. Die Brüder Kapp fanden Gefallen an Petersons Ideen und machten ihn zum Partner: Ab 1875 hieß die Firma Kapp & Peterson. Das Mundstück – »P Lip«, wie es im Englischen genannt wird – ließ man sich 1890 patentieren, und auf der London International Tobacco Exhibition von 1895 wurde das Peterson-System prämiert. Die Pfeifen werden nach wie vor in Irland hergestellt, in nahezu derselben Machart wie früher; im Unternehmen gab es dagegen einigen Wandel: Man kaufte die Firma Duncan Briars auf, brachte historische Peterson-Modelle heraus und dehnte die Aktivitäten auf den gesamten Weltmarkt aus.

Die Peterson war eine der Lieblingspfeifen von Mark Twain, und auch der britische Sherlock-Holmes-Darsteller Basil Rathbone rauchte sie gelegentlich in seinen Filmen. Jeremy Brett trat später in seine Fußstapfen als Titelheld einer englischen TV-Serie mit Sherlock-Holmes-Geschichten; in der zweiten Folge rauchte er eine Peterson Churchwarden (die in der dritten von einem Modell abgelöst wurde, das der Autor dieses Buches entworfen hatte). Die Peterson-Pfeife hat sehr gute Rauchqualitäten und ein nostalgisches Design des 19. Jahrhunderts, mit einigen Abwandlungen: Bruyères und Meerschaumpfeifen gibt es in einfacher Ausführung, aber auch mit Gold- und Silberapplikationen, ferner eine beliebte Edition von Jubiläumspfeifen.

Pipe Art 2000
Ein deutscher Vertrieb namens Kraus in Metzingen, der Pfeifen von anderen Pfeifenmachern herstellen läßt und sie mit recht moderatem Preis unter dieser Bezeichnung verkauft.

Pipe Dan
Eher als Händler denn als Pfeifenmacher war Pipe Dan einer der Pioniere der dänischen Freehand. Der Pfeifenladen, seinerzeit einer der beliebtesten Kopenhagens, wurde regelrecht zum Schaufenster für einige der talentiertesten (und mitunter menschenscheuen) Pfeifenkünstler der neuen Generation, von denen manche kaum anderweitige Möglichkeiten hatten, ihre Ware zu verkaufen. Jedes Exemplar, das hier über den Ladentisch ging, erhielt außer dem Stempel des Herstellers auch denjenigen von Pipe Dan – war noch genügend Platz, konnte der Kunde das Kaufdatum und seine Initialen hinzufügen lassen! Leider schloß das Geschäft Anfang der neunziger Jahre seine Pforten, und Kopenhagen ist zwar immer eine Reise wert, aber für den Pfeifenraucher nun um eine Attraktion ärmer. Nicht zu verwechseln mit dieser ehemaligen Kopenhagener Institution ist übrigens die

bekannte deutsche Marke gleichen Namens (früher als Danske Pibe, auch als Dan Pipe auf dem Markt).

Otto Pollner

Pollner ist ein Multitalent und betreibt das Metier des Pfeifenmachens mit absoluter Hingabe. Die knapp hundert Pfeifen, die er im Jahr fertigt, tragen eine deutliche eigene Handschrift, so daß sie von Liebhabern sofort als Pollner-Modell identifiziert werden. Neben Pfeifen aus Bruyère-Holz stellte er auch Modelle aus Meerschaum und aus Olivenholz her. Daneben schuf der gelernte Drechslermeister auch Replikate von historischen Pfeifen, die er nach alten Zeichnungen anfertigte. Der Verfasser zahlreicher Bücher und Zeitschriftenartikel über die Pfeife ist Mitglied der exklusiven Académie Internationale de la Pipe und verfügt über eine beträchtliche Sammlung hochwertiger und seltener (historischer) Pfeifen.

Otto Pollner ist der letzte aktive Pfeifendrechsler Deutschlands; anders als Freehand-Pfeifen, die an der Schleifscheibe oder Bandschleifmaschine geformt werden, entstehen seine Modelle an der Drehbank, wo sie mit einem Stecheisen aus dem Plateauholz »geschält« werden. Er entwarf auch sehr schöne Pfeifenstopfer und fertigte 1967 die größte rauchbare Pfeife der Welt: 3,65 Meter lang und 50 Zentimeter hoch. An diesem Monstrum aus Kirschholz arbeitete er 150 Stunden. Besichtigen kann man es im Pfeifen- und Tabakmuseum in Bunde. Manchmal raucht Otto Pollner auch daraus – angesichts der gewaltigen Tabakmenge, die hineingeht, ist das *langen* Festivitäten vorbehalten!

Radice

Luigi Radice war mit Peppino Ascorti Gründer von Caminetto und stellt seit 1980 eigene Pfeifen her. Deren prononcierte Formgebung verrät, daß er ganz früher bei Castello tätig war; Holzbehandlung und Finish sind jedoch von derselben Qualität wie bei der Caminetto, vor allem in seiner klassischen Serie. Häufig kopiert wurden seine charakteristischen Holmschnitzereien, die täuschend ähnlich ein Bambusrohr nachahmen, oder seine »candle wax«, die aussieht, als würde das Wachs einer Kerze am Pfeifenkopf heruntertropfen, jedoch aus dem Bruyère geschnitzt ist. Gigi, wie er im Familienkreis genannt wird, mit seinem kühn gezwirbelten Schnurrbart, wird heute von seinen

Söhnen Maurizo und Gianluca bei der Arbeit unterstützt. Sie stellen gemeinsam knapp 2000 Pfeifen jährlich her, allesamt Einzelstücke.

Redman
Die Londoner Firma stellt seit 1933 verschiedenste Bruyères her, einschließlich preiswerter Serien, Geschenk-Sets und Hausmarken für Tabakhändler.

Refbjerg
Die Kopenhagener Werkstatt von Søren Refbjerg Rasmussen lieferte von 1969 an ihre halbklassischen Modelle, mit glattem Finish und attraktiver Maserung, überwiegend nach Deutschland und Großbritannien. Früher fertigte Rasmussen jährlich Hunderte von Pfeifen (vorrangig für den Export in die USA), entschied sich dann jedoch, die Produktion auf das Maß eines Ein-Mann-Betriebs zu drosseln. Da er inzwischen vorwiegend Pfeifen für ein anderes dänisches Traditionshaus herstellt, verlassen nur noch wenige eigene Modelle, die als Logo ein geschwungenes ›R‹ aufweisen, die geräumige Werkstatt. Er ist obendrein als Einkäufer von Bruyère-Holz für viele dänische Kollegen tätig und hat daher leichten Zugriff auf gute Ware.

Reiner DESIGN
Der Markenname von Rüdiger Lutz Will aus dem westfälischen Bünde, der Pfeifen und Tabak unter dieser Bezeichnung vertreibt. Wurden die Freehand-Modelle mit Beginn des Jahres 1982 von dem begabten Pfeifenmacher Reiner Klein hergestellt, so kommen sie heute aus einem Großunternehmen in Nordeuropa. An dänische Formen angelehnt, werden die Pfeifen aus Plateauholz – häufig mit Silberapplikationen versehen – von R. L. Will selbst entworfen. Sie sind in Deutschland, der Schweiz, den Niederlanden und seit kurzem auch in den USA erhältlich.

Roland
Die bekannteste Serie des japanischen Herstellers Fukashiro, eine maschinell gefertigte Bruyère mit Kautschuk-Mundstück (bei preiswerteren Modellen aus Acryl). Von den rund 30000 jährlich produzierten Pfeifen gelangen nur wenige in den Export.

Ropp
Die 1869 von Eugène Ropp gegründete Pfeifenfirma ist der älteste Markenhersteller Frankreichs. Man findet den Namen zwar auch auf Exemplaren aus Bruyère und Meerschaum, das bekannteste Produkt sind indes die markanten Kirschholz-Pfeifen.

Rossi
Die Fabrik der Fratelli Rossi in Varese, einst einer der größten Pfeifenhersteller Italiens, nahm 1886 die Produktion auf und wurde, zuletzt geführt von Leonida Rossi, 1984 liquidiert – zwei Jahre vor ihrem hundertsten Geburtstag; daher gab es leider keine entsprechende Jubiläumspfeife. In den besten Zeiten hatte man hier ein jährliches Umsatzvolumen von 12 Millionen Stück; das entspricht 50000 pro Werktag, weit mehr als bei anderen Pfeifenfirmen. Das war natürlich alles billige Massenware, die die gegen Ende des Ersten Weltkriegs 800 Köpfe zählende Belegschaft herstellte. Während seiner nahezu hundertjährigen Geschichte brachte Rossi Pfeifen unterschiedlichster Formen auf den Markt, darunter so Ausgefallenes wie ein Frauenbein oder eine fast meterlange Billiard. Von den Dreißigern bis in die fünfziger Jahre stellte man zudem eine große Zahl von holzgeschnitzten Neuheiten her, und natürlich jede Menge in traditionellem Stil. Rossi weilt nicht mehr unter uns, aber seine Marke ist noch lange nicht vergessen. Die große Zahl der Neuheiten aus ehemaliger Produktion stellt sicher, daß man den Rossi-Pfeifen auf Tauschbörsen oder in Antiquitätenläden immer wieder begegnen wird. Zudem wurde das gesamte Inventar der Fabrik erworben von Alberto Paronelli, einer Zentralfigur des Wiederaufschwungs der Pfeifenindustrie: Er stellt heute einen Teil der Maschinen und Erzeugnisse von Rossi in seinem Museum in Gavirate aus.

Bertram Safferling
Die Pfeifen des Stuttgarters, eines eher stillen Vertreters seiner Zunft, sind hervorragend im Styling – vielleicht kein Zufall, wirkt er doch in der Heimatstadt zweier exklusiver Automobilmarken: Porsche und Mercedes Benz. Die rund hundert Stück, die er jährlich herstellt, sind heiß begehrt in Deutschland, Italien und neuerdings auch den USA. Seinen avantgardistischen Stil könnte man als »neue europäische Welle« bezeichnen; oft sind es regelrechte Bruyère-Skulpturen, jedoch stets funktional und rauchbar.

Safferling versieht die meisten Exemplare mit mattem Finish, was ihren modernen Charakter unterstreicht. Die Tabakkammern seiner Bruyères werden mit einer Mischung aus Holzkohle und Glyzerin vorbehandelt, die Qualitätsskala aufsteigend numerisch gekennzeichnet (1–7). Als Logo verwendet der bescheidene Badener zwei Tropfen, denn eine tropfenähnliche Pfeifenform galt viele Jahre als Markenzeichen des Pfeifenkünstlers. Bevor er 1981 zu seinem Beruf fand, studierte Safferling Industriedesign und machte eine Ausbildung zum Starkstromelektriker – dies erklärt sicherlich den kreativen Funken, der all seine Werke beseelt.

Salvatella
Eine der wenigen spanischen Marken.

Sasieni
Eine bei Rauchern und Sammlern begehrte britische Pfeife jüngeren Datums, heute jedoch nicht mehr von der ursprünglichen Firma, sondern in Frankreich hergestellt. 1896 begann Joel Sasieni als Pfeifenmacherlehrling bei Charatan, wechselte 1910 als Fabrikaufseher zum damals noch jungen Unternehmen Dunhill, das er aber acht Jahre später wieder verließ, um schließlich 1919 mit eigenen Pfeifen auf den Markt zu gehen. Seine Fabrik fiel wenig später einem Brand zum Opfer, aber der – wegen seiner gedrungenen Statur »Little Joe« genannte – Sasieni ließ sich nicht entmutigen und baute sie wieder auf. Nach seinem Tod im Jahre 1945 übernahm der Sohn Alfred das Ruder, wie sein Vater von geringer Körpergröße, rothaarig und von entschlossener Wesensart. Die Pfeifen wurden vornehmlich in die USA exportiert, wo die Serien mit den gewissen acht oder vier Punkten auf dem Holm bald Furore machten. Dieselben Modelle wurden in Europa mit nur einem Punkt verkauft, was die Amerikaner zu der Annahme verleitete, es handele sich um minderwertige Ware – während es doch in Wahrheit erstklassige Firsts waren.

Nun, da man die Wahrheit kennt, ist alles anders geworden. Nach der Liquidation des Unternehmens im Jahre 1979 werden die Pfeifen jetzt von einer anderen Firma hergestellt, hauptsächlich für den Export in die Vereinigten Staaten. Die neue Vier-Punkt-Sasieni bietet für ihren Preis exzellenten Rauchgenuß, doch es sind die vor 1979, also in der Ägide der Stammfirma produzierten Exemplare mit einem, vier oder acht Punkten, die amerikanische Sammler vorwiegend interessieren.

Savinelli

Der Pfeifenladen, den Achille Savinelli 1876 in Mailand eröffnete, erwarb sich schnell einen guten Ruf, nicht anders als das wenig später gegründete Fachgeschäft seiner Brüder in Genua. 1890 trat Savinellis Sohn Carlo in den Betrieb ein und begann bald im Hinterzimmer selbst Pfeifen zu drehen – so entstand schließlich 1924 die berühmte Marke. Die ersten Savinelli-Pfeifen wurden allerdings bei Rossi und im französischen Saint-Claude gefertigt und bis zum Ende des Zweiten Weltkriegs ausschließlich in den familieneigenen Läden verkauft. Dann sah Carlos Sohn Achille, inzwischen selbst ein professioneller Pfeifenmacher, die Zeit gekommen, in den florierenden internationalen Markt einzusteigen. Nicht zuletzt mit Blick auf die amerikanische Kundschaft gründete er 1947 gemeinsam mit seinem Cousin Enea Buzzi eine Fabrik in Brebbia. 1953 trennten sich die beiden wieder, und Savinelli eröffnete sechs Jahre später die noch heute bestehende Fabrik in Molina di Barasso.

Savinelli wurde einer der ersten italienischen Pfeifenhersteller großen Stils und erlangte hohes internationales Ansehen. Die heutigen Savinelli-Modelle werden sämtlich mit dem firmeneigenen (1982 patentierten) Balsaholzfilter in 6mm- oder 9mm-Version geliefert. Amerikanische Raucher nehmen ihn gerne heraus, in Deutschland ersetzt ihn mancher durch Aktivkohle- oder Meerschaumfilter. So erfreut sich die Savinelli allgemeiner Akzeptanz, und sie gehört zu den wenigen italienischen Pfeifen, die ständig nach Großbritannien exportiert werden. Die Exklusivmodelle, wie die *Autograph*-Serie oder die Jahrespfeifen, sind auch in Sammlerkreisen höchst begehrt. Nach Achille Savinellis Tod im Jahre 1987 führten zunächst seine Kinder Giancarlo und Marisetta gemeinsam die Firma; inzwischen ist Giancarlo allein für die Produktion der mehr als 100 verschiedenen Formen in 22 Serien zuständig. Alle Modelle werden mit glatter, sandgestrahlter und rustizierter Oberfläche angeboten.

Julian Schäfer

Dieser deutsche Pfeifenmacher orientierte sich vorwiegend an dänischem Design, hat sich aber inzwischen aus der Pfeifenmacherei zurückgezogen und dem Modellieren von Skulpturen zugewandt.

Ser Jacopo

Hochkarätige italienische Pfeifen in unkonventionellem Design, die ihre Liebhaber anfangs vor allem in den Vereinigten Staaten fanden. Inzwischen sind sie auch in Europa etabliert, vor allem in Deutschland, Österreich und der Schweiz. Der Name der 1983 von Giancarlo Guidi (ehemals Schöpfer von Mastro de Paja) gegründeten Marke bezieht sich auf eine bekannte italienische Künstlerfamilie der Renaissance, das »Ser« entpricht entfernt der englischen Anrede »Sir«. In der Firma sind sechs Leute beschäftigt, darunter Guidis Partner Paolo Bastelli. Die eigenwillig geformten Pfeifen sind in drei Oberflächen erhältlich (sandgestrahlt, rustiziert und glatt), manche werden einer speziellen Wachsbehandlung unterzogen oder mit edlem Zierat versehen. So leuchtet bei den *Gem*-Straight Grains ein Edelstein auf dem Goldbeschlag – je nach Modell ein *Rubin*, *Granat* oder *Diamant*. Zum Verkaufsschlager, vor allem unter kunstsinnigen Zeitgenossen, wurde die *Picta*-Serie, die Pfeifendarstellungen auf den Bildern Vincent van Goghs nachempfunden ist. Alle Bruyères sind bis ins Detail von hervorragender handwerklicher Qualität. Das Produktionsvolumen, Ende der achtziger Jahre noch bei 8000 Exemplaren jährlich, ist mittlerweile auf 5000 zurückgegangen.

Siyahi

Diese kurzen, stämmigen – trotzdem wohlproportionierten – Manx-Meerschaumpfeifen werden speziell für den Gebrauch mit 9mm-Filtern gefertigt, vor allem für den deutschen Markt.

Tommaso Spanu

Die Formenpalette des Sarden, der seit 1963 als Pfeifenmacher tätig ist, reicht von beinahe klassischen Straight Grains über Modelle mit Bambusholm bis zu eigenwillig-rustikalen Bruyères mit Korkummantelung. 1979 machte er eine eigene Werkstatt auf und arbeitete dort, von seinen beiden Söhnen unterstützt, bis 1997 für diverse Pfeifenfirmen, zuletzt für Alberto Paronelli. Seither stellt er, nun unter seinem Namen, auch die Pfeifen aus Olivenholz her, die er zuvor für Paronelli fertigte. Seine Modelle sind mit »Tom Spanu« gestempelt, weil der Platz auf dem Holm für den vollständigen Namen nicht ausreicht; vielleicht ändert sich das, wenn er einmal Canadians macht. Sein Umsatzvolumen liegt bei etwa 1500 Pfeifen jährlich.

Stanwell

Poul Nielsen gebührt das Verdienst, der dänischen Pfeife zu internationalem Renommee verholfen zu haben, wodurch er zugleich den Boden für die exzellenten neuen Pfeifenkünstler seines Landes bereitete. Als Nielsen 1942 mitten im Krieg sein Unternehmen gründete – damals nach seinem Standort »Kyringe« genannt –, gab es kaum Bruyère auf dem Markt, und so wurden seine ersten Pfeifen aus Buchenholz gefertigt. Da sie billig waren und problemlos erhältlich, fanden sie aber durchaus Anklang bei seinen Landsleuten. Nach dem Krieg trug sich Nielsen mit Expansionsplänen, stand jedoch vor der schwierigen Situation, daß sich die englische Pfeifenindustrie bereits wieder erholt hatte und den wichtigsten Markt jener Zeit, die Vereinigten Staaten, absolut beherrschte. Obwohl die ersten Bruyères, die Nielsen nach 1945 herausbrachte, der Meisterhand Sixten Ivarssons entstammten (des Doyens der dänischen Pfeifenmacher), konnten sie sich nur schwer durchsetzen. Im nachhinein gesehen waren diese Modelle, von denen einige noch heute produziert werden, jedoch die Vorboten der »Pfeifenrevolution« in Dänemark. 1948 schließlich griff Nielsen zu einer List: Er stempelte die Pfeifen mit dem englisch klingenden Namen Stanwell, um den Absatzmarkt zu erweitern; als Logo wählte er eine englische Kutsche. Es funktionierte: Stanwell war der erste, der in den USA Freehands in nennenswerter Stückzahl absetzte.

In den frühen sechziger Jahren waren die Pfeifen der Firma schon so gefragt, daß sie mehr Raum in einer ehemaligen Molkerei in Borup bezog, wo sie noch heute ist. Dort enstand damals eine der modernsten Pfeifenfabriken Europas, in der im Lauf der Zeit viele technische Neuerungen entwickelt wurden, alle mit dem Ziel, maschinengedrehte Bruyères aussehen zu lassen wie handgefertigte. Allerdings bei einem deutlich niedrigeren Preis – was das eigentliche Erfolgsgeheimnis von Stanwell ist. Als der Firmengründer 1982 starb, wurde das Unternehmen von Rothmans International übernommen, denen auch Dunhill gehört. So gab es nun, als solle sich Poul Nielsens einstiger Wunsch erfüllen, tatsächlich eine Verbindung nach England. Das spielte aber praktisch keine Rolle mehr, denn Stanwell hatte sich ja zwischenzeitlich höchstes Ansehen erworben als der Welt bedeutendster Hersteller dänischer Pfeifen. So ändern sich die Zeiten!

Stanwell hat derzeit rund achtzig verschiedene Modelle im Programm, viele davon mit Applikationen aus Silber, Messing oder Bambus. Die Entwürfe stammen teils von Sixten Ivarsson, Jess Chonowitsch, Bang, Poul Winsløw, Poul Ilsted, Tom Eltang oder Anne-Julie. Die etwa 115000 Pfeifen, die jährlich produziert werden, kommen überwiegend auf den dänischen, amerikanischen und deutschen Markt, für den eigens eine 9mm-Filter-Version geliefert wird. Außerdem gibt es mehrere Serien von Seconds, die unter anderen Namen vertrieben werden, wie *Royal Danish* oder *Danske Club*, und seit 1979 eine sehr beliebte Weihnachtspfeife. Poul Nielsens Vermächtnis lebt also fort im Geist eines Unternehmens, das weiterhin ein breites Spektrum ansprechender Pfeifen für den Weltmarkt produziert.

Stokkebye

Steht der Familienname für einen weltweit geschätzten Tabak, will man diesen vielleicht auch aus einer exquisiten Pfeife rauchen: Diejenigen, die unter dem Namen des angesehenen dänischen Tabakhändlers Peter Stokkebye auf den Markt kommen, entstammen jedoch der Werkstatt von Jørgen Larsen, der zuvor vier Jahre für Stanwell und weitere fünf für Kriswell tätig war. Bei den ersten Stokkebye-Bruyères der Jahre 1975 bis 1978 zierte ein vom Firmengründer entworfenes »Familienwappen« aus vierundzwanzigkarätigem Gold den Holm, und viele wiesen zudem Applikationen aus Elfenbein auf. Dann erlebte Larsen das Schlimmste, das einem Pfeifenmacher begegnen kann: eine Holzstauballergie! Das führte zu einer achtjährigen Pause, dann entschied Larsen, daß Leiden eben zum Geschäft gehöre, und kreierte 1986 zwölf neue Stokkebye-Modelle, die alle in die USA exportiert und dort im selben Jahr verkauft wurden.

Larsen verwendet für seine Bruyères nur bestes Holz und beweist eine Vorliebe für makellose Straight Grains, die wiederum zu einem Markenzeichen von Stokkebye wurden – von diesen edlen Stücken mit handgefertigtem Mundstück sind jährlich knapp hundert zu haben. Die Güteklasse wird mit Buchstaben gekennzeichnet: Die höchste Stufe ist »AAA«, die niedrigste bislang ein »P« – ein weiterer Abstieg im Alphabet vertrüge sich auch kaum mit dem Selbstverständnis der Firma. Aber selbst eine »P« ist noch sehr empfehlenswert; von den Kategorien »A« und »B« werden ohnehin nur zwei bis drei pro Jahr gefertigt. Gerade im Spitzenbereich erweist sich diese Klassifizierung als recht willkürlich; ich habe zum Beispiel eine Stokkebye »B«, die ich meiner »A« vorziehe, weil sie noch etwas feiner gemasert ist.

Svendborg
Diese Marke ist benannt nach der dänischen Hafenstadt, aus der sie stammt, und wurde 1969 von den drei Pfeifenmachern Henrik Jørgensen, Poul Ilsted und TAO gegründet. Gemeinsam mit sechs Angestellten, die für das Finish verantwortlich waren, produzierten sie um die 10 000 Exemplare pro Jahr, anfangs überwiegend für Dänemark, Deutschland und Italien, nur wenige gelangten in die USA. Poul Ilsted und TAO sind längst eigene Wege gegangen; Jørgensen hielt noch kurz die Stellung, hat aber inzwischen den Beruf gewechselt, so daß die Fabrik geschlossen werden mußte. Die Namensrechte für Svendborg hat der deutsche Importeur Seiffert inne, der möglicherweise die Produktion wieder aufleben lassen würde, falls die Nachfrage nach diesen Pfeifen steigen sollte.

Swan
Eine Pfeife mittlerer Preislage, die in begrenzter Stückzahl von Duncan Briars hergestellt wurde, vorwiegend für den englischen Markt.

Talamona
Der italienische Familienbetrieb wird in zweiter Generation geführt von Cesare Talamona, unterstützt von seinem Sohn Cornelio, der für die ausgefalleneren Stücke verantwortlich zeichnet, und seiner Tochter Anna, die sich um das Wachsen und Polieren kümmert. Nach jahrelanger Arbeit für andere Unternehmen stellen sie nun in der Werkstatt des Landhauses Pfeifen in eigener Sache her, umgeben von einer ganzen Menagerie von Haustieren: Katzen, Hunde, Kanarienvögel und Hühner sind indes wie der Rest der Familie angehalten, diese heilige Stätte nicht zu betreten. Die Talamonas ziehen außerdem mit viel Hingabe und Geduld selbst Gemüse und Wein – eben nicht anders, als sie ihre

Bruyères fertigen. Für die glatten Exemplare verwenden sie kalabrisches Holz, kein Wunder also, daß sie von Beginn an mit wundervollen Straight Grains von sich reden machten. Während die sandgestrahlten und teilrustizierten Modelle erst 1989 in die USA gelangten, erregten die glatten dort bereits sechs Jahre zuvor Aufmerksamkeit, weil sie für ihre Preisklasse eine ungewöhnlich schöne Maserung aufwiesen. Dies änderte sich leider vorübergehend, als man bei Talamona angesichts der lebhaften Nachfrage das Produktionsvolumen erhöhte und zu Bruyère-Holz griff, das nicht lange genug abgelagert worden war. 1989 kehrte man wieder zur gewohnten Qualität zurück.

Man findet bei den heutigen Exemplaren auch keine Kittstellen, wohingegen viele italienischen Pfeifen selbst bei guter Holzqualität und Maserung mit dem Makel kleinerer Sandkorneinschlüsse behaftet sind. Die Talamonas sind, in verschiedenen Formen und Finishes, in den USA, Kanada, Italien, Deutschland, Belgien und der Schweiz auf dem Markt.

TAO

Im Jahr 1981 verließ TAO – eigentlich Jens Tao Nielsen – die Svendborg-Fabrik, die er gemeinsam mit Poul Ilsted und Henrik Jørgensen gegründet hatte, und zog sich auf eine kleine Halbinsel an der dänischen Küste zurück. Heute lebt er bei Svendborg in einem eigenhändig restaurierten alten Haus, baut Gemüse an und fertigt exquisite Pfeifen im klassischen dänischen Design mit eigener Handschrift. Seine oft an Bulldog- und Kugelformen angelehnten Modelle zeichnen sich durch eine kurze gedrungene Form aus. Gemeinsam mit dem in der Nachbarschaft lebenden Poul Ilsted fertigt er auch eine Serie von 12 Pfeifen, von denen jeder sechs entworfen hat. Die Köpfe dieser Modelle werden in Spanien vorgedreht und dann in Dänemark von TAO und Ilsted gemeinsam per Hand zu Ende gefertigt. Auch in der Küche ist TAO ein Meister – gutes Essen und gute Pfeifen passen eben zusammen. Er verwendet ausschließlich korsisches Bruyère-Holz und versieht viele seiner Werke mit Zierringen aus Silber.

Teddy

Das ist der Markenname von Teddy Knudsen, einem berufenen dänischen Pfeifenkünstler, der früher für Ole Larsen tätig war. Er ist eigentlich gelernter Kunsttischler und ließ sich das Pfeifenmachen von seinem Bruder Svend zeigen. Seine erste Pfeife entstand 1965, und während seines Militärdienstes bei der Luftwaffe wurden Kameraden auf die wohlgeformten »hausgemachten« Pfeifen dänischen Stils aufmerksam, die Knudsen rauchte. Bald fertigte er auch welche für den Freundeskreis und exportierte mehrere Exemplare nach Japan, Deutschland und in die USA. Heute liefert er auch nach Italien, Österreich und in die Schweiz. Die besten seiner Bruyères aus korsischem Holz, die im Stil vom Klassiker bis zur Freehand variieren, kennzeichnet er mit einem Adler-Symbol. Ein wirklich vielseitiger und hochkarätiger Pfeifenmacher.

Tilshead

Diese Pfeifen aus hervorragendem griechischem Plateauholz sind die Seconds der Firma Upshall. Von der Tilshead – nach dem englischen Städtchen benannt, wo sie hergestellt wird – kommen jährlich rund 2500 Stück auf dem Markt (was ungefähr fünfzig Prozent der gesamten Produktion von Upshall entspricht). Sie ist in Rot oder Natur erhältlich und hat auf dem Mundstück das kreisförmige JU-Logo, das sie deutlich als Kind der Firma Upshall ausweisen soll.

Tsuge

Die größte und wohl international bekannteste Pfeifenfirma Japans wurde 1938 von Kyoichiro Tsuge gegründet, der zunächst Modelle aus einheimischen Hölzern, wie Kirschbaum und Buchsbaum, herstellte. Wenig später begann er aus Europa Bruyère-Holz zu importieren, doch der Ausbruch des Zweiten Weltkriegs setzte dem ein Ende. Als der Rauch der Geschütze sich verzogen hatte, sorgte der amerikanische General MacArthur für einen Wiederaufschwung der Pfeifenindustrie – durch einen Auftritt vor japanischen Wochenschaukameras mit der Maiskolbenpfeife im Mundwinkel. So kam auch die Produktion bei Tsuge abermals in Schwung, und 1950, als die zweite Generation des Familienunternehmens die Firmengeschicke übernahm, schickte man den Sohn zur Ausbildung nach Italien in die Savinelli-Fabrik. In den frühen Siebzigern wiederum entsandte man den Pfeifenmacher-Nachwuchs nach Dänemark zu Jørgen Larsen, dessen Einfluß den Tsuge-Pfeifen lange anzusehen war. In diesem Zuge entstand auch die *Ikebana*-Serie, Stücke von exquisiter Handarbeit, die den Vergleich mit der japanischen Kunst des Blumenstecken wohl verdient. Von den 300 Exemplaren, die jährlich gefertigt werden, gehen die meisten nach Europa und in die Vereinigten Staaten. Anfangs war der einzige Exportartikel von Tsuge die traditionelle japanische Kiseru-Pfeife – ein Modell mit einem winzigen Metallkopf, in den nur eine Tabakmenge für drei, vier Züge paßt, und das war für amerikanische und europäische Raucher kaum interessant. 1979 jedoch entschloß man sich bei Tsuge, die inzwischen erworbenen Fähigkeiten auch außerhalb der Landesgrenzen zu präsentieren, und exportierte die ersten Bruyères nach Deutschland. Dort fanden die hochklassigen Freehands in glatter und sandgestrahlter Variante sofort Anklang, und daher wurde von 1980 an der gesamte europäische Markt mit den handgemachten Ikebana und den maschinengedrehten Serien (rund 20000 Stück pro Jahr) beliefert.

Die amerikanischen Pfeifenraucher wurden erst 1989 durch die zweite Auflage meines *Ultimate Pipe Book* mit der Marke bekannt, die sich hierauf auch in den USA etablieren konnte. Als zweites Edelmodell für den deutschen Markt stellte Tsuge die *Yamato* her, außerdem die preiswerte *Asakusa*-Serie, beide für den Einsatz von 9 mm-Filtern. Weitere Modelle ohne Filter für den Deutschland-Export sind die *Sakura*, die *Azuma* sowie die *Shogun* mit Bambusholm. Wegen sinkender Nachfrage war Tsuge für viele Jahre vollständig vom deutschen Markt verschwunden, liefert jetzt jedoch in bescheidenem Umfang wieder einige Exemplare in die Bundesrepublik.

Tsutomu

Ein handgefertigtes Edelmodell des japanischen Herstellers Fukashiro, entworfen von Tsutomu Fukashiro, dem Sohn des Firmengründers. Die Jahresproduktion von circa 150 Exemplaren wird vorrangig in Japan verkauft.

James Upshall

Die britischen Upshall-Pfeifen wurden zwar schon 1979 in die USA exportiert, führten dort aber – so Kennedy Barnes, Sohn des Firmengründers – ungeachtet ihrer hohen Qualität ein Schattendasein bis zum Erscheinen meines *Ultimate Pipe Book* 1984. Seither sind sie ein höchst willkommener britischer Importartikel, und die kleine Fabrik hat oft Mühe, mit der Nachfrage Schritt zu halten. Die Marke wurde 1978 von Kenneth Barnes ins Leben gerufen, der zuvor sechzehn Jahre Manager bei Charatan war. Er eröffnete mit seinem Sohn Kennedy eine Werkstatt und kam auf die Idee, eigene Qualitätspfeifen herauszubringen. Das Echo darauf war so positiv, daß er bald eine zweite Produktionsstätte unter dem Namen Tilshead einrichtete. Die hochklassige Serie wurde James Upshall genannt, und zwar nach dem Gründer, dessen vollständiger Name Colonel Kenneth James Upshall-Barnes lautete.

Zu besten Zeiten arbeiteten in der Manufaktur neun Angestellte. Nach dem Tod des Vaters übernahm Kennedy Barnes die Geschäftsleitung. Zur Seite stand ihm der ehemalige Charatan-Mitarbeiter Barry Jones, ein exzellenter Kunsthandwerker, der vor langer Zeit das freie Arbeiten an der Schleifscheibe eingeführt hatte – ein Verfahren, das durch Charatan sehr bekannt wurde. Unter solch positiven personellen und materiellen Voraussetzungen (ein Lager voll gut abgelagerten Bruyère-Holzes) schien die Zukunft der kleinen Pfeifenfirma mit dem großen Namen gesichert, aber es sollte anders kommen.

Aus persönlichen Gründen überantwortete Barnes 1989 Barry Jones das Unternehmen, das hochverschuldet war, einschließlich der Zahlungsrückstände für große Mengen hochwertigen, sehr teuren Bruyère-Holzes, das damals schwer abzusetzen war. Die Dinge entwickelten sich immer mehr zum Schlechten, und schließlich wurde die Pfeifenwelt von der Nachricht erschüttert, daß Tilshead Konkurs anmeldete. Einer von Upshalls besten Kunden handelte jedoch im Interesse des Unternehmens: Der griechische Immobilienhändler Mordechai Ezrati erwarb die brachliegende Firma, und dank seiner Hilfe drehten sich am 2. Juli 1997 bei Tilshead wieder die Schleif- und Polierscheiben.

Vier bis acht Personen fertigen hier die Pfeifen: Barry Jones dreht nach wie vor von Hand die feinsten Bruyères aus griechischem Plateauholz der Klasse AA, und seine Assistentin Marilyn übernimmt unter anderem Finish, Politur und Beizen. Produziert wurden bei Upshall anfangs nur glatte Modelle, in Natur oder walnußfarben gebeizt. 1988 kam die rustizierte *Handblast* hinzu sowie die Empire-Serie mit ihren außergewöhnlich großen Freehands, die gleichermaßen das Charatan-Erbe wie die persönliche Handschrift von Jones verrieten. Im selben Jahr begann man auch unter seiner Anleitung mit der Reproduktion alter Charatan-Klassiker vergangener Jahrzehnte. Dies ging zurück auf die

Anregung des Autors, der bei einem Besuch des Hauses eine elegante Churchwarden in Auftrag gab, deren Abbildung er in einem Firmenkatalog aus dem Jahr 1951 entdeckt hatte. Seither ist sie wieder im Programm. Seit den späten Neunzigern läßt Upshall einige Modelle von einem Subunternehmer sandstrahlen in einem markanten Stil, der an die zwanziger Jahre erinnert – die erste sandgestrahlte Upshall.

Die Kennzeichnung ist etwas verwirrend, denn sie bezieht sich entweder auf das Finish und/oder die Qualität der Maserung. Die *Handblasts* werden mit »R« gestempelt, »S« ist die niedrigste Stufe der makellosen glatten, rotbraun gebeizten; die 1989 eingeführte »A« ist eine zweifarbige glatte, walnußfarben gebeizt; »P« und »B« sind Qualitätstufen der Straight Grains (»B« steht gelegentlich auch für Bird's Eye); »G« ist die Spitzenklasse der Straight Grains in Standardgröße; »X« signalisiert eine rundum perfekt gemaserte Straight Grain – von diesen fertigt man höchstens zehn Exemplare im Jahr. Dann gibt es noch die Empire-Serie mit ihren voluminösen Pfeifenköpfen, sandgestrahlt, mit walnußfarbenem und natürlichem Finish. Seit 1990 werden Upshalls in England auch mit dem Emblem des Pfeifenladens versehen, in dem sie verkauft werden. Die großformatigen Exemplare für die USA erhalten den Stempel FH (für Freehand – wieder eine Reminiszenz an Charatan).

Für den deutschen Markt hat Upshall spezielle Filterpfeifen im Programm, die Exportware für die Schweiz wird meist mit Mundstücken aus Acryl anstatt Kautschuk ausgestattet. Die Variationen sind von verwirrender Vielfalt, daher sei hier nur noch bemerkt, daß ausschließlich die Firsts mit dem vollständigen Schriftzug »James Upshall« markiert werden. Man produziert nur 5000 Pfeifen jährlich. Die Nachfrage in den Vereinigten Staaten, ehemals der wichtigste Markt für Upshall, ist angesichts gestiegener Preise zurückgegangen; so gehen nun die meisten in Großbritannien, auf dem europäischen Kontinent, in Malaysia und Kanada über den Ladentisch. Und nun, da das Astley-Geschäft in der Londoner Jermyn Street seine Pforten geschlossen hat, kann man ja ruhig verraten, daß Upshall während der vergangenen Jahre Pfeifen für diese ehrwürdige Institution fertigte – und dieser Hersteller hat sich wiederum ein, gemessen an seiner recht jungen Firmengeschichte, beachtliches Renommee erstritten.

Vauen

Die älteste und größte deutsche Pfeifenfabrik mit Sitz in Nürnberg wurde 1848 unter dem Namen Ziehner & Ellenberger gegründet und fusionierte 1901 mit dem seit 1865 bestehenden Unternehmen Gebhart Ott. Die neue Gesellschaft, die die drei beteiligten Pfeifenmacher – Karl Ellenberger, Gebhart Ott und Ernst Eckert – aus der Taufe hoben, nannte sich Vereinigte Pfeifenfabrik AG Nürnberg, und die Pfeifen wurden schlicht mit VPFN gestempelt. 1909 beschloß Eckerts Sohn Adolf, dies noch zu vereinfachen, und kombinierte die Lautwerte des ersten und letzten Buchstabens zu »Vauen«. Zwei Jahre später hatte er die Idee, die Spitzenware der Firma mit dem weißen Punkt auf dem Mundstück zu kennzeichnen, den man noch heute auf den entsprechenden Modellen findet.

Seinerzeit verblieben nur fünf Prozent der Vauen-Pfeifen in Deutschland, die meisten gingen nach Amerika – bis zum Ersten Weltkrieg. Bei Kriegsende war Eckert als einziger des Gründertrios noch für das Unternehmen tätig, das mit der Einführung des »Dr. Perl«-Papierfilters im Jahre 1921 und dem Kohlefilter gleichen Namens Pfeifengeschichte schreiben sollte; vom später entwickelten Aktivkohlefilter »Dr. Perl junior« werden in Deutschland derzeit drei Millionen wöchentlich umgesetzt!

In den vierziger Jahren, als Adolf Eckerts Sohn Ernst in die Firma eintrat, wurde sie zu einem Familienunternehmen, seit 1982 nun in der vierten Generation geleitet von Alexander Eckert. Vauen stellt eine breitgefächerte Palette handgefertigter und maschinengedrehter Modelle her, alle mit dem hauseigenen Filtersystem. Die Pfeifenköpfe aus spanischem, griechischem und italienischem Bruyère-Holz werden allesamt in der eigenen Fabrik gedreht – klassische bis ultramoderne Formen mit glatter oder sandgestrahlter Oberfläche sowie Modelle mit Meerschaum-Einsatz. Seit Ende der achtziger Jahre importiert Vauen fertige Meerschaumpfeifenköpfe aus der Türkei, die in Nürnberg nur noch mit Mundstücken versehen werden. Bei den Bruyère-Filterpfeifen, auf deren Qualität eigentlich das Renommee der Firma beruht, bestehen sie aus Acryl oder Kautschuk. Das edelste Modell ist die handgearbeitete *Solitaire*, eine Bird's Eye oder Straight Grain aus bestem Plateauholz. Betont modern gibt sich die *ITO*, eher Kunstwerk als Pfeife. Die Marke Vauen, deren knapp fünfzig Mitarbeiter jährlich etwa 50000 Pfeifen herstellen, ist in Deutschland sehr populär und findet dort auch den weitaus größten Absatz; außerdem wird sie nach Österreich, Italien, Japan und in die Schweiz exportiert, ist jedoch in den USA und anderen Ländern weitgehend unbekannt. 1989 unternahm man zwar nach siebzigjähriger Abstinenz einen neuen Anlauf in Amerika, indes mit bescheidenem Erfolg, da Filterpfeifen dort nicht mehr gefragt sind.

Sammlern und pfeifengeschichtlich Interessierten sei noch verraten, daß der berühmte weiße Punkt auf den hochklassigen Vauen-Modellen (rund ein Viertel der Gesamtproduktion) nur bei in Deutschland verkauften Exemplaren verwendet werden darf. Die Exportware hat statt dessen einen grauen, um Konflikte mit Dunhill zu vermeiden, dessen Signet ja ebenfalls ein weißer Punkt ist – seit 1912, also eigentlich ein Jahr später als Vauen, das sich aber vor Gericht nicht durchsetzen konnte. So erscheinen die Vauen-Pfeifen im Ausland mit leicht abgewandeltem Logo. Doch, ob der Punkt nun weiß ist oder grau: Alle sind gut verarbeitet und besitzen hervorragende Raucheigenschaften.

Aldo Velani

Dies war ehemals eine italienische Billigmarke, von verschiedenen Herstellern für den amerikanischen Markt gefertigt. 1997 übernahm sie Lane Ltd. und sorgte für einen gewaltigen Qualitätssprung: Die Produktion wurde auf eine der besseren Fabriken beschränkt und deren Versorgung mit hochwertigem Bruyère-Holz vertraglich sichergestellt. Man entwickelte sechzehn neue Modelle, in vier Ausführungen und mit feineren Acrylmundstükken. Limitierte Serien, wie die *Antiquity* und die *Straight Grain*, wirkten sich zusätzlich positiv auf das Ansehen der Marke aus, die ausschließlich für die Vereinigten Staaten produziert wird. Italienischen Pfeifenrauchern ist sie völlig unbekannt – es sei denn, sie läsen dieses Buch.

Julius Vesz

Der geborene Ungar, der 1957 nach Kanada emigrierte, repräsentiert bereits die dritte Generation einer Familie von Pfeifenmachern und avancierte zu einem in seiner Wahlheimat, wenn nicht gar ganz Nordamerika, führenden Vertreter dieser Zunft. In seiner zentral im Royal York Hotel in Toronto gelegenen Werkstatt fertigt er elegante Modelle mit fließenden Konturen –

inzwischen ebenso legendär das uralte algerische Bruyère-Holz, das er hortet. Er verwendet auch griechisches »Dead Root«, und so kommt der Connaisseur zu einem heute selten gewordenen, exquisiten Rauchgenuß. Die Mundstücke seiner Pfeifen sind handgearbeitet aus Cumberland, schwarzem Kautschuk, echtem Bernstein und zuweilen aus dem alten Kunststoff, den er vor Jahrzehnten in Wien erwarb. Zudem versieht er viele Exemplare mit aufwendigen Edelmetallapplikationen nach Entwürfen seines Großvaters: goldenen oder silberne Trauben, Cherubim, Wildtiere und filigrane Elemente.

Vesz wird auch häufig von Museen oder Sammlern mit der Restauaration historischer Pfeifen beauftragt, da er ein geübter Meerschaumschnitzer ist und über einen Vorrat alten Bernsteins verfügt. Das höchste Ansehen haben ihm indes seine Fähigkeiten als Bruyère-Künstler eingetragen. Vesz hat Pfeifen eigens für manch prominenten Raucher gefertigt, darunter Jack Lemmon, Luciano Pavarotti und natürlich der Autor dieses Buches.

Luigi Viprati

Bereits 1972 hat der Autodidakt mit der Fertigung von Pfeifen für sich selbst und den Freundeskreis begonnen. Als seine eigenwilligen Formen und die hervorragende Verarbeitung jedoch zunehmend Anklang fanden, wagte er 1984 den Schritt in die Selbständigkeit. Die Qualitätsstufen sind mit einem bis zu fünf Kleeblättern (Quadrofoglio) gekennzeichnet, darüber gibt es dann noch die ›Fiammata‹ und die ›Collection‹, fehlerfreie Modelle mit sehr großen Köpfen und ausgezeichneten Straight-Grain- oder Bird's-Eye-Maserungen. Seine Bruyères sind häufig mit Edelhölzern oder aufwendigen Silberapplikationen verziert. Zwischen 1000 und 1500 Pfeifen jährlich fertigt der begabte Künstler. Die meisten seiner Modelle werden nach Österreich, in die Schweiz und in die USA geliefert, seit kurzem sind sie auch in Deutschland erhältlich.

Vuillard

Die 1850 gegründete Firma ist eines der Gründungsmitglieder der Pfeifenmacher von Saint-Claude und gehört heute zu Cuty Fort.

Ben Wade

Der nach 1860 im englischen Leeds gegründete Familienbetrieb behauptete sich ein Jahrhundert lang als Hersteller von Qualitätspfeifen. Modelle mit dem Stempel »Ben Wade« und die parallel produzierte »Dr. McQuaide« fanden vor allem in der näheren Umgebung, also Mittel- und Nordengland, großen Anklang. Nach der Schließung der Fabrik im Jahre 1965 übernahm Charatan die Marke, zur Verwertung von Seconds.

In der Folge konnte sie sich wieder als solide Bruyère mittlerer Preislage etablieren, in teils englischem, teils dänischem Design: Eine Zeitlang verbargen sich dahinter auch die weniger extravaganten Stücke von Preben Holm für den Export in die USA – wo sie mittlerweile nicht mehr zu finden sind. Die Ben Wade verschwand 1988 vom Markt und kehrte zehn Jahre später als Billigserie von Charatan wieder; sie wird heute jedoch ausschließlich in Großbritannien verkauft von Händlern, die auch andere Produkte aus der Dunhill-Familie führen.

Michael Waille

Ein angesehener Pfeifenmacher aus dem französischen Saint-Claude, der seinen Betrieb 1999 verkauft hat.

Randy Wiley

Von diesem Pfeifenmacher aus Riverview (Florida) stammt die Pfeife, mit der ich auf dem Schutzumschlag der beiden ersten amerikanischen Ausgaben meines Pfeifenbuches zu sehen bin; nach unzähligen Füllungen Latakia und Perique ist ihr Naturton einem satten, tiefen Goldbraun gewichen – ganz wie bei alten Dunhills, die mit heißem Öl behandelt wurden. Und Randy Wiley macht dasselbe, heute allerdings nur noch bei der Innenwand der Tabakkammer, um das aufwendige Verfahren ein wenig zu reduzieren. Das Öl dringt jedoch vermindert ins Holz und erzeugt den gewohnten Geschmack: lediglich die Bildung der typischen Patina dauert ein wenig länger.

Wileys Pfeifen können sich hinsichtlich ihrer Rauchqualitäten durchaus mit Vorkriegsmodellen messen, und unlängst hat er noch eins draufgesetzt mit der makellosen *Ovation* – wohl genau das Gefühl, das ihn beseelt, wenn er solch ein Exemplar kreiert. Die Qualitätsstufen der Ovation, von der er seit 1997 knapp fünfzig Stück jährlich fertigt, kennzeichnet er aufsteigend mit »W1« bis »W5«. Aber es gibt nicht nur perfekte Pfeifenköpfe, deshalb hat er auch eine Serie von (ebenfalls ölbehandelten) Seconds aufgelegt, namens RVW – das sind die Initialen von Randy und Virginia Wiley. Für die Firsts verwendet Wiley meist Mundstücke aus Acryl, für die Seconds gewöhnlich solche aus Kautschuk. Er ist Spezialist für gewagte Freehands, beherrscht aber eigentlich jeden Stil, wie eine Bulldog mit rundem Holm beweist, die ich in meiner Sammlung habe. Mit knapp 2000 Stück jährlich ist Wiley weltweit einer der bedeutendsten Produzenten handgearbeiteter Kunden-Bruyères, die Pfeifen sind allerdings ausschließlich in den USA erhältlich.

R. L. Will

Diese Marke im westfälischen Bünde wurde begründet von Reiner Klein (siehe dort), einem ausgezeichneten Pfeifenmacher, und Rüdiger Lutz Will, der sich um Marketing und Vertrieb kümmerte. Heute sind die beiden keine Partner mehr, doch Wills Werkstatt produziert nach wie vor zwei Serien mit dem Namen Reiner. Die limitierte Edelserie *Reiner Design* wird seit 1998 nach seinen Vorgaben in Nordeuropa gefertigt, das Finish entweder in schwarzem Japanlack, in zwei Rottönen gebeizt oder natur. Hinzu tritt die handgearbeitete Serie *Reiner Pipe Art Design.*

Die alten Freehand-Modelle wurden von Will und seinem früheren Partner gemacht, neuere modelliert Will. Die »Reiner-Design-Pfeifen« sind in halbklassischem Stil gehalten, besitzen ein »R« auf dem hübschen Metallring, sind alle handgefertigt von Will – sehr komfortabel zu rauchen aufgrund ihres breiten, flachen Acrylmundstücks. Die Pfeifen – anfangs rund hundert im Jahr, nun mit steigender Tendenz – kommen in erster Linie auf den deutschen Markt, der Rest geht nach Österreich sowie in die Schweiz und die USA. Als ich 1994 zum »Pfeifenritter des Jahres« gekürt wurde, rauchte ich eine Reiner-Pfeife.

Willmer

Dieses Londoner Unternehmen stellt eine Unzahl von Hausmarken für diverse Pfeifenfirmen her, einige Modelle aber auch unter eigenem Namen für den britischen und amerikanischen Markt.

Poul Winsløw

Der Däne begann 1968 als Siebzehnjähriger seine Ausbildung zum Pfeifenmacher unter den Fittichen von Preben Holm, dessen Fabrik er später leitete. Ein Jahr bevor Holm sich 1986 vorübergehend vom Geschäft zurückzog, machte er eine eigene Werkstatt auf und sicherte sein Auskommen anfangs mit Auftragsarbeiten für Stanwell, wodurch er wiederum wertvolle Kontakte in der Branche bekam.

Heute stellt er in seinem Haus am Stadtrand von Kopenhagen mit zwei Mitarbeitern jährlich um die 3000 Pfeifen her, von denen der Großteil nach Deutschland und in die USA geliefert wird. Er verwendet zumeist korsisches Bruyère-Holz und kreiert verschiedene Freehands, darunter ein paar eigenwillig facettierte im Kalabasch-Stil. Zusätzlich zu den edlen Exemplaren mit handgefertigtem Mundstück, bekannt für ihre schöne Maserung, gutes Finish und diversen Zierat, hat er die preiswerte *Crown*-Serie aufgelegt. Letztere werden aus weniger wertvollem Bruyère gefertigt und gewöhnlich mit Mundstücken aus gegossenem Kunststoff versehen. Die noble *Private Collection* kennzeichnet er außer mit dem Logo – zwei Silberpunkte – mit dem Kürzel »P.C.«. Poul Winsløw gibt gern seine profunde Fachkenntnis weiter, mit demonstrativen Proben seiner Kunst auf entsprechenden Veranstaltungen in Dänemark und Deutschland.

Tonpfeifen-Hersteller

Stephen Bray
Olde World Fine Clays
249 South Street
Glace Bay, Nova Scotia
Kanada B1A 1W6

Stephen Bray, als Pfeifenmacher Autodidakt, hat sich darum verdient gemacht, die Geschichte der Tonpfeifen lebendig zu erhalten: Er fertigt nicht nur akkurate Repliken von Modellen des 18. und 19. Jahrhunderts an, sondern hat auch alte Rezepturen für Tonmischungen wiederbelebt. So kann man in etwa nachempfinden, wie die Originale sich seinerzeit geraucht haben – nur darf man nicht die Qualität heutiger Tabake zugrunde legen.

Bray, der von Beruf eigentlich Fischer und Taucher ist, gestaltet die Modeln nach dem Muster alter Pfeifen, die er in den trüben Gewässern heimischer Häfen fand. Handpoliert mit Achat, entsprechen sie den edelsten Exemplaren des 18. Jahrhunderts, wie sie nur Gentlemen der Oberschicht ihr eigen nannten. Brays Tonpfeifen werden in passenden Kästchen aus Pinienholz angeboten, was nicht nur hübsch aussieht, sondern die zerbrechliche Ware auch bei Transport und Lagerung schützt. Unter den verschiedenen Modellen gefällt mir am besten die holländische Kneipenpfeife mit ihrem dramatisch geschwungenen Holm und dem Knopf unten am Kopf. Außer den üblichen weißen hat Bray auch Tonpfeifen mit Achat-Muster sowie schöne schwarze im Programm. Die Jahresproduktion von 1 000 Stück wird in aller Herren Länder verkauft, unter anderem in die USA, Japan, Italien, Spanien und Südamerika. Lassen Sie sich auf jeden Fall einmal den Katalog der Firma zusenden.

David Cooper
19 Arun Vale Coldwaltham
Pullborough
West Sussex RH20 1LP
England

David Cooper, ehemals Angestellter der Firma Ayto (siehe *Die Kunst, Pfeife zu rauchen*), erlernte sein Handwerk bei John Pollock & Co. in Manchester und macht seit 1987 Pfeifen. Als sein

Mentor Gordon Pollock das Familienunternehmen 1990 verkaufte, erwarb Cooper einige alte Gußformen, die der neue Besitzer nicht mehr benötigte. Er bedient sich bei seiner Arbeit jahrhundertealter Techniken und alter Stahlmodeln und stellt sogar ein einzigartiges Modell mit Kautschuk-Mundstück her: die getreue Nachbildung einer Tonpfeife des späten 19. Jahrhunderts, die in diesem Detail bereits das Vorbild der neuen Bruyères erkennen läßt. Während der Sommermonate kann man Cooper bei der Arbeit zuschauen im Amberly Industrial Museum (Amberly, West Sussex BN18 9LT). Lassen Sie sich den Katalog eines der beiden letzten englischen Tonpfeifenmacher zusenden.

Gérard Prungnaud
Rue Cantonar
30700 St-Quentin-La Poterie
Frankreich

Ein Hersteller eigenwilliger moderner Tonpfeifen, die nichts mit den traditionellen Modellen zu tun haben.

Marek Parol
Deutschland

Einer der wenigen, wenn nicht gar der einzige deutsche Hersteller von Keramikpfeifen, alle mit Doppelwandung und Kautschuk-Mundstücken und in großer stilistischer Vielfalt, von der Kalabasch über eine winzige Kirschholz-Pfeife bis zur Poker. Parol fertigt auch Modelle mit figuralem Design, darunter Porträts von Richard Wagner und eine kühn geschwungene Bent mit dem Konterfei des österreichischen Kaisers Franz Joseph.

Wilsons & Co.
P.O. Box 32
Sharrow Mill
Sheffield S11 8PL
England

Dies ist der Nachfolger der alten Firma John Pollock & Co., 1879 als eine der letzten, einst zahlreichen englischen Tonpfeifenfabriken gegründet. Sie blieb in Familienbesitz bis 1990, als Gordon Pollock, der Enkel des Firmengründers, sie an Wilsons verkaufte. Die neuen Besitzer übernahmen nicht nur den Titel des letzten größeren Tonpfeifenherstellers im Lande, sondern auch die meisten der Gußformen aus dem 19. Jahrhundert – im Gegensatz zu den freien Nachschöpfungen Stephen Brays entstehen hier weiterhin die alten Modelle in unveränderter Form, darunter zahlreiche Porträts seinerzeit prominenter Persönlichkeiten und andere Original-Entwürfe. Zuweilen trifft man noch auf ein Exemplar der »antikisierten« Tonpfeifen, die nach der Übernahme der Firma eine Zeitlang produziert wurden: Im Schlammbad erhielten sie einen blaßbraunen Schimmer. Die Mehrzahl der Wilsons-Pfeifen ist aber zum Glück von reinem Weiß, so wie sie aus der Gußform kommen. Die beste Methode, eine Tonpfeife zu »altern«, ist immer noch das Rauchen.

Meerschaumpfeifen-Hersteller

Bauer

Die Ende des 19. Jahrhunderts gegründete Firma Andreas Bauer gehörte lange zu den führenden Adressen für Wiener Meerschaumpfeifen. Man beschäftigte hier einige der hochkarätigsten Schnitzer Europas, die ihre oft figural gestalteten Kunstwerke nur aus den drei besten Qualitäten des Rohstoffs schufen. Die Mundstücke wurden handgefertigt aus Bernstein, später auch aus Amberit. Die Bauer-Modelle werden allesamt handgearbeitet und repräsentieren die Spitzenklasse heutiger Meerschaumpfeifen. 1989 wurde der Markenname Bauer von einem deutschen Unternehmen übernommen, das vorwiegend klassische Modelle von Konçak in der Türkei herstellen läßt. In Europa sind die Bauer-Pfeifen ohne weiteres erhältlich, in den USA nur sporadisch.

Laxey Pipe Ltd.
The Quay – Old Laxey
Isle of Man
Großbritannien

Hersteller der calcinierten »Manx«-Meerschaumpfeifen.

London Meerschaum Ltd. (Jambo)
Pomeroy & Cooke Ltd.
Grange Farm
Poplars Lane
Holcott
Northampton NN6 9SW
England

Der größte Hersteller von Pfeifen aus Blockmeerschaum in England. Er fertigt außerdem modische Kalabaschs aus Kürbis und Horn und ist Spezialist für Applikationen aus Silber und gelegentlich auch Gold.

Vinche
Eine kleine Brüsseler Firma, die sich auf calcinierte Meerschaumpfeifen spezialisiert hat. Jean Baptiste Vinche eröffnete 1864 einen Tabakladen in der Rue de l'Escalier. 1895 begann er mit der Produktion von Meerschaumpfeifen, und die Familie ist dieser Tradition bis heute treu geblieben, nur daß man heute die ölgehärtete Variante herstellt, die sich aber ebenso kühl raucht. Das Unternehmen, nun mit Sitz in der Rue des Palais 301, wird in vierter Generation von Jacques Vinche geleitet. Vinche-Meerschaumpfeifen sind in Belgien, Luxemburg, den Niederlanden, Deutschland und Frankreich auf dem Markt vertreten.

Maiskolbenpfeifen-Hersteller

Missouri Meerschaum Co.
P.O. Box 226
Washington (Missouri)
MO 63090
USA

Der Welt einzige und daher zugleich älteste Fabrik für Maiskolbenpfeifen bringt jährlich ungefähr zwei Millionen Exemplare auf den Weltmarkt – in achtzehn verschiedenen Ausführungen, was für Maiskolbenpfeifen beachtlich ist. Die Geschichte dieses amerikanischen Traditionsunternehmens können Sie in Kapitel 1 nachlesen (siehe S. 30f.).

Anhang

»Die Neugier eines Pfeifenrauchers ist unersättlich.«

Betrachten Sie dies als Ihre Web-Site im Druck: eine erschöpfende Aufzählung aller möglichen Dinge, für die man sich als Pfeifenraucher interessieren kann (erschöpfend deshalb, weil ich ganze Nächte durchwachte, um sie niederzuschreiben) – Adressen von Pfeifen-Clubs und Museen sowie Antworten auf viele Fragen, die uns als Pfeifen-Enthusiasten beschäftigen. Das ist genau das Richtige für ein Schlußkapitel. Treten Sie in Kontakt mit einer der unten genannten Personen oder Institutionen, mag es oft hilfreich sein, Buch und Autor als Quelle zu erwähnen.

Reparatur alter Pfeifen

England

Ashton Pipes
1 Old Church Rise
Romford
Essex RM7 OAD
England

William Ashton Taylor verfügt über einen der letzten Bernsteinvorräte Großbritanniens und kann mit den Drehwerkzeugen in seiner Firma gut alte Bruyère- und Meerschaumpfeifen reparieren. Er hat sogar Kautschukrollen – falls Sie sich von Ihrem Tabakhändler ein neues Mundstück anfertigen lassen wollen.

Gold & Silver Mounting
L. & J. S. Briars
Jubilee Industrial Estate 4
Stickling Green Road
Clavering (Essex)
England

Les Wood ist einer der wenigen Experten für die Herstellung und Reparatur von Steckpfeifen; außerdem fertigt er elegante Gold- oder Silberringe zur Fixierung gebrochener Holme und kostbare Edelmetalldeckel für Bruyères.

Kanada

Julius Vesz
Royal York Hotel
Toronto
Ontario M5J IE3
Kanada

Dieser fähige Pfeifenmacher ist als Restaurator beim Royal Interior Museum of Canada beschäftigt und wird häufig auch von anderen Museen beauftragt, ihre Bruyère- und Meerschaumschätze in Ordnung zu bringen. Soweit sein Terminplan es erlaubt, kann er auch etwas für Ihre »antike« Pfeife tun. Vesz ist außerdem erfahren im Arbeiten mit Bernstein und Horn, falls Sie ein Mundstück aus diesem Material haben sollten.

Verschiedenes Zubehör

Den Großteil des in diesem Buch erwähnten oder abgebildeten Zubehörs erhalten Sie bei Ihrem Tabakhändler (gegebenenfalls auf Bestellung). Nachfolgend noch einige Dinge, die vielleicht nicht so einfach zu bekommen sind, weshalb ich sie nach Herstellern geordnet habe.

D.W.D
David W. Dyson
»Wood Lea«, Shepley
Huddersfield
West Yorkshire HD8 8ES
England

David Dyson ist ein Kumpel, mit dem man gerne einen rauchigen Malt Whisky und ein Pfeifchen teilt, nach der Hirschjagd im Moor. Er ist nicht nur Pfeifenraucher, sondern zugleich sehr kreativ – und aus diesen beiden Eigenschaften entspringt eine der exquisitesten Serien silberner Pfeifen-Accessoires diesseits des 19. Jahrhunderts. Er arbeitet nach eigenen Entwürfen, fertigt aber auch Repliken alter Vorlagen. Dyson ist ein exzellenter Kunsthandwerker, und seine Erzeugnisse sind nicht ganz billig, aber wenn Ihnen Ihre Pfeifen etwas wert sind, können Sie wunderbare Pfeifenablagen, Pfeifenkopfdeckel, Aschenbecher und dergleichen erwerben, alles zum Einheitspreis. Beachten Sie, daß die Preise im Katalog in englischen Pfund angegeben sind.

Dixie Gun Works
Gunpowder Lane
Union City (Tennessee)
TN 38261
USA

Tonpfeifen, frühe amerikanische Tabak- und Schnupftabakdosen, Schlagfeuerzeuge und Benzinfeuerzeuge.

Internationale Pfeifen-Clubs und Organisationen

Pfeifen-Clubs und vergleichbare Organisationen gibt es heute überall, mehr als je zuvor. Sie waren leider nicht vollständig zu ermitteln; sehen Sie also diese Liste als Starthilfe an, nicht etwa als komplettes Adreßbuch; noch während Sie dies lesen, werden neue Clubs ihre Pforten öffnen und andere schließen. In manchen Ländern, wie England oder den USA, sind die entsprechenden Vereinigungen so zahlreich und weit verstreut, daß man sich am besten erst einmal an eine der unten aufgeführten Kontaktadressen wendet. Eine andere Möglichkeit ist die Spurensuche im Internet. Hier gibt es schon erstaunlich viele Adressen, bald können wir uns den Weg in den Club wohl ganz ersparen: einfach vor dem Bildschirm eine Pfeife anzünden und in den Chat Room treten. Aber das wäre dann doch nicht so ganz dasselbe.

Deutschland

Verband Deutscher Pfeifenclub
c/o Peter Meyer (Geschäftsführer)
Marbacher Weg 12
28215 Bremen

Erster Pfeifenraucherinnen-Club
Reiterhof Reichel
Haupstraße 124
02744 Oberoderwitz

Einer der wenigen Pfeifenraucherinnen-Clubs weltweit und der einzige seiner Art in Deutschland. Warum gibt es nicht mehr davon?

Österreich

1. Kärntner Pfeifenrunde Villach
F. Zehentner
9712 Weißenstein

Österreichischer Pfeifen Club
Dr. Herbert Rupp
Mariahilfer Straße 2
1070 Wien

Schweiz

Pipe-Club Swisse
c/o Jonathan Lüssi
Finkenweg 1
4147 Aesch

Pipe-Club de Lausanne
M.G. Mühlethaler
C.P. 128
1018 Lausanne

Argentinien

Ariana
Libertad 3068, dto ›3‹
1602 Florida
Buenos Aires

Ariana heißt das Schiff des Clubpräsidenten Nicolás Balbi, der beim Segeln gerne sein Pfeifchen raucht. Er ist beileibe nicht der einzige in Argentinien, der beiden Leidenschaften zugetan ist: Die Mitgliederzahl ist inzwischen so gewachsen, daß die Zusammenkünfte nicht mehr allein auf Balbis Schiff abgehalten werden können. Also mußte man andere Schiffseigner ins Spiel bringen. Vielleicht kreuzt bald eine ganze Pfeife schmauchende Flotille auf dem Rio de la Plata.

Australien

The Pipe Club of Australia, Ltd.
Box 4702
G.P.O. Sydney 2001

Belgien

Pijpclub van Belgie
Marcel Bazijn
Klein Heerweg 27
8749 Beveren-Waregem

Europipe Club Bruxelles
M.R. Vanthournot
27, Rue Henri Caron
1070 Bruxelles

Pijprokersgilde »Den Openhaard«
Richard Thiron, Pres.
P.A. Truweelstraat III
9100 Sint-Niklass

Bourgondisch Pijprokersgilde
P. Sells
Dennerbroekstraat 1
3118 Werchter

Brasilien

São Paulo Fraternity of Pipesmokers
Rua da Paz, 1713
São Paulo
CEP-04713-002

Dänemark

Mac Baren Club
Mac Baren Tobacco Company
Porthusvej 100
5700 Svendborg

Die Mitgliedschaft ist kostenlos, und der Club gibt in regelmäßiger Folge eine Zeitschrift mit Themen und Informationen zu Tabak und Pfeife heraus.

The Nordic Smokers' Guild
c/o Leif Slot
Ellekrattet 18
2950 Vedback

Leif Slot ist mit Leidenschaft bei der Sache und hat ein Gutteil seiner Jahre damit verbracht, das Pfeiferauchen in Dänemark und der ganzen Welt populär zu machen.

England

The Pipesmokers' Council
P.O. Box 3771
Bishops Stortford
Hertfordshire CM23 4AH

Angesichts der großen Zahl englischer Pfeifen-Clubs und des beständigen Wechsels in dieser Szene wenden Sie sich am besten unter der oben angegebenen Adresse an Kate Neill, die Ihnen eine aktuelle Liste zusendet. Sie können bei ihr auch eine Kopie des ausgezeichneten *Pipesmoker's Welcome Guide* anfordern, der eine Fülle von Informationen über Pfeifen, Tabak, Clubs und Läden in Großbritannien enthält.

Fellowship of the White Spot
c/o Alfred Dunhill Pipes Ltd.
32 St. Andrews Road
London E17 6BQ

Diese internationale Vereinigung von Anhängern der Dunhill-Pfeifen mit dem berühmten weißen Punkt wurde 1993 ins Leben gerufen. Die Mitgliedschaft – die übrigens nicht voraussetzt, daß man selbst eine Dunhill raucht – ist kostenlos. Zweimal jährlich erscheint eine informative Club-Zeitschrift.

Frankreich

Pipe Club de Paris
M.R. Devillers
14, Rond-Point des Martyrs
92220 Bagneux

Le Pipe Club de France
c/o Roger Almerge
9 Rue Saint-Fiacre
75002 Paris

Holland

Pipe Collector Circle International
P.O. Box 2661
1000 CR Amsterdam

Stichting Pijp
c/o Geert A. M. Derkse
Beuningenstraat 28
5043 XM Tilburg

Hongkong

The Pipe Club of Hong Kong
c/o Pao Ping-Wing
15F3 King Wing Building
Whampoa Estate
Hung Hom Kowloon

Irland

Peterson Smokers Guild
Peterson House
Sallynoggin Co.
Dublin

Ein Muß für alle Raucher und Sammler von Peterson-Pfeifen. Die Mitgliedschaft ist kostenlos, zweimal jährlich erscheint ein Magazin mit neuesten Nachrichten über die Produkte des Hauses. Der Club zählt zur Zeit weltweit 5000 Mitglieder.

Italien

Pipe Club Italia
C. Lodi
Via Canova, 20
31022 Preganziol (TV)

Pipe Club of Rome/Amici della Pipa
Giuseppe Selvaggi (Presidente)
C.P. 10734
Via Nino Oxilla, 21
Roma-EUR
00197 Roma

Japan

The Pipe Club of Japan
c/o Barney Suzuki
Transtekne International
405 Palm House
1-20-2 Honmachi
Shibuya-ku Tokio 151

Kanada

The Toronto Pipe Club
c/o Robert Barron
51 Alexander Street 1501
Toronto (Ontario)
M4Y 1B3

Polen

Polish Pipe Club Council
c/o Janusz K. Molski
Aleje WP 68/20
62-805 Kalisz

Portugal

Cachimo Clube de Portugal
Rua Rodrigo da Fonseca,
99 R/C Dto.
1250 Lissabon

Schweden

Pipe Club of Sweden
Jan Andersson
PL 2800
28291 Tyringe

Gibt auch die Zeitschrift *Rökringar* heraus.

Spanien

Barcelona Pipa Club
Ms. A. Skoudy
Plaça Reial, 3 Pral
08002 Barcelona

Cavendish & Ale
C/Peréz Cepeda
2, Bajo
15004 a Coruña

In diesem Club, der sich ganz dem Pfeiferauchen und Biertrinken widmet, wird es Ihnen gefallen. Im Informationsblatt zum Thema Pfeife und Tabak wird regelmäßig auch das »Bier des Monats« vorgestellt.

Federación de Pipa-Club de España
c/o Rafael Matas Homar
Galerias Velázquez 13
07002 Palma de Mallorca

Iberica Pipe Club
J.A. Soler Sanz
C/Costa del Sol 22, Bajo 2
28033 Madrid

Südafrika

M. B. Ussher (Gründer)
Pipe and Tobacco Club
of Southern Africa
P. O. Box 85082
2029 Emmarentia

Ungarn

Hungarian Golden Smoke
Pipe Club
Király Geza (Secretary)
VII Dohany útca 57 III, 10
1073 Budapest

USA

Der Clubs in den USA sind zu viele, als daß sie hier aufgelistet werden könnten. Wenn ich mich hier auslasse über die *International Association of Pipe Smoking Clubs of Flint* (Michigan) als den ältesten (1949), den *Chicagoland Pipe Collector's Club* als den größten oder die *Conclave of Richmond Pipe Smokers*, die *Ohio Pipe Collectors*, die *North American Society of Pipe Collectors* oder die *Carolina Briar Friars* – dann käme es sicherlich zu Versäumnissen, und daher erwähne ich lieber gar keine einzelnen Clubs. Mit einer Ausnahme: die *Universal Coterie of Pipe Smokers;* dort erhalten Sie Adressen sämtlicher bekannten und unbekannten Clubs der Galaxis. Schreiben Sie an:

The Universal Coterie
of Pipe Smokers
c/o Tom Dunn
20-37 120th Street
College Point, NY 11356
New York

Es handelt sich hier um einen losen Zusammenschluß internationaler Pfeifenraucher, Sammler und Hersteller im Rahmen einer »unregelmäßigen Vierteljahresschrift« (was heißt, daß sie mitunter nur einmal jährlich erscheint, sehr zum Leidwesen ihrer Leser), herausgegeben von Tom Dunn. Seine Publikation *The Pipe Smoker's Ephemeris* ist eine Fundgrube für Kontaktadressen und dergleichen. Sind Sie an dem vierzigseitigen Werk interessiert, so schreiben Sie ihm; berufen Sie sich dabei auf mich, und beantragen Sie die Mitgliedschaft in der Coterie. Es gibt keinen obligatorischen Beitrag, aber da Dunn alles aus eigener Tasche finanziert, sind Spenden in Form von Geld, Pfeifen oder Tabak stets willkommen.

Zeitschriften für Pfeifenraucher

Deutschland

Pipe & Cigar
Ebner Verlag
Karlstraße 41
89073 Ulm

Unter der Leitung von Frank Hidien entsteht hier eine wundervolle Zeitschrift: ein umfangreiches durchgehend vierfarbiges Magazin für Raucher, in dem Verschiedenstes über Pfeifen, Zigarren, Clubs, Mode, Getränke und vieles andere zu lesen ist, was im besten Sinn den Lebensstil eines Pfeifenrauchers ausmacht.

Smoker's Club
(ehemals *Pipe Club)*
55116 Mainz
Postfach 3120
55021 Mainz

Mit Farbfotos und interessanten Artikel zu Pfeifen, Pfeiferauchen und Pfeifenmachern.

Die Tabakzeitung
Postfach 3120
55021 Mainz

Österreich

Cigar Cult Journal
Dr. Helmut Romé/Hans Dibol
Falstaff-Verlag
Büropark Donau
Inkustraße 1-7/Stg. 4/2 OG
3400 Klosterneuburg

Ein voluminöses, farbenprächtiges Pfeifen- und Lifestyle-Magazin. Viele Artikel sind auch auf Englisch wiedergegeben.

Dänemark

Piber & Tobak
Leif Slot (Herausgeber)
Ellekrattet 18
2950 Vedbaek

Ein Farbmagazin zum Pfeiferauchen, das noch farbiger wird, wenn Sie des Dänischen mächtig sind. In jedem Fall können Sie sich auf phantastische Fotos von Produkten und Ereignissen freuen.

England

The Pipeman Magazine
Hendon Road
Sunderland SR9 9XZ

Eine Vierteljahresschrift der Imperial Tobacco Company. Mit farbigen Berichten, deren Lektüre nicht nur für Briten lohnt.

Frankreich

Revue des Tabacs
9 Rue Saint-Fiacre
75002 Paris

Eine französische Zweimonatsschrift mit farbenprächtigem Titelblatt und Nachrichten aus der internationalen Tabakszene, herausgegeben von Michel Burton. Zusätzlich erscheint vierteljährlich ein sehr interessantes Informationsblatt.

Holland

International Pipe Magazine
P.O. Box 3022
2480 AA Woubrugge

Diese halbjährlich erscheinende internationale Zeitschrift wird in vier Sprachen gedruckt – Englisch, Französisch, Deutsch und Spanisch – und an Tabakhändler in aller Welt versandt vom Herausgeber Rothmans International, weshalb natürlich eine gewisses Gewicht auf dessen Produkten liegt; so gibt es stets detaillierte Tabaktests. Dessen ungeachtet ist jede Ausgabe lesenswert, findet man doch eine Vielzahl allgemeiner Artikel über die Pfeife und relevante Lifestyle-Themen. Ein oder zwei Artikel habe ich selbst dort veröffentlicht. Sie können die Zeitschrift für zehn Dollar jährlich abonnieren – nicht viel Geld, gemessen am Umfang und der Fülle an Sachinformation.

Italien

Amici della Pipa
Casella Postale
10734 Roma

Eine bunte Mischung guter Fotos, Nachrichten und Unterhaltung rund um die Pfeife, herausgegeben von Pfeifen-Enthusiast Giancarlo Fortunado.

La Pipa
Museo Italiano della Pipa
Via del Chiostro, 5
21026 Gavirate (Varese)

Eine phantastische Zeitschrift, in unregelmäßiger Folge herausgegeben von Pfeifen-Legende Alberto Paronelli. Obwohl nur einfarbig gedruckt, sind die Zeichnungen hervorragend, vor allem, wenn man bedenkt, daß Paronelli hier alles im Alleingang macht. Hinzu kommen Artikel, Leserbriefe und Abbildungen aus aller Herren Länder in Italienisch, Englisch oder Französisch, je nach Nationalität des Verfassers.

Smoking
Via della Farnesina, 224
00194 Roma

Dieses Magazin in Vierfarbdruck wird herausgegeben von Fausto Fincato, dem Besitzer des berühmten Pfeifenladens, einer Top-Adresse für die Pfeifenraucher der italienischen Hauptstadt seit 1932. Die hervorragenden Fotos animieren schon beim Durchblättern zum Anzünden der nächsten Pfeife, und die ansprechende Gestaltung macht die Lektüre auch für Leser zum Vergnügen, die des Italienischen nicht mächtig sind. Nach kurzer Pause ist diese Zeitschrift nun wieder auf dem Markt, erweitert um einen Zigarrenteil.

Polen

Kalumet
Janusz Terakowski
(Herausgeber)
Box 758
30-960 Krakow 1

Da es mir an Polnischkenntnissen gebricht, kann ich nichts über den Inhalt der Artikel sagen, aber um Pfeifen geht es, und das ist einmal die Hauptsache.

Tschechische Republik

Cigar & Cocktail
P. O. Box 61
15021 Prag 5

Dieses seit Frühjahr 1999 erscheinende dickleibige Hochglanzmagazin zum Thema Pfeifen und Lifestyle wendet sich bevorzugt an den osteuropäischen Leser.

USA

Pipe Friendly
P. O. Box 13781
Torrance (California)
CA 90503

Eine voluminöse Vierteljahresschrift in Schwarzweiß, herausgegeben von Joel Farr. Neben Clubnachrichten und Berichten über neue Produkte finden sich leider viele Artikel mageren Inhalts, die allzusehr die persönliche Meinung der Verfasser wiedergeben. Trotzdem lohnt sich ein Abonnement allein aufgrund der Tatsache, daß das Blatt offenbar dem Herausgeber so am Herzen liegt und wegen der zahlreichen Leserzuschriften. Informieren Sie sich doch einmal bei Farr über die Bezugskonditionen.

Pipe Smoke
788 Wesley Drive
Atlanta (Georgia)
GA 30305

Seit 1996 gibt Alan Schwartz diese Zeitschrift zu verschiedensten Aspekten der Pfeife und verwandten Lifestyle-Themen heraus.

The Pipe Smoker' Ephemieris
20-37 120th St.
College Point
New York NY 11356

Der Prototyp des internationalen Nachrichtenmagazins für Pfeifenraucher – flüssig und interessant geschrieben, daher angenehm zu lesen und informativ. Das eigentlich als Vierteljahresschrift konzipierte Blatt erscheint bestenfalls zwei- oder dreimal jährlich, stets sehnlichst erwartet von einer zahlreichen internationalen Leserschaft. Lesenswert für alle, die sich für Pfeifen, Feuerzeuge, Tabak, Sherlock Holmes und alles andere interessieren, das in direktem oder mittelbarem Bezug zur Pfeife steht (siehe auch unter *The Universal Coterie of Pipe Smokers* auf S. 334).

Pipes and Tobacco
3000 Highwoods Blvd./Suite 300
Raleigh (North Carolina)
NC 27690-8435

Eine Vierteljahresschrift in Farbe mit Artikeln zu Tabak, Pfeifen, Pfeifenmachern, Produkten, Persönlichkeiten, Clubs und Veranstaltungen etc.

Museen

Zahlreiche Museen in aller Welt haben auch Pfeifen unter ihren Exponaten, die meisten der nachfolgend aufgeführten sind jedoch reine Pfeifen- oder Tabakmuseen. Leider haben nicht alle regelmäßige Öffnungszeiten. Deshalb sollten Sie sie bei manchen Adressen lieber zuvor in Erfahrung bringen, falls Sie einen Besuch planen.

Deutschland

Bremer Landesmuseum für Kunst- und Kulturgeschichte / Focke-Museum
Schwachhauser Heerstrasse 240
28213 Bremen

Deutsches Tabak- und Zigarrenmuseum
Fünfhausenstraße 10–12
32257 Bünde

Bünde, einst Zentrum der Zigarrenherstellung, hat auch eine beachtliche Pfeifentradition aufzuweisen, die hier opulent ausgebreitet ist: Tonpfeifen, Zubehör, ein Rauchsalon mit Rauchersesseln, Tabaktöpfe und andere Utensilien, wie sie auch heute noch in Gebrauch sind.

Österreich

Jagdmuseum
Hotel Schloß Fuschl
5322 Hof bei Salzburg

Museum der Austria Tabakwerke
Porzellangasse 51
Postfach 14
1091 Wien

Österreichisches Tabakmuseum
Mariahilfer Straße 2
1070 Wien

Für diese mit Tobakiana aller Schattierungen und Epochen reich bestückte Schatzkammer planen Sie am besten einen ganzen Tag ein. Hier besitzt man sogar einen amerikanischen Cigar Store Indian aus Metall, eines der wenigen Exemplare, das den Ersten Weltkrieg überstanden hat. Neben Tausenden von Exponaten finden Sie hier auch die deutsche Ausgabe meines Buches *Die Kunst, Pfeife zu rauchen.*

Belgien

Musée du Tabac et du Folklore
Rue Albert Raty, 112
6869 Vresse-sur-Semois

Tabaks Museum Stad Wervik
Brikkenmolen Koestraat, 63
8670 Wervik

Dänemark

King Frederik VII's Foundation
Jaegerspris Palace
3630 Jaegerspris

Im Palast des dänischen Königs Frederik VII., eines leidenschaftlichen Pfeifenrauchers und Sammlers, findet sich neben zahlreichen anderen Exponaten aus seinem Besitz auch sein eleganter Rauchersessel (den er sogar beim Angeln als solchen benutzte!) sowie die 85 Teile umfassende wunderbare Pfeifensammlung Friedrichs des Großen, darunter exquisite Meerschaumpfeifen und Tonpfeifen mit Silberdeckel. Es ist bekannt, daß der preußische Monarch bevorzugten Gästen und Freunden gerne eine schöne Pfeife als Geschenk überreichte. Auch für Sterbliche, die nicht in den Genuß dieses Privilegs kommen können, empfiehlt sich in jedem Fall ein Besuch des Museums.

W. Ø. Larsen Museum
und Bibliothek
9 Amagertorv
1160 Kopenhagen

Dieses bekannte, wohlbestückte Museum liegt mitten in der Kopenhagener Fußgängerzone, nahe dem 1864 eröffneten Pfeifenladen von Larsen. Hier können Sie herumspazieren (Rauchen erlaubt!) zwischen Hunderten von Exponaten aus dem 16. Jahrhundert bis in unsere Tage: Pfeifen aller Stilrichtungen, von wahren Antiquitäten bis zu modernen Bruyères, außerdem Bücher, Dosen, Tabaktöpfe, Schnupftabakdosen und zahllose Kuriositäten, die die Familie Larsen über fünf Generationen gesammelt hat. Das Museum steht unter ihrer Leitung; Eigentümer sind Orlik und andere Firmen, die in der Scandinavian Tobacco Company zusammengeschlossen sind. Der Eintritt ist frei, aber da das Museum nur durch den berühmten Pfeifenladen zugänglich ist, müssen Sie damit rechnen, doch ein bißchen Geld loszuwerden, zur Feier des Tages ... Wenn Sie Glück haben, ist der Chef im Hause und führt Sie persönlich herum. Vergessen Sie in diesem Fall nicht, ihn nach der Pfeife zu fragen, die der Autor dieses Buches vor einigen Jahren auf der Ladentheke liegenließ.

England

Alfred Dunhill Ltd. Museum
48 Jermyn Street
St. James's
London SW1 6LX

In diesem Pfeifenraucher-Dorado sind teils besonders alte, seltene und wertvolle Pfeifen zu sehen. Das Museum befand sich früher im ersten Stock des alten Ladens von H. Simmons in der Burlington Arcade. Dunhill kaufte diese Firma auf, und nun werden dort Füllfederhalter und Schreibaccessoires von Montblanc verkauft. 1997 zog das Museum in das renovierte Stammgeschäft von Dunhill in der Jermyn Street um (früher 30 Duke Street). In den kreisförmig angeordneten Schaukästen läßt sich die gesamte Produktpalette der Firma Dunhill in Augenschein nehmen. Es ist eine Wechselausstellung, die alle drei Monate neu bestückt wird, so erhält man die Chance, wirklich ausgefallene Pfeifen und Accessoires zu sehen. Die besonders wertvollen historischen Bruyères, der Grundstock der Sammlung, befinden sich nun allerdings in Sicherheitsverwahrung. Hoffentlich werden sie eines Tages wieder ausgestellt, allen Anhängern des weißen Punktes zur Freude und Belehrung. Das Museum im Souterrain ist während der normalen Geschäftszeiten geöffnet.

J.J. Fox & Robert Lewis
19 St. James's Street
London SW1A 1ES

Ein Zusammenschluß ehrwürdiger Pfeifengeschäfte: des Ladens von J.J. Fox nahe der Burlington Arcade und des noch älteren von H.L. Lewis, der seit 1787 existiert. Man fühlt sich hier zurückversetzt in das England des 19. Jahrhunderts. Halten Sie sich aber möglichst nicht zu lange im eigentlichen Laden auf, sondern gehen Sie gleich durch in den hintersten Raum: Dort erwartet Sie eine wundervolle Auswahl historischer Pfeifen- und Zigarren-Untensilien.

Amberly Industrial Museum
Amberly, Arundel
West Sussex BN18 9LT

Dieses Museum führe ich ich hier nur auf, weil Sie dort David Cooper beim kunstvollen Fertigen von Tonpfeifen erleben können. Statten Sie ihm einen Besuch ab, wenn Sie das nächste Mal in England sind (siehe auch bei Tonpfeifen-Herstellern, Seite 323f.).

Frankreich

Maison Peyrarède
Place du Feu
24100 Bergerac

Im Herzen von Frankreichs Tabakanbauzentrum beherbergt ein Stadthaus aus dem 17. Jahrhundert dieses faszinierende Museum: Jede Menge historischer Pfeifen, eine Pfeifendrehmaschine des 19. Jahrhunderts und eine ganz kleine Pfeifenmacher-Werkstatt.

Musée d'Interêt National du Tabac
Rue Neuve Bergerac
Ville de Bergerac
24100 Bergerac

Fabrique de Pipes
9, Passage des Panoramas
75002 Paris

Musée de la Seita
12 Rue Surcouf
75007 Paris

Dieses kleine Museum versteckt sich im ersten Stock eines Geschäftshauses. Neben Tobakiana kann man hier einen enormen Bestand an historischen Pfeifen bewundern.

La Confrérie des Maîtres Pipiers de Saint-Claude
45, Rue de Pré
B.P. 32
39200 Saint-Claude

Man muß kein Mitglied der Confrérie sein, um dieses Museum zur Geschichte der Pfeife und der Kunst des Pfeiferauchens ansehen zu dürfen.

Musée Chacom
4, Rue des Etapes
39200 Saint-Claude

Holland

Pijpenkabinet & Smokiana
Prinsengracht 488
1017 KH Amsterdam
Tel. 020-4211779
Mittwoch bis Sonntag von
9–18 Uhr

Sollten Sie nach Amsterdam kommen, vielleicht im Frühjahr zur Tulpenblüte, müssen Sie unbedingt diesem Mekka der Pfeifenraucher und Sammler einen Besuch abstatten. Es besteht eigentlich aus drei Abteilungen. Da ist erstens das Pfeifenmuseum mit den erweiterten Beständen des ehemaligen Pijpenkabinet Don Duco in Leiden. Es umfaßt 2500 Exponate aus über sechzig Ländern, an denen sich die Geschichte der Pfeife seit den Tagen des Kolumbus nachvollziehen läßt. Im Erdgeschoß findet man einen vollständig eingerichteten Laden, wo man Pfeife, Tabak und Zubehör erwerben kann. Im ersten Stock steht Pfeifen-Interessierten eine Forschungsbibliothek mit 15000 Stichwörtern und 4000 Titeln zur Verfügung (nur nach Voranmeldung).

Stedelijke Musea te Gouda
Moriaan (Blackamoor)
Westhwen 29
2801-PJ Gouda

In diesem Gebäude aus dem 16. Jahrhundert findet man dicht aneinandergedrängt typisch holländische Rauchutensilien: Kacheln mit entsprechenden Motiven, Hochzeitspfeifen, Tabaktöpfe und die Rekonstruktion eines Tabakladens jener Epoche, als Gouda Welthauptstadt der Tonpfeifenfertigung war. Achten Sie auf die alte Holzschnitzerei über dem Haupteingang!

Niemeyer Tabaksmuseum
Brugstraat 24–26
9711 HZ Groningen

Eine wirklich umfassende Sammlung auf mehreren Stockwerken eines mittelalterlichen Hauses. Hier ist eigentlich alles zu sehen, was im Zusammenhang mit der Geschichte des Tabaks interessant ist, von Kolumbus bis zur Gegenwart: Rauchersessel, Bridgeroom-Pfeifen, Tabaktöpfe – Tausende von Exponaten. Besonders erwähnenswert die Dioramen in Lebensgröße mit relevanten Motiven und der Nachbau eines Tabakladens aus dem 19. Jahrhundert. Im selben Haus ist ein Marinemuseum untergebracht; Besucher mit entsprechender Neigung werden hier also doppelt fündig. Geöffnet Dienstag bis Sonntag.

Douwe-Egberts N.V.
Koninklijke Tabaksfabriek
Keulsekade H3
P.O. Box 2
3500-CA Utrecht

Irland

Peterson Smokers Guild
Peterson House
Sallynoggin Co.
Dublin

Das im Sommer 1999 eröffnete Museum ist einen Besuch wert für alle Fans der berühmten Peterson-Pfeifen, die schon Mark Twain so geschätzt hat. Neben der kompletten Produktpalette von Peterson sind hier auch einige Raritäten aus der Frühzeit der Firma zu sehen sowie einige Dinge aus dem persönlichen Besitz von Charles Peterson: Pfeifen, Heiratsurkunde, altes und modernes Werbematerial.

Italien

Museo delle Pipe
Via del Chiostro, 1/3
21026 Gavirate (Varese)

Diese sehenswerte Sammlung ist ein Lebenswerk eines guten Freundes und Kollegen von der Académie: Alberto Paronelli. Der Italiener ist nicht nur als Pfeifenhistoriker von unermüdlichem Schaffensdrang: Er malt, raucht, betreibt Bildhauerei und spricht fließend fünf Sprachen. Sein Haus und Museum sind zum Treffpunkt für Pfeifenexperten aus aller Herren Länder geworden, und als das Museum schließlich das ganze Haus beanspruchte, zog er mit seiner Familie aus. Man findet hier auch alte Maschinen für die Pfeifenherstellung aus der ehemaligen Rossi-Fabrik (siehe S. 305), deren gesamtes Inventar Paronelli erwarb, außerdem natürlich Pfeifen, Bilder, Urkunden und ein Raum für die Académie Internationale de la Pipe.

Savinelli Pipe Museum
Via Dogana 3
20123 Milano

Antike Meerschaumpfeifen, einmalige Meistestücke dieses Herstellers und ein Miniatur-Set von Savinelli-Pfeifen. Nur nach Vereinbarung.

Claudio Rebecci Tobacco Museum
CP 5
41100 Modena, 10

Japan

Tobacco Trade Monopoly Museum (Städtisches Museum für Tabakhandel)
2-1 Akasaka Aoi-Cho
Mirato-ku
Tokio

Tobacco and Salt Museum
1-16-8-Finnan
Shibuya-ku
Tokio

Kanada

Ontario Tobacco Museum
200 Talbot Road (Highway 3)
Box 182
Delhi
Ontario N4B 2WG

The Borkum Riff Collection
Imperial Tobacco Products, Ltd.
3860 St. Antoine Street
Montreal
Quebec H4C 1B5

Schweden

Svenska Tobaksmuseet
Gubbyhyllan, Skansen
Stockholm

Swedish Match Company Tobacco Museum
Gubbhyllan, Skansen

Die Öffnungszeiten (im Sommer 11–17, im Winter 11–15 Uhr) hängen wohl mit den kurzen Tageslichtperioden in diesem ansonsten malerischen Land zusammen. Dieses erst seit kurzem bestehende Museum residiert in einem ehemaligen Landgasthaus von circa 1820, und man findet hier unschiedlichste Exponate zur Geschichte des Tabaks, darunter Tonpfeifen, die 1984 bei Erdarbeiten im Zentrum von Stockholm ans Licht kamen, Schnupftabakdosen, reich verzierte Meerschaumpfeifen des 19. Jahrhunderts und einen Rauchsalon aus derselben Zeit. In einer reaktivierten Zigarettenmanufaktur des frühen 20. Jahrhunderts werden alte Marken hergestellt, die man im Museumsladen auch kaufen kann. Außerdem gibt es ein kleines Kino mit alten Filmen zum Thema Rauchen.

USA

Zippo Family Store and Museum
33 Barbour Street
Bradford (Pennsylvania)
PA 16701

Für gute Pfeifen braucht es gute Feuerzeuge. Und dieses Museum dokumentiert die Geschichte des berühmtesten von allen.

Pioneer's Museum
215 South Tejon Street
Colorado Springs
CO 80903

Umfangreiche Pfeifensammlung eines Privatmannes aus Colorado.

National Tobacco-Textile Museum
614 Lynn St.
P. O. Box 541
Danville (Virginia)
VA 24541

Duke Homestead Historic Site and Tobacco Museum
2828 Duke Homestead Rd.
Durham (North Carolina)
NC 27748

Eine Rekonstruktion der alten Welt des Tabaks, als man noch dankbar zur Kenntnis nahm, wie viele Millionen Dollar jährlich die Raucher dem Staatssäckel zufließen ließen.

Antique Pipe & Tobacciana Museum
Frank Burla (Kurator)
P.O. Box 446
Lysle (Illinois)
IL 60532

Ein privates Museum mit Exponaten und Büchern teils noch aus dem 17. Jahrhundert, darunter 2000 antike Pfeifen, Humidore, Auftragsbücher etc. Nur nach Vereinbarung.

Phillip Morris Collection
Phillip Morris Manufacturing Center
Operations Center,
Commerce Road
Richmond (Virginia)
VA 23234

Historische Pfeifen und Sammler-Pfeifen

Deutschland

Antik-Pfeifen-Boutique
Lierstraße 19
80639 München

England

»The Pipe Shop« Antiquarius
Brian Tipping
139 King's Road
London SW3 5EL

In Chelsea logiert seit 1969 dieser kleine Laden, zum Bersten voll mit alten Pfeifen aller Kategorien, Pfeifen-Zubehör, Aschenbechern und anderen Utensilien älteren Datums. Wo sonst hätte ich eine viktorianische Raucherkappe gefunden, die niemals getragen wurde (bis ich sie erwarb).

Frankreich

Pipes Anciennes
Denise Corbier
3, Rue de l'Odéon
75006 Paris

Holland

P. J. G. Tengnagel
P.O. Box 1330
1200 BH Hilversum

Ein Versandhandel für Tonpfeifen, Kacheln, Gußformen und andere Utensilien rund um die holländische Tonpfeife. Erkundigen Sie sich nach dem Preis des aktuellen Kataloges.

USA

R&E Pipes Inc.
219 Patterson Pl.
Alton (Illinois)
IL 62002

Der Versand von Ray Gremli und Scott Eskra informiert regelmäßig über sein aktuelles Angebot an neuen und aufgearbeiteten Sammler-Pfeifen, inklusive Farbfoto jedes Exemplars. Suchen Sie nach einem bestimmten Modell oder wollen einfach Ihre Sammlung erweitern, dann fordern Sie die aktuelle Liste an.

Bibliographie

Barrie, J. M. *My Lady Nicotine.* London: Hodder and Stoughton, 1890.

Behrens, Heiko/Frickert, Holger. *Mit vollem Genuß Pfeife rauchen.* Niedernhausen: Falken Verlag, 1987.

Bluhm, Detlev. *Auf leichten Flügeln ins Land der Phantasie. Tabak und Kultur von Kolumbus bis Davidoff.* Berlin: Transit Verlag, 1997.

Crole, Robin. *Pfeifen. Magie und Flair eines Genusses.* Bielefeld: Delius, Klasing, 1999.

Das kleine Buch ... für den Pfeifenraucher. München: Wilhelm Heyne Verlag, 1995.

Dunhill, Alfred H. *The Gentle Art of Smoking.* London: Max Reinhard Ltd., New York: G. P. Putnam and Sons, 1954.

Dunhill, Alfred. *Das Pfeifen-Buch.* München: Wilhelm Heyne Verlag, 1982.

Dunhill, Mary. *Our Family Business.* London: The Bodley Head, 1979.

Ehwa, Carl Jr. *The Book of Pipes and Tobacco,* New York: Random House, 1974.

Fairholt, F. W. *Tobacco: Its History and Associations,* London: Chapman and Hall (Nachdruck Detroit: Singing Tree Press, 1968).

Fisher, Robert Lewis. *The Odyssey of Tobacco.* Hartford: The Case. Lockwood & Brainard Co., 1939.

Graves, Charles. *A Pipe Smoker's Guide.* London: Icon Books Ltd., 1969.

Hacker, Richard Carleton. *Die Kunst, Pfeife zu rauchen.* München: Wilhelm Heyne Verlag, 1991.

Hacker, Richard Carleton. *The Ultimate Pipe Book.* Beverly Hills: Autumngold Publishing, 1997.

Hacker, Richard Carleton. *Rare Smoke. The Ultimate Guide to Pipe Collecting.* Beverly Hills: Autumngold Publishing, 1999.

Hamilton, A. E. *This Smoking World.* New York: The Century Co., 1927.

Herment, George. *The Pipe*. New York: Simon and Schuster, 1955.

Hochrain, Helmut. *Das große Buch des Pfeifenrauchers*. München: Wilhelm Heyne Verlag, 4. Aufl. 1987.

Hochrain, Helmut. *Helmut Hochrains neues Pfeifenbuch*. München: Wilhelm Heyne Verlag, 10. Aufl. 1995.

Hochrain, Helmut. *Das Taschenbuch des Pfeifenrauchers*. München: Wilhelm Heyne Verlag, 38. Aufl. 1996.

Holtappels, Heinz A. *Pfeifentabak-Brevier*. München: Wilhelm Heyne Verlag, 1996.

Liebaert, Alexis/Maya, Alain. *Die Welt der Pfeife*. München: Wilhelm Heyne Verlag, 1994.

Pellisone, Aldo/Emanuel, Valentina. *Die Pfeife*. München: Callwey, 1988.

The Pleasures of Smoking. Hrsg. von Sylvestre C. Watkins. New York: Henry Schuman Inc., 1948.

Pollner, Otto. *Pfeiferauchen leicht gemacht. Die richtige Art, Tabak zu genießen*. Niedernhausen: Falken Verlag, 4. Aufl. 1999.

Ram, Sidney P. *How to Get More Fun out of Smoking*. Chicago: Wisconsin Cundeo Press Inc., 1949.

Ramazotti, Eppe/Mamy, Bernhard. *Pfeifen und Pfeifenraucher*. Genf: Weber, 1982.

Rapaport, Benjamin. *A Complete Guide to Collecting Antique Pipes*. Exton: Schiffer Publishing Ltd., 1979.

Rutzen, Rolf Joachim. *Pfeifen. Die Pfeifenmacher der Welt. Marken und Modelle*. München: Wilhelm Heyne Verlag, 1999.

Weber, Carl. *Carl Weber's The Pleasures of Smoking*. New York: Bantam Books, 1965.

Werner, Carl Avery. *Tobaccoland*. New York: The Tobacco Leaf Publishing Co., 1922.

Deutschsprachige Zeitschriften

DTZ – Die Tabakzeitung (Mainz: Verlagsgruppe Rhein Main). Wöchentlich.

Pipe & Cigar (Ulm: Ebner Verlag). Vierteljährlich.

Smokers Club (Mainz: Verlagsgruppe Rhein Main). Vierteljährlich.

European Cigar Journal (Klosterneuburg: Fallstaff Verlagsgesellschaft). Vierteljährlich.

Cigar (Winterthur: Edition Salz & Pfeffer). Vierteljährlich.

Register

Die *kursiv* gedruckten Seitenangaben beziehen sich auf Einträge im Pfeifenmacher-Kapitel, die **halbfett** gedruckten Ziffern verweisen auf die Bildnummern im Farbteil des Buches.

Richard Carleton Hacker in der Collection Rolf Heyne

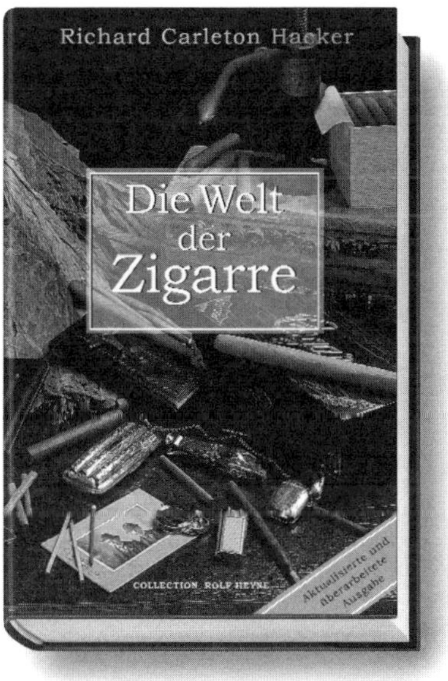

Richard Carleton Hacker
Die Welt der Zigarre
Aktualisierte und überarbeitete Ausgabe
320 Seiten
ISBN 3-89910-138-3

Zigarren zu rauchen bedeutet nicht nur einen unverwechselbaren Genuss, sondern hat Stil – so lautet das Credo aller Zigarrenliebhaber. Dieses Buch macht aus jedem einfachen Zigarrenraucher im Handumdrehen einen echten Connaisseur.

COLLECTION ROLF HEYNE

Anwer Bati
DAS GROSSE BUCH DER ZIGARRE
Alle Zigarren in Originalgröße abgebildet.
208 Seiten. Gebunden mit Schutzumschlag.
Durchgehend vierfarbig.
ISBN 3-89910-238-X

Anwer Bati
Zigarren
Der Guide für Kenner und Genießer
224 Seiten
ISBN 3-89910-035-2

Anwer Bati
Das Zigarren-Brevier
Von der Liebe zur Zigarre.
Geschichte und Geschichten.
Marken und ihre Formate
256 Seiten
ISBN 3-89910-053-0